전쟁과 전라도 지역사

전쟁과 전라도 지역사

초판 1쇄 인쇄 2018년 5월 20일
초판 1쇄 발행 2018년 5월 31일

저   자 | 김덕진
발행인 | 윤관백
발행처 | 抃쪽선인

영   업 | 김현주

등   록 | 제5-77호(1998.11.4)
주   소 | 서울시 마포구 마포동 324-1 곳마루 B/D 1층
전   화 | 02) 718-6252/6257
팩   스 | 02) 718-6253
E-mail | sunin72@chol.com

정 가 31,000원
ISBN 979-11-6068-179-6 93910

전쟁과 전라도 지역사

김덕진

도서출판 선인

 **| 머리말**

　전쟁은 민족사의 전개에 직간접적으로 많은 영향을 미쳤다. 그래서 필자는 그 동안 14세기 고려 말기의 왜구 침략에서부터 17세기 조선 중기의 병자호란에 이르기까지, 전쟁이 전라도 지역사에 남긴 흔적을 찾아보았다. 그 결과 이미 학술지에 게재한 논문이 있는가 하면, 학술대회나 강연에서 발표만 한 글이 있고, 집필하다 중단된 원고도 있었다. 그것들을 수정·보완하여 『전쟁과 전라도 지역사』라는 이름으로 출간하려고 한다.

　전라도는 한반도의 서남부에 위치하여 중국과는 떨어져 있고 일본과는 다소 비켜나 있지만, 전쟁의 영향을 적지 않게 받아왔다. 그 결과 전쟁이 남긴 흔적이 인물·유적·저술·기념일·지명 등의 형태로 오늘날까지 전라도 지역사회 곳곳에 많이 남아 있다. 이런 사정으로 인해 외부의 요청에 의해 관련 글을 쓸 기회가 잦았다. 그리고 청탁 글을 쓸 때마다 새로운 주제가 떠올라 그것도 틈틈이 써놓았다. 그러한 글들을 모두 모아 일정한 틀을 갖춰 이렇게 출간하게 된 것이다.

　머쓱한 면도 없지 않지만, 감히 용기를 내어 출간의 결단을 내렸다. 그 동안 귀중한 자료를 제공하고 투고와 강연을 주선해주신 지역 어르신들과 선후배님에게 조금이라도 보답하는 길이라고 여겼기 때문이다. 가정에 등한한 필자를 늘 감싸준 아버님, 어머님, 장모님, 그리고 아내와 아들·딸의 격려도 결단에 큰 힘이 되었다. 지금은 저 세상에 계시는 장인어르신도 필자에게는 항상 든든한 버팀목이었다. 원고를 읽고 꼼꼼히 지적해준 광주전남연구원 김만호 박사, 조선대 대학원 배은유 학생에게도, 그리고 생애 첫 저서 때부터 지금까지 늘 신세만 지고 있는 도서출판 선인의 윤관백 사장님과 편집진 여러분에게도 고맙다는 말을 빠뜨릴 수 없다.

2018년 5월 광주 풍향동에서 김덕진

|서문

우리는 크고 작은 침략을 중국, 일본, 서양 등으로부터 적지 않게 받아 왔다. 그러면 자연히 우리와 침략자 사이에 전쟁이 발발할 수밖에 없었다. 그 가운데 전라도는 가까운 일본에서 올라온 침략자들과 격렬하면서도 잦은 전쟁을 치를 수밖에 없었다. 중국에서 내려온 침략자들과도 직간접적으로 싸워왔다. 그래서 전쟁은 행정구역 변천, 지명 출현, 기념일 탄생, 역사인물 등장, 유물·유적 형성, 저작물 출간, 노래 유행 등 유무형의 형태로 전라도 지역에 많은 영향을 미쳤다. 이런 점을 여기에서는 14세기 왜구 침략부터 17세기 병자호란 발발까지 알아보았는데, 크게 세 부로 나누어보았다.

제Ⅰ부에서는 14세기 고려 말기부터 임진왜란 이전까지의 왜구 침략이 전라도 지역사회에 미친 영향에 대해 알아보았다. 여기에는 모두 다섯 개의 글이 수록되어 있다. 이는 왜구가 서남해 도서를 침략하자 그곳 사람들이 나주 지역으로 이주해 온 점, 왜구가 진도를 침략하자 그곳 사람들이 해남으로 피란 가서 살았던 점, 왜구 방어를 위해 영산강 입구에 설치된 목포진의 이모저모, 왜적과 맞서 싸우다 전사한 녹도진 만호 이대원·정운의 활약상과 그들을 향사한 쌍충사 건립과정, 왜구가 손죽도를 침략한 사건이 당시 조선의 내정과 외교에 미친 영향 등을 알아보려는 것이다. 이렇게 알아본 바, 백광훈의 달량행 창작이나 유희춘의 해남에서 담양으로의 이거 등 을묘왜변(1555년)이 전라도 지역사회에 미친 영향을 총체적으로 검토하지 못한 점이 아쉽기만 하다.

제Ⅱ부에서는 임진왜란(1592~1598년) 7년 전쟁이 전라도 지역사회에 미친 영향에 대해 알아보았다. 여기에는 모두 일곱 개의 글이 수록되어 있다. 이는 임란 극복의 원동력이 되었던 전라 좌수영의 군관을 분석한 것, 제2차 진주성 전투에서 순절한 '진주 3장사'가 김천일·최경회·황진이라는 점, 이순신과 함께 명량대첩을 거두었던 전라 우수사 김억추의 활약상, 왜군이 강진에 들어와서 펼쳤던 점령 정책, 왜군이 일본으로 끌고 갔던 전라도 출신 피로인의 현황, 피로인 가운데 한 사람이었던 영광 출신 강항이 일본 주자학 발달사에 미친 영향, 파병된 명군

|서문

을 따라 중국으로 넘어간 조선 사람들의 실태 등에 관한 것이다. 이렇게 알아본 바, 정유재란 때 전라도에 들어온 왜군에 의해 자행된 만행에 대한 총체적인 실상, 남원 출신의 최척 부부처럼 왜군이나 명군이 끌고 갔던 사람들에 대한 추적 조사가 필요함을 자인하지 않을 수 없다.

제Ⅲ부에서는 후금 흥기와 호란 발란이 전라도 지역사회에 미친 영향에 대해 알아보았다. 여기에는 모두 네 개의 글이 수록되어 있다. 즉, 후금이 요동으로 진출하자 그곳 사람들이 조선으로 대거 들어온 점, 정묘호란이 발발하자 전라도 사람들이 의병을 일으켰던 점, 병자호란이 발발하자 보성 출신 안방준이 의병을 일으켰던 점, 왜란과 후금 흥기 및 호란 이후 전라도에 들어온 이방인과 그들의 마을에 대한 점 등에 관한 것이다. 이렇게 알아본 바, 호란 이후 비등해진 대명 의리론에 따라 전라도 각지에 등장한 '대명'이 들어간 지명이나 식물명, 문중이나 군현별로 출간 붐을 이룬 '삼강록'이나 '절의록' 등에 관한 것도 정리할 필요가 있는 것 같다.

본서에 수록된 글은 본서를 기획하고서 쓴 것이 아니고 필요에 따라 또는 생각이 떠오를 때마다 그때그때 쓴 것이어서, 내용이 중복된 곳이 있을 수 있고 교정을 보았어도 표현이 일치하지 않는 곳도 있을 것 같다. 이 모든 것은 본의는 아니지만, 독자에 대한 예의는 아니라고 생각한다. 널리 이해해 주었으면 한다. 무엇보다 이미 학계에 어느 정도 알려져 있어 내가 굳이 안 써도 될 정도의 글이 있는 것 같아 부끄럽기 짝이 없다. 하지만 처음으로 문제 제기하거나 소상하게 파헤친 글이 있는가 하면 왜곡되어 있는 사실을 바로 잡은 글도 있어 그것으로 조그마한 위안을 삼고자 한다. 시간에 쫓기어 미처 심화하지 못하거나 포착하지 못한 주제는 누군가에 의해 연구되면 좋을 성 싶다.

|목차

Ⅰ. 왜구와 지역사회의 변화

1. 고려말~조선초 왜구 침입과 나주 지역민의 동향

1) 왜구의 나주 침입

2) 나주 지역민의 동향

1. 고려말~조선초 왜구 침입과 나주 지역민의 동향

머리말

왜구(倭寇)란 한국과 중국의 연안에 수시로 침입하여 인명을 해치고 재산을 약탈하던 일본의 해적집단을 말한다. 광개토대왕 비문에도 왜구 격퇴 관련 기사가 수록되어 있다. 신라 문무왕(文武王)이 "내가 죽으면 호국룡(護國龍)이 되어 왜적을 막겠으니 바다에 묻어 달라"는 유언을 남긴 적이 있다. 이는 왜구의 한반도 침입이 일찍부터 있었음을 알려 준다. 그러나 왜구 출몰이 극성을 부리기 시작한 것은 고려 후기부터이다. 무사 집단간의 싸움과 경제적 분화로 인하여 몰락한 하층무사나 하층민인들이 상층무사나 대상인들의 비호아래 그러하였던 것이다.

일본의 쓰시마나 이키 등을 근거지로 삼았던 왜구는 1223년(고종 10) 경남 김해(金海) 지방에 출몰하여 약탈을 자행한 이후, 한반도 남해안 지역에 침입하기 시작하였다. 1350년대를 전후한 충정왕 때부터 공민왕·우왕에 이르는 40년 동안에는 그 횟수가 빈번해졌을 뿐만 아니라, 회당 침략 규모가 100~500척 이상으로 증강된 적도 있었고, 경상·전라도는 물론이고 충청·경기도의 연안에까지 그 활동무대를 넓혔으며, 때로는 황해·평안도에서도 노략질을 하였다. 심지어 강화도(江華島)와 예성강(禮城江) 입구 등 수도의 코앞에서 노략질을 자행하였을 뿐 아니라, 내륙 깊숙이까지 들어와 수도 개경(開京)의 치안과 전라도 수부 전주의 통치력까지 위협할 정도였다.

그들의 약탈 대상물은 주로 식량이었다. 그래서 지방에서 조세를 거두어 서울로 올라가던 조운선(漕運船)은 그들의 좋은 공격 목표였다. 왜구들은 육지에 올라와서는 닥치는 대로 불을 지르고 사람까지 잡아다 노예로 팔아넘기는 등 만행을 일삼아 연안과 농어촌 사회를 파괴하였다. 뿐만 아니라 왕릉을 도굴하거나 사찰을 공격하여 문화재를 훔쳐가는 등 그 약탈 대상물이 다양하였다. 이러한 왜구의 행패 때문에 조운을 아예 그만두기도 하였으며, 한양(漢陽)·충주(忠州)·철원(鐵原) 등지로 천도하자는 의견까지 나왔다.

왜구의 침입이 치열해지자, 고려 정부에서는 무력으로 토벌하는 한편 외교적으로 이를 타개하기 위해 관료들을 일본에 보내어 왜구들에 대한 단속을 요청하였으나 큰 성과를 얻지 못하였다. 그런가 하면 자체 방위력의 강화에 힘써 도지휘사나 도순문사를 왜구 출몰 지역에 파견하였으며, 전함을 건조하고 연해의 여러 곳에 수군을 두어 이를 만호(萬戶)라는 지휘관으로 하여금 통솔하게 하였다. 또한 최무선(崔茂宣)의 건의에 따라 화통도감을 설치하여 화약을 제조한 후 화포 등의 각종 화기를 만들어서 왜구 격퇴에 큰 효과를 거둔 바도 있었다. 그러나 연중행사처럼 되어온 왜구의 침입은 정치를 불안하게 하고 국가재정을 파탄시켰다. 이 때 왜구 토벌에 공이 컸던 이성계는 이를 계기로 정치세력을 더욱 강화하게 되었으며, 왜구는 고려 멸망의 큰 원인이 되었다.

이처럼, 고려 말기에 왜구의 침입이 매우 극심하였는데, 가장 잦은 침략을 받은 곳이 남해안이었다. 그 가운데서도 경상도 지역이 가장 심하였지만, 전라도 지역도 그에 못지않았다. 경상도와 전라도는 왜인의 배가 닿는 첫 길이므로 그러하였던 것이다. 이제 나주 해안에 대한 왜구의 침입과 그 격퇴 과정을 알아보도록 하겠다. 왜구 침입으로 나주 지역사회가 적지 않게 변하였기 때문에 이 글을 작성해 보았다.[1]

1) 왜구의 나주 침입

기록상 왜구가 나주 지역에 처음 나타난 시기는 1323년(충숙왕 10) 6월로 추정된다. 이때 왜구가 군산도(群山島)에까지 침입하여 개경으로 가는 조운선을 습격하고 세곡미를 약탈한 적이 있었다.[2] 고려 정부에서는 그해 7월에 내부부령 송기(宋頎)를 전라도에 파견하여 왜구와 싸우게 하였고, 그는 적의 목 100여 급을 베는 전과를 올리었다.[3] 이러한 과정에서 왜구들이 나주 해안을 통과하였을 것이다. 이후에도 서남해에 왜구들이 빈번하게 나타났을 뿐만 아니라, 서남해를 돌아 충청도와 경기도, 황해도에까지 진출하였다. 그리하여 공민왕 대에 목포(木浦) 근해에서 왜구를 물리친 적이 있었다. 지금의 영산포 부근으로 추정되는 당시 목포는 군사 요충지였던 것 같다. 나주 출신 정지(鄭地) 장군이 왜적을 대파한 관음포 해전을 치르기 전에 나주 목포에 주둔한 적이 있었던 점으로도 짐작할 수 있다. 또한 우왕대에는 "왜적이 전라도 원수의 영(營)을 침범하고, 또 영산(榮山)을 침범하여 전함을 불사르고, 또 나주를 침범하여 불을 놓고 노략

---

1) 여말선초 왜구의 침입과 그에 대한 대응에 대해서는 그 동안 많은 논저가 나왔다. 그러한 결과 본 머리말 글은 이제 상식적인 지식이 되어 있는 상태이다. 따라서 이 글에서는 연구성과를 일일이 소개하지 않고 필요한 것만 언급할 것이다.

2) 『고려사』 35, 세가 35, 충숙왕 10년 6월 27일.

3) 『고려사』 35, 세가 35, 충숙왕 10년 7월 10일.

질하였다."⁴⁾라고 하여, 왜구가 나주 해상은 물론이고 내륙에까지 상륙하여 온갖 약탈을 자행하였다. 이상을 통해 고려말에 왜구가 나주의 바다는 물론이고 내륙까지 침입하였을 알 수 있다.

조선 건국 이후에도 왜구의 침입은 그치지 않았다. 이에 조선 정부에서는 왜구의 침입이 잦은 연해지역에 수군을 두어 해안을 엄히 방위하였다. 또한 대일교섭을 통하여 왜구의 단속을 요구하는 한편, 회유책도 병행하여 투화(投化)한 사람에 대해서는 관직을 주거나 밭과 집을 주기도 하였다. 또한 그들이 조선에서 물자를 얻으려는 욕구를 어느 정도 충족시켜 주기 위해 무역의 길을 열어 주었고, 그에 따라 경상도 동래의 부산포 등을 개항하여 왜선의 정박지로 정하고 그들 개항장에 왜관(倭館)을 설치해서 무역거래를 하도록 조치하였다. 그럼에도 왜구가 근절되지 않자, 1419년(세종 1)에는 대규모 원정군을 파견하여 쓰시마를 정벌하고 개항장인 삼포(三浦)를 폐쇄하기도 하였다. 그러나 그들의 간청으로 부산의 부산포(富山浦),⁵⁾ 웅천의 내이포(乃而浦, 薺浦), 울산의 염포(鹽浦) 등 3포를 개항하여 이곳에 사절로 들어오는 사송왜인(使送倭人), 교역을 위하여 오는 흥리왜인(興利倭人)을 정식 입국자로서 응분의 대우를 받도록 하였다. 이에 거류 왜인이 늘어나면서 그들이 저지르는 폐해도 적지 않았다. 당국에서는 거류왜인에 대한 통제를 강구하지 않을 수 없었는데, 강력한 통제가 원인이 되어 삼포왜란(三浦倭亂, 1510)이 일어나게 되었다.

나주 근해에도 왜구가 건국 직후부터 끊이지 않고 출몰하였다. 1393년(태조 2)에 국왕은 삼도절제사 이화(李和) 등을 양광도(楊廣道, 후대의 경기·충청도)에 보내고, 참찬문하부사 이지란(李之蘭) 등을 경상도에 보내고, 이방원과 전 전주절제사 진을서(陳乙瑞) 등을 전라도에 보내어 왜구

---

4) 『고려사절요』 30, 우왕 2년 7월.
5) 이때, 즉 세종 때 3포 개항과 관련해서는 실록에 '富山浦'로 기록되어 있다. 그러나 성종 때에 이르면 '釜山浦'로 기록되기 시작하였다.

를 방비하라고 명령하였다.[6] 왜구가 경상도와 전라도 및 양광도에까지 침입하였음을 알 수 있다. 이때에 왜구가 남해안을 돌아 나주 근해의 서해안에까지 진격하였던 것 같다. 그것은 왜선 10여 척이 영광군(靈光郡)에 침입하였는데, 소금 굽는 인부 30여 인이 힘껏 싸워서 세 사람 목을 베니, 왜구들이 쫓겨 갔다는 기록으로 짐작된다.[7] 이때 나주 근해에 들어 온 왜구의 규모는 크지 않았을 것이다. 전라도의 수군첨절제사 김빈길(金贇吉)과 만호 김윤검(金允劍) 김문발(金文發) 등이 잡아 죽인 왜적선이 3척에 불과하기 때문이다.[8] 그렇지만 1회에 그치지 않고 여러 번 침입하였음에는 틀림없는 사실이었다.

태종 때에도 왜구의 나주 침입은 계속되었다. 1404년(태종 4) 4월에 왜선 3척이 영광군을 침입하자 지군사(知郡事) 정정(鄭井)이 싸워서 물리쳤는데, 화살 맞은 군인이 6, 7명이나 되었다.[9] 그해 7월에는 왜선 33척이 전라도로 향하니, 조정에서 김영렬(金英烈)에게 명하여 전함을 이끌고 나가 방어하게 하였다.[10] 경기좌우 수군 절제사에 이어 삼도 수군 도지휘사를 맡고 있는 김영렬을 보낸 것으로 보아, 당시 왜선이 대규모로 전라도를 침입하였음에 분명하다. 3년 뒤 1407년(태종 7)에는 왜구들이 나주 근해에 나타나 목포(木浦)를 침입하여 개인 배 1척을 빼앗고 다섯 사람을 죽이고 다섯 사람을 사로잡아 갔다.[11] 이때 목포가 지금의 목포인지에 대해서는 확언하기 어렵다. 조선 정부가 대왜구 강경책을 폈음에도 불구하고 왜구의 출몰은 계속되었던 것은 분명하다.

우리나라에 들어 온 왜구는 쉽게 물러나지 않고 이후에도 계속 나주 근

---

6) 『태조실록』 3, 태조 2년 3월 18일.
7) 『태조실록』 6, 태조 3년 8월 22일.
8) 『태조실록』 5, 태조 3년 3월 17일.
9) 『태종실록』 7, 태종 4년 4월 4일.
10) 『태종실록』 8, 태종 4년 7월 1일.
11) 『태종실록』 14, 태종 7년 8월 25일.

해에 드나들며 위도(蝟島)와 만경(萬頃)까지 넘나들고 있었다. 그러다가 흑산도 근해에서 격퇴당하기도 하였다. 1422년(세종 4)에 전라도 도안무처치사 조치(趙菑)가 군관을 보내어 왜선 한 척을 흑산(黑山) 바다에서 잡아 머리를 벤 것이 12명이며, 나머지는 모두 물에 빠져 죽었으며, 포로로 붙잡혀 있던 남자와 부인 9명을 되찾아왔다.[12] 그들은 서남해에 머물면서 바다 섬을 점령하여 소굴로 삼고 제주와의 통행로를 점령하기도 하였다. 하지만 머물러 있는 왜선의 수와 복병한 곳을 모두 알 수가 없어 수색하여 토벌하기가 어렵고 토벌에 나선다고 하더라도 장수와 군졸들이 손해만 볼 수밖에 없었다. 이에 중종은 전라도 관찰사 신상(申鏛)에게

> 도내(道內)의 왜구들이 제도(諸島)에 의지하여 있으면서 누차 변방의 진(鎭)을 침범한 지 이미 여러 달이 넘었는데도 변장(邊將)들이 하나도 잡았다는 보고가 없으니, 자못 중히 맡긴 소임을 망각한 일이다. 일찍이 황보겸(皇甫謙)을 보냈었고, 이번에 또 이안세(李安世)로 조방장을 삼아 군관(軍官) 10명을 거느리고 내려가게 했는데, 호령이 한 곳에서 나오지 않아서는 안되고, 경(卿)은 또한 큰 임무를 감당할 재질이기에 병마절도사 소기파(蘇起坡)와 조방장 이안세 및 황보겸 등으로 하여금 경의 지시를 받도록 했으니, 도내의 날쌔고 용맹스러운 군사를 수를 헤아려 뽑아내어, 제장(諸將)들에게 나누어 주며 적왜(賊倭)들이 정박하여 의지할 만한 곳들을 협력해서 수색하여 토벌하도록 하여 국가의 위엄을 보이게 하고, 경의 단속을 어기는 사람은 한결 같이 군율(軍律)대로 시행하라.[13]

고 유시하여 서남 해도에 머물고 있는 왜구들을 격퇴하도록 독려하였다. 관찰사로 하여금 도내 장수들과 유기적 협력 체계를 구축하여 왜구를 기필코 격퇴하고 그렇지 못하면 엄벌에 처하겠다는 말이다. 이와 비슷한 정책은 이때 처음 나온 것이 아니라 이전부터 계속 시행되어 오던 것이다.

---

12) 『세종실록』 17, 세종 4년 8월 16일.

13) 『중종실록』 45, 중종 17년 6월 22일.

그러므로 관내 출몰한 왜구를 못 잡으면 수령이나 만호 등이 문책을 받을 수밖에 없었다.

그러나 왜구를 격퇴하면 그 장수와 군졸에게 포상이 내려졌고, 전사자에 대해서는 초혼제(招魂祭)를 지내게 하고 위로금으로 곡식을 주거나 그 집의 부역을 면제시켜 주었다. 포상과 관련하여 1426년(세종 8)에 전라도 처치사(處置使) 박실(朴實)이 왜적의 배 1척을 체포하고, 적의 머리 8급(級)을 베어 진무(鎭撫) 조여경(趙餘慶)으로 하여금 이를 바치게 하니, 조정에서는 조여경에게 옷 두 벌을 하사하고, 박실에게 안장 갖춘 말과 옷 및 선온을 내린 적이 있었다.[14] 장수에게 임금이 사신을 보내어 궁시와 무늬 있는 비단과 명주와 은기를 차등이 있게 내주거나, 병조(兵曹)에 명하여 군졸들의 군공을 등급매겨 포상하기도 하였다.

왜구를 격퇴한 민간인도 포상을 받았다. 1423년(세종 5)에 병조에서 전라도 수군안무사의 통첩에 의하여 국왕에게 보고하기를,

도내의 영암·나주·영광 등 각 고을의 소금 창고에 소속된 자은(慈恩)·암태(巖泰)·파지두(波之頭)·완포(莞浦) 등지의 염간(鹽干)으로 일찍이 왜적을 잡은 공로가 있어 공패(功牌)를 받은 사람은 좌우번(左右番)으로 나누게 하고, 공패가 없는 사람은 이름을 써서 초록(抄錄)하여, 적의 변고가 있으면 그들로 하여금 달려가서 변방을 방비하게 하고, 그 변방을 방비한 날수를 계산하여 소금을 바치는 것을 제해 줄 것입니다.[15]

고 하니, 국왕이 그대로 따랐다. 그러니까 왜구를 격퇴한 공로가 있는 염간(鹽干)으로 하여금 변고시 방수에 나가게 하고 그 날만큼 공염(貢鹽)을 면제시켜 주었던 것이다. 이들이 이렇게 혁혁한 공로를 세울 수 있었

---

14) 『세종실록』 17, 세종 4년 8월 16일.
15) 『세종실록』 19, 세종 5년 3월 5일.

던 것은 그럴만한 이유가 있었다. 전라도 각 섬의 염간들은 제각기 활과 화살이 있어, 혹은 집에 두고, 혹은 산에 묻어 놓고는 출입할 때마다 항상 이를 갖고 연습하기 때문에, 옛날 왜적이 극성할 때에 한 사람이 능히 수십 명의 적을 당해내어 감히 침범하지 못하게 했다고 한다.[16] 예전부터 왜구의 침탈에 노출되었던 서남해 염부(鹽夫)들이 자위수단으로 활과 화살을 준비해 놓았고, 그것을 다루는 그들의 용맹성이 뛰어났던 것이다.

2) 나주 지역민의 동향

1350년 충정왕대부터 자주 출몰하기 시작한 왜구들은 약탈을 일삼았다. 특히 전라도와 경상도의 해변 고을을 심하게 노략질하였다. 그들은 재물은 말할 것 없고 사람마저 약탈하기 일쑤였다. 그런 고을은 사람이 살 수 없어서 텅 비기도 하였다. 심지어 치소를 내륙으로 옮기었다가 뜸해지면 해안 쪽으로 다시 옮긴 곳도 있었다. 1414년(태종 14)에 장흥부(長興府)의 백성들이 옛 치소에 다시 들어가 살기를 원하여 임금이 그대로 따랐으니,[17] 왜구로 인하여 내지로 치소를 옮기었기 때문에 이런 일이 발생한 것이다. 이 외에 낙안, 무장, 영광, 흥양의 치소도 여말 선초의 왜구 때문에 옮긴 적이 있었다.[18] 자세한 내용은 관련 논저를 보면 될 성 싶다.

나주는 고을이 텅 비거나 치소를 옮길 정도로 왜구의 침탈이 심각하지는 않았다. 그렇지만 연해지역이나 부속 도서지역은 그 피해 상황이 자못 심각하였다. 영광의 속현이었던 압해현(壓海縣)의 민인들이 왜구 때문에 존립치 못하고 영토를 잃고 영광이 아닌 나주 남쪽으로 옮겨오니 나주에 속하게 하였다.[19] 장산도에 있던 나주목 관할의 장산현(長山縣)도 출륙하

---

16) 『세종실록』 73, 세종 18년 윤6월 19일.

17) 『태종실록』 28, 태종 14년 9월 1일.

18) 김동수, 「조선초기 군현치소의 이설」, 『전남사학』 6, 전남사학회, 1992.

19) 長山廢縣. 在州南二十里 一云安陵 本海中島 百濟時爲居知山縣 居一作屈 新羅改名安波爲壓海郡領縣 高麗改今名來屬 後因倭寇失土 僑居于此 仍爲縣(『신증동국여지승람』 35, 전라도, 나주목, 고적).

여 현 나주시 왕곡면 장산리 일대에 터를 잡았다. 도서지역 고을의 존립을 위태롭게 할 만큼 왜구의 피해가 막심하였던 것이다. 나주목 소속 흑산도 사람들도 배를 타고 나와 남포강변에 터를 잡자, 그곳이 영산현(榮山縣)이 되었고 나중에 영산포가 되었다.[20]

왜구들은 나주 백성들을 인질로 일본에 끌고 갔다. 그들 가운데 일부는 유구국(琉球國, 현재 오키나와)으로 흘러가기도 하였다. 1409년(태종 9)에 유구국 중산왕(中山王) 사소(思紹)가 사신을 보내어 아뢰기를

> 부녀 오가(吳加)의 부탁에 의거하면, '원래 나주 등지에 살고 있는 사람인데, 왕년에 왜구에게 노략을 당하여 본국에 흘러왔다.'고 하면서, 고향에 돌아가 백성이 되어 살게 해 달라고 빌었습니다. 그한 것을 참조하건대, 먼 곳의 사람들이므로 사리가 마땅히 돌아가야 하겠기에, 지금 오가 등을 출발시켜 배에 태워 보냅니다. 지금 발송해 보내는 부녀 3명은, 오가·삼덕(三德)과 데리고 있는 소녀 위가(位加)입니다.[21]

고 하였다. 왜구들이 나주에 들어와 적지 않은 사람들을 납치해 갔는데, 그들 중 세 부녀자가 유구국으로 흘러갔다는 것이다. 고향에 돌아가 백성이 되어 살게 해 달라고 애원하기 때문에 돌려보냈다고 한 것으로 보아 그 애절한 참상을 가히 짐작하고 남는다.

도서나 해안에서 어염업에 종사하는 사람들이 특히 수난을 당하였던 것 같다. 이는 다음의 기록으로 짐작할 수 있다. 1406년(태종 6)에 왜선 6척이 암태도를 침략하니, 적 2명을 염부가 쏘아 죽이고 물리쳤는데, 체포되었던 사람 2명이 도망치어 돌아왔다고 한다.[22] 2년 뒤 1408년(태종 8)에

---

20) 정요근, 「고려~조선전기 전라도 서남해상 도서지역의 군현 편제와 그 변화」, 『도서문화』 39, 목포대 도서문화연구원, 2012.

21) 『태종실록』 18, 태종 9년 9월 21일.

22) 『태종실록』 11, 태종 6년 2월 13일.

는 왜선 9척이 연일 암태도를 도둑질하니, 염간 김나진(金羅進)과 갈금(葛金) 등이 쳐서 쫓아버렸다. 나진 등 20여 인이 혈전을 벌여 적의 머리 3급(級)을 베고, 잡혀 갔던 사람 2명을 빼앗으니, 적이 곧 물러간 적이 있었다.[23] 이렇게 도서를 침략하여 염부들을 공략하고 체포해 가니 그들의 생업인 어염업이 황폐화 될 수밖에 없었다.

왜구들은 나주 부속 도서에 출몰하여 선박 건조용 산림을 벌채하기도 하였다. 흑산도에 배 재목이 많아서 왜인들이 왕래하면서 배를 건조하니, 우리 전함의 재목인 소나무가 장차 다 없어지게 될 형편이라고 1445(세종 27)에 전라감사가 염려할 정도였다.[24] 나주 근해에는 도서가 많고 그 도서에 소나무 숲이 울창하기 때문에 왜구들이 들이 닥쳤던 것 같다. 쓰시마에는 배 만들 만한 재목이 없으므로, 그들은 대부분 전라도 바다 섬에 와서 배를 만들어 가지고 돌아갔다.

왜구들은 공무상 항해하는 선박을 공격하기도 하였다. 나주 향리 정침(鄭沈)이 1371년(공민왕 20)에 전라도 안렴사의 명으로 제주도 산천에 제사지낼 축문과 폐백을 받들고 배를 타고 가다가 왜적을 만났다. 중과부적으로 배안 사람들이 모두 두려워하여 항복하기를 의논하였다. 그때 평소 말을 잘 타고 활을 잘 쏠 줄 아는 정침이 홀로 싸우기로 결심하여 활로 적을 쏘매 쏘는 족족 맞아 죽어 적이 감히 덤비지 못했다. 그러다가 결국 스스로 물에 몸을 던져 죽었고, 배에 있는 다른 사람들은 모두 적에게 항복하였다.[25] 또한 왜구들은 병선(兵船)을 보면 도망가면서도 서남해를 왕래하는 사선(私船)을 약탈하기도 하였다. 그 때문에 만일 좋은 장수가 날랜 군사를 거느리고 빠른 사선을 타고 바다 가운데 나아가서 왜선을 꾀어내어, 억센 활과 단단한 화살을 쏘고 겸하여 화포를 발사하면, 거의 다 잡을

---

23) 『태종실록』 15, 태종 8년 2월 3일.
24) 『세종실록』 109, 세종 27년 7월 26일.
25) 『신증동국여지승람』 35, 전라도, 나주목, 인물.

수 있을 것이요, 비록 잡지는 못하더라도 또한 우리 사선을 경솔하게 보지 못할 것이라는 아이디어가 나오기도 하였다.[26] 곡물이나 상품을 약탈하기 위해 그들은 무장력이 약한 사선을 집중 공격하였던 것 같다.

사선의 잦은 공격은 조운로를 막아 재정을 어렵게 할뿐만 아니라, 세곡의 납입 방법을 바꾸게 하였다. 국가재정 체계를 뒤흔들었다는 말인데, 삼한시대부터 남쪽 지방의 세곡은 배 다루기에 익숙한 남방 백성들을 이용하여 수로를 통해 운송되었다. 그런데 왜구의 침입이 심해지면서 조운선이 자주 약탈당하였다. 사실 그들이 고려·조선을 침입한 주요 목적은 부족한 식량 문제를 해결하기 위해서였다. 그러니 조운선이 자주 약탈당할 수밖에 없었고, 그럴 때마다 조정에서는 대안을 강구하지 않으면 아니되었다. 예를 들면, 1412년(태종 12) 국왕이 의정부에 명하여 전라도 미곡을 육로로 운송하는 일을 의논한 결과 전라도 완산 영내(完山 領內) 동북에 있는 각관은 수송하여 청주 영내(淸州 領內)의 각관에 이르게 하고, 완산 서남 영내에 있는 각관은 수송하여 공주(公州)·홍주(洪州) 영내의 각관에 이르게 하고, 남원·순천 영내에 있는 각관은 수송하여 완산 동북 영내의 각관에 이르게 하고, 나주·광주 영내에 있는 각관은 수송하여 완산 서남 영내의 각관에 이르게 하도록 하였다.[27] 이로 인해 세곡을 해운(海運)하던 나주와 그 영내읍도 육운(陸運)으로 충청도 공주와 홍주에 이르게 하였다. 육운은 사람과 우마가 지고 싣고 가다가 지치어 길에서 죽는 경우가 매우 많아 그 폐단이 심대할 수밖에 없었다. 그 때문에 왜구가 조금이라도 잠잠해지면 다시 해로로 수운하는 방안이 제기되었다.

이처럼 인명과 재물에 대한 약탈이 자행되는 상황에서 연해나 도서 주민들이 농사를 짓지 못하고 어염업을 계속하지 못하고 도망가기가 일쑤

---

26) 『세종실록』 16, 세종 4년 7월 21일.
27) 『태종실록』 24, 태종 12년 8월 28일.

였다. 특히 왜구에게 쉽게 노출되어 있는 도서 지역이 심각하였다. 그래서 그러한 지역은 텅 빌 수밖에 없었다. 1486년(성종 17)에 동부승지 이칙(李則)이 "근래 전라도에 수적(水賊)이 점점 성하여 여러 섬에 사는 백성이 하나도 없으니, 적의 침략한 바가 되어 간 것인지 아니면 수적이 되어 숨었는지 알지 못하겠습니다. 나주목사가 일찍이 사람을 보내어 뒤쫓아 잡다가 도리어 적으로부터 상해를 받았으니, 이는 큰 변입니다."[28]고 말한 그대로였다. 섬이 텅 비도록 수적을 못 잡았다고 수군절도사와 나주목사를 국문하게 하였으니, 위 기사는 나주 근해에 관한 것이었음에 분명하다.

정부에서도 섬을 비우는 정책을 쓰지 않을 수 없었다. 섬을 점령한 왜구들이 조선용 목재를 충당하고, 민가로부터 식량과 땔감 및 식수를 보충하여 스스로 살만 찌우고 있었기 때문이다. 심지어 섬에 사는 사람 중에 왜적을 만나면 다투어 술과 음식으로써 맞이해 위로하여 약탈을 면하려는 자도 있었다. 이러한 현실을 정부에서는 그대로 좌시할 수만은 없어 이른바 공도정책(空島政策)을 폈던 것이다. 해도(海島)에 거주하는 사람들을 육지로 쫓아내어 더 이상 섬에서 살지 못하게 하는 방안이 그것이다. 1460년(세조 7)에 병조에서 전라도 백성이 해도에 도망해 들어간 자가 많으니, 조정 관료를 보내어 쇄환(刷還)하게 하라고 청한 적이 있다. 이에 일부 관료들은

바닷가 연변(沿邊)의 백성이 여러 섬에 도망해 들어가서 혹은 고기를 낚고 소금을 굽는 것으로 직업을 삼는 자도 있고, 혹은 농사로 생활하는 자도 있으며, 혹은 내왕하면서 장사하는 자도 있는데, 추쇄(推刷)하라는 명령이 내린 것을 들으면 가족을 데리고 사람이 없는 섬에 깊숙이 들어갔다가 조금 늦추어지면 돌아오기도 하고, 혹은 영구히 돌아오지 아니하는 자도 있으니, 참으로 작은 일이 아닙니다. 속히 쇄환

---

28) 『성종실록』 198, 성종 17년 12월 20일.

향이 마땅하나, 지금 만약 쇄환한다고 명백하게 말하면 저들이 반드시 놀라고 의혹하여 깊이 숨을 것이니, 그들이 뜻하지 아니할 때에 나가서 찾아 잡는 것이 마땅합니다.[29]

고 하여 쇄환은 하되 소요가 있어날 가능성이 있으니 시일을 기다려 행하자고 하였다. 특히 성종대에 '도서거주금지령'이 강화되었고, 무단으로 도서에 거주하면 강제로 소환하는 추쇄령이 내려지기도 하였다.[30] 이로 인해 나주 근해의 부속 도서에도 거주민들이 급격하게 줄어들게 되었다.

하지만 왜구가 조금이라도 뜸해지면 사람들이 여기저기서 섬이나 바닷가에 모여들기 시작하였다. 빈궁한 백성들이 생업을 찾아 들어가기도 하였지만, 범죄를 짓거나 무거운 세금을 못이긴 사람들이 도망가서 토지를 개간하거나 어염업에 종사하기도 하였다. 공도정책에도 불구하고 입도인은 계속 증가하고 있었던 것이다. 이러한 현실을 전향적으로 타개하려는 정책이 드디어 나오게 된다. 입도(入島)를 인정한 상태에서 자위 수단을 강구하고, 그들로부터 수세를 하는 방안이 그것이다. 즉, 연해나 도서의 중요한 곳에 성을 쌓고 근실한 자를 수장으로 삼아 언제 있을지 모를 왜구의 침입에 대비했으면 좋겠고, 그들에게 공부를 부과하면 좋겠다는 것이다.[31]

도서와 연해에 거주하던 주민들은 왜구의 침입으로 인한 현실의 고통과 불안을 이겨내고 정신적 안정을 구하기 위해 미륵하생신앙과 연결된 매향을 행했다. 매향이란 향나무를 묻는 행위이다. 더불어 매향비(埋香碑)란 매향을 하면서 그 연유와 시기, 장소, 관련된 사람들을 기록하는 비문을 말한다.[32] 그런 매향이 주로 14~15세기에 전라도의 섬이나 해안지방에

---

29) 『세조실록』 25, 세조 7년 8월 6일.
30) 김경옥, 『조선후기 도서연구』, 혜안, 2004.
31) 『태종실록』 2, 태종 1년 7월 27일. 『세종실록』 4, 세종 1년 7월 28일.
32) 이해준, 「매향신앙과 그 주도집단의 성격; 14, 5세기 매향사례의 분석」, 『김철준박사화갑기념 사학논총』, 1983.

서 집중적으로 행해졌다. 나주에서는 암태도와 팔흠도에서 매향이 이루어진 것으로 발견된다.[33] 이 시기에 전라도에 대한 왜구의 침략이 극심했으며 그중에서도 도내 해안지방과 섬지역의 피해가 컸음은 잘 알려져 있는 사실이다. 따라서 전라도 도서와 연해지역에서 매향을 행했다는 것은 불교신앙을 이용하여 왜구를 격퇴해 보려는 도민들의 발원이었던 것이다.

맺음말

나주는 1323년 고려 충숙왕 10년부터 왜구의 침입을 받기 시작하였다. 나주 근해에 나타나 부속도서를 공격하였을 뿐만 아니라 영산강을 거슬러 목포(현재 영산포)까지 진격하여 마을, 조운선, 공무선, 사선, 어장, 염장, 송전 등을 습격하였다. 중앙정부는 군대를 보내고 지역민들은 자체적으로 자위단을 조직하여 대응하였지만 역부족이었다. 그 결과 나주 향리 정침 등 많은 사람들이 목숨을 잃었고, 사람과 선박 및 재물을 약탈해갔는데 오키나와까지 끌려갔다가 되돌아온 사람도 있었다. 그리고 섬 사람들은 도저히 살 수가 없자 고향 섬을 뒤로한 채 육지로 나왔는데, 흑산도 사람들은 영산포에, 압해도 사람들은 나주 남쪽에, 장산도 사람들은 왕곡면 장산리 일대에 각각 새로운 터전을 잡았다. 그리고 섬과 바닷가 사람들은 신앙으로 왜구를 격퇴하기 위해 바닷가에 매향을 하고 매향비를 세웠다. 한편, 토벌책과 유화책으로 왜구의 침입이 잠잠해지자, 섬을 떠났던 사람들은 다시금 하나둘씩 고향으로 되돌아가기 시작하였다. 그리하여 본래 독립 고을이었던 서남해 도서가 나주목 소속이 되어 '나주제도(羅州諸島)'로 불리었다가, 1896년 지도군 신설 때에 독립해 나갔다.

---

33) 이해준, 「전남지방 발견의 매향자료와 그 성격」, 『전남문화재』 1, 전라남도, 1989.

2. 여말선초 왜구 침입과 진도현의 출륙·환도

2. 여말선초 왜구 침입과 진도현의 출륙·환도

머리말

진도(珍島)를 인문학적 관점에서 보면, 상장(喪葬) 관련 민속의례의 독특성이 매우 강하고 그 전통성이 국내 어느 지역보다 강하게 남아 있는 곳으로 유명하다. 그러면 그 유래는 어디에 있을까가 궁금해진다. 이 궁금증을 풀어보기 위해 우선 진도 사람들의 사유구조를 살펴볼 필요가 있는데, 이 점은 객관적 검증이 어려운 한계가 있어 불필요한 오해를 낳을 우려가 있다. 그렇지만 진도 사람들의 사유구조에 영향력을 미쳤을 것으로 추정되는 외적인 환경은 충분히 검토의 여지가 있는데, 그와 관련하여서 한반도의 최남단 위치, 바다를 매개로 한 생업, 그리고 잦고 격렬한 전쟁 등 여러 가지를 떠올릴 수 있다. 그 가운데 전쟁의 역사를 주목하지 않을 수 없다.

진도 사람들의 잦은 전쟁 체험의 기원은 진도가 해상교통 상의 요지에 위치한다는 점에 있다. 진도는 해남과 진도 사이의 수로나 진도 서쪽의 외해를 통해 서해와 남해를 연결하는 중요한 뱃길에 위치할 뿐만 아니라, 한반도 중심부(개성이나 서울)와 바다 건너 제주도를 연결하는 중간 지점에 위치한다. 그리고 진도는 일본 서부나 중국 남방과 한반도를 해로로 연결하는 중간 지점에 위치하기도 한다. 이러한 지리적 사정 때문에 진도는 해로의 요지여서 해상교역이나 국가재정 및 해양방어 측면에서 주목을 받아왔고, 그 결과 역사적으로 내란과 외침에 의한 전쟁의 참혹함을 자주 겪었다. 다시 말하면 진도의 지리적 이점을 살려 세력을 확장하기 위해 진도를 장악하려는 집단과 이를 막으려는 집단 사이에 치열한 격전이 진도 땅 안에서 빈번하게 벌어졌다는 것이다. 가령, 왕건(王建)이 나주를 점령하기 위해 먼저 진도를 침공하였고, 삼별초(三別抄)가 진도에 새로운 근거지를 마련하고 중앙정부에 대항하였고,[1] 고려말 왜구는 물론이고 16세기 왜구·왜군의 침입으로 진도가 격전장이 되기도 하였다.[2] 그리고 진도는 19세기 말 동학농민운동의 최후 격전장이 되었고,[3] 한국전쟁 때에도 진도 안에서 치열한 공방전이 펼쳐졌다. 한국 역사상 최대 규모의 전쟁을 진도 땅은 한 번도 비켜나지 않았다고 보아도 과언은 아니다. 여기에 덧붙여 조선시대 내내 정치범이나 흉악범의 유배지로 진도는 진도인의 의사와는 무관하게 이용되었다.[4] 또한 국내인은 물론이고 외국인까지 진도 해역에서 잦은 해난사고를 겪었는데, 최근의 세월호 사고도 진도 사람들에게 무거운 짐을 안겨주었다. 이러한 전쟁과 정쟁 및 날씨의 소용돌이 속에서 진도 사람들은 내부인이건 외부인이건 간에 원인도 모른 채 죽어가는 죽음의 참화를 목도할 수밖에 없었다. 진도 사람들에게 죽음의 의

---

1) 윤용혁, 「고려 삼별초의 항전과 진도」, 『도서문화』 37, 목포대 도서문화연구원, 2011, 87쪽.
2) 박병익, 「소재 노수신의 「피구록」 연구」, 『고시가연구』 29, 한국고시가문학회, 2012, 진도군·목포대박물관, 『임진·정유왜란과 진도』, 1992.
3) 전라남도 진도군·(사)동학농민혁명기념사업회, 『동학농민혁명 지도자 유골봉환을 위한 학술연구 및 동학농민혁명 역사공원 조성계획』, 2005.
4) 김덕진, 「진도와 유배」, 『진도의 유학과 기록문화유산』(진도군·전남대 한국어문학연구소), 심미안, 2009.

미가 그 어느 지역 사람보다 남다를 수밖에 없었을 것임은 분명하다.

앞서 언급한 전쟁과 정쟁, 그리고 궂은 날씨로 진도 땅에서 수많은 사상자가 발생하였다. 특히 전쟁은 그 어떤 요소보다 주검의 대량 발생을 초래하는 특성이 있다. 인류 최대의 사망요인이 전쟁인데, 진도는 한국사상의 대규모 전쟁을 거의 모두 겪었다. 그런데 죽음이란 사람들 가슴 속에 그에 대한 슬픔과 고통 및 무력감을 제공하는 속성이 있다. 죽음을 보내는 산 자들의 형태가 다양한 것처럼, 그것을 진도 사람들은 진도 고유의 방식으로 풀어냈다. 그래서 그런지 진도의 민속은 죽음과 관련된 것이 많다는 점이 하나의 특징이라고 한다. 진도 사람들은 죽음을 문화가 되게 가꾸었던 것이다.

여기에서 진도에 남긴 전쟁의 상처가 얼마나 강력하였고, 그것이 진도에 어떤 형태로 투영되었는가를 여말선초 왜구 침입을 중심으로 하여 살펴보겠다. 이를 위해 진도의 행정조직, 왜구 침입과 진도현 출륙, 진도현과 해남현의 합병, 진도군으로의 복설과 환도 등을 차례로 알아보겠다. 이 점에 대해서는 기존의 향토사나 한국사 연구에서도 적지 않게 다루어졌다. 바로 그러한 점들을 새로이 발굴한 자료와 새로운 생각을 추가하여 체계적으로 정리하고 그에 대한 의미도 부여해 보겠다.

1) 진도의 행정조직

서남해 여러 도서지역에서 신석기 시대와 청동기 시대의 유적이 발견되고 있어 선사시대 때부터 진도에도 사람들이 살았다는 점을 짐작할 수 있다. 특히 진도는 여타 지방보다 많은 지석묘가 집중적으로 발견되는 점, 여러 형식의 것들이 혼재해 있는 점 등을 볼 때 지석묘 사회가 매우 오래도록 존속·번영되었으리라 생각된다. 이러한 대규모 지석묘의 축조는 보다 발달된 식량 생산법, 즉 농경의 발달과 목축의 실시 등을 바탕으로 한 생활 안정, 인구 증가, 그리고 강력한 통제집단의 등장 등을 반영하고 있다고 하겠다.[5] 그래서 진도에도 일찍부터 정치적 통치집단이 존재했을 것이지만, 자세한 사정을 알기는 어렵다.

백제(百濟) 시대에 이르면 진도에 군현이 설치되었다. 이 점은 김부식(金富軾, 1075~1151)이 편찬한 『삼국사기(三國史記)』에

인진도군(因珍島郡)은 해도(海島)이다. 도산현(徒山縣)은 해도이다(혹은 猿山이라고 한다). 매구리현(買仇里縣)은 해도이다.[6]

라고 기록되어 있다. 백제 시대에 현재의 진도 땅에 인진도군(因珍島郡), 도산현(徒山縣), 매구리현(買仇里縣) 등 3개의 군현이 설치되어 있었음을 알 수 있다. 이 가운데 인진도군은 현재의 고군면 고성리 일대에, 도산현은 군내면 분토리 일대에, 매구리현은 임회면 상만리 일대에 있었을 것으로 추정된다. 오늘날 진도 동서지역의 풍속이 서로 다른 점에 대한 기원은 여러 각도에서 추적할 수 있지만, 이와 같은 지역적 독립성에서도 접근이 가능하다. 인진도(因珍島)에 대해서 본래 '인진도'가 아니라 '진도'였다는 견해가 있다.[7] 반면에 인진도라는 말의 어원은 진도의 여러 산 가운데 하나인 '인달산'(첨찰산으로 추정)이라는 산에서 기원한다고 하는데, 이 '인달산'이 '인달섬'(因珍島)이라는 지명으로 바뀌었다는 견해도 제시되었다.[8] 잘못 기록된 것인지 아니면 추정이 가능한지 현재로서는 확정하기 어렵다.

신라는 삼국을 통일한 후 대대적인 행정구역 개편을 단행하여 9주 5소

---

5) 송정현, 「진도의 역사」, 『호남문화연구』 10, 전남대 호남문화연구소, 1979, 42쪽.
6) 『삼국사기』 37, 지리지 4, 무진주.
7) 목포대학박물관 · 전라남도진도군, 『진도군의 문화유적』, 1987, 15쪽.
8) 최연식, 「삼별초 이전 진도 관련 역사자료의 재검토」, 『지방사와 지방문화』 14-1, 역사문화학회, 2011, 354쪽.

경을 두었다. 그 가운데 지금의 전라남도 땅에 686년(신문왕 6)에 무진주 (武珍州)를 두었다가 경덕왕 때에 무주(武州)로 고쳤다. 진도 지역은 바로 이 무주에 소속되었다. 그리고 인진도군을 진도현(珍島縣)으로 고쳐 무진 주 산하의 무안군에 소속시켰고, 도산현을 뇌산군(牢山郡)으로 고쳐 무진 주 산하에 두고 그 아래에 매구리현을 첨탐현(瞻耽縣)으로 고쳐 두었다.[9] 이렇게 보면, 통일신라 때에도 현재의 진도 땅에는 진도현, 뇌산군, 첨 탐현 등 3개의 군현이 있었고, 이들은 하나의 계통이 아니라 무안군-진 도현과 뇌산군-첨탐현의 두 계통으로 영속관계가 이루어졌음을 알 수 있 다.[10]

고려시대에 들어와 진도지역은 무주에 속했던 이전과는 달리 새로이 나 주에 속하게 되었다. 그리고 고려는 전국의 행정구획과 군현명을 고칠 때 에 이전의 진도현을 그대로 진도현으로 하고 현령을 두었고, 뇌산군을 가 흥현(嘉興縣)으로 고치고 첨탐현을 임회현(臨淮縣)으로 고치고 진도현의 속현으로 두었다. 이 점에 대해『고려사』에는 다음과 같이 기록되어 있다.

A-1) 진도현은 본래 백제의 인진도군으로 해중의 섬이다. 신라 경덕왕 때에 지금 이름으로 고쳐 무안군의 영현으로 삼았다. 고려 때에 나주에 속하게 한 후 현 령을 두었다. 충정왕 2년에 왜구로 인하여 내지로 옮겼고, 큰 나룻터가 있고 목지도라는 섬이 있고 속현(屬縣)이 둘이다.

-2) 가흥현은 본래 백제의 도산현(일명 원산)으로 진도 안에 있다. 신라 경덕왕 때 에 고쳐 뇌산군이라 하였고 고려 때에 다시 지금의 이름(가흥현)으로 고쳤다.

-3) 임회현은 본래 백제의 매구리현으로 또한 진도 안에 있다. 신라 경덕왕 때에 이름을 첨탐현으로 고치고 뇌산군의 영현으로 삼았다. 고려 때에 다시 지금 이름(임회현)으로 고쳐 진도현에 내속시켰다.[11]

9)『삼국사기』36, 지리지 3, 무주.
10) 신라 중앙정부 - 무진주 ┬ 무안군 - 진도현
　　　　　　　　　　　　　└ 뇌산군 - 첨탐현
11)『고려사』57, 지리지 2.

고려의 지방조직은 중층적 구조로 이루어졌다. 이에 따라 처음에는 나주목 산하에 진도현, 가흥현, 임회현을 속현(지방관이 없는 고을)으로 두었다. 그러다가 중기에 진도현에 현령관을 파견하여 주현(지방관이 있는 고을)으로 삼고 그 아래에 가흥현과 임회현을 두었다. 진도에 현령이 파견된 해는 1143년(인종 21)일 가능성이 제일 높다고 한다. 진도 3현은 나주목의 속현(屬縣)이 되었지만, 나주와 멀리 떨어진 섬에 위치하기 때문에 나주목의 통치력이 원활하게 미치기 어려운 곳이었다. 따라서 인종 때 여러 지역에 새로 현령관을 파견하면서 진도에도 현령관을 파견하여 독자적인 주현-속현 단위를 편성하였던 것이다.[12]

1143년에 진도현에 현령을 파견한 일은 진도현에 대한 중요성이 반영된 조치일 것이다. 이전 현종(顯宗, 1010~1031) 때에 재상으로 활약하였던 최사위(崔士威, 961~1041)가 국왕에게 보고하여 건립하거나 중수한 사찰 중에 진도현의 점찰원(占察院, 점찰산 자락의 진도현 치소 부근에 있었을 것으로 보임)이 보인다. 최사위가 고려 현종을 추대하는데 앞장섰고, 이후 현종대 정치를 주도하였던 것을 고려하면 그가 요청하여 건립하거나 중수한 사찰들은 일정 정도 이상의 비중을 갖는 사찰들로 볼 수 있다. 그중의 하나인 진도현의 점찰원도 일정한 비중을 갖는 사찰로 볼 수 있다.[13] 이러한 사찰이 진도현에 들어섰다는 점은 곧 진도현 위상의 상승을 반영할 것이다.

앞에서 말한 것처럼, 고려 때에 진도 지역에는 3고을이 있었다. 그중 가흥현은 진도의 북쪽에, 임회현은 진도의 남쪽에, 그리고 진도 전체를 영도하는 진도현은 진도의 동쪽에 각각 있었다. 이 가운데 진도현의 치소는 처음에는 고성(古城, 현재 고군면 고성리)에 두었다가, 나중에 용장평(龍藏坪, 현재 군내면 용장리)으로 옮겨졌다. 진도현이 고성에 있거나 용

---

12) 박종진, 「고려시기 진도현의 위상과 변화」, 『도서문화』 38, 목포대 도서문화연구원, 2011, 135~137쪽.
13) 최연식, 「삼별초 이전 진도 관련 역사자료의 재검토」, 358~359쪽.

장평에 있건 간에 이 두 곳은 벽파진과 가까운 곳이다. 벽파진은 육지에서 진도로 들어가는 관문 역할을 하였기 때문에, 진도현을 새로이 진도 3현의 주현(主縣)으로 삼은 것은 진도현의 지리적 이점을 최대한 살려 진도 섬 전체에 대한 통치권을 극대화하려는 조치였던 것 같다.

그러면 언제 고성에서 용장으로 치소를 옮겼을까? 앞에서 언급한 것처럼, 그 시기는 진도현에 현령을 파견한 1143년(인종 21)일 가능성이 높다. 그리고 1170년(의종 24)일 가능성도 점쳐진다.[14] 진도현령을 역임한 바 있는 윤승해(尹承解)의 묘지명에 따르면, 당시까지만 해도 진도는 더럽고 누추하였으며 오랑캐의 풍습도 있었으며 무릇 빈객을 대접하는 데에도 큰 길가의 다른 지방과는 같지 않아서 명을 받아오는 사람들이 힘들게 여겼다. 이때 윤승해가 부임하여 완전히 개혁하여 큰 고을처럼 만들었다. 그리고 백성들이 고기 잡고 소금 굽는 것만을 믿고 농사에 힘쓰지 않았는데, 윤승해가 독려하여 농토로 돌아가게 하였다. 처음에는 백성들이 싫어하는 기색이 있었지만 수입을 얻게 된 뒤에는 도리어 즐겨 따라서 비록 흉년이 든 해라도 모자라지 않았다고 한다.[15] 윤승해에 대한 찬양 일변도처럼 보이지만, 진도의 생업구조가 획기적으로 신장되었음은 분명한 것 같다. 『신증동국여지승람』의 풍속 조항의 "백성들은 고기와 소금에 의존하고 있으며, 그다지 농사에 힘쓰지 않는다"는 구절을 보아도 더더욱 그러하다. 바로 이러한 진도현령의 파견이나 경제력의 신장이 읍치를 바다와 보다 가까운 용장으로 옮기게 하지 않았을까 추정하게 한다.

이 용장평이 현재의 용장성(龍藏城)이 있는 곳인데, 성곽의 규모가 어떠했는지에 대해서는 알 수 없다.[16] 그런데 조선초기 15세기에 편찬된

---

14) 이때 무신정권은 의종을 거제현으로 추방하고, 태자를 진도현으로 추방하였다(『고려사절요』 11, 의종 24년 9월). 태자의 탈출이나 반항을 사전에 막기 위해 읍치구조를 보강하였을 가능성이 점쳐진다.

15) 김용선 역주, 『역주 고려묘지명집성』, 한림대 아시아문화연구소, 2001, 630~631쪽.

16) 송정현, 「진도의 역사」, 45쪽.

『신증동국여지승람』을 보면, 용장성의 규모를 짐작할 수 있다. 즉, "용장성은 지금의 치소(현재의 진도 읍내) 동쪽 25리에 있다. 돌로 쌓았으며, 둘레가 3만 8천 7백 41자, 높이가 5자다. 고려 원종 때에 삼별초가 모반하여 강화부(江華府)로부터 들어와 이 섬에 자리를 잡고 궁전을 크게 지었으나 김방경(金方慶)이 그것을 쳐서 평정하였는데, 이것이 그 옛터이다."[17]고 하였으니, 진도현의 치소성 규모를 짐작할 수 있다.

2) 왜구 침입과 진도현 출륙

개경 환도를 거부한 삼별초가 1270년(원종 11) 5월에 강화도에서 봉기하여 정부를 수립하였다. 그들은 얼마 지나지 않아 남하하기 시작하여 8월에 진도에 이르렀다. 용장성 안에 궁궐을 짓고 세력 확장에 나섰다. 여몽 연합군은 진도를 공격하여 1271년 5월에 용장성을 함락시키고 삼별초 정부를 무너뜨렸다. 그 과정에서 진도가 받은 인적·물적 피해와 정신적 충격은 엄청났다. 삼별초 항쟁의 공포를 채 잊기도 전에 진도 사람들에게 죽음에 대한 깊은 두려움이 또 다시 찾아왔는데, 그것은 왜구의 침략이었다. 그런데 그 공포는 왜구 출몰이 잠잠해지는 조선초기까지 장기간 지속되어 심각성을 더했다.

진도는 남해안으로 침입해 와서 서해안으로 올라가는 왜구의 초입지에 위치하고 있다. 이 점에 대해『세종실록』에는

전라도 진도군은 사면에 큰 바다가 둘러 있고 왜적들의 초입지로서 요해지(要害地)가 많이 있사오니, 병선(兵船)이 없는 요해지에는 비거도선(鼻居刀船)을 만들고, 도내의 각색군정(各色軍丁)과 공사노(公私奴)로서 활쏘기와 말타기에 능하고 선상에서의 활동에 익숙한 자를 뽑아 소패사격군(小牌射格軍)으로 정하고 그 선

---

17) 『신증동국여지승람』 37, 전라도, 진도군, 고적.

척에 나누어 타고는 적당히 배치 정박하며, 각기 군포(軍鋪)를 설치하고, 낮에는 연기, 밤에는 불로 신호하며, 5경(更) 때마다 각(角)을 불어 차례로 서로 전해 호응하게 하고, 무사할 때는 그 선척은 군포 앞에 정박하게 하고, 연기가 나면 보수하게 하옵소서.[18]

라고 기록되어 있다. 의정부에서 병조의 보고에 의하여 아뢴 것인데, 진도는 바다 한 가운데 있어 왜적들의 초입지가 되기 때문에 방어책을 강화해야 한다는 내용이다. 특히 전라도는 한반도 최대의 곡창지대여서 그곳을 노리는 왜구들에게 역시 진도는 길목이었다. 그리고 진도 이남의 전라도와 경상도 지역의 세곡선이 벽파정을 경유하여 북쪽의 개성으로 올라갔다. 당시의 연안항로가 벽파정과 울돌목을 통과하였다는 연구를 보면,[19] 고려시대의 세곡선이 진도를 경유하였음에 분명하다. 조선시대의 경우 경상도 남해현 세곡선을 예로 들자면, 전세를 본현 노량창(露梁倉)에서 조운선에 적재하여 발선하는데 순천 구도(狗島), 흥양 희연도(喜然島), 장흥 우두도(牛頭島), 영암 갈두포(葛頭浦), 진도 벽파정(碧波亭), 그리고 나주 역도(亦島) 등지를 거쳐 한강 용산에 이르렀다.[20] 세곡 운송로가 이러하였기에 진도를 지나는 세곡선을 약탈하기 위해 왜구들이 진도를 집중 공략하였을 것이다.

이처럼 진도가 왜적이 서해안으로 들어오는 길목에 위치하고 전라도 곡창지대로 들어가는 입구에 위치한데다 양남 세곡선의 경유지였기 때문에, 왜구의 침략이 격증하는 고려 말에 진도 사람들은 그 직격탄을 피할 수 없었다. 그로 인해 많은 인명과 재산 피해를 입다가 그것을 견디지 못하고 진도현은 진도를 떠나 육지로 옮기고 말았다. 이제 진도현의 출륙에 대한

---

18) 『세종실록』 81, 세종 20년 5월 23일.
19) 한정훈, 「고려시대 연안항로에 관한 기초적 연구」, 『역사와 경계』 77, 부산경남사학회, 2010, 17쪽.
20) 『여지도서』, 경상도, 남해, 전세.

이유와 과정 및 내용을 하나씩 자세히 살펴보자.

고려 중엽에 무신란과 몽고 침입 등을 겪으면서 국정이 소홀해지고 군비가 허약해졌다. 이 틈을 타고 왜구가 창궐함에 진도는 새로이 왜구 방어의 요충지로 중요시되기 시작하였다. 이 점과 관련하여 1269년(원종 10)에 왜구의 침입을 우려하여 경상도 창선현(현재 남해)에 있는 사고(史庫)를 진도로 옮겼다는 기록이 있다.[21] 국사(國史)를 진도에 보관하게 하였다는 말은 그만큼 진도를 방어 요지로 인식했다는 점을 반영한다. 하지만 진도를 왜구 방어의 전진기지로 삼으려던 고려의 정책은 삼별초 항쟁으로 허사로 돌아가고 말았다.

한편, 1271년(원종 12)에 삼별초 세력이 함락되고 진도현이 복구될 때 가흥현과 임회현이 폐지된 것으로 보는 견해가 있다.[22] 그런데 1282년(충렬왕 8)에 진도현령 조득주(趙得珠)가 파견되었던 것으로 보아, 진도현령을 파견하면서 굳이 2개의 속현을 폐지할 필요는 없었을 것이다. 오히려 왜구 침입에 대비하여 그대로 두어야 할 필요성이 더 높았을 것 같다. 하지만 계속되는 왜구의 침입으로 현상 유지는 힘들게 되었다. 앞에서 살핀 자료 A-1)처럼, 『고려사』 지리지에는 진도현이 1350년(충정왕 2)에 왜구 때문에 육지(내지)로 옮겨졌다고 기록되어 있다. 이 사실은 당시의 지리지에도 그대로 기록되어 전한다.

B-1) 충정왕(忠定王) 2년 경인에 진도는 왜구로 인하여 육지로 옮겼다. 태종(太宗) 9년 기축에 이르러 해남현을 합하여 해진군(海珍郡)으로 하였고, 12년 임진에 또 군(郡)을 영암(靈岩)의 속현(屬縣) 옥산(玉山)의 땅으로 옮겨 읍(邑)을

---

21) 송정현, 「진도의 역사」, 46쪽.
22) 윤경진, 「고려말 조선초 서해 남해안 교군 사례의 분석 – 전라도 충청도 서해도 지역의 사례」, 『한국사학보』 31, 고려사학회, 2008, 81쪽.

만들었다.[23]

-ㄹ) 충정왕 2년에 왜구로 말미암아 내지(內地)로 옮겼으며, 본조 태종 9년에 해
남현과 합쳐 해진군으로 하였다가 세종 19년에 다시 갈라서 각각 옛날대로 하
였다.[24]

『세종실록지리지』와 『신증동국여지승람』에도 진도현이 1350년에 왜구
의 침입을 피해 내지로 옮겨졌다고 기록되어 있다. 하지만 실제로 진도현
이 육지로 읍을 옮긴 것은 이보다 조금 뒷 시기로 보는 것이 합리적일 것
같다는 의견이 개진되었다.[25] 1350년은 왜구가 본격적으로 출몰하기 시
작하던 때였고, 그에 따라 국가에서도 그에 대한 대비책을 내놓는 단계였
다. 따라서 이 시기에 섬 지방의 읍치를 육지로 옮겼을 가능성은 적다는
점에서 그런 의견이 개진되었다. 진도현이 육지로 옮긴 때를 남해현과 마
찬가지로 왜구의 피해가 격증하는 1358년(공민왕 7년) 무렵으로 보는 견
해가 있어 참고된다.[26] 사실 이때는 왜구의 피해를 막기 위해 연해지역의
창고를 모두 내륙지역으로 옮기게 하였으며, 관리의 녹봉을 지급하지 못
할 지경에 이르렀다.[27]

1350년이건 1358년이건 간에 진도현은 왜구의 침입을 견디지 못하고
치소를 육지로 옮겼던 것은 분명한 사실이다. 이때 가흥현과 임회현도 각
기 피란을 갔는지, 아니면 진도현과 함께 피란을 갔는지, 그렇지 아니면
진도현으로 통폐합되어 피란을 갔는지에 대해서는 그 어떤 점도 자료가
없어 알 수 없다. 하지만 이때부터 가흥과 임회 두 고을은 역사 속에서 사

---

23) 忠定王二年庚寅(元 順帝 至正十年) 珍島因倭寇內遷 至太宗九年己丑 合海南縣 爲海珍郡 十二年壬辰 又徙
于靈巖屬縣玉山之地營邑焉(『세종실록지리지』, 전라도, 나주목, 해진군).

24) 忠定王二年 因倭寇 遷內地 本朝太宗九年 合海南爲海珍郡 世宗十九年 復折之各復舊(『신증동국여지승람』
37, 전라도, 진도군, 건치연혁).

25) 박종진, 「고려시기 진도현의 위상과 변화」 139쪽.

26) 윤경진, 「고려말 조선초 서해 남해안 교군 사례의 분석」 81쪽.

27) 박종기, 「고려 말 왜구와 지방사회」 『한국중세연구』 24, 한국중세사학회, 2008, 184쪽.

라져 버렸다. 『신증동국여지승람』에는 그 옛터 또한 진도 안에 있다고 기록되어 있어 고려말 왜구의 침입으로 인한 교우(僑寓)의 흔적은 보이지 않는다. 군현의 내륙 교우 과정에서 가흥·임회 두 현은 독자적인 영역과 주민을 확보하지 못하고 소멸되어 버렸기 때문으로 여겨진다.[28]

당시 왜구의 약탈과 방화 및 살육과 납치 행위는 고려 전역에 걸쳐 자행되어 전체 민중들의 삶을 도탄에 빠지게 하였다. 그런데 진도 사람들이 어떤 피해를 입었는지에 대해서는 많은 자료가 보이지 않는다. 『옥주지(沃州誌)』[29]에는 왜구의 침입으로 성이 함락되었다고 기록되어 있다. 하지만 왜구들이 1351년에 130척의 선단으로 인천 부근 도서를 침공하였고, 다음 해 1352년(공민왕 1)에는 개성 바로 앞 교동도까지 대선단으로 몰려와 갑산창(甲山倉)을 불지른 일을 상기할 필요가 있다.[30] 이런 대규모 선단이 인천·개성 부근까지 진격할 때에 진도를 경유하여 갔을 것임은 자명하다. 바로 이들이 지나가면서 진도에 상륙하여 성을 함락시키고 온갖 살육을 자행했을 것이다. 실제 이 무렵 전라도 일대에는 왜구가 범람하고 있었다. 이로 인해 진도에 남긴 죽음의 공포는 심대하였을 것이고, 그것을 이기지 못하고 그만 진도현의 치소를 육지로 옮겼을 것으로 보인다.

그러면 어디로 치소를 옮겼을까? 『옥주지』에는 진도현령이 나머지 백성을 거느리고 나주 남쪽 월악(月岳)으로 피하여 머물렀다가, 잠시 후에 영암 북쪽 명산(命山)으로 옮기고, 또 다시 해남 금산(金山)으로 옮겼다고 한다. 18세기에 편찬된 『여지도서(輿地圖書)』에 따르면, 진도현은 월아지리(月阿只里), 명산리(命山里), 삼촌리(三村里)로 읍치를 세 차례나 옮긴

---

28) 정요근, 「고려~조선전기 전라도 서남해상 도서지역의 군현 편제와 그 변화」, 『도서문화』 39, 목포대 도서문화연구원, 2012, 97쪽.
29) 옥주(沃州)는 진도의 별호이고, 『옥주지』는 진도 출신 김몽규가 1761년(영조 37)에 편찬한 사찬읍지이다.
30) 『고려사』 38, 세가 38, 공민왕 1년 3월 경신.

것으로 되어 있다.[31] 두 자료 모두 일치되는 기록이다. 지루한 유랑의 길을 걸은 셈인데, 월아지리는 나주 월악(현재 영암군 시종면 월악리)에 있고, 명산리는 영암 명산(현재 영암군 시종면 구산리)에 있고, 삼촌리는 해남 금산(현재 해남군 삼산면 송정리)에 있다. 이동 경로를 보면, 월아지리나 명산리는 삼포강과 시종천을 끼고 있는 지역으로써 배가 다닐 수 있는 곳이었다. 그렇다면 고향을 떠난 진도 사람들은 배를 타고 육지로 들어와 월아지리와 명산리의 포구 근방에 거처를 마련했던 것이다.[32] 또한 진도와 보다 가까운 곳으로 이동했음을 확인할 수 있는데, 그것은 고향에 대한 그리움의 표출이 아닐까 한다. 그리고 진도 사람들은 월아지리 등지의 천변·해변을 개간하여 농토로 바꾸어 새로운 삶의 터전을 만들었을 것이다. 재천(再遷)한 명산리에 토성(土城) 옛터가 아직도 남아 있다는 18세기 『여지도서』 기록을 감안하면, 그들이 그곳에서 나름의 생활 터전을 다졌음을 쉽게 파악할 수 있다.

진도의 피란지[33]

---

31) 至正十年庚寅 因倭寇遷內地月阿只里 再遷命山里 北抵羅州牧三十里南抵靈巖郡三十里 土城遺址尙存 三遷三村里 北抵海南縣十里 永樂七年己丑 合海南縣爲海珍郡 正統二年丁巳復析之 各復舊官員郡守(『여지도서』, 전라도, 진도, 건치연혁).

32) 정요근, 「진도의 옛 읍치 유적」, 『내일을 여는 역사』 62, 2016, 287쪽.

33) 정요근, 「진도의 옛 읍치 유적」, 『내일을 여는 역사』 62, 2016.

3) 진도현과 해남현의 합병

이후 진도현은 1409년(태종 9)에 해남현과 통합되어 해진군(海珍郡)이 되었다. 이제 진도 사람들은 독자적인 고을마저 잃는 수모를 겪을 수밖에 없었다. 합병 당시 해진군의 치소는 녹산역(鹿山驛) 옛터에 성을 쌓고 마련한 것으로 되어 있다.[34] 녹산역은 현재의 해남군 삼산면 평활리 일대로, 현재의 해남 읍내로부터 남쪽 10리에 있다. 그러다가 3년 뒤 1412년(태종 12)에는 치소를 영암의 속현인 옥산(玉山) 땅으로 옮겼다.[35] 옥산은 "옥산 폐현은 현의 남쪽 10리에 있다. 옛날의 사라향(沙羅鄉)이었는데, 고려 때에 지금의 이름으로 고쳐 영암군에 예속되었으며, 지금은 본현의 치소(治所)로 되어 있다."[36]고 하여 진도가 본도로 돌아간 이후에도 해남의 치소가 된 곳이다.

이처럼, 진도 사람들은 삼별초 항쟁을 겪은지 80여년 지난 1350년 무렵에 왜구의 침입을 피해 진도를 버리고 육지로 들어가 영암과 해남 땅을 전전하였다. 그러다가 조선왕조에 들어와서는 아예 그마저도 잃은 채 해남과 통합된 운명을 맞기까지 하였다. 진도 주민들이 왜구의 침입을 피해 진도를 버리고 육지로 나옴에 따라 진도는 공도(空島), 즉 텅빈 섬이 되고 말았다. 그러나 비록 진도 현지에 관부는 없었지만, 점차 사람들은 하나씩 들어와 살기 시작하였다. 그들에 대하여 육지에 있는 관부가 일정한 통치권을 행사하기까지 하였는데, 이 점은 1406년(태종 6)에 일본에 가서 외교 업무를 제대로 처리하지 못했다는 이유로 여의손(呂義孫)을 진도에 유배시켰던 점을 통해 알 수 있다.[37] 진도에 사람이 살고 있지 않았다면,

---

34) 『태종실록』 17, 태종 9년 2월 3일.

35) 本朝太宗九年 合于珍島郡爲海珍縣 十二年徙邑治于靈巖屬縣玉山之地(『여지도서』, 전라도, 해남, 건치연혁).

36) 『신증동국여지승람』 37, 전라도, 해남현, 고적.

37) 『태종실록』 11, 태종 6년 2월 27일.

유배인을 진도에 보낼 리가 없기 때문이다. 1413년(태종 13)에는 제주에서 바친 말을 진도의 고읍(古邑)에 방목하도록 하였던 점도 사람의 거주를 전제하지 않고서는 단행되기 어렵다.[38] 고읍이 어느 곳인지는 알 수 없지만, 말 방목을 염두에 둔다면 옛 임회현 자리가 아닐까 한다. 유배인을 보내고 목장을 설치한 일은 이후에도 진도 복읍(復邑) 때까지 종종 벌어지고 있었다.

1414년(태종 14) 2월 26일에는 진도군을 본도로 환원시키라는 명령이 내려졌다. 그 이유는 말을 확보하기 위한 목장(牧場)을 개설하기 위해서였다. 이 점에 대해『태종실록』에는

> 지해진군사(知海珍郡事)에게 명하여 군민(軍民)을 거느리고 다시 진도 구치(舊治)에 들어가게 하였다. 진도군은 본래 남해 가운데 있었는데, 일찍이 왜구로 인하여 내지로 옮겼다가, 이제 해변이 평안하기 때문에 이러한 명령이 있었다.

고 기록되어 있다. 옛 치소로 진도를 돌아오게 한 것이다. 이와 함께 전라도 당번선군(當番船軍)으로 하여금 섬 가운데에 목책을 세우고 목장을 만들게 하였는데, 이는 전년에 명령한 것을 촉구한 것이다. 왜구가 어느 정도 평정되어 연해지역이 다소 안정되어 있기 때문에 읍을 복설하고 목장을 설치하게 한 것임에 분명하다. 그런데 고을과 목장을 유지할 만큼 진도 인구가 많지 않았던 것 같다. 그래서 전라도 도관찰사는

> 전에 추자도(楸子島)에 거주하던 사람으로서 제주도에 옮겨 간 자가 있으니, 반을 추쇄(推刷)하여 진도에 옮겨 두고, 또 각 고을의 시위군(侍衛軍)으로 하여금 돌아가며 지키도록 하고, 지군사(知郡事)로 하여금 살피게 하소서. 또 긴급하지 않은 여러 포구의 병선을 추쇄하여 요해처를 지키게 하는 것이 어떠하겠습니까?

---

38)『태종실록』26, 태종 13년 10월 14일.

라고 보고하였다. 주민이 부족하였던지 추자도 사람으로서 제주도에 들어간 사람을 진도로 옮겨가게 하자고 하였던 것이다. 진도로 이주한 자에 대한 지원책도 강구되었는데, 수군도절제사(水軍都節制使)는

각 고을의 유이(流移)하는 인물을 추쇄하여서 진도에 채우고 10년을 한도로 하여 조세(租稅)와 공부(貢賦)를 면제하는 것이 어떠하겠습니까?

라고 보고하였다. 진도로 되돌아온 사람들에 대해서 면세 혜택을 주자는 것이다. 관찰사와 절제사의 보고에 대해 정부에서는 아뢴 대로 따르겠다고 답하였다.[39] 복읍하는 진도의 읍호에 대해 군(郡)이 거론되었지만, 진도군의 행방에 대해서는 언급이 없어 알 수 없다.

하지만 목장 설치 작업은 정부의 명령에 의해 곧 바로 착수되었다. 『금성일기(錦城日記)』에 따르면, 진도 목장의 수초 현황을 조사하기 위해 내섬소윤(內贍少尹) 이위(李衛)가 1414년(태종 14) 10월 12일 나주를 거쳐 지나갔고, 역시 같은 일로 승전색(承傳色) 나연(邢衍)·노희봉(盧希鳳)과 대호군(大護軍) 전흥(田興) 일행이 10월 25일 나주를 거쳐 지나갔다.[40] 그런데 목장 설치 건은 시작부터 제동에 걸리고 말았다. 『태종실록』에 따르면, 전라감사의 요청으로 보낸 이위는 해진군사 이각과 함께 가서 관찰하고서는 "섬의 풀이 모두 띠이므로 말이 먹지 못하여 파리하였습니다"고 보고하였다. 김승주가 반박하며 "진도의 풍토는 비록 제주와 같지 않으나, 반드시 각처 목장에 못지 않을 것이니 가볍게 버릴 수 없습니다"고 말하였다. 의견이 갈리어 결정을 내리지 못하고 있던 태종이 전흥과 노희봉에게

---

39) 命知海珍郡事 率軍民復入珍島舊治 珍島郡本在南海中 曾因倭寇內徙 今邊海寧謐 故有是命 因使全羅道當番 船軍立木柵于島中 將以爲牧場也 全羅道都觀察使報日 在先林子島居人之移入濟州者 爲半推刷 移置珍島 且 令各官侍衛軍輪次守護 令知郡事考察 又刷不緊諸浦兵船 守害害處何如 水軍都節制使報日 推various流移人物 以實珍島 限十年免租賦何如 政府以聞 從之 唯免租賦事 依六典施行(『태종실록』 27, 태종 14년 2월 26일).

40) 나주시문화원·나주시, 『국역 금성일기』, 1989, 67쪽.

명하여 내려가서 진도 목장을 보게 하였는데, 그들의 복명 또한 이위의 말과 같았다.[41] 게다가 진도로 강제로 옮겨 살게 하고, 그들에게 많은 말을 사육하게 한 데에 대해 제주도 사람들이 크게 반발하였던 것 같다. 그래서 1년도 못되어 다시 진도군을 육지로 옮기고, 그와 함께 목장도 혁파되었다.[42]

4) 진도군으로의 복설과 환도

진도군의 복설 문제는 세종 대로 넘어가게 되었다. 태종 때에는 해진군으로 유배된 사람이 적지 않았다. 그런데 세종 대에 들어와서는 진도에 유배된 사람이 있었는데, 중국에 사신으로 갔다가 돌아오는 노상에서 잔인포학하고 탐오무치한 죄를 저지른 권희달(權希達)이 1424년(세종 6)에 진도로 유배되었다.[43] 유배객 처리를 위해 진도 지역에 대한 정부 입장이 변하고 있음을 알 수 있다.

변화의 조짐은 수군제도의 개편책에서도 나타나고 있었다. 국방력 강화를 도모하던 세종은 1432년(세종 14) 5월에 형조판서 정흠지(鄭欽之)를 도순찰사로 삼아 함길도에 보내어 경성의 성터를 살펴서 정하게 하였다. 그리고 9월에는 전라도에 보내어 대굴포(大窟浦, 현재 무안)에 있는 수영(水營)을 옮겨 배치할 장소를 살펴보게 하였다.[44] 그래서 정흠지는 종사관 돈녕부사 민공(閔恭)과 함께 수영을 옮길 곳을 살피는 일로 나주를 거쳐 진도, 황원(黃原), 토주(土周) 등지를 살펴본 후 돌아갔다.[45] 서울로 돌아온 정흠지는 전라도의 수영을 목포(木浦)에 옮겨 설치하고, 목포의

41) 『태종실록』 28, 태종 14년 10월 18일.
42) 『태종실록』 28, 태종 14년 11월 7일.
43) 『세종실록』 23, 세종 6년 3월 22일.
44) 『세종실록』 57, 세종 14년 9월 9일.
45) 나주시문화원·나주시, 『국역 금성일기』, 1989, 82쪽.

병선을 황원의 남면(南面) 주량(周梁)에 옮겨 정박하게 하고, 진도의 서면
(西面) 소가포(蘇可浦)에 수영의 병선 3~4척을 매달 윤번으로 정박시켜
지키게 하자고 건의 하였다. 이를 접한 정부는 논의한 결과 그대로 따르
자고 결정하였다.[46] 이러한 논의와 결정을 보면, 당시 진도의 공권력 상
태는 거의 원상 회복 수준이었던 것 같다.

  이 외에 세원을 확보하여 국가수입을 늘리려는 세종의 재정 증대책에
의해서도 진도는 주목을 받기 시작하였다. 아직 이 점에 대한 구체적인
자료를 발견하지는 못하였지만, 1439년(세종 21)에 강화도에 심은 왜저
(倭楮) 종자를 충청도의 태안, 전라도의 진도, 경상도의 남해·하동에 나
누어 심게 한 조치를 통해서 유추할 수 있다.[47] 조공과 출판으로 인해 증
가한 종이 수요에 부응하기 위해 도입한 일본 닥나무 종자를 심을 수 있는
곳으로 진도와 같은 연해지역이 필요하였기 때문이다. 또한 비록 바로 뒤
의 일이지만, 병선을 건조하는 재목인 소나무를 사사로이 베지 못하도록
하는 송전(松田)을 진도의 가사도(加士島)·평도(坪島)·초도(草島)에 두
었던 점,[48] 전라도의 나주·진도·광양 등지에 기름진 곳을 골라서 감초
(甘草)를 심게 하였던 점[49] 등도 정부로 하여금 진도에 빨리 고을을 설치
하도록 추동한 요인이 되었을 것이다.

  그리하여 1433년(세종 15) 6월에 영의정 황희(黃喜)는 전라도 진도는
왜인이 오는 첫 지면이므로 방어하는 일을 갖추지 아니할 수 없으니, 경
상도 거제(巨濟)의 예에 의하여 수령을 두어 변경을 굳게 해야 한다고 건
의하였다. 그 의견에 임금의 윤허가 바로 떨어졌다.[50] 그에 따라 7월에
해진군을 둘로 나누어서 각각 수령을 두고 옛 이름을 회복하게 하는 조치

---

46) 『세종실록』 58, 세종 14년 10월 20일.
47) 『세종실록』 84, 세종 21년 1월 13일.
48) 『세종실록』 121, 세종 30년 8월 27일.
49) 『문종실록』 7, 문종 1년 5월 1일.
50) 『세종실록』 60, 세종 15년 6월 14일.

를 공식적으로 내렸다. 이때 경상도의 곤남군도 곤명과 남해로 나누어졌다.[51] 그런데 누군가가 이의를 제기하였던 것 같다. 그래서 세종은 윤8월에 의정부와 각조에 명령하여 진도에 수령을 두는 것이 편리한지 어떤지를 논의하게 하였다. 그랬더니 영의정 황희는

이제 진도에 사는 백성이 1백 13호이니, 그 인구수가 필시 5, 6백 명에 덜되지 않을 것인데, 만약 모두 육지로 나오게 한다면 백성들이 집을 잃게 될 것이고, 만약 그대로 살게 한다면 반드시 왜구의 노략질하는 바가 될 것이며, 또 논과 밭이 도합 1천여 결이어서, 그것이 군수(軍需)에 도움이 없지 아니하니 마땅히 성을 쌓고 수령관을 두어서 외적을 막고, 백성들이 생업에 안심하게 할 것입니다. 그러나 신 등이 전에 몸소 보지 못하였사오니 다시 관찰사를 시켜서 거기에 수령관을 두는 것이 편할까 편치 않을까를 살펴보게 한 후에 다시 의논하게 하옵소서.

라고 말하였다. 수령을 두어도 되겠으나, 현지 상황을 직접 확인하지 않았기 때문에 관찰사의 의견을 듣고 결정하면 좋겠다는 의견이다. 반면에 이조판서 허조(許稠)는

진도에 고을을 설립하면 수호할 선군(船軍)이 나오기가 어려우니, 수령관을 두지 말고 사는 백성을 몰아내고, 뒤에 몰래 들어가는 자가 있으면 철저하게 금지하게 하옵소서.

라고 말하였다. 수령을 두지 말고 현재 거주하는 백성들도 모두 몰아내자는 의견이다. 이 가운데 황희의 의견이 채택되어 마침내 진도의 복읍책은 실행에 옮겨지게 되었다.[52] 읍호(邑號)는 군으로 정해졌다.[53] 이리하여

---

51) 『세종실록』 78, 세종 19년 7월 3일.

52) 『세종실록』 61, 세종 15년 윤8월 14일.

53) 해방(海防)이 강조되던 1866년에 진도는 남해의 요해처라고 하여 도호부(都護府)로 승격되었다. 그래서 1872년에 작성된 고지도 이름은 「전라우도 진도부 지도」라고 명명되어 있고. 읍내면 이름도 '부내면(府內面)'으로 변경되어 있다. 하지만 1874년에 다시 진도군으로 강등되었다.

진도 사람들은 실로 80년 이상의 유랑 생활에 종지부를 찍게 되었다.[54]

진도군 복설 당시에 진도 안에는 이미 민가 113호에 인구 5·600명이 거주하고 있었다. 이들 가운데는 진도를 떠났던 원주민이 포함되어 있을 것이다. 그리고 이 가운데는 새로운 유입인도 적지 않게 포함되어 있을 것인데, 1437년(세종 19)에 병조에서는 많은 해진·영암·장흥·강진 사람들이 진도와 들어와 살고 있다고 하였다.[55] 그래서 이들 유입인을 잘 다스리려면 무략이 있는 이를 택하여 수령을 맡기고 만호를 겸임하게 하여야 한다고 제안되었다. 진도는 토성이 기름져 부근의 주민이 왕래하면서 논밭을 갈고 있다고 한 언급을 두고 볼 때에,[56] 풍부한 해산물과 함께 외부인 유입 요인은 열려 있었던 셈이다.

이로써 진도를 독립 고을로 복설하려던 진도 사람들의 오랜 숙원이 달성되었다. 여기에는 진도 사람들의 노력도 큰 힘이 되었다. 1932년에 세워진 「진도향현팔선생추모비(珍島鄕賢八先生追慕碑)」에 따르면, 진도군 복설에는 진도 출신의 조복명(曺復明), 박연(朴衍), 박근손(朴根孫), 김석곤(金碩菎) 등이 설군을 하고 향교를 세우는 데에 앞장섰다고 한다. 이 가운데 조복명의 선대는 가흥현의 호장이었고, 박연은 부친과 함께 진도에 들어왔고, 김석곤 집안도 공도 상태에서 진도에 들어왔다고 한다.[57] 진도군 복설에 공을 세운 사람들은 나중에 향청과 작청을 맡는 등 진도의 유력

---

54) 진도군 복설과 함께 그 동안 중단되었던 목장도 설치되었다. 1445년(세종 27)에 건시미포부터 미사포까지는 4천 필을 놓을 수 있고, 부지산부터 창포까지는 3백 필을 놓을 수 있고, 해원 동쪽부터 덕병평까지는 2백 필을 놓을 수 있다고 하였다(『세종실록』 110, 세종 27년 10월 9일). 그러더니 이듬해에는 각도의 목장은 각기 부근의 수령·만호로써 감목(監牧)을 겸임하게 하였는데, 진도에는 여귀산곶·부지산곶·해원곶에 각각 목장을 두었다(『세종실록』 111, 세종 28년 1월 23일). 성종 때에는 지력산(智歷山)에도 목장이 설치되었다. 이후 다른 목장은 폐지되고 지력산 목장만 유일하게 남았다(김경옥, 「19세기 전라도 진도목장의 운영 실태」, 『남도문화연구』 32, 순천대 남도문화연구소, 2017). 지력산 목장 지역은 목장면(牧場面)이라는 면 이름을 지니다가, 목장 폐지 이후 지산면(智山面)으로 변경되어 지금까지 불리고 있다.

55) 兵曹啓 全羅道珍島 地廣沃饒 海珍 靈巖 長興 康津等官人民 多渡海而居者 無有管轄官吏 實爲未便 本道 元有石城木柵 易爲修築 擇有武略者 差委守令 兼任萬戶 鎭衛居民 從之(『세종실록』 77, 세종 19년 4월 20일).

56) 『세종실록』 64, 세종 16년 6월 19일.

57) 목포대학교박물관·전라남도진도군, 『진도읍성 철마산성 지표조사보고』, 1992, 47~49쪽.

계층으로 활약하였다.

해남에서 돌아올 당시 치소를 외이리(外耳里)에 두고 석성을 쌓았다. 이 성을 『신증동국여지승람』에서는 고진도성(古珍島城) 또는 신성(新城)이라고 하는데, 그 규모에 대해 "고진도성은 지금의 치소 동북쪽 15리에 있다. 돌로 쌓았으며, 둘레가 3천 8백 74자, 높이가 8자이고, 안에 샘이 셋이 있다. 지금은 반쯤 허물어졌는데 정통(正統) 정사년(1437)에 해남현으로부터 본도 외이리로 돌아왔고, 경신년에 지금의 치소로 옮기었다. 지금까지 외이라고 부르던 것이 신성이다."[58]고 기록되어 있다. 외이리를 현재의 고군면 고성리 일대로 추정한다. 그러니까 고려초기 진도현 치소 자리로 와서 옛터에 서둘러 석성을 쌓고 새로운 출발을 시작했던 것이다.

그러다가 1440년(세종 22)에 현재의 진도군 중심지로 읍치를 옮겨 오늘에 이르고 있다. 진도읍성의 이설 배경에 대해 고진도성은 진도 섬의 동북단에 치우쳐 있기 때문에 진도군 전지역을 관할하기에는 불편하다는 점, 현재 진도읍성의 배후에는 철마산성이라는 천연의 요새가 있다는 점 등이 언급되고 있다.[59] 사실 고려시대에는 진도에 3개의 고을이 있었지만, 왜구 때문에 출륙해 있던 사이에 등장한 조선정부는 전국 군현을 대대적으로 통폐합하여 진도 섬에 진도군이라는 하나의 고을만 두었다. 자연히 진도 섬의 중심부로 치소를 옮길 수밖에 없는 상황이었다.

그런데 곧이어 진도 안에서 불미스러운 사건이 발생하고 말았다. 1444년(세종 26) 윤7월에 행대감찰 윤체(尹替)가 진도군사 윤처신(尹處信)과 진도 두호장(頭戶長) 배심(裵諶) 등이 진도 일수(日守) 김지(金之)를 때려 죽인 사연을 추고하는 일로 조사를 마친 바 있었다.[60] 이때 윤처신의 행위에 대해 실록에는 "윤처신이 진도군사가 되어 불법으로 부민(部民)을 곤

---

58) 『신증동국여지승람』 37, 전라도, 진도군, 고적.
59) 목포대학교박물관 · 전라남도진도군, 『진도읍성 철마산성 지표조사보고』, 58쪽.
60) 나주시문화원 · 나주시, 『국역 금성일기』, 1989, 94쪽.

장으로 때려 죽였는데 때마침 특사로 용서받았다."[61]고 기록되어 있다. 이로 보아 군수와 호장이 함부로 형벌을 가하여 하급자를 죽였으나, 큰 벌을 받지 않았고, 그로 인해 진도의 읍호도 변동이 없었던 것 같다.

진도군의 복설 이후 명산리, 삼촌리 지역은 '명산면(命山面)', '삼촌면(三村面)'이라는 이름으로 영암, 해남에 각각 여전히 진도 땅으로 남아 있었다. 고을 경계를 넘어 남의 고을 안에 있는 자기 고을 땅을 월경지(越境地)라고 하는데, 이는 아마 피란민 가운데 일부가 진도로 돌아가지 않고 그대로 정착하여 발생하였을 것 같다. 진도로 돌아온 사람들에게도 명산과 삼촌 등지에 자신들이 개간한 땅이 있었기에, 계속적인 소유권 주장이 가능하였을 것이다. 이런 월경지들도 500여년 지난 1906년에 정리되었다. 광무정부는 칙령 제49호 「地方區域整理件」으로 월경지를 정리하여 부근의 군에 이속시키는 지방 행정구역의 정비를 단행했다. 이에 따라 전남에 있던 9곳의 월경지가 정비되었다. 그때 진도 땅이던 명산면과 삼촌면이 각각 영암과 해남으로 넘어 갔다.

맺음말

고려시대에 진도 섬에는 진도현, 가흥현, 임회현 등 세 고을이 있었다. 진도현은 치소를 현재의 고군면 고성리 일대에, 가흥현은 군내면 분토리 일대에, 임회현은 임회면 상만리 일대에 각각 두었다. 삼별초 항쟁이 끝나고 80여년 지나 왜구가 출몰하기 시작하여 노략질을 일삼았다. 특히 진도는 서남해 해상교통의 요지여서 집중 침입을 받은 결과 성이 함락되는 피해를 입어 더 이상 사람이 살 수 없는 상황이 되어버렸다. 하는 수 없이 진도 사람들은 1350년 무렵에 고향을 뒤로한 채 육지로 나와 살기 시작하

---

61) 『문종실록』 9, 문종 1년 8월 22일.

였다. 진도현 사람들은 처음에는 나주 월아지리로 갔다가, 영암 명산리로 옮긴 후, 다시 해남 삼촌리로 옮겼다. 이와는 달리 가흥현과 임회현 사람들은 어디로 갔다가 어떻게 되었는지에 대해서는 현재로서는 그 어떤 기록도 발견되지 않아 전혀 알 수 없는 상황이다.

해남으로 가 있던 진도현은 1409년(태종 9)에 해남현과 합병되어 해진군으로 되고 말았다. 그러는 사이에 그동안 비어 있던 진도에 사람들이 하나둘 들어와 살기 시작하였다. 그러자 유배객도 안치되었고 제주 말을 방목하자는 말도 나왔다. 행정력이 빠르게 복원되자, 1414년(태종 14)에는 진도군을 본래대로 환원시키고 목장을 설치하라는 명령이 내려졌지만, 조건 미숙으로 불발로 그쳐버렸다. 세종 대에 들어서서는 국방력 강화책과 국가재정 증대책의 일환으로 통치권이 미치지 않는 곳에 대한 관심이 집중되었다. 그 결과 진도에 수군기지를 두고, 목장을 설치하고, 관부를 두자는 의견이 개진되었다. 마침내 1433년(세종 15)에 진도 복읍이 '진도군'이라는 읍호로 결정되어 진도 사람들은 80여 년간의 유랑 생활에 마침표를 찍게 되었다.

이전과는 달리 진도 땅에 진도군 한 고을만 복설되었다. 옛 가흥현이 있었던 곳은 '군내면'이 되었고, 옛 임회현이 있었던 곳은 '임회면'이 되었다. 진도에 돌아온 사람들은 치소를 처음에 외이리 옛 진도성에 두었다가, 7년 지난 1440년(세종 22)에 지금의 군청 자리로 읍성을 지어 옮겼다. 그래서 옛 치소가 있었던 곳은 '고군내면'이 되었다. 1866년에는 남해의 요해처라고 하여 진도군이 도호부로 승격되자 '읍내면'을 '부내면'으로 재빠르게 변경하였지만, 얼마 지나지 않아 읍호는 원래로 돌아가고 말았다. 반면에 영암과 해남에서 돌아오지 않고 현지에서 그대로 산 사람들도 있었다. 그래서 영암 명산과 해남 삼촌은 진도 땅이었다. 이런 땅을 월경지라고 하는데, 1906년 행정구역 개편 때에야 영암과 해남 땅으로 되돌아갔다.

3. 목포진의 설치와 운영

3. 목포진의 설치와 운영

머리말

　과거에 조그마한 포구에 불과했던 목포(木浦)는 오늘날 서남해의 대표적인 항구이자 도시로 성장해 있다. 이러한 목포의 성장에는 두말할 것도 없이 19세기 말 목포에 개항장이 설치되었던 것이 절대적인 영향을 미쳤다. 그러나 목포가 개항장이 된 데에는 그 이전에 있었던 수군진이 적지 않은 영향을 미쳤을 것으로 생각된다. 수군진이 개항의 기본적인 인프라가 되었을 것으로 여겨서 그렇다. 그런 점 때문에 오늘날 많은 사람들이 목포의 유래를 연구하고, 목포의 역사문화에 대한 원천 자료를 찾기 위해 목포진(木浦鎭)에 대한 연구를 제법 많이 해왔다. 여기에서는 그러한 기존 연구와 새로이 발굴한 자료를 토대로 목포진의 설치와 구성 및 역할을 다시 한 번 새롭게 정리해 보겠다. 특히 기존에는 설진과 축성 등의 외적인 면에 초점을 맞추었지만, 여기에서는 그것과 함께 목포진의 역할(목포 만호의 직무)이라는 내적인 면을 부각시켜 보겠다. 전라도의 수군진(水軍

鎭)에 대한 연구는 적지 않은데,[1] 그 가운데 수군진의 역할(수군만호의 직무)에 대한 연구는 적은 것 같아 그런 점에서 본고는 의의가 있다고 생각한다.

목포에 수군진이 설치된 때는 조선전기라고 알려져 있다. 왜구의 방어와 조운선의 호송에 대한 목포의 지역적 중요성이 강조되면서 그러하였을 것으로 추정된다. 본래 목포는 조운과 어업의 거점이자 해상 교통로상의 요지여서 자연스럽게 일찍부터 군사적인 주목을 받았다. 그러한 주목의 결과물로 등장한 것이 바로 수군진의 설치였다. 수군진의 설치로 인해 만호(萬戶)라는 수군 지휘관이 파견되고 전함과 군인 및 관속이 배치되었을 뿐만 아니라, 그것을 보호하기 위한 성곽이 축조되었을 뿐더러, 이를 배후로 하는 마을도 들어서게 되었다. 자그마하고 한가한 포구가 어느덧 제법 '계획되고' '번화한' 곳으로 탈바꿈하게 되었으니, 그 발단은 다름 아닌 수군진의 설치였다.

따라서 목포에 수군진이 언제 어떻게 설치되어서 어떻게 운영되었는가를 체계적으로 정리할 필요가 있다. 바로 이러한 점을 하나씩 살펴보겠는데, 먼저 목포진 설치의 경위와 시기, 조선 수군의 편제를 살펴보겠다. 이어 목포진의 구성을 성곽, 군선, 관아, 진속, 촌락, 인구 등으로 나누어 알아보겠다. 마지막으로 목포진의 역할을 군사, 행정, 경제 등으로 나누어 알아보겠다. 그러나 목포진 관련 자료가 그리 많지 않아 만족할 만한 성과를 거둘지에 대해서는 자못 두려움이 앞선다.

---

1) 전라도의 수군진(주진, 거진, 제진)은 15세기에는 19곳이었는데(『경국대전』), 17세기 후반에는 25곳으로 늘었다가(송기중, 「17세기 수군방어체제의 개편」『조선시대사학보』 53, 조선시대사학회, 2010, 20쪽), 19세기 중반에는 27곳으로 더 늘었다(『대전회통』). 이 가운데 연구된 곳은 좌수영, 우수영, 고군산진, 고금도진, 돌산진, 방답진, 청산도진, 회령포진 등이 학술지 게재 논문으로 연구되었고, 그리고 녹도진, 발포진, 법성진 등이 조사보고서 형태로 연구되었다.

1) 목포진의 설치

목포진은 수군이 주둔하는 군사기지로 조선시대에 설치되었다. 조선시대 수군진의 설치 배경은 고려후기의 왜구 침략에 있었다. 13세기 전반부터 시작된 왜구 침략이 갈수록 심해지자, 고려말 공민왕 대 이후에는 그동안 와해되었던 수군을 재건하고자 했다. 그러한 재건 노력은 계속되는 왜구의 침략 속에서 조선왕조가 들어서면서 더욱 강화되었는데, 조선왕조는 군제 개편을 단행하여 지방군을 육수군(陸守軍)과 기선군(騎船軍)으로 구분하였다. 육수군이란 영진을 거점으로 삼는 육상의 군병이었던 데 비해, 기선군은 해안의 요새인 포구를 거점으로 삼는 수상군이었는데 이는 흔히 선군(船軍)이나 수군(水軍)으로 칭해졌다. 목포진의 등장은 바로 이러한 수군 강화 정책에서 비롯되었다.

서남해에 쉽게 진출할 수 있는 목포의 해양 지리적 위치와 목포 부근의 잦은 왜구 출몰에 의한 긴박한 상황으로 보아, 목포에는 수군 군사기지가 일찍 들어섰을 것 같다. 이는 고려 말 1391년(공양왕 3)에 현재의 목포 하당 부근에 극포영(極浦營)이라는 군사기지가 설치되었던 데서 짐작할 수 있다.[2] 그리고 1407년(태종 7)에 왜적이 충청도 비인현에 침입하고, 또 목포에 침입하여 사선 1척을 빼앗고 다섯 사람을 죽이고 다섯 사람을 사로잡아 갔던 사실을 통해서도 짐작할 수 있다.[3] 여기의 목포가 현재의 목포인지 아니면 나주의 영산포나 무안의 대굴포인지 확언하기 어렵지만, 영산포이건 대굴포이건 간에 현재의 목포를 경유했을 것만은 분명하다.

그런데 목포진의 설치 과정을 정확하게 보여주는 자료는 많지 않다. 그 이유와 관련하여 1872년 무렵에 편찬된 「목포진지(木浦鎭誌)」의 건치연혁 조항에 기록된 "3번 지난 임오년에 아사(衙舍)와 유상고(留上庫)가 실화로

---

2)   고석규, 「근대도시 목포의 역사 공간 문화」, 서울대 출판부, 2004, 38쪽.
3)   「태종실록」 14, 태종 7년 8월 25일.

잿더미 속에 들어가 지금 (건치연혁)을 고증할 수 없다"[4]는 기사가 참고된다. 1702년(숙종 28)으로 추정되는 시기에 발생한 화재로 관련 전적이 소실되어 목포진의 유래를 알 수 없다는 말이다. 목포진의 등장 과정을 명쾌하게 전해주는 자료가 그리 많지 않음을 확인할 수 있는 대목이다.

현재의 목포 지역에 목포 만호진이 설치되는 것은 매우 복잡한 과정을 거쳤는데, 이 점에 대해서는 기존 연구에서 상세하게 다루었기 때문에 여기에서는 번잡을 피하기 위해 재론하지 않겠다.[5] 그러나 분명한 사실은 영산포나 대굴포에 먼저 수군기지가 들어섰는데, 그곳에 수군이 주둔하면 그곳이 영산강 깊숙이 들어와 있어 바다로 나가는 데에 적지 않은 시간이 소요되어 효과적인 작전을 펼 수가 없다는 점이다. 이러한 상황은 이미 1432년(세종 14)에 전 총제 이각(李恪)이 "(처치사영은) 대굴포에 깊숙이 들어가 있으니, 바다로 떨어지기가 거의 2식경이나 됩니다. 평상시에 출입하여도 오히려 두 번이나 조수를 겪어야 되는데, 불행히도 바람을 만난다면 하루 이틀 동안에 능히 바다에 이르지 못할 것이니, 혹시 창졸의 변고가 있으면 어찌 능히 시기에 맞추어 변고에 대응할 수 있겠습니까."[6]라고 하여 예견되었다. 대굴포에서 바다로 나가는 데에 조수를 두 번 타야 하고 바람을 만나면 여러 날 걸린다는 점이 지적되었던 것이다.

실제 항해 일지를 보아도 영산포나 대굴포에서 목포까지 나가는 데에는 적어도 1~2일 이상 걸린다는 점을 쉽게 확인할 수 있다. 큰 기근이 든 1668년(현종 9년)에 나주목사 이민서(李敏敍, 1633~1688)가 나주 출신 나준(羅俊, 1608~1677)과 함께 수백 섬의 곡식을 전선(戰船)에 싣고 죽포(竹浦)에 있는 전선소(戰船所)를 출발하여 나주 관내의 부속도서에 들어가 진휼을 실시하였는데, 4월 15일에 영산포에서 낮 조수를 이용해 출

---

4) 『호남읍지』(1872년), 「목포진지」, 건치연혁.

5) 이해준, 「목포의 역사」, 『목포시의 문화유적』(목포대박물관 · 전라남도 목포시), 1995, 19~21쪽.

6) 『세종실록』 57, 세종 14년 8월 5일.

항하여 늦게 무안 사호(沙湖, 대굴포 부근)에 정박하여 숙박했고, 16일에 이른 조수를 타고 사호에서 내려가다 몽탄진에 정박한 후 낮 조수를 기다려 목포진으로 내려가 숙박했다.[7] 이를 보면, 조수를 타야 하기 때문에 영산포나 대굴포에서 대양으로 나오는 데에 평시에도 1~2일이 소요됨을 알 수 있다. 따라서 영산포나 대굴포보다는 바다로 직접 나갈 수 있도록 그 앞에 수군진이 설치될 필요성이 절실하였던 것이다.

현재의 목포에 수군진이 들어설 가능성은 입지 조건이나 작전 수행 등 여러 측면에서 매우 높았다. 그래서 목포 지역 일원에 여러 형태의 군사 기지가 일찍부터 거론되었을 것 같다. 그럼에도 불구하고 현재의 목포에 만호진이 설치되는 시기는 1439년(세종 21)이다. 이때 의정부에서 병조 첩정(牒呈)에 의거하여 아뢰기를, "무안현 목포와 보성군 여도(呂島) 등은 모두 왜적이 드나드는 요해지이온데, 병선을 정박하여 세운 곳과 거리가 멀리 떨어져 있사오니, 청하옵건대, 목포와 여도에 따로 병선을 설치하고 만호를 임명하여 보내소서."[8]하니, 세종이 그대로 따랐다. 목포·여도에 병선을 설치하고 만호를 임명하여 수군진을 설치하였다는 말인데, 이를 오늘날 목포에 목포진이 설치된 근거로 보고 있고 필자도 그렇게 생각한다. 바로 이 목포 만호진이 450년 가량 유지되다 19세기 말기에 혁파되면서 오늘날 목포의 성장 기반이 되었다.

목포진의 구조와 그 지휘체계에 대해서는 1454년(단종 2)에 완성된 『세종실록지리지』에 구체적으로 수록되어 있는데, 그것을 정리하면 다음과 같다.

---

7) 『계거유고』, 「入島記行」.
8) 『세종실록』 85, 세종 21년 4월 15일.

〈『세종실록지리지』의 전라도 수군 편제〉

수군처지사영　　　　 : 무안군 대굴포

좌도도만호 선박처　　 : 보성군 여도량(내례, 돌산, 축두, 녹도, 회령포,
　　　　　　　　　　　　마도, 달량, 어란포 등 8만호 관장)

우도도만호 선박처　　 : 함평현 원곳(다경포, 목포, 법성포, 검모포, 군
　　　　　　　　　　　　산 등 5만호 관장)

목포 만호　 : 중선 6척, 별선 2척, 군사 4백 98명, 뱃사공 4명

　우선 전라도 총론조에 따르면, 수군처치사영(水軍處置使營)이 무안현 대굴포에 있고, 좌도도만호(左道都萬戶) 선박처가 보성군 동쪽 여도량에 있는데 관내의 만호가 8곳이고, 우도도만호(右道都萬戶) 선박처는 함평현 서쪽 원곳(垣串)에 있는데 관내 만호가 5곳이었다. 우도도만호의 예하진 가운데 목포진이 무안현 남쪽에 있으며 중선 6척, 별선 2척, 군사 4백 98명, 뱃사공 4명을 거느린다고 하였다.[9] 그리고 무안현 관방조에 따르면, 대굴포는 수군 처치사의 병선이 머무는 곳이고, 다경포와 목포는 병선이 머무는 곳이라고 하였다.[10] 이는 조선 수군의 편제에 대한 최초의 기록인데 이상을 종합하면, 전라도 수군 총본부는 무안 대굴포에 있고, 그 산하에 좌수군과 우수군이 있는데, 함평 원곳의 우수군 산하에 다시 목포진을 포함하여 5개 수군진이 있고, 목포진에는 모두 8척의 군선과 500명의 수군이 있다는 말이다. 이런 숫자의 군선과 군병은 인근 법성진도 마찬가지였으니,[11] 동급의 진에는 동수의 군선과 군병이 있었던 셈이다.

　이러한 수군 편제는 세조 때에 진관체제가 확정되면서 대대적으로 개편되었다. 그 과정에서 지휘관의 명칭이 변경되어 처치사는 절도사(節度使)

9)　『세종실록지리지』, 전라도.

10)　『세종실록지리지』, 전라도, 무안현.

11)　변동명, 「법성진의 설치와 운영」, 『영광 법성진성』(순천대박물관·영광군), 2001, 33쪽.

로, 도만호는 첨절제사(僉節制使)·첨사(僉使)로 개명되었다.[12] 이는 약간의 수정을 거쳐 1485년(성종 16)에 완성된 『경국대전』에 수록되게 되는데, 그것을 정리하면 다음과 같다.[13]

〈『경국대전』의 전라도 수군 편제〉

전라도	
좌도	우도
수군절도사(정3품) -1원-순천	수군절도사(정3품) -1원-해남
수군첨절제사(종3품)-1원-사도진	수군첨절제사(종3품)-1원-임치진
수군만호(종4품) -7원-회령포, 달량, 여도, 마도, 녹도, 발포, 돌산포	수군만호(종4품) - 8원-검모포, 법성포, 다경포, 목포, 어란포, 군산포, 남도포, 금갑도

이상을 보면, 정3품의 수군절도사가 3원인데, 1원은 좌도수군절도사, 1원은 우도수군절도사, 1원은 관찰사가 겸하였다. 그리고 좌우도의 수군절도사 산하에 각각 종3품의 수군첨절제사가 1원씩 소속되었는데, 좌도는 사도진이고, 우도는 임치진이었다. 마지막으로 좌우도의 수군첨절제사 산하에 각각 종4품의 수군만호가 소속되었는데, 좌도는 회령포, 달량, 여도, 마도, 녹도, 발포, 돌산포 등 7원이고, 우도는 검모포, 법성포, 다경포, 목포, 어란포, 군산포, 남도포, 금갑도 등 8원이었다. 이렇게 보면, 목포진을 관장하는 만호는 종4품이었고, 그 상급 지휘자로는 임치진의 첨절제사와 우수영의 우수사가 있었다.

이러한 지휘체계는 조선왕조의 수군이 폐지될 때까지 군현이 수군에 편제되거나 수군진이 증설되는 것 외에는 별다른 변화없이 지속되었다. 1867년(고종 4)에 진도 방어영을 진관으로 고쳐 설치하면서, 해남, 영암, 함평, 영광 등 4읍과 임자도, 다경포, 목포, 지도, 남도포, 어란포, 금갑

---

12) 『세조실록』 38, 세조 12년 1월 15일.

13) 『경국대전』, 병전, 외관직.

도, 이진, 마도 등 9진을 모두 진도진(珍島鎭) 관할로 고치도록 하였다.[14] 목포진의 배속처만 변경되었을 뿐 존립 자체에는 변화가 없었지만, 이마저도 곧이어 예전으로 원상복구되고 말았다. 그러나 개항 이후 1895년(고종 32) 갑오개혁 때에 3도 수군 통제영이 폐영되면서 목포진도 폐진되어 목포진이 소재하던 지역은 무안 관할로 들어가게 되었다.[15]

2) 목포진의 구성

수군진은 지휘관이 상주하며 군병을 통솔하고 군무를 지휘하는 독자적인 통치영역이다. 그러므로 진이 설치되면 진을 보호하는 성곽, 군무를 보는 관원, 관원이 근무하는 청사, 전투에 소요되는 군선과 무기, 군선에 탑승하는 군병, 관원과 군병이 거주하는 마을 등이 갖추어지게 된다.

앞에서 말한 것처럼, 오늘날 목포에 수군진이 설치된 시기는 1439년(세종 21)이었다. 자연히 이때부터 목포진의 모습이 갖춰지기 시작하였을 것이다. 구성 요소 별로 나누어 하나씩 살펴보겠다.

첫째, 성곽. 진이 설치되면 진을 보호하기 위한 성곽이 들어서는 것이 보통이다. 그런데 수군진의 경우 설진 이후 곧바로 진성(鎭城)이 축조되었던 것은 아니었다. 후대와 같이 거대한 석성은 아니더라도 목책과 같은 기본적인 방어 시설은 구축되어 있었을 것이지만, 견고한 석성은 나타나지 않았다는 말이다. 당시에는 '선상수어(船上守禦)'의 원칙에 따라, 수군첨절제사나 수군만호는 항상 병선을 이끌고 해상을 왕래하며 방어와 수색의 임무를 수행하였고 해당된 영진에는 군량과 군기를 쌓아둘 뿐이었다. 그래서 해당 영진은 유사시에는 하번선군의 집결처로서, 평상시에는 병선

---

14) 『고종실록』 4, 고종 4년 1월 2일.

15) 이때 칙령(勅令) 제139호로 '삼도 통제영의 폐지에 관한 안건', 칙령 제140호로 '각 도의 병영과 수영의 폐지에 관한 안건', 칙령 제141호로 '각 진영의 폐지에 관한 안건', 칙령 제142호로 '각 진보의 폐지에 관한 안건', 칙령 제143호로 '감목관 폐지에 관한 안건' 등이 재가받아 반포되었다(『고종실록』 33, 고종 32년 7월 15일).

의 기항지 및 보급처의 역할만을 수행하였을 뿐 병선의 정박처는 따로 두고 있었다. 그러던 1456년(세조 2)에 하삼도의 연해제진 가운데 적로에 있는 곳에 축성을 하라는 지시가 내려졌다. 이어 1484년(성종 15)에는 첨사 만호의 유진처에 대한 축성 논의가 시작되었다. 당시 축성 논의는 여러 차례 논란을 겪었으나, 결국 선상 방어의 어려움을 인정하여 포구의 요해처를 가려 축성할 것을 지시하였다.[16]

목포진성(木浦鎭城) 역시 이러한 분위기 속에서 축성이 이루어졌을 것으로 추정되는데, 이 당시 그에 대한 사실을 찾을 수 없다. 그러나 18년이 지난 연산군 때에 축성 사실이 처음 나타난다. 1502년(연산군 8)에 정언 이철균(李鐵鈞)이 "지금 무안 목포성(木浦城)을 쌓고 있는데, 농사철에 백성들에게 부역을 시킬 수 없으니 중지하기를 청합니다."고 아뢰었으나, 연산군은 들어주지 않았다.[17] 신하들이 농사철이라는 이유를 들어 목포진성 축성 공사를 중지할 것을 건의하였음에도 불구하고, 왕명에 의해 강행되었다는 말이다. 이를 확대 해석하면 이 무렵에 목포진성이 처음 축조되어 이때에 완성되었다고 정리할 수 있다. 목포진성이 처음 등장한 순간이다. 바로 이 목포진성이 450년의 역사를 자랑하다 폐진 이후 사라지기 시작하였던 것이다.

1502년 축성은 전체 수군진 가운데 빠른 시기에 해당된다. 목포진성보다 이전에 축성된 곳은 당포진성·돌산진성·옥포진성(1488년)과 오양진성(1500년) 뿐이었고, 나머지들은 이후에 축성되었다.[18] 대체로 16세기에 축성되었지만, 목포진성의 축성 시기가 다소 빠르다는 점은 그만큼 목포의 중요성이 반영되지 않았을까 하는 추정을 할 수 있다. 목포진성의 규모는 둘레가 1,302척(215보), 높이가 7.7척이었다. 보통 읍성 규모는

16) 방상현, 『조선초기 수군제도』, 민족문화사, 1991, 46~48쪽.
17) 『연산군일기』 40, 연산군 7년 1월 6일.
18) 오봉근, 『조선수군사』, 한국문화사, 1998, 199쪽.

2천척 이상이었기 때문에(무안읍성은 283보), 목포진성을 포함한 수군진 성은 읍성보다는 작았음에 분명하다.

성문은 기록에 따라 동서남북에 4개(목포진지도, 무안항조계도), 또는 동서 2개(목포진지), 또는 동쪽 1개(무안현읍지) 등 차이가 나고 있지만, 동서남북에 4개 있었던 것 같다. 읍성의 경우 대부분 성문마다 이름이 있는데, 목포진성의 경우 기록을 찾을 수 없다. 참고로 경상도 다대진(多大鎭)의 경우 동문을 패인루(沛仁樓), 서문을 영상루(迎爽樓), 남문을 장관루(壯觀樓), 북문을 숙위루(肅威樓)라고 하였다. 있을지 모르니 성문 이름을 찾는 작업은 계속 되어야겠다. 구사맹이 말한 '戍樓'가 성문 루일 가능성이 높기 때문이다.

둘째, 선소와 군선. 19세기 말기에 제작된『목포진지도』에 의하면, 남문 앞 바닷가에는 어변정(禦變亭)이라는 정자가 있었다. 그런데 이 성문은『무안항조계도(務安港租界圖)』를 보면,[19] 남문이 아니라 동문으로 보인다. 어떠하든간에 어변정은 수군 훈련을 감독하는 지휘소였다. 그리고 어변정 바로 앞에는 군선이 정박하는 선소(船所)라는 선창이 있었다. 선소에는 보통 풍랑에 선박을 보호하기 위해 굴포(堀浦)라고 하는 S자 형태의 계류장이 있었다.

세종 때에는 앞에서 언급한 것처럼 중선(中船) 6척과 별선(別船) 2척 등 총 8척의 군선이 있었는데, 중선과 별선의 구분은 선박 규모의 차이였다. 그런데 이후 세조~성종 때에는 대맹선(大猛船) 1척, 중맹선(中猛船) 3척, 소맹선(小猛船) 1척, 무군소함(無軍小艦) 3척 등 총 8척이 있었는데,[20] 역시 규모의 차이에서 분류된 이름이다(『경국대전』, 공전). 이 여덟 척수는 후기에 변하는데, 이름과 척수가 전선(戰船) 1척, 방선(防船) 1척, 병선

---

19) 『경상진지』, 「다대진지」, 城池.
20) 고석규, 앞의 책, 57쪽.

(兵船) 1척, 사후선(伺候船) 2척 등으로 바뀌었다(『속대전』). 대맹선을 전
선으로, 중맹선을 방선으로, 소맹선을 병선으로, 무군소함을 사후선으로
이름을 바꾸고 척수를 조정한 결과였다. 이렇게 군선 명칭이 변경된 시기
는 『만기요람』에 "임진왜란 이후에 각도의 대선, 중선, 소맹선 등 여러 배
의 이름을 지금의 전선, 방선, 병선 등으로 바꾸었다"[21]고 하였듯이, 임
진왜란 이후였다.

〈군선의 명칭과 목포진의 군선수〉[22]

경국대전	대맹선, 1척	중맹선, 3척	소맹선, 1척	무군소함, 3척	합계, 8척
속대전	전선, 1척	병선, 1척	방선, 1척	사후선, 2척	합계, 5척

이들 군선을 통틀어서 보통 함선, 전함, 전선, 병선 등의 용어로 혼용해
서 사용하기도 하지만, 엄격한 의미에서는 전선과 병선은 이들과 구분되
어야 한다. 전선은 저판의 길이가 50척 이상으로 군선 가운데 가장 규모
가 크고 총통으로 중무장하여 진장(鎭將)이 탑승하여 전투를 치루는 군선
이다. 그래서 전선에는 다른 군선과는 달리 군선 이름이 각인되어 있었는
데, 천자문을 따라서 '○字船'이라고 하였다. 목포진의 전선은 '래자선(來
字船)'이었다. 후대에는 웅장하게 3층에 루를 설치하여 흔히 루선(樓船)이
라고 부르기도 하였다.[23] 간혹 지방관이 루선을 타고 유람성 순시를 하다
문제를 일으키기도 하였다. 그리고 병선도 "(태풍으로) 호남의 전선이 패
몰된 것이 13척에 이르며, 그 나머지 병선과 협선(挾船)도 파손된 것이 그
숫자가 얼마인지 모릅니다."[24]고 한 점으로 보아, 전선과는 다른 크기와

---

21) 『경국대전』, 병전, 제도병선.

22) 『만기요람』 군정편 4, 주사.

23) 경상좌도 수군절도사 최동악(崔東岳)이 "누선은 거북선처럼 민첩하지 못한데, 본영에는 누선만 많고 거북
   선은 적습니다. 누선 6척을 거북선으로 고치소서."(『정조실록』 33, 정조 15년 11월 21일)라고 말한 것으로
   보아, 누선이 전선임에 분명하다.

24) 『효종실록』 17, 효종 7년 9월 15일.

용도의 군선이었다. 병선의 저판 길이는 25~50척으로 알려져 있다. 병선은 지원선 역할을 한 것으로 보인다. 그런가 하면 방선은 병선에 전투 시설을 장착한 소형 전투선이었던 것 같다.[25]

셋째, 선군(船軍). 『세종실록지리지』에 의하면, 500명 이상의 군사와 사공이 목포진에 있었다. 그런데 『경국대전』 규정에 의하면, 군선의 1척당 승무원 수는 대맹선은 80명, 중맹선은 60명, 소맹선은 30명씩이었다. 이를 토대로 계산하면 목포진에는 170명의 선인(船人)과 상당수의 군병(軍兵)이 있었을 것 같다(그래서 선인과 군병을 합쳐 선군이라고 하였다). 대략 이런 정도의 선군이 조선전기에는 있었을 것으로 추정된다. 그런데 후대로 갈수록 군선의 규모가 커져서 대맹선의 경우 80명의 선인으로는 어려워 120명이나 필요하다고 하였다. 이런 점 때문에 숙종 때에는 전선(대맹선)의 경우 1척에 선직(船直), 무상(舞上), 타공(舵工), 요수(繚手), 정수(碇手), 사수(射手), 화포장(火炮匠), 포수(砲手), 포도장(捕盜將), 노군(櫓軍) 등 도합 164인이나 되었다. 『만기요람』에 의하면, 법적으로는 전선 1척당 사공과 무상 등 선인은 82명, 사수와 포수 등 군병은 40명 도합 122명이 정원이었다. 목포진의 경우도 전체적인 숫자가 늘어날 수밖에 없는 형편이었다. 그래서 그런지 19세기 후반 자료에는 수군장졸, 즉 수군의 장교와 군졸이 277명이라고 기록되어 있다. 이들 가운데 장교(숫자는 알 수 없음)는 각 군선을 통령하는 임무를 맡고 있었을 것이고, 그들이 평소에 근무하는 청사가 장청(將廳)이었을 것이다.

넷째, 청사. 성 안에는 공무를 수행하는 각종 공공건물이 들어서 있었다. 19세기의 진지와 고지도를 보면, 임금의 전패를 모시는 객사(客舍), 만호가 거주하고 근무하는 아사(衙舍, 동헌과 내아), 진리가 근무하는 이청(吏廳)이 있었다. 이 가운데 이청은 보통 질청[作廳]이라고 불리었는

---

25) 송기중, 「17~18세기 수군 군선의 배치 변화와 개선 방안」, 『동방학지』 169, 연세대 국학연구원, 2015.

데, 일반 군현처럼 6방 체제로 운영되었다. 그리고 장교나 군관이 근무하는 장청(將廳) 또는 군관청(軍官廳), 심부름하는 사령이 근무하는 사령청(使令廳), 사부가 근무하는 사부청(射夫廳), 무기와 곡물을 저장하는 군기고와 군향고 등이 있었다. 그 외에 감옥도 있었다.

다섯째, 관원. 목포진에는 만호를 보좌하여 목포진 주민을 다스리고 군무를 수행하는 관원들이 배속되어 있었다. 이들에 대해 18세기에 편찬된 『여지도서』에는 군관(軍官) 17, 진리(鎭吏) 15, 지인(知印) 7, 사령(使令) 12로 기록되어 있다(총 51명).[26] 이와는 달리 19세기 후기의 『목포진지』관직진속 조항에는 군관 6인, 진무(鎭撫) 7인, 사부(射夫) 2명, 사령 5명으로(총 20명), 그리고 『무안읍지』진보 조항에는 군관 28인, 진무 20인, 사령 8명으로(총 56명) 기록되어 있다. 상이한 명칭과 숫자로 기록되어 있지만, 종합해서 정리하면 치안을 유지하는 군관, 행정을 처리하는 진리, 명령을 수발하는 사령, 총포 훈련을 맡은 사부로 구성되어 있었고, 그 숫자는 50명 내외 수준이었다. 바로 이들을 진속(鎭屬)이라고 한다. 이렇게 보면 만호를 포함하여 이들 관원이 목포진성에서 근무하고 있었던 것이다.

여섯째, 마을. 조선시대의 모든 영진(병영, 수영, 육진, 수진)은 몇 개의 촌 또는 한 두 개의 면을 자기의 직속지로 가지고 있었다. 이 가운데 진 소속 마을을 보통 진촌(鎭村)이라고 한다. 역 아래 마을을 역촌이라고 하고 서원 아래 마을을 원촌이라고 한 것처럼, 진촌을 진성 바로 아래 마을만을 의미한다고 말할 수 있으나 그런 마을은 보통 진기(鎭基)나 진저(鎭底)라고도 통칭되었다. 따라서 진촌은 군현의 간섭에서 벗어나 군진의 통제를 받는 마을 전체를 뜻한다고 보아야 한다.

목포진도 그러하였는데, 원래 소속은 무안현 안에 있었지만, 목포만호가 목포진 전역을 무안현과는 상관없이 독자적으로 통치하였다. 목포진의

---

26) 『여지도서』, 전라도, 무안, 鎭堡.

관할 마을로는 서평리(西坪里), 남평리(南坪里), 쌍교촌(雙橋村), 산정리(山亭里), 용당리(龍塘里), 관해동(觀海洞) 등 6개가 있었다. 일제가 개항 이후 목포부(木浦府)를 개설할 때에 목포부의 영역을 이 6개 마을을 기본으로 하였다. 이 가운데 서평리와 남평리가 성 안에 있었고, 나머지 4개 마을은 성 밖에 있었다(19세기 고지도). 이 가운데 진성 안에 있는 서평리와 남평리에는 주로 수군과 관원이 거주하고 있었을 것이고, 나머지 마을에는 어민이나 농민들이 대부분 살았을 것 같다.

일곱째, 주민. 진의 주민을 통틀어 보통 진민(鎭民)이라고 하는데, 이들은 진장(鎭將)의 통제를 받고 살았다. 그래서 "변장(邊將)은 진민(鎭民)을 위하고, 토관(土官)은 읍민(邑民)을 위하여 서로 시기하고 견제하니 앞으로 시끄러울 것 같습니다"고 말한 것처럼, 한 고을 안에서 별개의 통치권이 행사되어 서로의 이익을 위해 갈등을 빚고 있었던 것이다. 목포진도 그러하였는데, 그 주민에 대해서는 구성과 총계로 나누어 살펴보겠다.

먼저, 목포진의 인구 구성을 살펴보면 다음과 같다. ①목포진에는 앞에서 언급한 만호와 50명 이상이나 되는 각종 진속들이 거주하였다. ②5척에 이르는 군선에 승선하는 군병들도 거주하였는데, 19세기 자료에 의하면 대체로 277명 정도였다. ③유달산에 봉수가 있었기 때문에 적지 않은 봉군(烽軍)이 목포진에 거주하고 있었을 것이다. 그렇다고 목포진에는 이상의 진과 관련된 공적인 사람들만이 살았던 것은 아니다. ④목포 자체가 포구였기 때문에 포구를 상대로 생업을 꾸려가는 어민이나 선상들도 살았다. 특히 어호(漁戶)가 제법 많았던 것 같은데, 구사맹(具思孟, 1531~1604)이 1579년(선조 12)에 전라도 관찰사가 되어 관내 일원을 순찰하면서 목포에 들러 어선들이 저녁노을에 돛을 올리고 포구로 들어오는 모습을 읊었다.[27] 염호(鹽戶)도 제법 많았던 것 같은데, 신즙(申楫,

---

27) 北來山勢盡南溟 城外寒潮落晚汀 漁戶歸帆分夕照 戍樓鳴鐸擾晨屛 十年方岳容三據 萬事洪爐付一聽 唯有洞庭仙島月 相隨千里慰漂萍(『팔곡집』 1, 칠언률시, 「大木浦韻」).

1580~1639)이 무안현감에 재임하던 1633년(인조 11)에 중앙에 보고한 자료에서 무안현 경내의 주룡(朱龍)[28]과 목포(木浦) 두 곳에는 예부터 적지 않은 염분(鹽盆)이 있어 사객지대와 관가일용으로 사용해 왔다고 했다.[29] ⑤목포진에는 영암을 왕래하는 등산진(登山津)[30]이 앞에, 그리고 압해도를 왕래하는 삽진(揷津)이 뒤에 각각 있었기 때문에, 목포에는 이들 진의 진선(津船)을 운용하는 진인(津人)도 살았음에 분명하다. 이를 보면 목포에는 수군진과는 직접적인 관련없이 사적으로 생업을 유지하는 사람들도 적지 않았음을 알 수 있다.

이어, 목포진의 인구 총수를 살펴보면 다음과 같다. 이들 진속, 수군, 어민, 선인, 상인, 봉수군, 진인 등은 통틀어 몇 명이나 되었을까? 우선은 19세기 고지도에 사찰이나 시장이 없다고 한 것으로 보아, 목포진의 규모가 그리 크지 않았다고 생각할 수 있다. 수군진 가운데 진문 앞에 시장이 있는 곳이 있어 그런 생각이 든다. 이 무렵에 작성된 『목포진지』에 '4리호총'으로 민호가 132호라고 기록된 점으로 보아 더욱 그렇다. "개항 이전의 목포는 대체로 150여 호 전후의 사람들이 진의 관할 하에 농업 또는 어업 등에 종사하면서 나름의 삶을 살아왔을 것이다"[31]는 연구 성과를 보아도 그러하였을 것 같다.

진촌이 고지도에는 여섯 개인데 『목포진지』에는 네 개라고 하여 통계에서 두 개의 촌락이 누락되었고, 포구에는 호적에 이름을 올리지 않은 자

---

28) 주룡포는 "朱龍浦 在務安 綰轂諸浦口 商船之往來羅州·靈巖·務安·咸平四邑者 不由朱龍浦 則無他路焉" (『정재집』 7, 계 2, 「湖南廉察啓本別單」)이라고 하여, 여러 포구의 관문으로 4읍을 왕래하는 상선이 거치는 제법 큰 포구였던 것 같은데, 다른 자료에는 '駐龍'으로도 표기되어 있다.

29) 『하음집』 4, 장, 「務安縣民瘼枚報狀(癸酉)」.

30) 『대동지지』, 무안현, 진도 조항에 "등산진은 일명 목포진(木浦津)이라 불리며 해남의 황원 우수영과 통한다"고 하였으니, 등산진을 목포진이라고도 불리었음을 알 수 있다. 진도에서 유배 생활을 하고 있던 노수신(盧守愼, 1515~1590)이 을묘왜변 때에 광주까지 피난 나왔는데, 그때 그는 등산진을 등산도(藤山渡)라고 기록하였다(『소재집』 4, 시, 「藤山渡」, 直抵藤山渡 遙望木浦營 如須我友至 會遇羽書行 消息憑人去 招呼認僕迎 長風萬里浪 醉嘯意都平).

31) 고석규, 「목포진의 활용 및 관광자원화 방안」, 『목포진 역사공원화 조성사업 지표조사』(목포시·목포대박물관), 2005. 73쪽.

나 생업이나 피역을 위해 일시 머무는 자들이 많았던 점을 고려하면 실제 인구는 위의 기록보다는 많았을 것이다. 하지만 당시 다른 수군진 지역의 마을당 가호수가 대부분 20호 내외였기 때문에, 조선후기 목포진의 가호 수는 아무리 많이 보아도 200호를 넘지 않았을 것 같다. 이렇게 보면 목 포진의 인구수는 1천명 수준이었을 것이다. 한마디로 목포는 비록 수군진 이 설치되어 있지만, 그렇게 번화하지 않은 포구에 불과했음을 알 수 있 다. 당시 전라도의 면별 평균 호구 규모가 무안의 경우 459호, 영암의 경 우 438호, 해남의 경우 373호였던 점을 감안하면(『여지도서』), 목포의 인 구가 군현의 1개 면만도 못한 수준이었다는 점을 쉽게 파악할 수 있을 것 이다.[32]

3) 목포진의 역할

목포진은 독자적인 통치 구역이었고, 그 통치권은 전적으로 만호(萬戶) 에게 주어졌는데, 『경국대전』에는 종4품으로, 『여지도서』에는 무 종6품으 로 나와 있다. 그러므로 목포만호에게는 목포진 전역에 대한 통치권 전권 이 주어졌으니, 그 역할은 일반 수령과 흡사하였다. 그래서 암행어사의 순찰 대상지에 목포진을 포함한 모든 군진·역이 포함되었던 것이다. 따 라서 여기에서는 목포진의 역할을 목포만호의 직무를 중심으로 알아보겠 다.[33]

목포만호는 어떤 역할을 수행하였을까? 목포진의 통치와 관련된 자료

---

32) 그런데 18세기 후반 정조 때에 전국에 기근이 들어 경외에서 기민을 구휼한 숫자가 보고되어 있다(『일성 록』). 그에 따르면 목포에서 669명, 심지어 2천명 이상을 구휼한 기사가 보인다. 이 숫자는 목포진에서 기 아에 허덕이다가 목포만호가 제공한 구휼곡을 받아먹은 사람이고, 기본적으로는 자기 관할 구역만만 구 휼하는 것이 원칙이어서 외지에서 흘러온 사람은 배제되고 목포 현지인만 포함되었으리라고 생각할 수 있 다. 그러면 목포 인구가 2천명이나 되지 않을까 생각할 수 있겠지만, 어디까지나 이 숫자는 구휼을 받은 사람의 누적 통계이다.

33) 선군이 입번, 둔전, 어염, 해산채취, 선물, 공물, 조운, 기타 잡역 등에 동원되었던 점(이재룡, 「조선초기의 수군」, 『조선초기사회구조연구』, 일조각, 1984, 131쪽)도 목포진의 역할을 이해하는 데에 참고된다.

가 많이 남아 있지 않아 그 실상을 자세히 알 수 없다. 하지만 같은 역할을 수행하였을 것으로 추정되는 어란진(於蘭鎭) 만호의 직무를 통해 그것을 짐작할 수 있다. 『어란진지』에 따르면, 어란만호는 "掌水軍, 實餉穀, 修戎器, 完船隻, 立館舍, 築城堞, 治墩臺, 養松田, 謹守望, 施政敎, 禁非法, 選人才, 整軍制, 察百務" 등의 역할을 수행하고 있었다.[34] '察百務'에는 조운선 호송, 표류인 조사, 익사자 구호, 부세 상납, 사신 접대 등 갖가지 업무가 포함되어 있었다. 그리고 청산도진과 고군산진을 사례로 연구한 논문도 참고되는데, 청산도진은 송전 관리, 조운로 보장, 조선 담당, 인구 조사, 수세 기능, 잡역 관장 등을 수행하였다고 하였고,[35] 고군산진은 잡세를 중앙에 상납하고 조운로를 보장하는 역할을 수행하였다고 하였다.[36] 목포만호 또한 이와 거의 똑같은 역할을 수행하였음에 분명하다. 하나씩 살펴보자.

첫째, 목포만호는 수군을 관장하는 직무를 수행하였다. 당시 수군에는 무기를 다루는 사부(射夫, 화살을 쏘는 병사), 포수(砲手, 조총을 쏘는 병사), 화포수(火砲手, 총포를 쏘는 병사) 등이 있었다. 그리고 통신을 전담하는 취수(吹手, 소리를 부는 병사), 기수(旗手, 깃발을 휘드는 병사) 등이 있었다. 또한 배를 다루는 타공(舵工, 키잡이), 요수(繚手, 돛을 다루는 사람), 정수(碇手, 닻잡이), 능노군(能櫓軍, 노를 젓는 사람) 등도 있었다. 바로 이들을 점검하여 정수대로 확보하는 일을 목포만호는 게을리 하지 않아야 하였다.

군사 훈련을 통칭해서 습조(習操)라고 하는데, 수군의 해상훈련을 수조(水操)라고 칭하였다. 수조는 1년에 봄과 가을 두 차례에 걸쳐 행해졌다. 봄에 행하는 해상훈련을 춘조(春操)라고 하는데, 이때는 경상도와 전라도

---

34) 『호남진지』, 「어란진지」, 官制.
35) 김경옥, 「조선후기 청산도진의 설치와 재정구조」, 『전남사학』 22, 전남사학회, 2004.
36) 김경옥, 「조선후기 고군산진의 설치와 운영」, 『지방사와 지방문화』 10-1, 역사문화학회, 2007.

의 수군이 3도수군통제사의 지휘하에 통영 앞바다에서 합동 훈련을 하였다(경상도와 전라도의 수군이 함께 훈련을 한다고 하여 이를 합조(合操)라고 하였다). 그리고 가을에 행하는 해상훈련을 추조(秋操)라고 하는데, 이때는 각 수영 소속 수군이 수군절도사의 지휘하에 수영 앞바다에서 합동 훈련을 하였다. 따라서 목포만호는 이러한 정기적인 합동 해상훈련을 익사자나 파선 없이 원만히 수행해야 하였고, 그것에 대비하기 위해 평시에 목포진 앞바다에서 모의훈련을 실시하였을 것인데, 함선을 조작하고, 화포를 쏘고, 화살을 쏘는 등의 훈련을 했을 것이다.[37] 바로 그러한 일들을 목포만호는 수행했던 것이다.

둘째, 목포만호는 군병들이 유사시에 먹을 군향(軍餉)을 보관하고 이식하는 일을 수행하였다. 이런 일을 위해 독자적인 수입원을 두고 양곡을 확보하였으며, 군향미고(軍餉米庫)라는 창고를 성 안에 두어 보관하였다. 어느 정도의 수량을 항상 비축하고 있어야 했는지에 대해서는 자료를 확보하지 못하여 자세히 알 수 없다.

셋째, 목포만호는 군기를 잘 관리해야 하였다. 당시 목포진에서는 활과 칼 및 창은 물론이고 조총(15자루), 총통(10자루), 화약, 연환, 화승, 깃발, 나팔 등의 군기를 보유하고 있었다. 자세한 군기의 품목과 수량은 『진지』나 『읍지』에 수록되어 있는데, 바로 그것들을 수시 사용이 가능하도록 정수대로 유지하고 관리해야 하였던 것이다.

넷째, 목포만호는 무엇보다 군선을 완전한 상태로 유지하는 일이 중요하였다. 폭풍이나 화재로 군선이 파괴되거나 소실되는 사태를 미연에 막아야 하였다. 그리고 『경국대전』에 의하면, 건조한 지 8년이 지나면 수리하고, 6년이 더 지나면 또 수리하고, 다시 6년이 지나면 개조하고, 매달 보름과 그믐에 연기로 그슬려서 선체가 썩는 것을 막아야 한다고 했으니,

---

37) 방상현, 앞의 책, 56쪽.

정기적으로 선박을 관리하고 보수해야 하였다.

다섯째, 목포만호는 관사(館舍)를 세우는 일을 수행하였다. 앞에서 언급한 것처럼, 진성 안에는 관원들이 군무 행정을 보는 관사가 적지 않았는데, 그것들이 화재에 소실되지 않고 비바람에 퇴락하지 않도록 해야 하였다.

여섯째, 목포만호는 성첩(城堞)을 쌓는 일에 만전을 기해야 하였다. 진성은 진 방어에 가장 기본적인 시설이었기 때문에 우기나 해빙기에 허물어지는 일이 없어야 하였다. 보통 성곽 보수는 소속 마을이 구역을 정하여 돌아가면서 맡았기 때문에, 목포도 그러하였을 것이다.

일곱째, 목포만호는 송전(松田)을 배양하는 일을 수행하였다. 군선 건조에 가장 알맞은 목재는 소나무였으므로 바닷가의 일정한 지역에 송전이라고 하는 벌목 금지 구역을 설정하고 그것을 감시 관리하는 일을 수군 관하의 진영에서 맡도록 하였다. 그래서 수영 관하의 각 읍진에서는 송전의 식송주수와 장단척수 및 산직성명을 중앙에 정기적으로 보고하였다. 목포진 관할 도서 가운데 안창도나 기좌도 등지에 송전이 있었기 때문에, 목포만호는 이들 지역의 송전 관리에 만전을 기해야 하였다. 그런데 1706년(숙종 32)에 목포만호 백홍도(白弘道)가 송금(松禁)을 엄하게 하지 않았다고 하여 근무 평정에서 '중고(中考)'라는 낮은 평가를 받았다.[38]

여덟째, 목포만호는 요망대(瞭望臺)를 성실하게 관리할 책임이 있었다. 수군진은 외양에 요망대를 두어 적선이나 이상 선박을 전방에서 관찰했는데, 목포진은 수치도, 자라도, 반월도, 박지도, 옥도, 안창도, 기좌도, 비금도 등 8곳에 요망대를 설치하고 각각 작대군(作隊軍)을 두어 정찰을 맡겼다(『목포진지』). 이들 도서는 모두 나주 소속이지만, 감시나 수색 및 토벌 등의 치안 업무는 목포만호가 수행했음에 분명하다.

---

38) 『승정원일기』 433, 숙종 32년 12월 16일.

아홉째, 목포만호는 정교(政教)를 시행하는 일을 수행하였다. 국왕을 대신하여 국정을 홍보하거나 기민을 구휼하는 일을 해야 했던 것이다. 특히 영진 직속지 주민에 대한 진휼은 그 영진이 책임을 지고 진행하였다. 그렇기 때문에 진휼을 게을리 하면 처벌이 뒤따랐는데, 1809년(순조 9)에 목포만호 이윤철(李潤喆)이 기아자를 속출하게 했다는 전라 우수사의 장계에 의해 '중고'에 해당되는 고과를 받았다.[39] 반대로 온 힘을 기울려 진휼을 하면 진민들이 선정비를 세워 오래 기억하기도 하였는데, 그 증거물이 1714년에 세워진 목포만호 방대녕(方大寧)의 선정비이다.[40]

열 번째, 목포만호는 관내 해역을 통과하는 조운선이 안전하게 통과할 수 있도록 호송해야 하였다. 제도의 조운선을 수군절도사, 첨절제사, 만호가 각기 자기 경내의 병선을 영솔하여 호송한다고 하였다.[41] 목포도 예외는 아니었다. 고지도에 따르면, 목포는 호남 세선로이자 영남 조세선로였다. 이는 고려 때부터의 일이었다. 그래서『세종실록지리지』전라도 조항에서는 하도(下道)의 조운(漕運)이 목포를 경유하여 서울에 이른다고 하였다.

호남 세선로와 관련하여서는 영산창 존재 시절 27읍 조운선이 목포를 거쳐 서해로 진입하였을 것이다. 16세기에 조운제가 붕괴되면서 군현 직납읍이 발생하였다. 그런 군현은 고을 안에 해창(海倉)을 두고 사선을 임대하여 세곡을 서울에 직접 상납하였다. 영산강 연안에는 능주, 남평, 나주, 무안 등이 직납읍이었다.[42] 이들 고을의 세곡은 모두 목포를 경유하여 운송되었을 뿐만 아니라, 목포 아래의 영암이나 해남 등 여러 고을의 세곡선도 마찬가지로 목포를 경유하였다. 가령, 무안은 2월에 해창에서

---

39)『승정원일기』1976, 순조 9년 12월 18일.

40) 최성환,「목포의 해항성과 개항장 형성과정의 특징」,『한국민족문화』39, 부산대 한국민족문화연구소, 2011, 171쪽.

41)『경국대전』, 병전, 護船.

42) 김덕진,「전라도 순천 해창의 설치와 풍경」,『전남사학』22, 전남사학회, 2004, 230쪽.

수봉하고 3월에 장재하여 사호포로부터 목포, 다경진, 군산, 원산, 안흥, 영종, 황산, 조강을 거쳐 서울 광흥창 앞에 이르는데 25일이 걸린다고 했다. 또한 능주의 경우 나주 영산포에서 출발하여 무안현 목포진 전양을 거쳐 충청도 비인현과 홍주목 및 원산진을 통과하여 경강에 이른다고 하였다.[43] 목포가 세곡선의 주요 통과지였던 것이다. 이런 식으로 영남의 조운선도 그러하였는데, 영남 지역은 18세기에 3조창이 설립되어 세곡이 조운선으로 서남해를 거쳐 서울로 운송되었다.[44] 그래서 목포진 선군들이 조운선 호송을 하다 익사하는 사고가 발생하기도 하였다.[45] 당연히 조운선을 패몰시키면 처벌을 받아야 하였다. 1509년(중종 4)에 목포만호 조세필(趙世弼)이 조운선 30여 척을 패몰시켰고, 조졸(漕卒)도 또한 많이 빠져 죽게 하였다고 하여 처벌을 받았다.[46]

열한 번째, 목포만호는 표류인을 조사하고 호송하는 일을 수행하였다. 목포만호가 관할하는 나주 소속 도서에 중국인의 표류가 잦았기 때문에,[47] 목포만호는 그들에 대한 대처를 엄하게 했어야 하였다. 그런데 1801년(순조 1)에 목포만호 임진택(林震澤)이 표류인을 문정할 때 해당 영장(領將)을 엄하게 신칙하지 않았다고 문책을 받았다.[48] 이 영장은 목포진이 관할하는 도서의 정찰이나 수토를 책임지고 있는 현지인이었는데, 초기 조사를 소홀히 하였던 것 같다. 1853년(철종 4)에 목포진이 관장하는 나주 땅 비금도의 영장 손운기(孫雲起)가 중국 선박 1척이 표착했다고 목포만호에게 보고했다. 이에 목포만호가 비금도로 가서 조사한 후 전라우수사에게 보고했고, 이를 다시 전라우수사가 자세히 조사하여 중앙에

43) 『여지도서』, 전라도, 무안, 전세.
44) 변광석, 「18 · 19세기 경상도 남부지역의 상품유통구조」, 『지역과 역사』 5, 부경역사연구소, 1999.
45) 『세조실록』 1, 세조 1년 윤6월 20일.
46) 『중종실록』 8, 중종 4년 6월 8일.
47) 김경옥, 「18~19세기 서남해 도서지역 표도민들의 추이」, 『조선시대사학보』 44, 조선시대사학회, 2008.
48) 『승정원일기』 1832, 순조 원년 1월 26일.

보고했다.[49] 이를 보면 표류인의 조사는 영장 → 만호 → 수사 → 중앙으로 이어지는 보고 체제로 이루어졌음을 알 수 있다.

열두 번째, 목포만호는 목포진 관내의 부세를 징수하고 상납하는 일을 하였다. 진상이나 공물 및 환곡이 영진을 단위로 부과되었기 때문이었다. 『부역실총』에 의하면, 목포진에서는 병영이나 우수영에 해송자(海松子)를 상납하였고, 본진에서 사용할 재원도 조달하였다. 철종 때에는 목포만호가 환곡의 허류곡(虛留穀) 때문에 문책을 받았는데, 관원들의 원곡 포탈이나 주민들의 이자 미납으로 실제와는 다른 거짓 기록으로 위기를 모면하려다 발각되었던 것 같다.[50] 이 외에 경사아문이나 궁방의 둔전 소출도 거두어 상납하였다. 무안과 함평에 있는 금위영 둔전을 차인을 내려 보내 수세하던 것을 목포만호로 하여금 간검(看檢)하여 상납하도록 바꾸었는데, 흉년 때문에 하나도 거두지 못한 목포만호 김진장(金振章)이 파직되는 곤경을 치루기도 하였다.[51]

이 외에 목포진에 유배객이 분배되기도 하였기 때문에, 목포만호는 이들을 관리하는 역할도 수행하였다. 기타 관내에서 불법자가 발생하지 않도록 금령을 잘 집행해야 하였고, 인재를 선발하여 상부에 보고하여 포장을 받을 수 있도록 하는 조치를 취하기도 하였다.

이처럼, 목포만호의 권한이 다방면에 걸쳐 방대하였다. 그런 점 때문에 권한을 악용하여 비리를 저지르는 자도 있었다. 1763년(영조 39) 기사에 의하면, 전전만호 김천장(金天章)이 저치미(儲置米)를 47석이나 사적으로 이용하고, 125석을 가분(加分)·번질(反作)하였다. 그리고 전만호 유흥국(劉興國)은 10석을 사용(私用)하였고, 22석을 가분하였고, 방군전

---

49) 『전라우수영계록』 함풍 3년 9월 25일(『각사등록』 19, 국사편찬위원회, 595쪽).

50) 『비변사등록』 250, 철종 14년 11월 12일.

51) 『승정원일기』 748, 영조 8년 8월 11일.

(防軍錢) 312냥을 사용하고 갚지 않아 군졸들을 굶주림에 빠뜨렸다.[52] 또한 1867년(고종 4)의 전라도 암행어사 윤자승(尹滋承)의 서계에 의하면, 목포만호 최응환(崔應煥)이 섬사람들을 위협하여 '勒捧松贖 臆斷債訟', 즉 소나무를 베었다고 강제로 벌금을 부과하고 채무 소송을 돈을 받고 허위로 판정한 결과 무려 1,127냥을 갈취하였다.[53]

맺음말

이상에서 목포진의 설치와 조직구성 및 역할을 살펴보았다. 살핀 내용을 요약하면 다음과 같다.

목포는 서남해 해운과 영산강 수운을 연결하고, 서남해에 쉽게 진출할 수 있고, 영호남의 조운선이 경유하는 곳이고, 왜구의 출몰이 잦은 포구이다. 이런 해양 지리적 조건 때문에 고려말~조선초에 목포와 그 인근 지역은 군사기지의 후보지로 주목을 받아왔다. 그러다가 마침내 1439년(세종 21)에 현재의 목포에 수군 만호진이 설치되었다가 1895년에 폐지되었으니, 무려 450년 동안 목포진은 수군진으로 유지되고 있었던 것이다. 바로 이 목포진에 개항장이 설치되고 그로부터 탄생한 목포부·목포시가 근현대 시기에 서남해의 주요 도시로 발돋움하였다.

수군진이 설치됨으로써, 목포에는 통치에 필요한 시설과 인원이 갖추어지게 되었다. 우선 무인 출신의 종4품 만호가 파견되었다. 그리고 진성이 1502년(연산군 8)에 축조되었고, 전선·병선·방선·사후선 등 5척의 군선이 배치되어 있었다. 또 그리고 군선을 운용할 포수·사공 등의 군병이

---

52) 『승정원일기』 1215, 영조 39년 2월 25일.
53) 『승정원일기』 2715, 고종 4년 6월 7일.

300명 가까이 상주하였고, 군무를 지원하는 진리 · 군관 · 사령 등의 관원이 50명 가까이 배치되었고, 객사와 아사 및 이청과 군관청 등의 청사가 성 안에 들어섰다. 또한 군병과 관원은 물론이고 어민이나 농민이 거주하는 마을 6개가 성 내외에 들어서 있었고, 그곳에 거주하는 인구는 200호와 1천명을 넘지 않았다.

이러한 목포진을 목포만호는 독자적인 통치권을 행사하여 다스렸다. 그는 수군을 배치하고 훈련하는 일, 군병들의 양곡을 보관하는 일, 군기를 수리하는 일, 군선을 유지 보수하는 일, 요망대를 관리하는 일 등을 관장하였다. 이러한 군무와 직접 관련된 일 외에 관사를 수리하는 일, 성곽을 보수하는 일, 국정을 홍보하는 일, 조운선을 호송하는 일, 표류인을 조사하는 일, 부세를 징수 · 상납하는 일 등을 관장하기도 하였다. 이처럼 목포진에 대한 전권을 행사하였기 때문에, 목포만호 가운데는 선정을 베풀어 선정비의 주인공이 된 사람이 있었지만 부정부패를 저질러 지탄의 대상이 된 자도 있었다.

4. 이대원과 정운, 그리고 쌍충사

4. 이대원과 정운, 그리고 쌍충사

머리말

이 글은 손죽도 왜변과 그 때에 전사한 녹도만호 이대원(李大源), 부산포 해전과 그 때에 전사한 녹도만호 정운(鄭運), 그리고 이대원과 정운 두 분을 향사한 쌍충사(雙忠祠)에 관한 것이다. 이 점에 대해서는 일찍이 이은상이 1980년에 『고흥 쌍충사 사적』[1]이라는 책에서 상세히 다룬 바 있지만, 미진한 점이 있을 뿐만 아니라 재정리할 필요도 있어 다시 검토하려는 것이다.

'손죽도 왜변'이란 1587년(선조 20)에 일본 무장 세력이 전라도 흥양(현재 고흥)의 손죽도(損竹島, 현재 여수시 삼산면)를 침입한 사건을 말한다. 이 사건의 명칭에 대해 1587년 정해년에 일어났다고 하여 '정해왜변(丁亥倭變)' 또는 손죽도 해상에서 벌어진 전투라고 하여 '손죽도 해전'이라고 불리고 있으나, 필자는 '손죽도 왜변'으로 명명하고자 한다. 이 사건

---

1)   이은상, 『고흥 쌍충사 사적』, 민족문화협회, 1980.

은 1555년 을묘왜변 이후 최대의 왜구 침략 행위로 단순한 왜변의 수준을 넘어 전면전의 성격을 띠며 홍양을 포함한 호남 전역은 물론이고 조선 정국에 큰 영향을 미쳤다. 이 때 전라 좌수군은 일본 침략군에게 무력하게 패배했지만 이대원이 전투 중 용전하다 순국하여 호남 연해민에게 흠모의 대상이 되었을 뿐만 아니라 호남 수군의 전력 증강 요인이 되기도 하였다.[2]

부산포 해전은 전라 좌수군, 전라 우수군, 경상 우수군이 연합하여 막강 화력을 갖춘 일본군의 본진 부산포를 공략한 대전투여서 깊이 있는 연구가 진행되었다.[3] 그 결과 부산포 해전은 임진왜란 전세를 가늠할 정도의 대접전이었고, 그 과정에서 그동안 전라 좌수군의 선봉에 섰던 정운이 전사했다는 사실이 밝혀졌다. 지금까지 정운은 이순신에 가려 별다른 주목을 받지 못했지만, 보성 출신 안방준(安邦俊, 1573~1654)의 표현에 따르면 조선 수군 장수 가운데 이순신 다음가는 인물이었던 것 같다.

이상의 이대원과 정운은 녹도진에 건립된 쌍충사에 향사되었다. 쌍충사는 절의충절을 선양하려는 호남 지역 지식인들의 관심 대상이 되어 그들의 노력에 의해 마침내 사액을 받게 되었다. 그런데 쌍충사는 녹도진성 안에 있어 호남 지식인들뿐만 아니라 녹도진 수군의 사기 앙양에도 일조를 하였다. 따라서 여기에서는 손죽도 왜변의 전개와 녹도만호 이대원의 순국, 부산포 해전의 전개와 녹도만호 정운의 순국, 그리고 쌍충사의 건립과 사액 과정에 대해 하나씩 살펴보도록 하겠다.

---

2) 손죽도 왜변은 당시 호남 지역사회와 조선 정국에 큰 영향을 미쳤고 이후 전개되는 조일 외교와 임진왜란에까지 큰 영향을 미친 사건이지만 아직까지 깊이 있게 연구된 적이 없다. 따라서 전개과정, 영향, 성격 등에 대한 천착이 필요하지만 여기에서는 전개과정에 대해서만 간단히 고찰하고 나머지에 대해서는 별고로 작성하였다(본서 제5장).

3) 김강식, 「임진왜란 시기의 부산포해전과 의미」, 『부대사학』 30, 부대사학회, 2006.

1) 손죽도 왜변과 녹도만호 이대원

(1) 손죽도 왜변

1510년(중종 5) 삼포왜란 이후 잠잠하던 왜구들의 움직임이 1540년대에 접어들면서 심상치 않더니 1544년(중종 39)에 사량왜변, 1555년(명종 10)에 을묘왜변이 발생했다. 이후부터 일본의 어선과 상선들이 한반도 서남해안에 자주 출몰하여 노략질을 하고 사람을 잡아갔다. 그런데 조선 정부는 곧장 달아나는 것을 보고 늘 있는 행위나 전쟁할 의사가 없는 행위로 간주한 채 특별한 대책을 세우지 않고 있었다. 가령, 1586년 6월에 왜대선 1척이 제주도를 침략하여 정의현감(旌義縣監)과 접전을 펼치다 도주한 사건이 있었다. 이를 전라 우수사(全羅 右水使)가 엿보다가 빈틈을 타고 와서 침략할 걱정이 없지 않으니 방비하는 모든 일을 날로 새롭게 하여 변고에 대비하도록 특별히 신칙해야 한다고 보고했다. 이에 임금은 비변사에 전교를 내려 정의현감 김대이(金大頤)와 별조방장 어득수(魚得洙)는 군법을 두려워하지 않고 심상히 여기는 타성에 젖어 적선을 잡지 못했으니 모두 잡아 가두라고 지시했다.[4] 정부 대책은 적선을 막지 못한 장수를 문책하는 정도에 그쳤을 뿐 방비 태세를 강화하는 데까지는 나가지 못했다.

그러던 1587년(선조 20) 1월 말경에 일본 규수의 고토[五島]와 히라도섬[平戶島] 출신들이 탄 왜선 두어 척이 흥양의 녹도진(鹿島鎭, 현재 고흥 녹동) 앞바다에 침범해 왔다. 보통 때 같으면 동남풍이 부는 4월 이후에 왜선이 들어오는데 이번에는 예상을 깨고 일찍 침범했다. 녹도진 만호(萬戶) 이대원이 경황이 없어 주장에게 보고하지도 않은 채 혼자서 출동하여 그들을 쳐서 수급을 베었다. 그러자 좌수사(左水使) 심암(沈巖)은 전공을

---

4) 『선조실록』 20, 선조 19년 6월 3일.

독차지했다고 이대원을 미워하여 두 사람 사이가 벌어지게 되었다.[5] 그리고 수일이 지난 2월 1일, 왜선 18척이 전라도 흥양 손죽도를 침범하여 점령했다. 그들은 무장 정도나 침략 목적으로 보아 이전의 왜구와는 다른 성격을 띤 집단이었다는 점에서 주목된다.

손죽도는 흥양현 남쪽 170리 지점 대양에 있는 섬으로 이전에도 왜구가 침범한 일이 있었다. 가령, 1525년(중종 20)에 왜선 4척이 손죽도, 평두도 등지를 침범하자 전라 좌수사가 병선 20척을 거느리고 예하 진장과 함께 출동하여 격퇴시킨 바 있다.[6] "미조항의 앞바다에는 연화도, 욕지도가 있고 발포의 앞바다에는 대평두도, 소평두도, 손죽도가 있어서 모두 해적이 왕래하는 곳입니다."[7]고 하였듯이, 손죽도가 일본에서 전라 좌수영을 연결하는 중간 지점에 있기 때문에 잦은 외침을 대규모로 받은 것 같다. 더군다나 규슈와 손죽도는 동남풍 바람길에 위치하여 돛을 올리면 쉽게 통행할 수 있는 곳이다.

이들 왜인들이 손죽도를 침략하자 전라 좌수군이 출동했다. 심암은 후방을 맡으면서 이대원을 척후(斥候)로 삼았다. 이대원은 손죽도 해상에서 적과 전면전을 펼쳤다. 그런데 적군은 많고 아군은 적은데다, 적군의 전력은 중국으로부터 조선기술을 배워 선박이 견고했고 포르투갈로부터 조총을 받아들여 막강했다. 게다가 심암이 관망한 채 지원공격을 하지 않아 이대원은 고립된 군사로 대군과 싸우다 패전하고 전사했다.

왜인들은 손죽도에 이어 강진의 선산도(仙山島, 현재 청산도)를 약탈한 후 납치한 백성들을 배에 태우고 연해를 돌아다니며 가리포진(加里浦鎭, 현재 완도)까지 넘어갔다. 이들의 공격으로 가리포군은 주둔지를 점령당하여 병선 4척을 빼앗겼고, 첨사 이운(李運)은 왼쪽 눈에 화살을 맞고 퇴

---

5) 『선조수정실록』 21, 선조 20년 2월.
6) 『중종실록』 55, 중종 20년 9월 22일.
7) 『광해군일기』 9, 광해군 즉위년 10월 21일.

각하고 말았다. 전라 우수사 원호(元壕)가 출동했음에도 불구하고 속수무책으로 가리포진이 함락되고 말았다.[8]

이러한 전투 사실을 안 조정은 한성우윤 신립(申砬)을 우방어사로 삼아 군관 30명을 거느리고 그날로 내려가게 하였다.[9] 그리고 변협(邊恊)을 좌방어사로 삼아 밤을 새워 남쪽 지방으로 출정하게 하였다.[10] 우참찬 김명원(金命元)을 전라도 순찰사로 삼아 손죽도를 침범한 적을 치게 했다. 전라감사 한준(韓準)은 도내의 고을에 전령하여 군사를 일으켜 적을 막게 하였으나, 5~6일이 지나도 해변에 적의 기척이 없어 각각 진(陣)을 파하였다. 모두 왜구가 이미 물러난 뒤 뒷북치기였다.

심암은 병력, 무기, 전술, 기세 등 적의 전력을 소상히 보고하지 않았다. 스스로 군율을 어긴 것을 알고 적세가 대단하다고 거짓으로 아뢰고 내지의 군사를 징발하게 하여 정부의 대응전략 수립에 차질을 빚게 하기도 했다.[11] 당시 아군의 피해는 막대했고 전투 결과는 참혹한 패배였다. 적과 만나 대전하면서 장사(將士)를 천여 명이나 잃었건만 왜적의 머리 하나 참획하지 못할 정도였다. 이대원이 전사했고, 중위장으로 출전한 순천부사 변기(邊璣)는 퇴각 도중 적의 화살을 맞았다.[12]

임금은 패전과 군율 미준수 책임을 물어 심암을 조사할 것도 없이 "의당 형구에 채워 본도로 이송한 뒤, 군문에서 참수하여 여러 진에 조리를 돌려야 된다."[13]고 하여 효수되었다. 이에 앞서 양산룡 등 전라도 유생들도 심암의 죄를 논하고 처형을 주장하자 임금은 참으로 가상하다고 답변했다.[14] 우수사 원호 또한 복병선(伏兵船) 5척이 피침하였으나 따라가 잡지

---

8) 『선조실록』21, 선조 20년 2월 27일.
9) 『선조실록』21, 선조 20년 2월 26일.
10) 『선조실록』21, 선조 20년 2월 28일.
11) 『선조실록』21, 선조 20년 3월 3일.
12) 『선조실록』21, 선조 20년 8월 9일.
13) 『선조실록』21, 선조 20년 3월 28일.
14) 『선조실록』21, 선조 20년 4월 14일.

않았다고 하여 국문을 받았다.[15] 이 외에 여러 장수들이 힘써 싸우지 않았다거나 늦게 출동했고, 달아나 숨었다는 이유로 문책을 받았다. 전라감사 한준도 이대원이 패하여 죽을 당시 순천에 도착하여 적의 형세가 왕성하다는 말을 듣고 내지로 급히 돌아가자 노약자들이 길을 막고 붙들면서 호소했지만 돌아보지도 않고 벌벌 떨며 물러가 웅크렸기에 남쪽 백성들로부터 욕을 먹었다고 하여 파직 당했다.[16] 곧이어 한준은 호조참판과 우참찬을 거쳐 황해도 관찰사가 되어 정여립 사건을 최초로 고변하였으니, 전라도와 남다른 인연을 맺은 인물임에 분명하다.

이 때 왜인들은 주민들을 닥치는 대로 살해하고, 수백명을 납치하여 끌고 간 후 외국에 팔아넘기기도 하였다. 조정은 대응책 마련에 부심하기 시작했다. 3정승, 비변사 당상, 병조 당상이 집결한 어전회의에서 전라도와 인접한 충청도가 불안하다는 의견에 따라 대응력이 부족한 감사를 교체하는 일이 벌어졌다.[17] 경상도에도 신각(申恪)을 방어사로 내려 보냈다.[18] 임금은 적이 비록 물러났으나 이는 우리를 유인하는 것이라고 판단한 후 전구(戰具)를 닦고, 봉수(烽燧)나 요망(瞭望) 등의 일을 단속하여 경계 태세를 태만히 하지 말도록 지시했다.[19] 물러난 적들이 다시 나타나 언제 전면전이 일어날지 모르겠다고 판단한 임금은 병조에 만반의 준비 태세를 강구하도록 지시했다. 병조는 준비 상황을 보고했다.

지금의 왜변(倭變)은 우연히 변경을 침범한 것에 비할 바가 아닙니다. 전선(戰船)을 넉넉히 준비하여 대거 침입했습니다. 고풍손(高風孫)이 전한 대로 사을화동(沙乙火同)의 소행이란 것이 이미 빈 말이 아닙니다. 한 번 교전하고서 선박을 불태우

---

15) 『선조실록』21, 선조 20년 3월 10일.
16) 『선조실록』21, 선조 20년 6월 4일.
17) 『선조실록』21, 선조 20년 2월 27일.
18) 『선조실록』21, 선조 20년 2월 30일.
19) 『선조실록』21, 선조 20년 3월 3일.

고 장수를 죽였으니 곧바로 침범하는 데 아무런 어려움이 없었습니다. 그런데 여러 날을 지체하면서 진격도 후퇴도 않기 때문에 그 실정을 가늠하지 못할 듯 하지만 어찌 심원하여 알기 어려운 계책이야 있겠습니까. 전선을 나누어 정박시켜 의심스럽게 만들어서 우리 측이 한 곳에 병력을 집중토록 한 다음 가만히 다른 변경을 치려는 것이 하나요, 먼 섬으로 물러나 숨었다가 본처(本處)에서 원병을 계속 보내는 것을 기다려 일시에 거사하며 멀리 떨어진 변경에 출몰하면서 진보(鎭堡)의 형세를 살펴 허술한 틈을 타 갑자기 공격하려는 것이 그 하나입니다. 신들의 생각으로는 적과 대응하는 곳은 방어가 그다지 허술하지는 않은데 본도(本道)에서 우려할 만한 곳은 가리포(加里浦), 진도(珍島), 제주(濟州) 등 3읍과 법성창(法聖倉), 군산창(群山倉)입니다. 그러나 본도의 방책에 진작 정해진 규칙이 있으니, 반드시 이미 조치하였을 것입니다. 정병은 현재 당상·당하의 무신과 녹명인 및 잡류·공사천으로 활쏘기에 능한 사람을 벌써 선발해서 대오를 나누고 짐을 꾸려 명을 기다리게 하였으며, 궁시와 총통도 있습니다, 그 가운데에 부족한 것은 철갑과 철환이나 현재 만들고 있습니다.[20]

적의 침략이 예상되는 전라도의 가리포와 진도 및 제주 등 3읍과 법성창과 군산창 등 2창에 대한 방비를 강화하고, 무신과 잡류 및 공사천 가운데 활쏘기에 능한 사람을 선발하고 대오를 편성해서 유사시를 기다리게 하고, 궁시(弓矢)와 총통(銃筒) 및 철갑(鐵甲)과 철환(鐵丸) 등 무기를 갖추어 놓겠다는 것이 병조의 답변이었다. 전국이 준 전시 상황에 접어들 정도로 긴박하게 움직였다. 을묘왜변 때도 전라도 강진·해남 지역이 유린당했기 때문에, 특히 전라도의 연해지역에 대한 방어책을 강구하기 시작했다. 그런데 임진왜란 때에 왜군은 방비가 튼튼한 전라도로 들어오지 않고 근래 외침을 겪지 않은 부산포로 들어왔다. 어떠하든 간에 긴박한 가운데, 사을화동(沙乙火同)이라는 조선인의 유인에 의한 소행이라는 사실이 납치 상태에서 도망친 사람으로부터 보고되었다. 곧 바로 침략자는 물

---

20) 『선조실록』 21, 선조 20년 3월 2일.

러났지만, 손죽도 왜변은 정부의 외교정책 수립과 호남지방의 민심 동향에 미친 여파는 심대했다.[21]

(2) 이대원 순국

이대원(李大源, 1566~1587)은 자가 호연(浩然), 본관이 함평, 출신지는 경기도 양성으로 1583년에 18세의 나이로 무과에 합격한 후 선전관으로 있다가 1586년 21세에 녹도만호가 되었다. 녹도진은 흥양현 남단 수군진으로 전라 좌수영 휘하 5관 5포 가운데 하나로 국초부터 설치된 수군진이다.

이대원은 1587년(선조 20)에 녹도 앞바다를 침입한 왜선 2척을 수하병을 이끌고 홀로 출전하여 격퇴했다(어떤 기록은 20여 척을 침몰시켰다고 하는데, 20여 척이 침범하여 2척을 격파하고 나머지 18척이 손죽도를 침범한 것으로 보임). 남은 적들은 도망가고 녹도진 군사들은 사망하거나 실종된 이가 하나도 없는 대승리를 거두었다. 이대원이 돌아와서 수사 심암에게 전과를 보고하면서 베어 얻은 적의 머리를 올렸다. 심암은 겁을 내어 당초 왜적을 물리친 일이 없었으나 이대원의 공을 빼앗으려고 이대원을 앞으로 오라고 불러 귓속말로 이리이리 말하였다. 이대원이 따르지 않자 심암은 부끄러워하고 노하였고 이대원을 미워하기 시작했다. 관찰사의 장계(狀啓)로 그의 승전이 조정에 보고되어 심암은 파면되고 대신 이대원이 좌수사에 발령되었으나 조정 명령이 도달하기 전에 손죽도에서 죽었다.

---

21) 전라도 좌수영 출신의 김개동(金介同)과 이언세(李彦世) 등이 손죽도 싸움에서 왜구에게 잡혀 남번국(南蕃國)에 팔려갔다가, 중국으로 도망친 후 사은사와 함께 돌아와 1588년(선조 21년) 11월에 다음과 같이 보고하였다. 진도 출신의 사화동이란 자가 왜구에게 잡혀 규슈 고토에 있으면서 손죽도 침략을 인도했을 뿐만 아니라, 그곳에 억류되어 있는 조선인이 수백명에 이른다고 김개동 등은 털어놓았다. 바로 이 무렵 일본은 사신을 보내어 통신사 파견을 요청하였다. 조선 정부는 처음에 반대하다가, 나중에 협상 조건으로 손죽도 침략을 주도한 고토 도주, 히라도 도주, 사화동, 적괴 4~5명을 묶어 보내고 또 전후에 포로가 된 백성을 모두 되돌려 보내줄 것을 요구하였다. 이에 대마도주가 사화동, 적괴 3명, 피로인 116명을 보내니 마침내 타결되어 1590년(선조 23년)에 황윤길 · 김성일 · 허성 일행의 통신사가 일본에 가게 되었다.

수일 후 다시 18척의 왜선이 손죽도를 침입하여 점령하자 이대원은 심암의 명에 의해 피로에 지친 군사 100여명을 이끌고 출동했다. 이때 이대원은 "지금 해도 저물었고 또 군사들도 적어 덮어놓고 출전하는 것은 무모할 따름이니, 군사를 더 많이 모으고 선단을 크게 지어가지고 내일 아침 날이 밝은 다음에 효과 있게 치고 나가는 것이 옳은 줄 압니다."라고 심암에게 진언했으나, 심암은 도리어 협박까지 하면서 즉각 출전하라고 명령을 내렸다. 그러자 이대원은 "그러면 사또께서 곧 뒤미처 응원군을 거느리고 와주시기를 바랍니다"라고 말하고 출전했다.[22]

손죽도 해상에서 조총을 쏘아대는 적과 3일간 전투를 펼쳤으나 심암은 쳐다만 보고 구원병을 보내지 않았다. 중과부적과 화력 열세 상태에서 모든 군사를 잃어버리고 배조차 남김없이 다 깨지고 말았다. 이대원은 이길 수 없음을 알고 칼을 들어 자기 손가락을 잘랐다. 그리고 속저고리를 벗어서 거기다 손가락의 피로 최후의 절명시 한 장을 써서 집안 하인에게 주며 "이것을 가지고 고향에 돌아가 장례하라"고 말했다. 절명시는 다음과 같다.

해 저무는 군문에 바다를 건너오니
군사는 적고 형세는 끊겨 이 인생 가련하네.
군주와 어버이께 은혜와 의리 모두 보답하지 못하니
원한이 시름겨운 구름 속에 맺혀 풀리지 않으리라.

그러던 중 이대원은 왜인들에게 끝내 붙잡히고 말았다. 항복하라고 위협했으나 굴복하지 않자 왜인들은 배의 돛대에 묶어 놓고 사정없이 때렸다. 그러나 이대원은 죽을 때까지 꾸짖는 소리가 입에서 끊이지 않았다. 마침내 손죽도 뭍으로 끌려나와 수하 병사들과 함께 살해당하여 22세의

---

22) 이은상, 앞의 책, 63쪽.

청년 장군은 목숨을 잃었다. 왜인들이 만행을 저지른 곳을 현재 현지인들은 '무부장터'라고 하고, 당시 손죽도 사람들이 이대원 시신을 가묘를 써서 매장했다고 한다. 집안 사람들은 유명을 받들어 혈서로 쓴 옷을 가져다가 양성현 대덕산 아래에 장례했다.

고흥 연해안 사람들은 심암의 태도에 분개하고 이대원의 죽음을 애도하여 가련한 노래를 지어 불렀다.[23] 그 노래는 다음과 같다.

어허! 슬픈지고
녹도만호 이대원은
다만 나라 위해
충신이 되었도다
배가 바다로 들어갈 제
왜적들은 달려들고
수사는 물러가니
백만 명 진중에서
빈 주먹만 휘둘렀도다.

송강 정철의 큰아들 정기명(鄭起溟, 1558~1589)은 「녹도가(鹿島歌)」를 지어 그의 죽음을 애도했다. 은봉 안방준은 15살이던 이때에 이 소식을 듣고 「이대원전」을 지었다. 그의 「연보」에 따르면, "당시 왜적이 들어와 노략질을 하자, 녹도만호 이대원이 힘껏 싸우다 죽으니 선생이 절의를 가상히 여겨 전(傳)을 지어 기록하였다. 조정이 이대원의 절의를 자세히 몰랐는데 선생으로 말미암아 없어지지 않게 되었다. 선생은 어린 나이에 이미 절의를 숭상하여 권장함으로써 세상에 일컬어졌다."[24]고 하였다. 안방준은 이대원의 절의를 높이 사 「이대원전」을 지었으나 현재 원문은 남아 있

23) 『국조인물고』, 『약천집』 17, 신도비명, 「全羅左水使李公神道碑銘 己卯」.
24) 『은봉전서』 부록 1, 「연보」.

지 않다.

손죽도는 화살용 전죽(箭竹)이 많아 붙여진 이름이지만, 온 나라 사람들은 이대원이 죽자 슬퍼하면서 손죽도를 '손대도(損大島)'라고 했다고 한다. 이 점에 대하여 이수광(李睟光)은 다음과 같은 기록을 남겼다.

만력 정해년에 왜군이 전라도를 침범하였을 때에, 녹도만호 이대원이 외로운 군사를 가지고 손죽도에서 항거하여 싸우다가 구원이 끊어지매 패전하여 죽으니 나라 사람들이 슬퍼하였다. 손죽도를 세상에서는 손대도라고 한다. 우리나라 말에 죽(竹)을 대라고 하기 때문이다. 이것은 한 편으로 대는 대원(大元)의 대(大)와 같은 음이다. 손대도는 끝 '대원을 잃은 섬'이라는 말과 통한다.[25]

죽(竹)을 우리말로 '대'로 부르기 때문에 이대원 순국 이후 조선 사람들은 손죽도를 손대도라고 불렀고, 결국 손대도는 이대원을 잃게 한 섬이라는 말이었다. 이대원의 '대' 자와 음이 서로 같아서, 이대원을 손상시킨다는 말이 은연중 포함되어 있다고 이수광은 민간의 떠도는 말을 채록하여 기록으로 남겼다.

이러한 호남 지역민들의 이대원 애도 물결은 어떤 결과를 냈을까? 이점과 관련하여 안방준의 기록을 다시 한 번 검토해 보자. 그는 「임진기사(壬辰記事)」에서

정해년 봄 3월에 일본 적병을 실은 배 16척이 영남의 바깥 바다로부터 끝바로 흥양의 손죽도에 이르렀으나, 각 진과 여러 고을의 수군들은 서로 마주 보는 곳에 진을 치고는 두려워 웅크리고 있을 뿐이었다. 오직 녹도만호인 이대원만이 나아가 싸우다 왜적에게 포위되었다. 힘을 다해서 싸웠으나 전세가 곤궁하게 되자, 깃발을 들어 원군을 불렀지만 여러 장수들이 아무도 가서 구해주지 않았다. 이대원이 드디어 죽임을 당하고 배가 물에 빠져 녹도의 수졸(水卒) 손대남(孫大男)만이 겨우 살아

25) 『지봉유설』 2, 지리부, 도.

났다. 그날 밤 왜적들은 어디로 갔는지 모습과 그림자조차 없어서 알 수가 없었다. 이에 조정과 재야에서 크게 놀라 곧바로 방어사와 좌우조방장을 출정시켰다. 대개 풍신수길은 임금을 죽여 왕위를 배앗고, 그 위세를 타서 우리나라의 길을 취하여 명나라를 침범하고자 하였는데, 먼저 사화동을 길잡이로 삼아 약간의 배를 보내어 우리나라 병력의 강약을 시험했던 것이다.[26]

안방준은 손죽도 왜변을 도요토미 히데요시가 정권을 잡은 후 조선 침략을 감행하기 위한 예비전으로 성격 규정을 하였다. 그의 논지가 타당한지에 대해서는 세밀한 분석이 뒤따라야 하지만, 여러 정황으로 미루어 볼때 그 가능성은 매우 짙다고 보여진다. 그렇다면 임진왜란의 예비전인 손죽도 왜변에서 조선군은 속수무책으로 무너졌고, 그나마 이대원 장수만이 전력대전하다 장렬하게 순국한 셈이다.

이러한 상황에서 이대원의 죽음은 호남 사람들에게 강한 메시지를 던져주었을 것이다. 이 점에 대해 이대원의 신도비명을 쓴 남구만의 언급을 주목해보자. "임진왜란에 호남 지방이 유독 완전하여 다시 나라를 일으키는 근본이 되었으니, 이는 공이 먼저 왜적에게 몸을 맡겨서 사람들의 마음을 장려하고 분발시킨 효험이 아니라고 하지는 못할 것이다."고 하였다. 임진왜란 당시 조선 수군의 주력부대로 왜란 극복의 원동력이 되었던 전라 좌수군의 전력은 이대원의 장렬한 죽음에서 비롯되었다는 것이 남구만의 생각이다.

2) 부산포 해전과 녹도만호 정운

(1) 부산포 해전

일본군은 1592년(선조 25) 4월 13일에 부산포 앞에 이르러 선상에서 밤

---

26) 『은봉전서』 6, 기사, 「임진기사」.

을 보낸 후, 14일에 상륙하여 부산진성을 무너트리고, 15일에는 동래성마저 함락시키고 북상하기 시작하였다. 왜군이 해상에 나타나자 동래의 경상 좌수사 박홍(朴泓)은 싸우지도 않고 언양 쪽으로 도주해 버렸다. 거제의 경상 우수사 원균(元均)은 바다를 건너오는 왜병들에 대해 대적할 수 없는 형세임을 알고 전함과 전구를 모두 물에 침몰시키고 수군 1만여 명을 해산시키고 나서 옥포만호 이운룡(李雲龍), 율포만호 이영남(李英男), 영등포만호 우치적(禹致績) 등과 함께 남해현 앞에 머물며 육지를 찾아 도피하려고 하였다. 이때 이영남과 이운룡이 이곳을 버리면 전라도와 충청도가 위태로울 것이라고 항거하면서 전라도 수군의 구원을 받아 이곳을 사수할 것을 청하자 원균이 그 계책을 따라 이영남을 이순신에게 보내 구원을 요청하게 하였다.

개전 당시 일본군의 전선 척수는 500여 척 이상이나 되는 대군이었다. 이러한 대군을 전라 좌수군에 소속된 방답·사도·여도·발포·녹도 등 5개 진포의 전선만으로는 공략하기가 어렵다고 생각한 이순신은 수군이 편성되어 있는 순천·광양·낙안·흥양·보성 등 5개 고을 전선까지 아울러 거느리고 갈 예정이었다. 이에 이순신은 각 읍과 진에 격서를 보내, 경상도로 출전할 때 해로를 지나게 되는 "본영 앞바다로 일제히 도착하라"고 통고하였다.[27]

여러 장수들이 좌수영에 도착하였다. 이영남의 말을 듣고 여러 장수들은 관할론을 들어 "우리가 우리 지역을 지키기에도 부족한데 어느 겨를에 다른 도에 가겠습니까?"라고 말하며 경상도 해역으로의 출격을 꺼렸다. 그런데 광양현감 어영담(魚泳潭), 녹도만호 정운, 이순신 군관 송희립(宋希立)만은 강개하여 눈물을 흘리며 "적을 토벌하는 데는 우리 도(道)와 남의 도가 따로 없습니다. 적의 예봉을 먼저 꺾어놓으면 본도도 보전할 수

---

27) 『이충무공전서』 2, 장계, 「赴援慶尙道狀」.

있습니다."고 말하며 진격하기를 권했다. 이순신은 크게 기뻐하였고, 드디어 4월 29일에 전라 좌수군이 좌수영 앞 바다에 모두 집결했다. 이에 이순신은 85척의 군선을 거느리고, 원균의 군선 6척과 합류하여 옥포 앞바다로 나가 5월 7일 격전을 펼쳐 대승리를 거두었다. 이것이 옥포 해전(玉浦 海戰)으로 임진왜란의 첫 승리이다. 이 승전은 해로를 통하여 일본에서 전달되는 왜적의 보급을 막는 실질적인 효과와 함께 육전을 수행하던 왜군들의 사기를 꺾고 우리 민관(民官)의 왜군 격퇴 의지를 고양하고 전열을 정비하는 데 결정적인 계기가 되었다. 이후 이순신 함대는 사천, 당포, 당항포 등지에서 대승을 거두었고, 마침내 7월 6일 한산도에서 임진왜란기의 전세를 역전시킬 대전과를 거두었다.

한산도 해전에서 패한 일본 수군은 조선 수군과의 전쟁을 피하고 부산포에 집결해 있었다. 따라서 임진왜란 전체의 전황을 바꾸기 위해서는 부산포를 공략할 수밖에 없었다. 이때 일본군이 내륙에서 포획한 물건들을 가지고 낙동강을 통해 부산포로 내려온다는 소식이 이순신 진영에 전달되었다. 그렇지 않아도 낙동강을 통해서 부산포 왜군 본진과 내륙 왜군이 정보와 물자를 교류하고 있던 터여서 이순신은 낙동강에서 부산포로 이어지는 해상로를 차단하기 위해 8월 24일에 전라 좌수군을 거느리고 전라 우수군과 함께 좌수영을 떠나 부산포 방면으로 출동하여 고성 사량 앞바다에서 경상 우수군과 합류했다. 166여 척에 불과한 조선 수군은 웅천을 거쳐 가덕도까지 진격한 후, 이윽고 9월 1일 부산포를 공격하기 위해 돌진하였다.

가덕도 앞바다에서 새벽닭이 울자 발선하여 몰운대(沒雲臺)를 지나고 있을 때 갑자기 바람이 일어 파도가 격해졌다. 간신히 선대를 정비하여 몰운대 옆에 이르러 일본 군선 5척을 쳐부수고 이어 다대포 앞바다에서 8척, 서평포 앞바다에서 9척을 연이어 격파했다. 절영도에 이르러서는 왜선 2척이 기슭에 줄지어 정박해 있으므로 세 수사 휘하의 여러 장수와 조방장 정걸(丁傑) 등이 합심하여 적의 배를 부수고, 배 안에 가득 실은 물건과 무기를 불태워버렸다. 이러한 조선 수군의 공격에 기세가 꺾인 일본군은 대항하지 못하고 산으로 도망쳤다. 절영도 주위를 탐색하였으나 일본군의 종적이 보이지 않자 조선 수군은 정탐선을 부산 앞바다로 보내어 적정을 탐정하게 하였다. 정탐선이 "대개 500척이 선창의 동쪽 산기슭 언덕 아래에 줄지어 있는데, 선봉 왜대선 4척이 초량으로 나오고 있다"고 보고하였다. 이순신, 이억기, 원균은 "우리의 군세로 만일 지금 공격하지 않고 군사를 돌린다면 반드시 적이 우리를 멸시하는 마음이 생길 것이다"고 약속한 후, 독전기를 날리고 북을 치면서 일제히 부산포 선창으로 돌격했다.

우부장 녹도만호 정운, 거북선 돌격장 좌수영 군관 이언량, 전부장 방답첨사 이순신, 중위장 순천부사 권준, 좌부장 낙안군수 신호 등이 먼저 바로 돌진하여 선봉 왜대선 4척을 깨뜨리고 불태우자, 적도들이 헤엄쳐 육지로 오르므로 뒤에 있던 여러 배들은 곧 이긴 기세를 타서 깃발을 휘날리고 북을 치면서 장사진으로 돌진하였다. 이때 일본 육군은 부산진성 동쪽 한 산에서 5리쯤 되는 언덕에서 3군으로 나누어 진을 치고 있었고, 수군은 대중소 전함 470여척을 선창에 정박해 놓고 있었다. 조선 함대들이 곧장 쳐들어가자 배 안, 성 안, 산 위, 굴 속에 있던 일본군은 총과 활을 가지고 산으로 올라가서 여섯 곳에 나누어 진을 치고 내려다보면서 탄환과 화살을 퍼부었다. 당시 일본군은 편전(片箭)을 쏘고, 모과만 한 큰 철환(鐵丸)을 쏘고, 주먹만 한 수마석(水磨石)을 던지며 격렬한 저항을 하였다. 이에 조선군은 죽음을 무릅쓰고 돌진해 들어가 총통, 화살, 탄환 등을 쏘면서 종일토록 접전하였다. 이때 녹도만호 정운이 최선봉에서 적선을 공격하고 있었는데, 산 위에서 쏘는 적탄에 맞아 그 자리에서 전사하고 말았다. 그렇지만 고지에 있는 강한 적을 바다 위에서 대항하는 지세 상의 불리함과 1/4~1/5에 불과한 전략상의 열세에도 불구하고, 다음 날 2일까지 계속된 전투에서 조선 수군은 용전을 거듭하여 부산포 안에서 적 선 100여척을 격파하였다. 용사들을 선발하여 육지로 올라가 모조리 섬멸 하려 하였으나, 성 안팎의 6~7개소에 진치고 있는 왜적들이 많을 뿐만 아 니라 그 가운데 말을 타고 용맹을 뽐내는 자가 있고, 날도 저물어 적의 소 굴에 있다가는 앞뒤로 적을 맞을 것 같아 조선 수군은 배를 돌려 한밤중에 가덕도로 돌아와서 밤을 지냈다. 이로써 치열한 부산포 해전은 끝나게 되 었다.[28]

　이러한 승리에 대하여 이순신이 "무릇 전후 네 차례 출전하고 열 번 접 전하여 모두 다 승첩하였어도 장수와 군졸들의 공로를 논한다면 이번 부 산포 해전보다 더한 것이 없습니다. 전일 싸울 때는 적선의 수가 많아도 70여 척을 넘지 않았는데, 이번은 대적의 소굴에 벌여 있는 470여 척 속 으로 군사의 위세를 크게 뽐내어 이긴 기세로 돌진하며 조금도 두려워 꺾 임이 없이 종일 공격하여 적선 100여 척을 쳐부수어 적들로 하여금 마음 이 꺾여 가슴이 무너지고 머리를 움츠리어 두려워 떨게 하였는바, 비록 머리를 벤 것은 없으나 힘껏 싸운 공로에는 먼저 번보다 훨씬 더하므로 전 례를 참작하여 공로의 등급을 결정하고 별지에 기록하였습니다."고 할 정 도로 대승리였다.[29] 이후 일본군은 이듬해 강화가 개시될 때까지 부산에 웅거한 채 별다른 공세를 취하지 않을 정도로 부산포 해전은 임진왜란의 전체 흐름을 바꿔놓기에 충분하였다.

---

28) 김강식, 「임진왜란 시기의 부산포해전과 의미」.
29) 『이충무공전서』 2, 장계, 「釜山破倭兵狀」.

(2) 정운 순국

정운(鄭運, 1543~1592)은 자가 창진(昌辰), 시호는 충장(忠壯), 본관이 하동으로 이순신보다 2년 앞서 1543년(중종 38)에 전라도 영암에서 태어났다. 어려서부터 의협심이 강한 성격을 지니어 언제나 절개와 정의로 죽는 것을 스스로 기약했고, 7세 소년 시절부터 「정충보국(貞忠報國)」 넉 자를 칼에 새겨 자기의 검명으로 삼고 충의의 일생을 보냈다고 한다. 28 세에 무과에 합격하여 거산찰방, 웅천현감, 제주통판, 해주판관을 역임했는데, 그의 강직한 성격 때문에 관직에 오래 있지 못했다.

제주통판 재임 때 이런 일이 있었다. 제주도는 좋은 말이 많은 곳이지만, 그는 체임해서 돌아올 때에 망아지 한 마리도 가지고 오지 않았다. 오직 부임할 때 자신의 말 두 마리를 데리고 들어갔는데 목사(牧使)가 이에 화인(火印)을 찍고자 하자 정운이 말하기를 "만약 제주도에서 낳은 말이라면 당연히 화인을 찍어야 한다. 그런데 이는 부임하면서 내가 사사로이 가져온 말이므로 타고서 돌아가고자 하는데 화인을 찍으려고 하는가?"라 하며 마침내 말을 두고 가버렸다. 목사가 도리어 경탄하여 감히 화인을 찍지 못하고 즉시 나루터로 말을 보냈다고 한다. 해주판관이 되었을 때에도 목사의 미움을 사 파직되어 수년 동안 벼슬을 하지 않고 고향에 있었다.

강직한 성품 때문에 자못 조정의 대신들에게 꺼리는 바가 되어 장차 때를 만나지 못하고 불우하게 일생을 마칠 형편이었다. 그런데 정운의 재주를 애석히 여긴 서애 유성룡(柳成龍)이 천거하여 정운은 1591년에 녹도만호에 임명되었다. 그는 녹도 진영에 도착한 즉시 갑옷, 전선, 노 등의 병기들을 손질하였을 뿐만 아니라 성 망루를 수선하고 전선을 3척이나 건조하였다. 이순신이 그것을 보고 칭찬하며 예하 진영에 글을 내려 "배를 정비하는 등의 일은 반드시 녹도만호가 하는 일을 본받도록 하라"고 지시했다고 한다.

조정에서 정한 것 외에는 따로 공물을 받지 않았고 군사를 어루만져 줌이 집안의 부자 관계와 같았으나, 만약 죄가 있으면 역시 용서하지 않아 반드시 중하게 매를 때리지만 그 매는 10대를 넘지 않았다. 성품이 말을 사랑하여 항상 타는 말을 친히 먹이를 먹이며 보살폈다. 한 여름 폭염 아래에 항상 매어 두고 때때로 산 위 아래로 달리게 하여 익숙해질 때까지 훈련시켰다.

이러한 강직한 성품과 철저한 대비태세는 전쟁이 발발하자 그대로 나타났다. 임진왜란이 발발하여 원균이 전라 좌수군의 출병을 요청하자 이순신이 여러 장수를 모아서 이 일을 논의했다. 이때 일부 장수들은 관할론을 들어 출전 거부 의사를 표했지만, 정운은 어영담 및 송희립과 함께 "죽음을 바치기를 원하여 말이 의기가 차 강개하니 순신이 크게 기뻐하여 5월 4일 군사를 거느리고 바다로 내려가니 전선이 80여 척이었는데 원균과 약속하고 거제 옥포 앞바다에 이르렀다."[30]고 하여 이순신의 경상도 해역 출전 결정에 크게 기여했다. 이때 이순신과 예하 장수들이 좌수영 남별관(南別館)에 모여 전략을 의논하였는데 여러 장수들이 모두 말하기를 "적은 기세가 등등하니 경솔하게 먼 바다에 나아가는 것은 불가할 뿐만 아니라 설사 나아간다 하더라도 이곳에 병사를 머물게 하여 우수사 이억기가 도착하는 것을 기다려도 늦지 않습니다."고 말하였다. 그러나 홀로 녹도만호 정운만이 아무 말 없이 눈을 부릅뜨고 앉아 있었다. 잠시 후 활과 검을 차고 아래 뜰로 내려와 청하여 말하기를 "(녹도) 본진으로 돌아가겠습니다"고 하자, 이순신이 "어찌된 것인가?"라고 물었다. 정운이

영남이 이미 적에게 함락되었으나 영남은 우리나라의 땅이고 호남도 우리나라의 땅이니 어찌 월(越)나라가 진(秦)이 피폐해지기를 기다리듯 하리오. 하물며 울타

30) 『연려실기술』 15, 선조조고사본말, 「李舜臣扼遏海路」.

리 밖의 적은 막기가 쉬우나 안의 적을 방어하기는 심히 어렵습니다. 지금 적은 아직 호남을 침범하지 못하였으니 마땅히 이때에는 급히 병사를 이끌고 반격하여 한편으로는 호남을 지키고 한편으로는 영남을 구하는 것이 옳은 일입니다. 그런데 머뭇거리며 다만 앞바다만을 지키고자 하여 구차하게 저의 진군이 이곳에 헛되이 머물며 시일만을 보내는가 깊이 살펴주십시오.

라고 대답하며 출전을 강력히 주장하고 여기에 송희립도 적극 찬성하자 마침내 이순신은 출행을 결행했다.[31] 정운은 옥포 해전에서 후부장 역할을 맡고 출전하여 중선 두 척을 격파했고, 적진포에서 대선 1척을 격파했다.[32] 이어 계속되는 당포 해전에서는 좌척후장 역할을 맡고 출전하여 적 대선 1척을 나포하고 머리 20인을 베었고, 체포된 조선 사람을 두 명이나 찾아왔다. 그리고 견내량 해전에서는 충각선 두 척을 소각시켰고 머리 셋을 베고, 우리나라 사람 두 명을 되찾아왔다.

그리고 이어 부산포 해전에서 선봉에 서서 싸우다 장렬하게 순국하고 말았다. 부산포를 공략하기 위해 몰운대에 이르렀을 때, 정운은 몰운대의 '운(雲)' 자와 자신의 '운(運)' 자가 동음임을 알고 좌우를 불러 "필시 여기가 내가 죽을 곳이다. 만일 내가 죽더라도 적이 알지 못하게 하라. 적이 알게 되면 그들의 사기가 크게 오르리라"고 하며 죽음을 예고했다. 정걸과 함께 선봉에 서서 배를 몰아 절영도에 이르자 적선이 바다를 덮고 있었다. 이미 날이 저물었기 때문에 정걸이 정운에게 "날이 이미 저물었으며 적세 또한 완강하니 후퇴했다가 적세를 보아 날이 밝는 대로 싸우는 것이 지당할까 하오"라고 진언했으나 정운은 오히려 "여기가 내가 죽을 곳이외다. 나는 오직 적과 함께 살기를 바라지 않은 터에 어찌 내일까지 기다리겠소"하며 대적하기로 마음을 굳혔다. 뒤이어 이순신이 당도하자, 정운은

---

31) 『은봉전서』 7, 「釜山記事」.
32) 『이충무공전서』 2, 장계, 「玉浦破倭兵狀」.

기뻐하며 뱃머리에 서서 선단을 지휘하여 진격하면서 왜적의 큰 배 한 척을 가리키며 "저 배에서 총포의 방사가 심하니 의당히 저 배를 먼저 부숴야 할 것이다"고 말하며 죽음을 무릅 쓰고 적진에 뛰어드니 적 또한 더욱 심하게 조총을 난사해와 그 중의 하나가 공의 가슴을 명중시켜 끝내 일어나지 못하고 말았다. 그가 전몰하자 왜적들은 "정장군이 죽었으니 여타는 감히 대적이 안 된다"고 말하며 기뻐했다고 한다.

병사가 급히 정운 순국 소식을 이순신에게 알리자 이를 접한 이순신은 하늘을 우러러 보고 대경실색하며 "끝났도다. 끝났도다. 국가가 오른팔을 잃었구나"라고 탄식을 하였다. 녹도선으로 하여금 정운의 시신을 수습하게 하고 군관 송희립을 호송관으로 삼아 호송하게 한 후 드디어 전군에 퇴각령을 내렸다.[33] 이순신은 이때 정운의 활약에 대해 다음과 같이 서술했다. "녹도만호 정운은 변란이 생긴 이후로 충의심을 분발하여 적과 함께 같이 죽기로 맹세하며 세 번 싸움에 매양 앞장섰고 부산 접전 때에는 죽음을 무릅쓰고 돌진하다가 적의 큰 철환이 이마를 뚫어 전사하니 지극히 슬프고 가슴 아픕니다. 여러 장수 중에서 별도로 차사원을 정하여 각별히 호상하도록 하고 그 대신으로 달리 무략있는 사람을 속히 제수하여 내려보내시기를 재촉하오며 그 사이에는 신의 군관인 전만호 윤사공을 가장으로 보냈습니다."[34] 그래서 안방준은 「부산기사」에서 "국가의 회복이 호남의 보전에서 연유하였고, 호남의 보전은 순신의 수전에서 연유하였고, 순신의 수전은 모두가 녹도만호 정운의 앞장선 데서 나온 것"이라고 평했다.

---

33) 『정충장공실기』, 「行狀」.
34) 『이충무공전서』 2, 장계, 「부산파왜병장」.

3) 녹도사 건립과 쌍충사 사액

(1) 이대원 사당과 정운 추배

이대원은 순국 직후 녹도진의 사당에 제향되었다. 이대원 사당의 건립 경위는 다음과 같다. 손죽도에서 해전이 있은 지 한 달여 지난 3월 7일에 임금은 순국한 녹도 장졸들에 대하여 다음과 같은 조치를 취하라고 지시했다.

> 호남의 전몰자들에게 사제(賜祭)하는 것이 좋겠다. 사람들이 목숨을 잃은 나머지라 인심이 매우 비통해 한다. 마땅히 시종신(侍從臣)을 보내 조정의 뜻으로 죽은 이를 조문하고 생존자를 찾아 위로할 것이며 그 전몰자의 집은 잡역을 면제해 주도록 유시하라. 그리고 수령에게 신칙하여 힘써 구휼하게 하라. 이어 목숨을 잃은 연유와 죽이고 살략당한 수 및 적의 형세와 장졸들의 용맹과 비겁함 등을 널리 탐문하여 죄다 위에 아뢸 것을 비변사와 의논해 아뢰도록 하라.[35]

임금은 이대원에게 병조참판을 추증해 주었고, 전한(典翰) 조인후(趙仁後)를 파견하여 손죽도 전투에서 순절한 장수와 병사들에 대한 제사를 거행하고 명하였다. 그러면 이때 이대원 사당이 건립되어 있었을까? 그렇지는 않았지만 임금의 이 조치가 이대원 사당 건립을 앞 당겨 이로부터 3개월이 지난 뒤에 이대원 사당은 녹도사(鹿島祠)라는 이름으로 건립되었다. 이 점에 대하여 "녹도만호 이대원은 손죽도에서 전사하였는데 조정에서 포상(褒賞)과 벼슬을 더해 주었으며, 감사 윤두수가 본진 수군들의 소원에 따라 사당을 세워 그가 죽은 날에 제사를 지내도록 하였습니다."[36] 라는 실록 기사가 참고 된다. 즉, 1587년 6월 6일자로 전라감사로 임명된 윤두수(尹斗壽)가 녹도진 수군들의 소원에 따라 수군진 안에 사당을 세워

---

35) 『선조실록』 21, 선조 20년 3월 7일.
36) 『선조실록』 111, 선조 32년 4월 25일.

그가 죽은 날에 제사를 지내도록 했다는 것이다.[37] 녹도진 수군 병사들의 강한 열망이 있었기에 녹도사라는 이름으로 진성(鎭城) 안에 사당을 건립한 것 같다.

정부의 조치는 증직과 제사 및 사당 건립으로 그치지 않았다. 임금은 이대원이 국가 일로 죽었기에 그의 절의를 장려하려고 그의 부모가 있는지와 아들의 나이는 많은가를 승정원에 물었다. 승정원이 그의 편모가 수원에 살고 있으며 자녀의 나이에 대해서도 답변했다. 그러자 임금이 "국가가 일반 노인에게도 매달 주육(酒肉)을 보내는데, 그 자식이 국사로 죽었으니 내 마땅히 그 어미를 봉양할 터이다. 해사(該司)를 시켜 매달 주육을 보내주고, 여생을 마칠 때까지 봄·가을에는 쌀과 콩을 보내 주도록 하라. 대원의 집에 쌀 20석을 내려주라.[38]"고 명하였다. 이처럼 이대원이 손죽도에서 순국한 1587년, 조정에서는 이대원에게 병조참판을 증직하고 전라감사와 지역민들이 합력하여 이대원 사당을 녹도사라는 이름으로 녹도진성 안에 건립하여 제사를 지내왔다.

그 뒤 임진왜란 때인 1592년 9월에 녹도만호 정운이 순국했다. 정운은 이순신 함단이 경상도 해역으로 처음 출전할 때 출전론을 강력하게 주장하여 이순신의 마음을 움직이는 데에 크게 기여하였을 뿐만 아니라 혁혁한 전과를 올린 장수이다. 그러한 정운이 부산포 해전에서 순국하자 정운의 직속 상관인 전라 좌수사 이순신은 정운에게 올리는 제문을 손수 지었다. 정장군의 죽음을 통분으로 애통해 하며 "그대 같은 충의야말로 고금에 드무니 나라 위해 던진 그 몸 죽어도 살았도다"[39]라고 말하며 그의 충

---

37) 이대원 사당은 이대원이 순국한 손죽도에도 도민들에 의해 건립되어 현존하고 있다. 건립 시기에 대해 1637년(인조 15)에 건립되었다고 하고, 그 이전인 1590년이나 1597년에 건립되었다는 말이 있으나 정확한 전거를 찾을 수 없다. 초가 건물이었으나 1983년에 와가로 중수되었으며 손죽도 수호신으로 당제 형태로 관리되어 왔다고 한다.

38) 『선조실록』 21, 20년 4월 14일.

39) 『이충무공전서』 1, 잡저, 「祭贈參判鄭運文」.

의를 찬양했다. 그리고 이순신이 선조 임금에게 정운의 죽음을 알리자 임금은 정운에게 '증가선대부 함경북도 병마절도사'를 제수했다.

이어 이순신은 장계를 올려 이대원 사당에 정운을 함께 모셔야 한다고 청했다. 그 내용은 다음과 같다.

> 녹도만호 정운은 직책에 충실하고 겸하여 담략이 있어서 과연 더불어 의논할만한 사람이온바 사변이 일어난 이래 의기를 돋구어 나라를 위해서 몸을 잊고 조금도 해이함 없이 국방에 힘쓰기를 전보다 곱절이나 하므로 신이 믿는 이라고는 이 정운 등 두 세 사람뿐이었습니다. 세 번 대첩에 매양 선봉을 섰고 이번 부산 싸움에도 몸을 던져 죽음을 잊어버리고 앞에 나서 적의 소굴을 찌르며 종일토록 싸웠는데 어떻게나 쏘아 댔던지 적들이 꼼짝도 못하였사온데 이는 오직 운의 힘이었습니다. 그러나 돌아올 무렵에 탄환에 맞아 죽었사온바 그 늠름한 기운과 맑은 혼령이 부질없이 사라져 뒷세상에 알려지지 못한다면 참으로 절통한 일입니다. 이대원의 사당이 아직도 그 포구에 있사오니 거기 같은 제단에 초혼하고 함께 제사한다면 한편으론 의로운 혼백을 위함이 되고 또 한편으론 남을 격려함이 되오리다.[40]

임금은 이순신의 청에 의해 정운을 이대원과 함께 녹도의 녹도사에서 제사하게 하고, 이어 정운에게 증병조 참판을 추가하여 내려주었을 뿐만 아니라 가문에 정려를 표시하게 하고 그 행적을 삼강행실에 기록하게 하였다.[41]

(2) 쌍충사 사액

그런데 녹도사는 정유재란 때인 1597년에 왜군의 방화로 소실되고 말았

---

40) 『이충무공전서』2, 장계 1, 「請鄭運追配李大源祠狀」.

41) 안방준의 발의로 고향 영암 사람들이 1652년(효종 3)에 옥천 경호 변에 경호사(鏡湖祠)라는 사당을 건립하여 정운을 제향하였다. 1681년에 경호사를 충절사로 사액하고 예조에서 제관과 제수를 보내어 제사를 거행하게 했다. 근대기 행정구역 개편 때에 옥천은 해남으로 이관되었기 때문에, 충절사는 현재 해남군 옥천면 관내에 있다.

다. 전란 중이라 조정에서는 손쓸 겨를이 없었고, 민간에서도 큰 고난을 겪고 난 다음이라 사당을 다시 세울만 한 힘이 없었다. 그러나 녹도진 소속 수군들은 두 분 지휘관을 숭배하고 사모하는 심정으로 미약하지만 힘을 모아 초가 사당을 지어 위패를 모시고 계속 두 분 장군의 제사를 지냈다.

그러다가 1668년(현종 9)에 이대원의 증손 이석(李錫)이 병화로 잃어버린 이대원의 증직 서류와 증직첩을 다시 발부해 주기를 요청하는 상소를 올렸고, 당시 대사헌이던 조복양이 적극 주선하였다. 이에 대해 임금은 바로 이대원이 살았던 마을에 정문을 세우라고 명하여[42] 고향 양성에 충신정문이 세워졌다.[43] 이러한 일은 녹도사 중건에 대한 새로운 분위기를 조성하였다. 이 소식을 전해들은 흥양 지방 유림들은 1681년(숙종 7)에 도내 유림과 이석의 협조를 받아 녹도사를 와당으로 크게 중건하였다. 이때 이석이 전라병영 우후(虞侯)로 부임해 왔고,[44] 이석과 절친한 안방준의 제자 서봉령(徐鳳齡, 1622~1687)이 「흥양 선비들에게 드림」, 「통유문(通諭文)」이라는 글을 지어 흥양 선비들의 관심을 촉구하여 사당이 중건되었고 그 상량문을 직접 짓기도 했다.[45] 이와 때를 같이하여 1682년에는 임척(林滌)과 서봉령 등 호남 유림이 연명하고 집의 신명규(申命圭, 1618~1688. 제주에서 강진으로 이배)가 글을 지어 조정에 사액을 요청하는 상소를 올렸다.

불행하게도 비바람이 내려쳐서 사당이 무너져가고 제사가 장차 끊어지게 되었으니 실로 원근인사들이 개탄할 일이며, 당초 선왕조에서 높이 포양하여 제사를 지내라는 뜻이 또한 허무한 것으로 돌아간 것입니다. 이를 걱정한 것은 사람 마음마다 똑같기 때문에 드디어 도내 선비들의 협조로 기둥과 석재를 바꾸었으므로 사당의 모

---

42) 『현종실록』 15, 현종 9년 7월 14일.
43) 『여지도서』, 양성현.
44) 『승정원일기』 283, 숙종 7년 6월 24일.
45) 『매학집』 14, 상량문, 「鹿島雙忠祠上樑文」.

습이 새로워졌고 신주 또한 새로워졌습니다마는 이때에 즈음하여 상감마마의 빛
나는 사액이 없음은 길손들의 아쉬움으로 남아 있는 바 신등은 나라에 기근이 들어
조정이 당황하고 있음도 헤아리지 않고, 천리길을 달려와 외람되게 짤막한 글 속에
전후 실상을 진술하여 구중궁궐 높으신 자리 아래 우러러 아뢰오니 엎드려 바라옵
건대 전하께서는 굽어 살피시어 저희들의 소원을 받아들이소서.[46]

이러한 사림소청(士林疏請)으로 1683년에는 쌍충(雙忠)이라는 액(額)을
받았고,[47] 조정에서는 예조좌랑 김상하를 제관으로 보내어 제사를 지내게
했다.[48] 액호를 정할 때 쌍충, 장절, 충민 등을 놓고 고민과 논의를 펼치
다 쌍충으로 낙점을 했다고 한다.[49]

이처럼 쌍충사 사액은 당시 흥양과 호남 선비들이 건물을 중건하고 청
액을 올린 결과였다. 1725년(영조 원)에 경종 때 일어난 임인옥사로 흥
양 나로도에 유배와서 죽은 노론 4대신 이건명(李健命)을 쌍충사에 합향
하자는 논의가 있었다. 좌의정 민진원이 "이건명은 흥양에서 죽었고 흥양
엔 전망한 무장 두 사람의 사당이 있어 쌍충사라고 하는데 이 사람도 또한
나라를 위하여 죽은 것 같으니 여기에다 합향시키고, 다시 액호를 내리게
되면 이미 조두(俎豆)의 제향(祭享)이 있게 되므로 또한 분잡하고 떠들썩
한 폐단은 없을 것입니다."고 건의했으나 임금의 반대로 무산되었다.[50]

쌍충사는 대원군의 서원 훼철령으로 철폐되었다가, 1924년에 고흥
(1914년에 고흥으로 개칭) 향교 선비들의 노력으로 중건되었다. 고흥 향
교 유림들은 1913년에 조직한 존성계(尊聖契) 재원 중에서 쌍충사 제사비
를 지원하기도 하였다.[51] 그런데 다시 1942년에 일본에 의해 쌍충사는 헐

46) 『정충장공실기』, 「雙忠祠請額疏」.
47) 『여지도서』, 흥양, 쌍충사.
48) 전라남도, 『전남의 서원 사우』 1, 1988, 43쪽.
49) 『매학집』 9, 별지, 「여고흥쌍충사우」.
50) 『영조실록』 7, 영조 1년 8월 16일.
51) 김덕진, 「고흥 향교의 존성계」, 『역사학연구』 67, 호남사학회, 2017, 86쪽.

리게 되었다. 해방 이후 다시 고흥 유지들이 1947년에 중건하기 시작하여 1957년에 완성하여 지금에 이른다.

맺음말

1555년 을묘왜변 이후 소규모 내침을 자행하던 일본인들은 1587년(선조 20)에 손죽도 왜변을 일으켜 또 다시 대규모 침략을 감행했다. 손죽도 침략 사건은 지방 세력가에 의해 노략질을 일삼던 이전의 왜변과는 달리 새로이 일본 집권자로 등장한 도요토미 히데요시와 연결된 규슈 세력가에 의해 자행된 임진왜란의 전초전 성격을 띠었다. 총포로 중무장한 침략군 앞에 조선 수군은 무기력하게 무너졌지만, 녹도만호 이대원이 중과부적에도 불구하고 손죽도 해전에서 전력응전하다 장렬하게 순국했다. 이후 호남 연해민들이 이대원을 애모하는 마음을 널리 가졌고 정부는 전라도 해안지역 방어에 주력했다. 이는 호남 연해민들의 대일의식을 고조시켰고 호남 연해지역의 방어력을 증대시켜 임진왜란 당시 호남 수군이 조선 수군의 주력군으로 전란 극복의 원동력이 되었던 배경이 되었다. 이대원 뿐만 아니라 녹도만호 정운도 이순신과 함께 해전 승리의 주인공으로 활약하다 부산포 해전에서 장렬히 전사했다. 정운은 전라 좌수군의 경상도 해역 출전과 공격 선봉에 서서 조선 수군의 해전 승리에 큰 역할을 했기 때문에 이순신 다음가는 장수로 평가받았다.

이대원 순국 즉시 정부와 녹도 수군의 노력, 그리고 신임 전라감사의 지원으로 그를 배향하는 사당이 녹도사라는 이름으로 녹도진성 안에 건립되었다. 그리고 정운이 순국하자 이순신의 요청으로 녹도사에 정운도 함께 배향되었다. 그런데 정유재란 때에 녹도사는 소실되었고, 바로 이어 녹도

사람들에 의해 초라하게 초당으로 재건되었다. 이 두 분을 배향하는 녹도사가 녹도진성 안에 건립되어 녹도 수군은 물론이고 호남 지식인들의 충절의식을 고양시켰다. 이들 수군과 지식인들의 노력, 그리고 후손의 관심으로 녹도사는 1681년에 와당으로 중건되고 바로 이어 1683년(숙종 9)에 쌍충사로 사액을 받아 임란 승리의 현장으로 오래도록 유지되고 있다. 쌍충사는 서원 훼철령으로 철거되었지만, 수군진 혁파 후 고흥 유림들에 의해 중건되어 오늘에 이른다.

5. 1587년 손죽도 왜변과 임진왜란

5. 1587년 손죽도 왜변과 임진왜란

머리말

1587년(선조 20)에 고토와 히라도 왜인들이 전라도 흥양현 손죽도(현재 여수시 삼산면)를 점령한 후, 출동한 전라 수군을 무찌르고 남해안을 습격하여 많은 사람과 군선을 납치해 갔다. 이 사건을 '정해왜변(丁亥倭變)', '손죽도 사건(損竹島 事件)', '손죽도 해전(損竹島 海戰)', '손죽도 왜변(損竹島 倭變)' 등으로 명명할 수 있으나, 이 사건의 발생지와 주체를 반영한 '손죽도 왜변'으로 부르고자 한다.

손죽도 왜변은 을묘왜변(1555년) 이후 최대 외침으로 호남 지역사회와 조선 국정운영은 물론이고 조일외교와 임진왜란에까지 큰 영향을 미쳤다. 기축옥사(1589년), 통신사 파견(1590년), 이순신의 전라좌수사 임명(1591년), 임진왜란(1592년) 등 한국사상의 굵직한 사건이 모두 이와 연관되었기 때문이다. 따라서 이 왜변은 이전에 보지 못한 새로운 성격으로 단순한 침략 수준을 넘어 전면전 양상을 띠며 동서분당(東西分黨)과 북로 남왜(北虜南倭)로 혼미를 거듭하던 16세기 말기 조선사회 전반에 엄청난 파장을 끼쳤다. 그럼에도 불구하고 이에 대한 연구가 없어 그 실체를 자세히 알 수 없는 실정이다. 다만 흥양 녹도진(鹿島鎭, 현재 고흥군 녹동)의 만호(萬戶) 이대원(李大源, 1566~1587)의 순국을 다룬 글[1], 경인 통신사(庚寅 通信使)의 협상 조건을 다룬 글[2]에서 이 사건의 전개과정에 대해 잠깐 언급되어 참고가 될 뿐이다.

그렇기 때문에 이 시기에 대한 기존의 일반적 연구는 이 사건으로 일본의 조선 침략 의도가 어느 정도 노출되었음에도 불구하고 1591년 통신사 귀국 보고에 의해 확인된 것으로 파악한 한계를, 16세기 후반 한·중·일 3국민의 이동이 납치와 매매에 의해 이루어졌음에도 불구하고 지나해역을 하나의 생활권으로 하는 3국민의 자유로운 이동이라는 긍정적 해석을 내린 한계를 노정했다.[3] 또한 이 시기의 격렬한 정치적 갈등 이면에 손죽도 왜변이 도사리고 있었던 점, 전라 수군이 임란해전에서 승리하고 호남 의병장이 개전 초기에 대대적으로 거병할 수 있었던 점도 주목하지 못했다. 따라서 임진왜란 직전 조선사 연구의 심화를 위해 이 사건은 중요한 주제라고 여기어 본고를 작성하였다.

이에 필자는 먼저, 손죽도 왜변의 전개를 고토와 히라도 사람의 침략, 전라 좌수군과 우수군의 패전으로 나누어 살펴보겠다. 이어, 손죽도 왜변의 영향을 호남 지역사회의 반향(백성들의 순국자 추앙, 사족들의 무장단 조직)과 조선 국정운영의 반향(전라도 방비 강화, 1590년 통신사 협상)으로 나누어 알아보겠다. 마지막으로, 손죽도 왜변의 성격을 도요토미 히

---

1) 이은상, 『고흥 쌍충사 사적』, 민족문화협회, 1980. 김덕진, 「이대원과 정운, 그리고 쌍충사」, 『해양문화연구』 2, 전남대 이순신해양문화연구소, 2009(이 글은 보완·수정되어 본서 제4장에 수록).

2) 김문자, 「島井宗室과 1590년 통신사 파견문제에 대해서」, 『상명사학』 2, 상명사학회, 1994. 米谷均, 「豊臣政權期における海賊の引き渡しと日朝關係」, 『日本歷史』 650, 日本歷史學會, 2002.

3) 이영 옮김(무라이 쇼스케), 『중세 왜인의 세계』, 소화, 1998. 米谷均, 「後期倭寇から朝鮮侵略へ」, 『天下統一と朝鮮侵略』, 吉川弘文館, 2003.

데요시[豊臣秀吉]의 탐색전인가, 아니면 노예무역의 개시탄인가에 주목하여 살펴보겠다. 이상의 검토를 통하여 그동안 베일에 가려졌던 한국사상의 몇 가지 의문점들을 풀어보고자 한다. 결과적으로 본 연구의 목적은 임진왜란 직전 호남 지역사회의 분위기, 임진왜란의 전개방향, 조선 조정의 안보관 등을 파악하는 데에 있다.

1) 손죽도 왜변의 전개

(1) 일본 고토와 히라도 사람들의 침략

1510년(중종 5) 삼포왜란 이후 잠잠하던 왜구들의 움직임이 1540년대에 접어들면서 심상치 않더니 1544년(중종 39)에 사량왜변, 1555년(명종 10)에 을묘왜변이 발생했다. 이후부터 왜선들이 한반도 서남해안에 자주 출몰하여 노략질을 하고 사람을 잡아갔다. 그런데 조선 수군은 엉성하기 짝이 없었다. 임진왜란 때의 사초 소실로 부실한 『선조실록』을 감안하면 속단할 수 없지만, 전라감사를 역임한 유희춘(柳希春, 1513~1577)이 적을 방어하는 데에 판옥선, 방배선, 협선 등이 매우 긴요한데도 병사가 없어 그대로 방치되고 있다는 견문을 감안하면 어느 정도 짐작할 수 있다.[4]

이러한 상황에서 왜인들이 1571년(선조 4)에 순천 금오도(金鰲島, 현재 여수시)에 나타나 정박 중인 포작선(鮑作船) 10척과 복병선(伏兵船) 1척을 공격하여 사람들을 죽이고 상하게 하였다.[5] 73년에 하동 사람 9명을 잡아갔고,[6] 금오도에 또 나타나 수토장(搜討將)과 싸웠다.[7] 74년에는 배를 타고 조선을 거쳐 중국으로 향하는 왜인이 매우 많다는 사실이 전라감사에

---

4) 『선조실록』 5, 선조 4년 11월 29일.
5) 『미암일기』 1571년 3월 17일.
6) 『선조실록』 7, 선조 6년 3월 14일.
7) 『선조실록』 7, 선조 6년 6월 9일.

의해 보고되었다.[8] 75년에는 다수의 적도들이 배를 손질하는데 어느 나라를 침범할지 모른다는 정보가 쓰시마[對馬島]에서 들어왔다.[9] 76년에는 방답첨사가 왜선을 포획하였고 강진 사람 10여 명이 왜적에게 사로잡혀 갔다.[10] 이 시기에 왜적 출몰이 갑자기 빈번해졌고, 그 지역은 전라도에 집중되고 있었다.

상황이 이러한데도 정부는 양남 해읍의 수령을 문관에서 무관으로 교체하고 파직된 무신을 서용하는 정도에 그쳤다. 침입한 왜구가 곧장 달아나는 것을 보고 늘 있는 행위나 전쟁할 의사가 없는 행위로 간주한 채 특별한 대책을 세우지 않았다. 가령, 1586년(선조 19)에 왜대선(倭大船) 1척이 제주도를 침략하여 정의현감과 접전을 펼치다 도주하자, 전라우수사가 침략할 걱정이 없지 않으니 방비를 강화해야 한다고 보고했다. 이에 선조는 적선을 잡지 못했으므로 정의현감 김대이와 별조방장 어득수를 잡아 가두라고 지시했다.[11] 정부 대책은 적선을 막지 못한 장수를 문책하는 정도에 그쳤을 뿐 방비를 강화하는 데까지는 나가지 못했다. 그도 그럴 것이 1575년 동서분당 이후 조정은 정쟁에 몰두한 채 국정전반에 거의 손을 놓고 있었을 뿐만 아니라, 인사도 당색에 따라 좌우되었다.

그러던 1587년(선조 20) 봄, 처음에 왜선 몇 척이 녹도 근처에 나타났다가 얼마 안 되어 수십 척이 손죽도를 침범했다.[12] 이러한 점 때문에 출몰 시기와 왜선 규모에 대해 기록이 각각이다. 당시 순천에 있던 정기명(鄭起溟, 1558~1589)은 왜선이 1월 16일에 처음 나타났고 손죽도에 30척이 있었던 것으로 파악했다.[13] 반면에 『실록』은 18척이 흥양을 침범했다는

---

8) 『선조실록』 8, 선조 7년 5월 14일.
9) 『선조실록』 9, 선조 8년 3월 17일.
10) 『선조실록』 10, 선조 9년 4월 3일.
11) 『선조실록』 20, 선조 19년 6월 3일.
12) 『선조수정실록』 21, 선조 20년 2월.
13) 『송강집』 2, 백씨유고, 「鹿島歌」.

전라감사의 2월 26일 치계를 수록했고,[14] 조경남(趙慶男, 1570~1641)의『난중잡록』과 이정암(李廷馣, 1541~1600)의 연보에도 2월에 침략했다고 기록되어 있다. 그런가 하면 보성에 있던 안방준(安邦俊, 1573~1654)은 3월에 16척이 손죽도에 이르렀고,[15] 나주 출신 양산숙(梁山璹, 1561~1593)도 3월이라고 했다.[16] 이처럼 기록이 상반되기 때문에 사실관계를 가리기가 어렵지만,『실록』기록을 따라 2월에 모두 18척이 침범한 것으로 정리하고 논지를 전개하겠다.

날씨가 차고 바람이 휘몰아치던 2월에 규슈[九州]의 고토와 히라도 출신 왜인이 탄 선박 두어 척이 전라도 흥양현 녹도진 앞바다에 침범했다. 경황이 없던 녹도만호 이대원이 주장인 좌수사 심암(沈巖)에게 보고하지 않은 채 혼자서 수하병을 이끌고 출동하여 왜선을 치고 왜인 목을 베었다. 남은 적들은 도망가고 녹도진 군사들은 사망하거나 실종된 이가 하나도 없는 승리였다. 이대원이 돌아와서 심수사에게 전과를 보고하면서 수급을 올렸다.

선발대를 앞세워 녹도진에 상륙하려던 계획이 무산되자, 왜적은 전 선박을 이끌고 수일 지나서 녹도진에서 수로로 남쪽 80리 지점 대양에 있는 손죽도를 침범하여 점령했다. 전통적으로 일본에서 전라도로 들어오는 길은 고토에서 동남풍을 타고 삼도(三島, 현재 거문도)에 이르러서 묵고 강진의 선산도(仙山島, 현재 청산도)를 지나면 곧장 고금도(古今島)나 가리포(加里浦, 현재 완도)에 도달하고, 쓰시마로부터 동북풍을 타면 연화도(蓮花島)와 욕지도(欲智島) 두 섬 사이에 이르러서 묵고 곧장 남해의 미조항(彌助項)이나 순천의 방답(防踏, 현재 여수)에 이르는 두 개의 노선이

---

14) 『선조실록』21, 선조 20년 2월 26일.
15) 『은봉전서』6, 기사, 「壬辰記事」.
16) 『송천집』7, 부록 下, 「忠臣贈通政大夫承政院承旨兼經筵參贊官宣教郎守工曹佐郎蟠溪公行狀」.

있다.[17] 그러니까 손죽도는 동남풍 바람길에 위치하여 돛을 올리면 쉽게 북규슈에서 전라도로 들어올 수 있어 이전에도 왜구가 침범한 일이 있었다. 가령, 1525년(중종 20)에 왜선 4척이 손죽도, 평두도(平斗島) 등지를 침범하자 전라좌수사가 병선 20척을 거느리고 예하 진장과 함께 출동하여 격퇴시켰다.[18]

고토와 히라도섬 사람들은 30여년 전에 선박 70여 척을 이끌고 을묘왜변을 일으킨 장본인이지만,[19] 이번 침략은 그 목적이나 무장력 및 침략방법에 있어서 이전과 완전히 달랐다. 침략 목적은 뒤에서 언급하고 무장력과 침략방법에 대해서 살피면 다음과 같다.

1543년(중종 38)에 명나라로 항해하다 남규슈 가고시마[鹿兒島] 남쪽 다네가섬[種子島]에 표착한 포르투갈인에 의해 철포(鐵砲, 조총)가 전래되어 일본 전역에 급속히 보급되었다. 더군다나 '왜구왕'으로 불리는 중국인 왕직(王直)이 고토와 히라도섬을 근거지로 삼아 북규슈 세력가인 오토모[大友] 및 마쓰우라[松浦]씨와 손을 잡고 일본과 중국·남만을 연결하는 대외무역을 하고 있었고, 스페인인이 1584년에 히라도섬에 내항하여 무역을 하고 있었다. 이러한 상황에서 고토와 히라도섬에도 조총이 유입되었다.

이들은 조총으로 무장하고 이전부터 조선을 간헐적으로 침략하였다. 『미암일기』 1574년(선조 7) 4월 5일자에 따르면, 호남에 왜선 한 척이 침범해 와 낙안군수 박세현(朴世賢)이 힘써 싸워 승리를 거두고 배의 모든 적을 잡아 왜인의 머리 13급을 베었고, 순천의 대장군관(代將軍官) 김수억(金壽億)이 힘을 합쳐 쏘아서 맞혀 머리 8급을 베고 왜의 총통(銃筒), 전(箭), 철환(鐵丸)을 서울에 올려 보낸 적이 있다. 이 철환이 총통환, 조

17) 『해동역사』 40, 교빙지 8, 「通倭海路」.
18) 『중종실록』 55, 중종 20년 9월 22일.
19) 윤성익, 「후기왜구로서의 을묘왜변」, 『한일관계사연구』 24, 한일관계사학회, 2006, 165쪽.

총환, 조총 가운데 어느 것을 지칭하는지 분명하지 않다. 하지만 철환이 참나무 방패(防牌)를 뚫었고,[20] 소가죽으로 방패를 만들면 철환을 피할 수 있고,[21] 이순신이 왼쪽 어깨에 철환을 맞았다는 전후 기록으로 보아, 철환은 조총임에 분명하다. 이들은 조총을 가지고 간간이 침입하더니 마침내 대대적으로 침입하여 손죽도 왜변을 일으켰다. 그런데 이번에 가지고 온 조총은 이전 것과 비교하여 성능이 월등했던 것 같다. 이유는 중앙의 지원에 있었고, 결과는 조선군의 참패를 가져왔다.

이들은 조선인 사화동(沙火同)[22]을 앞세워 서남해를 안방 드나들 듯 돌아다녔다. 사화동의 출신지와 도일계기에 대해서 자료가 엇갈린다. 남번(南蕃)에 팔려갔다가 도망쳐 중국을 거쳐 돌아온 김개동(金介同)과 이언세(李彦世)는 사화동이 진도 출신으로 왜노에게 잡혀갔고,[23] 이정암은 보성 포작(鮑作)으로 왜국에 잡혀갔다고 했다.[24] 이에 반해 안방준은 사화동을 강진 출신의 도망자로, 조헌(趙憲, 1544~1592)은 출신지 언급 없이 도망자라고 했다.[25] 반면에 이덕형(李德馨, 1561~1613)의 연보, 조경남의 『난중잡록』, 이긍익의 『연려실기술』은 표류인이라고 했다. 출신지에 대해 진도, 보성, 강진 등이 거론된 것으로 보아 전라도 해변인이 분명하다. 그리고 도일계기에 대해 납치, 망명, 표류 등이 거론되지만 모두 가능성은 높아 보인다. 왜냐하면 표류는 바람과 해류에 의해 흔히 일어날 수 있는 일이고, 도망은 동서 분당 이후 격렬한 정쟁 때문에 8도의 인심이 크게 이반되고 민원이 극에 달한 상태에서 경상도와 전라도 연해의 포작인들이 고을 수령의 침탈을 이기지 못하고 일본으로 도망을 가고 있어도 조정은

---

20) 『명종실록』 25, 명종 14년 6월 6일.
21) 『선조실록』 26, 선조 25년 5월 5일.
22) 기록에 따라 사을화동(沙乙火同), 살화동(乷火同), 사을포동(沙乙蒲同), 사을배동(沙乙背同) 등으로 불리지만, 여기서는 사화동(沙火同)으로 통일하겠다.
23) 『선조실록』 22, 선조 21년 11월 17일.
24) 『사류재집』 8, 연보, 『行年日記』.
25) 『선조수정실록』 21, 선조 20년 12월.

근심거리로 여기지 않고 있었고, 납치 또한 당시 공공연하게 자행되고 있었기 때문이다. 어떤 방법이든 간에 내투한 자들을 앞세워 규슈 세력가들은 손죽도 왜변을 일으켰던 것이다.

(2) 전라 좌수군과 우수군의 패전

1천명 이상이 승선하였을 것으로 추정되는 18척의 왜선이 손죽도를 점령하자 1영(좌수영), 5관(광양, 순천, 흥양, 낙안, 보성), 5포(녹도, 발포, 사도, 여도, 방답)의 전라좌수군이 일제히 출동했다. 심암은 후방을 맡으면서 이대원을 최전방에 세웠다. 이때 이대원은 지금 날이 저물었고 또 군사들도 적어 덮어놓고 출전하는 것은 무모할 따름이니, 군사를 더 많이 모으고 선단을 크게 지어 내일 아침 날이 밝은 다음에 효과 있게 치자고 심암에게 진언했다. 그러자 심암은 도리어 협박까지 하면서 즉각 출전하라고 명령을 내렸다. 이에 이대원은 곧 이어 응원군을 거느리고 와주기를 바란다고 말하고 수일 전 전투로 피로에 지친 수하군사 1백여 명을 이끌고 출전했다. 적군은 많고 아군은 적은 상태에서 손죽도 해상에서 3일간 전면전을 펼쳤다. 심암은 쳐다만 보고 구원병을 보내지 않았다. 10여 년 전에 영암군수를 맡으면서 주민들로부터 잘 다스린다는 호평을 받았고,[26] 이 점에 대하여 유희춘으로부터 인정까지 받은 심암이 휘하 장수가 죽어가고 있는 것을 먼발치에서 보고만 있었던 이유는 무엇일까? 그것은 다름 아닌 생전 보지 못한 조총의 위력 때문이었다. 나머지 장수들도 조총이 무서워 모두 퇴주하고 말았는데, 이 점에 대해 관직에서 물러나 고향 고부에서 사건을 접한 김제민(金齊閔, 1527~1599)은 이대원이 노를 저어 먼저 나갔으나 나머지 장수들은 철환, 즉 조총이 무서워 모두 퇴주

---

26) 『선조실록』 8, 선조 7년 7월 21일.

했다고 했다.[27]

이대원은 중과부적과 무원고립 및 화력열세 상태에서 군사를 모두 잃어버리고 배조차 다 깨지고 말았다. 수졸(水卒) 손대남(孫大男)만이 겨우 살아났다. 이대원은 이길 수 없음을 알고 칼을 들어 자기 손가락을 잘랐다. 그리고 속저고리를 벗어서 그곳에 손가락 피로 최후의 절명시[28] 한 장을 써서 하인에게 주며 고향에 돌아가 장례하라고 말했다. 그 끝에 붙잡히고, 항복하라고 위협을 받았으나 굴복하지 않자 왜인들은 배의 돛대에 묶어 놓고 사정없이 때렸다. 그러나 이대원은 죽을 때까지 꾸짖는 소리를 입에서 끊이지 않도록 하였다. 마침내 손죽도 뭍으로 끌려나와 수하 병사들과 함께 살해당하여 22세의 청년 장군은 목숨을 잃었다. 왜인들이 만행을 저지른 곳을 현재 현지인들은 '무부장터'라고 하고, 당시 손죽도 사람들이 이대원 시신을 가묘를 써서 매장했다고 한다. 집안 사람들은 유명을 받들어 혈서로 쓴 옷을 가져다가 양성현 대덕산 아래에 장례했다.

조총을 앞세워 전라좌수군을 가볍게 격퇴한 왜인들은 손죽도에 이어 강진 해역 선산도를 약탈한 후 마도진(馬島鎭, 현재 강진 마량)을 거쳐 가리포진(加里浦鎭, 현재 완도)까지 넘어갔다. 이들의 공격으로 가리포 수군은 주둔지를 점령당하여 병선 4척을 빼앗겼고 첨사 이필은 왼쪽 눈에 화살을 맞고 퇴각하였고, 전라우수사 원호(元壕)가 출동했음에도 불구하고 복병선 5척만 잃고 말았다.[29] 왜인들은 전라우수군까지 전멸시켰다.

이들은 흥양에서 강진에 이르는 도서와 수군진 및 연해지역을 내투자들의 지리정보를 토대로 마음대로 돌아다니며 닥치는 대로 약탈하고 사람을 납치하며 군선을 나포한 후 이를 끌고 침략 5~6일 만에 돌아갔다. 예년 같으면 상륙하여 곡물과 같은 재물을 약탈하는 것이 일반적이었다. 그런

---

27) 『오봉집』 1, 시, 「悲李大源」.
28) 『연경재전집』 외집 55, 식소류, 「李萬戶大源詩」.
29) 『선조실록』 21, 선조 20년 2월 27일. 나사침은 이필이 눈에 철환을 맞은 것으로 들었다고 했다.

데 이번에는 곧바로 쳐들어 올라오는 데 아무런 어려움이 없었음에도 도서·연해 지역에 대한 기습공격으로 사람을 납치하고 군선을 나포하는 선에서 자진 퇴각하였다. 뒤에서 상술되겠지만, 바로 여기에 그들의 침략 목적이 있었다.

당시 아군의 피해는 막대했고 전투 결과는 참혹한 패배였다. 이대원을 포함하여 장졸을 천여 명이나 잃었고 수많은 양민이 죽거나 납치되었고 군선이 약탈당했건만 왜적의 머리 하나 참획하지 못할 정도였다. 최고 사령관 심암이 관망한 가운데 예하 장수들이 앞 다투어 도망갔기 때문이다. 가령, 중위장으로 출전한 순천부사 변기(邊璣)는 처음부터 힘써 싸우지 않았고 마지막에는 달아나 숨으려다 적의 화살을 어깨에 맞았다. 박인봉(朴仁鳳)은 힘껏 싸우지 않고 병선 지키기만 급급했고, 신영(申榮)은 병선이 느리다는 핑계로 즉시 나가지 않았고 외양에 나가서는 화살 하나 쏘지 않고 가버렸다.[30] 성천지(成天祉)와 이홍명(李弘明)도 달아나기에 급급한 장수였다.[31] 또한 선산도 복병장은 노래를 즐기고 술에 취하여 방비하는 데에 마음을 쓰지 않다가 적에게 기습을 당해 화살을 맞고 먼저 달아나 수백 명의 백성들이 칼날 아래에서 목숨을 잃게 하였다.[32] 이전의 침략과 비교해 볼 때 차이점은 이대원을 제외한 조선 장수들이 모두 도망쳤다는 것인데, 좀체 보기 드문 현상이다. 이는 난생 처음 접한 '고성능' 조총의 위력에 겁을 먹은 결과였다. 임진왜란 개전 초기에 왜군 소리만 들으면 조선 군민 가운데 열에 아홉은 도망갔다고 하는데, 이 역시 손죽도 사건 때에 경험한 왜군들의 조총 때문이었을 것이다. 이러한 점에서 이대원의 용전은 단연 돋보였던 것이다.

---

30) 『선조실록』 21, 선조 20년 4월 4일.

31) 『선조실록』 21, 선조 20년 8월 9일. 박인봉, 신영, 성천지, 이홍명 등은 당시에 읍(邑)이나 진(鎭)의 수군을 거느리고 출전했던 장수들이다. 그런데 실록은 그들이 어느 읍, 어느 진의 수장인지를 기록하지 않았다. 필자는 그것을 찾기 위해 여러 기록을 뒤졌지만 역시 알아내지 못했다.

32) 『선조실록』 21, 선조 20년 11월 6일.

이러한 사실을 보고받은 임금은 3공과 비변사당상 및 병조당상을 소집하여 변방의 일을 논의하면서 한성우윤 신립을 우방어사로 삼아 군관 30명을 거느리고 그날로 내려가게 하였다. 그리고 변협(邊恊)을 좌방어사로 삼아 밤을 새워 남쪽 지방으로 출정하게 하였고, 우참찬 김명원(金命元)을 전라도 순찰사로 삼아 손죽도를 침범한 적을 치게 했다.[33] 전라감사 한준(韓準)은 도내의 고을에 전령을 보내 군사를 일으켜 적을 막게 하였는데, 좌도(左道)의 경우 남원 등지의 관들은 순천에 나아가 진을 쳤고 전주 등지의 관들은 낙안으로 나아가 진을 쳤고, 우도(右道)의 경우 각 읍은 모두 바다 연변으로 나아가 진을 쳤다. 그러나 5~6일이 지나도 해변에 적의 기척이 없어 각각 진을 파하였다.[34] 모두 왜구가 이미 물러난 뒤였다.

심암은 병력, 무기, 전술, 기세 등 적의 전력을 소상히 보고하지 않았다. 스스로 군율을 어긴 것을 알고 적세가 대단하다고 거짓으로 아뢰고 내지의 군사를 징발하게 하여 정부의 대응전략 수립에 차질을 빚게 하기도 했다.[35] 임금은 패전과 군율 미준수 책임을 물어 심암을 조사할 것도 없이 처형하라고 하여 당고개에서 효수되었다.[36] 이에 앞서 양산룡 등 전라도 유생들도 심암의 죄를 논하고 처형을 주장하자 임금은 참으로 가상하다고 답변했다.[37] 우수사 원호 또한 복병선 5척이 피침하였으나 따라가 잡지 않았다고 하여 국문을 받았다.[38] 이 외에 여러 장수들이 힘써 싸우지 않았거나 늦게 출동했고, 달아나 숨었다는 이유로 문책을 받았다. 전라감사 한준도 이대원이 패하여 죽을 당시 순천에 도착하여 적의 형세가 왕성하다는 말을 듣고 내지로 급히 돌아가자 노약자들이 길을 막고 붙들

---

33) 『선조실록』 21, 선조 20년 2월 28일.
34) 『난중잡록』 1, 정해년 2월.
35) 『선조실록』 21, 선조 20년 3월 3일.
36) 『선조실록』 21, 선조 20년 3월 28일.
37) 『선조실록』 21, 선조 20년 4월 14일.
38) 『선조실록』 21, 선조 20년 3월 10일.

면서 호소했지만 돌아보지도 않고 벌벌 떨며 물러가 웅크렸기에 남쪽 백성들에게 욕을 먹었다고 하여 파직당했다.[39]

2) 손죽도 왜변의 영향

(1) 호남 지역사회의 반향

① 백성들의 이대원 추앙

손죽도 왜변은 재래식 무기로 재물이나 사람 몇명을 약탈·납치하던 이전과는 달리 조총이라는 신무기로 대규모 인명을 납치했기 때문에 더더욱 큰 충격을 남겼다. 그래서 이 사건의 끝이 어디까지 갈 것인가에 대한 우려의 목소리가 사건 직후 여기저기서 나오기 시작하였다. 나주에 머물던 나사침(羅士忱, 1526~1596)은 이를 실로 심대한 변이라고 하며 사태가 어디까지 갈지 우려된다고 하였다. 평화의 날이 오래되어 문무가 편안히 놀고 잦은 흉년으로 국가 저축이 없는데, 북란(北亂)이 진정되지 않고 남이(南夷)가 또 일어나니 조정에는 좋은 장수가 없다고 개탄하였다.[40] 또한 김제민은 이로 인해 전라도 민간에서 소동이 일어나고 있다고 당시 민심을 전했다. 그해 12월에 큰 바람이 불어 뜰의 대나무가 쓰러지고 한밤중에 새들이 놀라 운 일이 발생하였는데, 이를 접한 김제민이 감회를 시로 읊어 사람과 새가 같은 정을 가지고 있다고 하였다.[41] 그리고 왜변 당시 동래부사 노준(盧埈)은 왜구가 대거 들어올 것이라는 소문을 제대로 단속하지 못하여 언관의 탄핵을 받고 이정암으로 교체되었는데, 이 점에 대하여 『실록』은 노준이 술에 빠져 공무를 살피지 않고 모든 일을 하배와 군관에게 위임하고 왜인에게 요미(料米)를 지급할 때에 문제를 일으킨 점 때

---

39) 『선조실록』 21, 선조 20년 6월 4일.
40) 『금호유사』 1, 저술, 「丁亥日記抄」.
41) 『오봉집』 1, 시, 「丁亥臘月大風吹動庭竹…」.

문에 파직당했다고 상반된 사실만 기록했다.[42] 한마디로 국가적 위기 상황이었지만, 당시 조정은 은폐하기에 급급했고 그것을 『실록』은 그대로 수용하는 수준이었다. 조총의 경우만 보더라도 여러 개인 일기에 수록된 사실을 당시 당국자나 『실록』 편찬자는 흔적마저 남기지 않았으니, 정권 안보가 국가 안보보다 앞선 일이었다는 의혹을 벗어나기 어렵다.

손죽도 왜변에 대한 우려의 목소리는 변을 직접 겪은 호남지방에서 가장 강하게 제기되었다. 이전 명종 대에 강진에서 진도에 이르는 서남해 일대를 강타했던 을묘왜변을 연상시켜 더더욱 그러하였다. 호남인들이 겪은 충격은 자연스럽게 이대원에 대한 애도와 추모 열기로 이어졌다. 각 진과 여러 고을의 수군들은 적과 서로 마주 보는 곳에 진을 치고 두려워 웅크리고만 있었고, 오직 이대원만이 나아가 힘을 다해 싸웠으나 전세가 곤궁하게 되자 깃발을 들어 원군을 불렀지만 여러 장수들이 아무도 가서 구해 주지 않아 왜적에게 포위·체포되어 장렬하게 전사하였기 때문이다.

장수를 잃은 녹도진 수군들은 진성(鎭城) 안에 녹도사(鹿島祠)라는 사당을 지어 이대원을 배향하기 시작하였다. 그리고 흥양 사람들은 적의 위세에 뒷걸음질만 한 심암의 태도에 분개하면서 이대원의 죽음을 애도하여 「이대원가」라는 가련한 노래를 지어 불렀다.[43] 정철(鄭澈)의 큰아들 정기명은 1585년 하반기에 동인의 공세에 못 이겨 낙향한 아버지를 따라 내려와 순천 백부 정소(鄭沼) 댁에 머물고 있었다. 그는 여기서 손죽도 사건을 듣고 「녹도가(鹿島歌)」를 지어 그의 죽음을 애도했다. 당시 15살이던 안방준은 이 소식을 듣고 이대원의 절의를 높이 사 「이대원전(李大源傳)」을 지었다(현재 원문은 전하지 않음). 김제민은 힘써 싸우다 목숨을 잃은 이대원의 충절을 애통해하며 「비이대원(悲李大源)」이란 시를 지어 애도하였다.

---

42) 『선조실록』 21, 선조 20년 3월 3일.
43) 『약천집』 17, 신도비명, 「全羅左水使李公神道碑銘」.

손죽도는 화살용 대가 많아 붙여진 이름인데, 이 점은 현지 답사를 통해 확인할 수 있다. 이대원이 죽자 온 나라 사람들이 슬퍼하며 손죽도를 손대도(損大島)라고 했다고 한다. 이 점에 대하여 이수광(李晬光)은 자세한 기록을 남겼다.[44] 죽(竹)을 우리말로 대로 부르기 때문에 이대원 순국 이후 조선 사람들은 손죽도를 손대도라고 불렀고, 결국 손대도는 이대원을 잃게 한 섬이라는 말이 되었다. 이대원의 '대' 자와 음이 서로 같아서, 이대원을 손상시킨다는 말이 은연중 포함되어 있다고 이수광은 민간의 떠도는 말을 채록하여 기록으로 남겼다.

이러한 호남 지역민들의 이대원 애도 물결은 어떤 결과를 냈을까? 이대원의 죽음은 호남인에게 강한 메시지를 던져 주었다. 이 점에 대해 남구만(南九萬, 1629~1711)은 「이대원신도비」에서 임진왜란의 극복은 호남의 보존에 있고, 그 원동력은 이대원의 장렬한 죽음에서 비롯되었다고 기술했다. 특히 흥양 주민들은 장렬하게 순국한 22세 청년 장군 녹도만호 이대원에 대한 제사와 사우건립을 곧바로 단행했고, 그를 추모하는 노래 「이대원가」를 지어 부르며 대일 항전의지를 불태웠다. 그리하여 전라좌수군의 5관 5포 가운데 1관 4포를 차지한 그들은 전라좌수군의 가장 용맹한 주력군으로 무장하여 임란해전 승리의 기둥이 되었는데, 이순신의 일급 참모들이 대부분 흥양 출신이었던 것이 그 사실을 증명한다. 결국 손죽도 왜변은 임진왜란 때에 호남을 사수하게 된 발판이 되었던 것이다.

② 사족들의 무장단 조직

전라도 사람들이 겪은 충격은 이대원에 대한 애도와 추모 열기에 그치지 않고, 자위책 강구로 이어졌다. 전에 보지 못한 신무기 조총 앞에 전라 수군이 참패하고 수령들이 앞장서 도망가 전라도 방어선이 무력하게 무너

---

44) 『지봉유설』 2, 지리부, 「島」.

졌기 때문이다. 정부는 방어사를 전라도에 파견하고 전라감사는 거병을 독촉할 수밖에 없었다. 이러한 상황에서 호남 사족들도 자발적으로 거병하였다.

그 대표적 인물이 정여립(鄭汝立, 1546~1589)이다. 정여립은 서인의 이이·성혼에게 수학한 후 이이의 천거로 관직에 진출하였으나, 이이가 전랑(銓郎) 제수를 반대하자 이이 사후 동인으로 돌아섰다. 스승을 배반했다는 서인의 공격에 시달린 정여립은 1585년(선조 18)부터 향리 전주에 내려와 활발한 활동을 펼쳤다.[45] 그는 전주, 금구, 태인 등 인근 고을의 무사에서 천인에 이르는 상하인을 규합하여 계를 만들고 대동계(大同契)라 이름을 붙였다. 매월 15일에 일제히 한곳에 모여 과녁에 활쏘기 승부를 겨루며 회합 때에 소요되는 술과 고기를 여러 고을에 편지를 띄워 요청하였다. 계원들이 정여립을 칭찬하며 말하기를, "우리 동방에 선유(先儒)들이 많았지만 단지 예학(禮學)을 할 뿐이었고, 활 쏘는 기예(技藝)에 대해서는 이제야 처음으로 있게 되었다."고 하였다. 왜변이 일어나자 전주부윤 남언경(南彦經)이 정여립에게 군사와 말을 징발하자고 요청하였다. 이에 정여립이 한번 호령하자 군사가 모두 모여들었는데, 감히 낙오하는 자가 없었다. 정여립은 여러 군사를 나누어 몇 개의 부대로 편성하고 각각 장수를 계원 중에서 선발하여 정하였다. 왜적이 물러나자 정여립은 군사들을 해산하고 장수들에게 "훗날에 만일 오늘처럼 변고가 생기면 너희들은 각자 부대를 이끌고 일시에 오라"고 호령하고, 명부 한 통을 가지고 돌아갔다. 남언경이 "정공(鄭公)은 학문을 하는 선비일 뿐만 아니라 그 재주도 또한 사람들이 따라갈 수 없다."고 탄식하였다. 이어 정여립이 황해도사와 김제군수가 되고자 했을 때, 사람들이 "여립은 보좌관이나 수령이

---

45) 우인수, 「정여립 역모사건의 진상과 기축옥의 성격」, 『역사교육론집』 12, 역사교육학회, 1988, 75쪽.

되는 것을 구할 사람이 아닌데"라고 말하며 그를 의심했다고 한다.[46] 정여립의 거병은 2년 8개월 뒤 그가 모반을 도모하려고 한 단서로 서인(西人)에 의해 규정되어 기축옥사(己丑獄事, 1589년 10월)의 결정적 빌미가 되었다. 정철은 기축옥사 때 "정여립이 호남에서 군사를 일으키자 영남에서 일어나는 자도 있고 서울에서 일어나는 자도 있습니다."[47]고 계달하며 영남과 서울의 동인 인사를 정여립과 연결시켰다. 이에 따라 거병을 요청한 남언경도 기축옥사 때에 나국(拿鞫)을 받았다.[48] 큰 전란을 겪지 않았던 당시까지 자의적인 거병은 쉽게 용납되지 않은 매우 위험한 행동이었다. 특히 동인(東人)의 공세에 밀려 극심한 수세에 처한 서인은 동인 인사의 거병에 매서운 의혹의 눈초리를 보내며 옥사를 확대하고 마침내 정권을 차지하였다.

이렇듯 손죽도 왜변 때 정여립의 무장 활동은 나중에 기축옥사의 빌미가 되어 호남지방을 정쟁의 소용돌이로 몰고 간 요인이 되기도 하였다. 직접 거병하지는 않았지만 대일 자위책을 강구한 사람도 있었으니 김천일(金千鎰, 1537~1593)이 대표적이다. 관직에서 물러나 나주 향리의 극념당(克念堂)이라는 서재에 머물고 있던 그는 녹도만호 이대원의 죽음을 접한 후 상소를 올려 대응책의 잘못과 상벌의 혼란을 논하였고, 낮에는 학문을 강론하고 석양에는 말타기와 활쏘기를 하였고, 제자들로 하여금 병마(兵馬)의 일을 익히게 하였다.[49] 향리에서 들은 왜정(倭情)이 예사롭지 않아 김천일은 자위책을 마련하였던 것이다.

왜변이 일어난 해 9월에 내왕한 왜사(倭使) 다치바나 야스히로[橘康廣]의 활동이 전국에 알려지면서 민심은 급격히 동요하기 시작하였다. 이듬

---

46) 『은봉전서』 5, 「己丑記事」.
47) 『선조실록』 195, 선조 39년 1월 22일.
48) 『선조수정실록』 23, 선조 22년 12월.
49) 『건재집』 부록 3, 연보.

해 1588년 1월에 서울의 선비들이 무려 백명 천명으로 떼를 이루어 미친 짓, 괴이한 짓들을 하는데, 그것이 천태만상으로 해괴하기 짝이 없었다. 때로는 무당 흉내를 내면서 덩실거리고 '둥둥곡[登登曲]'이라는 노래를 부르며 춤을 추기도 하고, 혹은 초상과 장사지내는 일을 꾸며 껑충거리고 흙을 다지기도 하며, 동으로 갔다 서로 달렸다 웃었다 울었다 하였다. 그리고는 저희들끼리 묻기를, "무슨 일로 웃느냐? 무슨 일로 우느냐?" 하고는, 큰 소리로 스스로 답하기를, "장상(將相)들이 제대로 된 사람이 아니어서 웃는다. 국가가 위태롭고 망해 가고 있어서 우는 거다." 하면서, 다시 하늘을 쳐다보며 크게 웃고는 하였다. 당시 이것을 주창한 사람은 정효성(鄭孝誠), 백진민(白震民), 유극신(柳克新), 김두남(金斗南), 이경전(李慶全), 정협(鄭協), 김성립(金誠立) 등 30여 인이었고, 이들을 추종하여 법석을 떤 자들은 부지기수였다.[50] 백진민(백유양 아들), 유극신(유몽학 아들), 이경전(이산해 아들), 정협(정언신 아들), 김성립(허엽 사위)은 명문가 출신의 젊은 엘리트였다. 이들이 동요하는 상황에서 백성들 또한 추종하지 않을 수 없었다.

이상한 행동이 서울뿐만 아니라 전국 곳곳에서 나타났다. 당시 가곡(歌曲)에는 낙시조(樂時調)가 있었는데 그 소리가 처량하며, 모양인즉 머리를 내젓고 뒷덜미를 놀리고는 하여 부끄러움도 없이 몸을 움직였다. 또 계면조(啓眠調)가 있는데 그 소리가 슬프며 가련하고 서글펐다. 또 어평조(於平調), 우조(偶調), 막막조(邈邈調)는 다 비참한 것을 숭상하고, 옷은 흰 것을 숭상하여, 식자들은 소리가 애처롭고 옷이 희다 해서 상서롭지 못한 징조라고 여기었다. 자학적 행위와 슬픈 곡조의 갑작스런 유행은 전쟁 발생 예상에 따른 심리적 동요를 반영한 것이었다.

전쟁이 일어날 것이라는 소문이 조선에 퍼진 시기는 통신사 일행이 돌

---

50) 『난중잡록』 1, 무자년 1월.

아온 1591년 1월이나 3월이라는 것이 기존의 이해이다. 그런데 이보다 먼저 손죽도 왜변 때에 전례 없는 예감이 나돌았고, 다치바나에 의해 일본 정세 변화와 통신사 요청이 전국에 알려진 1588년 초기에 전쟁설이 퍼지기 시작하였다. 실제 임금도 1588년 3월 26일에 왜변이 발생할 것을 염려하여 비변사로 하여금 무사를 서용하게 하도록 명하였다.[51] 그럼에도 불구하고 동인과 서인의 싸움이 이때부터 더욱 심각해져서 각자가 자기의 이해만을 도모하고 나랏일은 버려둔 채 잊어버렸다. 급기야 1589년에 기축옥사가 일어나 수많은 선비가 살육되는 참화를 겪고 말았다. 사상초유의 정쟁 앞에 대외 방비책을 강구할 틈도 없이 1590년에 통신사가 출발하여 이듬해 1591년에 돌아왔다. 통신사에 의해 일본의 침략설이 공식적으로 확인되면서 정국은 본격적으로 소용돌이치기 시작하였다.

특히 전라도 민심이 급격히 동요하기 시작하면서 재지사족들도 자구책 마련에 긴박하게 움직였다. 언제 발생할지 모르는 전란에 대비하는 사람들이 속출하였다. 남원 출신 안영(安瑛, 1565~1592)은 통신사 귀국 이후 왜침을 예상하고 보검을 매입하여 집에 보관하는 등 무장을 서둘렀고,[52] 옥과 출신 유팽로(柳彭老, 1564~1592)는 자신의 마을 뒤 옥출산(玉出山)의 산성치(山城峙) 깊은 골짜기에 수년 전에 집 3칸을 지었는데, 그중 한 칸에 야장노(冶匠奴) 5~6명을 두어 날마다 무기를 만들게 하고, 또 한 칸에 침선비(針線婢) 5~6명을 두어 날마다 군복을 만들게 하고, 또 한 칸에 세금으로 거둔 쌀 수백 석을 비축하여 전쟁을 대비하였다.[53] 충청도 출신이지만 1591년 7월에 전라도 금산(錦山, 현재 충남) 대둔산(大芚山)에 들어온 조헌(趙憲)은 독서를 하지 않고 산곡을 헤매며 높은 산에 올라 먼 데를 보며 나라 일을 탄식하다가, 하루는 승려 4인과 식사를 같이하며 "명

---

51) 『선조실록』 22, 선조 21년 3월 26일.
52) 『정충록』 3, 「淸溪安公事實」.
53) 『월파집』 3, 일기, 1592년 5월 16일.

년에는 반드시 왜란이 있을 것이며 나는 의병을 일으켜 임금을 모실 것이니 이 밥을 먹는 사람은 함께 와서 나라를 돕자."고 하였다. 그리고 이들은 모두 임진왜란이 일어나자 4~5월에 의병을 일으켜 일본군에 적지 않은 타격을 가하였다. 그들이 개전한 지 1개월도 안 되어 발 빠르게 의병진을 구성할 수 있었던 것은 이미 전란 전부터 준비한 결과였다.

(2) 조선 국정운영의 반향

① 전라도 방비 강화

을묘왜변이 일어난 1555년 5월에 왜구가 전라도의 달량포에 침략하여 진도, 해남, 영암 등지를 보름 가까이 휩쓸고 갔다. 이 아픈 기억이 채 아물기도 전에 전라도 연해지역은 손죽도 왜변을 겪으며 또다시 엄청난 피해를 입었다. 조정은 전라도 방비책 마련에 부심하기 시작했다.

왜변 발생 20일 이상 지난 2월 27일에 3정승, 비변사 당상, 병조 당상이 집결한 어전회의에서 전라도와 인접한 충청도가 불안하다는 의견에 따라 대응력이 부족한 감사를 교체하는 일이 벌어졌다.[54] 경상도에도 신각(申恪)을 방어사로 내려 보냈다.[55] 바로 이어 임금은 적이 비록 물러났으나 이는 우리를 유인하는 것이라고 판단한 후 전구를 닦고, 봉수나 요망 등의 일을 단속하여 경계 태세를 태만히 하지 말도록 전국에 지시했다.[56] 물러난 적들이 언제 다시 나타나 전면전이 일어날지 모르겠다고 판단한 임금은 병조에 만반의 준비 태세를 강구하도록 지시했다. 병조는 적의 침략이 예상되는 전라도의 가리포와 진도 및 제주 등 3읍과 법성창과 군산창 등 2창에 대한 방비를 강화하고, 무신과 잡류 및 공사천으로 활쏘기에 능한 사람을 선발하고 대오를 편성해서 유사시를 기다리게 하고, 궁시와

---

54) 『선조실록』 21, 선조 20년 2월 27일.
55) 『선조실록』 21, 선조 20년 2월 30일.
56) 『선조실록』 21, 선조 20년 3월 3일.

총통 및 철갑과 철환 등 무기를 갖추어 놓겠다고 답변했다.[57] 전국이 준전시 상황에 접어들 정도로 긴박하게 움직였지만, 초점은 전라도에 맞춰져 있었다.

그리고 1588년 3월에 임금은 남방에 왜변이 발생할 것을 염려하여 비변사로 하여금 죄폐(罪廢) 중에 있는 쓸 만한 무사를 초계서용(抄啓敍用)하게 하였다. 그에 따라 군율(軍律)·장람(贓濫) 죄를 범하였거나 기망(欺罔)한 죄를 범하였던 자가 서용되었고 성적이 하등인 자도 여기에 참여되었다.[58] 또한 1589년 1월에는 비변사에서 무신을 불차 채용한다고 하자, 각 신료들이 이순신을 포함하여 40명 가까운 명단을 올렸다.[59] 남방 연해 적로의 요충이 되는 곳에 성(城)을 쌓고 호(濠)를 파도록 하였다. 하지만 이러한 방비책도 기축옥사 여파로 중단되고 말았다. 그러다가 전 해에 떠났던 통신사가 1591년 3월에 귀국하여 일본 정국이 알려지면서 또다시 전라도 중심의 대일 방비책이 강구되었다.

이러한 전라도 방비책은 용력 있는 무신을 신분귀천과 전과를 불문하고 호남 연해지역으로 불러들였다. 이 과정에서 가장 주목되는 인물이 이순신(李舜臣, 1545~1598)이다. 그는 1586년 1월에 함경도 조산보 만호가 되었고, 1587년 8월에 녹둔도 둔전관을 겸하였다. 둔전관 때에 섬이 외롭고 멀리 있기 때문에 군사를 더 파견해 주기를 청하였으나 절도사 이일(李鎰)이 들어주지 않았다. 그런데 적이 군사들을 몰고 와서 섬을 에워쌓으나 이순신이 적의 괴수를 쏘아 죽여 물리쳤다. 이일이 자기 죄를 면하려고 이순신을 패군한 것으로 무고하여 이순신은 조정으로부터 평복으로 종군하라는 명을 내려 받았다. 그래서 이순신은 1588년 윤6월에 집으로 돌아왔다. 이때 조정에서 무신 중에 차례를 밟지 않고 뽑아 쓸만한 인물을

---

57) 『선조실록』 21, 선조 20년 3월 2일.
58) 『선조실록』 22, 선조 21년 3월 26일.
59) 『선조실록』 23, 선조 22년 1월 21일.

천거하였는데, 이순신이 그 둘째에 들어 있었다. 1589년에도 채용설이 제기되었다.[60] 이로 인해 이순신은 1589년과 1590년에 정읍현감과 고사리진·만포진 첨사에 천거되었으나 대간들의 비판으로 임명되지 못하다가, 드디어 1591년 2월에 전라좌수사에 임명되었다. 당시 왜적의 태도가 날로 극성스러워지자 임금께서 비변사에 명령을 내려 뛰어난 장수를 천거하라고 하자, 유성룡이 천거해서 이루어진 것이라고 한다.

이순신은 전라좌수사로 부임해 온 즉시 일본 침략이 있을 것을 알고 방비책 강화에 들어갔다. 그는 왜구들이 반드시 올 것을 알고 본영과 부속진의 무기를 수리하고 정비하였고, 쇠사슬을 만들어 앞바다에 가로 늘어놓고 거북선을 건조하였다. 그리고 손죽도 왜변 때에 참전하였던 병사들을 자신의 주위에 포진시켰다. 그들은 임진왜란 때에 이순신 휘하에서 왜정을 제공하며 분전하였다. 고풍손(高風孫)의 경우를 살펴보자. 왜변 후 정부가 전황을 파악하기 위해 참전하였던 병사들을 조사할 때에 그도 당국자로부터 심문을 받았다. 그는 좌수영의 포작 출신이었던 것 같은데, 심문을 받을 때에 일본의 침략이 사화동의 소행이란 사실을 언급하여 당국을 깜짝 놀라게 하였다. 그리고 그는 임진왜란 때에도 참전하여 한산도 대첩 때에 이순신이 타고 있는 배의 격군(格軍)으로 분전하다 철환을 맞고 부상을 당하였다.[61]

손죽도 왜변 이후 대일 방어태세를 전라도를 중심으로 강구하고 있을 때 선조는 변협과 만나 상황 점검을 하였다. 이 자리에서 임금이 "우리나라의 사정을 저들이 죄다 알고 있으니 만약 우리나라가 전라도에 주력하는 줄을 알고 딴 도(道)로 들어오면 어찌할 것인가?"라고 묻자, 변협이 "소적(小賊)이라면 천성(天城)·가덕진(加德鎭)이 염려되지만, 대적(大

---

60) 『선조실록』 23, 선조 22년 7월 28일.
61) 『이충무공전서』 2, 장계 1, 「見乃梁破倭兵狀」.

賊)이야 어느 곳엔들 들어오지 못하겠습니까."라고 답변하였다.[62] 1591
년에 소 요시토시[宗義智]가 부산에 들어왔다가 공갈협박을 하고 돌아간
후 일본인은 부산에 들어오지 않았고, 부산포에 머물고 있던 자들조차 하
나 둘 자취를 감추더니 이윽고 한 사람도 찾아볼 수 없게 되자 그곳 사람
들은 이상하다고 여겼다. 이러한 지적과 상황에도 불구하고 당시 대일 방
어태세는 전라도 중심으로 강구되었고, 마침내 임진왜란 당시 왜적은 방
비가 튼튼한 전라도로 들어오지 않고 근래 외침을 거의 겪지 않은 부산포
로 들어왔다. 조선의 실패한 대책, 일본의 허를 찌른 공략이었던 것이다.

② 1590년 통신사 협상

쓰시마는 1587년 6월에 도요토미에게 편입되었다. 동시에 조선 국왕의
입조 교섭권이 쓰시마에 주어졌다. 그리하여 1587년 이후 3회에 걸쳐 쓰
시마 사신이 들어와 통신사 파견을 요청하였다.

도주 소 요시시게[宗義調]는 1587년 9월에 다치바나를 특송사로 조선에
파견하여 일본에서 이미 새로운 국왕이 즉위하였고,[63] 그 사신이 이미 쓰
시마까지 와서 대기하고 있다는 사실을 전하였다.[64] 이를 보고받은 조선
조정은 동평관에 머물고 있는 천형(天荊)에게 새 국왕에 대한 질문을 하였
다. 이 자리에서 선조는 일본은 국왕을 폐한 나라이므로 그 사신을 접대
할 필요가 없다는 견해를 피력하였다. 하지만 사신이 들어오면 접대하는
것이 전례라는 중신들의 청에 의해 이조정랑 유근(柳根)을 선위사로 부산
에 파견하였다.[65] 다치바나는 유근을 따라 12월에 상경하여 서계를 전달
하며 통신사 파견을 요청하였다.[66] 일본의 통신사 요청에 대하여 조선 조

---

62) 『선조실록』 23, 선조 22년 8월 1일.
63) 『선조실록』 21, 선조 20년 9월 7일.
64) 『선조실록』 21, 선조 20년 10월 20일.
65) 『선조실록』 21, 선조 20년 10월 22일.
66) 『선조실록』 21, 선조 20년 12월 22일.

정은 논의를 편 결과 1588년 3월에 응하지 않기로 결정하였다.[67] 이에 다치바나는 부산으로 내려가서 쓰시마로 돌아가 버렸다.[68] 이렇게 하여 제1차 통신사 파견 협상은 결렬되고 말았다. 그런데 다치바나가 상경시 인동과 상주에서, 그리고 서울 체류시 연회 석상에서 조선이 망할 날이 멀지 않다고 말하였다. 이 발언은 침략 전쟁이 추진되고 있는 일본 내부 사정을 은연중에 표한 것으로 보인다.

다치바나가 귀도하자, 요시시게는 1588년 12월에 정사에 하카다[博多] 승려 겐소[玄蘇], 부사에 요시토시, 수행원에 야나가와 시게노부[柳川調信]로 구성된 제2차 통신사 협상단을 파견하였다.[69] 이들은 부산 왜관에 머물며 통신사 파견을 요청하였으나, 조선 정부는 의견만 분분한 채 결정을 내지 못하자 그들은 귀국하고 말았다. 교섭 중에 도주 요시시게가 사망하고 요시토시가 뒤를 이었다. 그 사이에 쓰시마는 고니시 유키나가[小西行長]와 도요토미로부터 조선의 입조에 대한 독촉을 거듭 받았다.

이에 1589년 6월에 정사 겐소, 부사 요시토시, 하카다 상인 시마이 소시츠[島井宗室] 등 25명으로 구성된 제3차 협상단이 들어왔다. 이덕형이 선위사로 임명되어 이들을 맞이하였다.[70] 조정의 논의가 활발한 가운데 선조는 강경하게 반대하였다. 그러던 선조는 8월 4일에 파도의 험난함을 이유로 계속 거절한다면 우리를 의심할 것이라며 다음과 같은 방책을 제의하였다. 즉, 저들에게 답하기를 왜변을 일으킨 고토·히라도섬의 도주와 괴수, 왜적을 인도한 사화동, 그리고 납치된 사람을 보내도록 하면 어떠할지에 대해 대신, 비변사, 예조는 충분히 의논하여 아뢰라고 명하였다.[71] 이는 이미 1587년 12월에 공주제독(公州提督) 조헌이 "봄에 흥양

67) 『선조실록』 22, 선조 21년 3월 4일.
68) 『선조실록』 22, 선조 21년 4월 10, 22일.
69) 『선조수정실록』 22, 선조 21년 12월.
70) 『선조실록』 23, 선조 22년 6월 30일.
71) 『선조실록』 23, 선조 22년 8월 4일.

경내에 침구한 적의 괴수와 향도자를 잡아 보내어 국법을 밝게 보이라"고 상소로 밝힌 바 있어 새로운 제안은 아니다.[72) 이에 8월 11일에 대신들이 모여 논의한 결과 쓰시마 사신을 접견할 것을 결정하였다.[73) 그리하여 선조는 8월 28일에 요시토시 일행을 접견하여 압송과 송환을 요구하였고 그것을 일본 측이 수락하였다. 마침내 9월 21일 임금이 종2품 이상을 불러 인견한 자리에서 조정의 논의에 따라 통신사를 보내도록 하였다.[74) 11월 18일에는 통신사 정사에 황윤길, 부사에 김성일, 서장관에 허성을 임명하였다.[75)

조선의 통신사 파견 결정 소식은 요시토시 → 고니시 → 아사노 나가마사[淺野長政]를 거쳐 도요토미에게 전달되었다. 그리고 겐조와 요시토시는 야나가와로 하여금 적괴·반민 압송과 포로 송환에 대한 명령을 내리도록 하였다. 시마이와 고니시가 중요한 역할을 수행하여, 일본은 1590년 2월에 반민 사화동과 적왜 3인, 그리고 공대원(孔大元) 등 피로인을 조선에 보냈고,[76) 사화동은 힐문을 받고 성 밖에서 참형되었다. 고토와 히라도섬 도주를 보내주라는 조선 측 요구를 묵살하고 단지 해변인만을 보낸 것이다. 이에 따라 3월 6일에 통신사 일행이 서울을 출발하여[77) 이듬해 3월에 귀국하였다. 이렇듯 손죽도 왜변 때 발생한 피로인 송환은 통신사 파견 결정의 최대 전제조건이었다.

---

72) 『선조수정실록』 21, 선조 20년 12월.
73) 『선조실록』 23, 선조 22년 8월 11일.
74) 『선조실록』 23, 선조 22년 9월 21일.
75) 『선조실록』 23, 선조 22년 11월 18일.
76) 『선조실록』 24, 선조 23년 2월 28일.
77) 『선조실록』 24, 선조 23년 3월 6일.

3) 손죽도 왜변의 성격

(1) 도요토미의 탐색전인가?

손죽도 침략을 기획한 자와 그 배후는 누구이고, 침략군을 단순 노략질을 일삼는 왜구(해적)로 볼 것인가 아니면 막강 정치세력의 휘하에 있는 훈련된 정규군으로 볼 것인가? 우선, 이를 기획한 자는 규슈 고토·히라도섬 세력가임에 분명하다. 그렇다면 그 행위가 이들의 단독 결정인가 아니면 배후세력에 의한 의도된 계산이었는가가 궁금해진다. 통신사 협상시 쓰시마 측은 사화동이 고토인을 끌어들여 발생한 우발적 사건이라고 했지만 이는 변명에 불과하다. 필자는 일본 정국의 진행 방향을 감지한 유력 세력가가 조총으로 무장한 훈련된 군대를 동원하여 의도적으로 침략 행위를 감행한 것으로 손죽도 왜변을 해석하고, 이 정보는 곧바로 도요토미에게 제공되어 조선 침략으로 직결되었을 것으로 판단하고 있다. 이를 반증할 수 있는 사실은 고토와 히라도섬 세력가들이 고니시·요시토시와 함께 임진왜란 때 제1진으로 도해했던 점이다. 조총으로 무장한 훈련된 군대의 침략 행동은 조선 전체를 깜짝 놀라게 하였고, 그 결과는 조선을 침략하려는 도요토미의 계산을 군히게 하기에 충분했다. 그 과정을 자세히 살펴보자.

도요토미는 1585년(선조 18) 7월에 일본 최고 실권자인 관백(關白)이라는 지위를 받았다. 바로 이어 9월에 가신(家臣)들에게 입당(入唐) 의지를 표명하며 해외 침략 야망을 드러내기 시작하였다. 조선 침략 의사가 손죽도 왜변 1년 6개월 전에 처음 표현되었던 것이다.

중국 정벌 계획은 1586년 3월에 오사카성에서 야소회(耶蘇會) 선교사단에게도 공개되었는데, 이때 도요토미는 선교사단에게 조선과 중국 정벌에 필요한 2천척의 군선을 만들기 위한 목재를 이미 벌채하고 있다는 사실을 털어 놓았다. 이어 4월에 모리 데루모토[毛利輝元]에게 규슈를 평정한 후 조선을 도해하겠다는 계획을 알렸고, 6월에 쓰시마 도주 요시시게가 서간과 헌물을 보냈을 때 도요토미는 "조선을 공격하는 병력이 준비되면 파견하여 평정할 예정이니 그때는 충절을 바치도록 하라"고 명령하기도 하였을 뿐만 아니라,[78] 8월에 안코쿠지 에케이[安國寺 惠瓊]와 구로다 요시타카[黑田孝高]에게 사쓰마[薩摩] 번주 시마즈[島津] 항복 후 명 정복 계획이 있다는 것을 알렸다. 그리고 12월에 '도요토미'라는 성을 천황으로부터 부여받으며 그의 집권과 명 정벌 계획은 기정 사실화되었다. 바로 이때 고토 영주 우쿠 스미하루[宇久純玄]는 동생을 오사카에 보내서 도요토미의 '도요토미' 성 부여와 관백 전임을 축하하였다. 스미하루는 도요토미로부터 사쓰마를 안내하는 데 협조하라는 명령을 받았고, 그의 동생은 고니시를 대면하면서 도요토미가 사쓰마 정벌 의향이 있다는 것을 전해 들었다. 이 과정에서 우쿠와 도요토미·고니시의 밀접한 접촉이 이루어졌다.[79] 그런데 우쿠 스미사다[宇久純定]는 히라도섬에 근거를 두고 있는 마쓰우라씨와 대립관계를 청산하고 1577년에 화친을 맺었고 그의 손자 스미하루는 마쓰우라 시게노부[松浦鎭信]의 딸을 처로 삼을 정도로 양 세력은 매우 밀접한 관계였다.

그리고 이듬해 1587년 2월에 도요토미는 전라도 연해에 해적선을 침입시켜 무력 도발을 감행하도록 했다. 이 점에 대한 직접적인 자료는 보이지 않지만, 그 가능성은 충분해 보인다. 왜냐하면 일본 전국에 중국을 정복한다는 계획이 선언되고 나서 어떤 사람은 선박을 새로 만들고, 어떤 사람은 멀리 떨어진 지역에서 선박을 만들게 하고, 그 밖의 사람은 무기나 탄약을 조달하거나, 유산이나 전답을 처분하여 준비를 갖추는 등 그 열의·궁리·배려는 지금까지 일찍이 볼 수 없었기 때문이다.[80] 이 점에

---

78) 田中敏昭, 「풍신정권의 일본통합과 대마도주 종씨의 조선교섭」, 『동서사학』 5, 한국동서사학회, 1999, 89쪽.

79) 김문자, 「도정종실과 1590년 통신사 파견문제에 대해서」, 118쪽.

80) 국립진주박물관, 『임진왜란과 도요토미 히데요시』, 부키, 2003, 176쪽.

대하여 안방준은 「임진기사」에서 사화동을 길잡이로 삼아 약간의 배를 보내어 우리나라 병력의 강약을 시험했고, 나사침은 「정해일기」에서 일본이 우리나라의 허실을 자세히 관찰했을 것이라고 하였다. 이와 같은 관점에서 북한에서도 "1586년에 도요토미는 사쓰마 정벌에 앞서 조선 출병 계획을 쓰시마 영주에게 알리면서 조선 국왕의 일본 방문을 요구하도록 지시하였다. 그리고 이듬해에는 전라도 흥양과 가리포에 해적선을 침입시켜 무장 도발을 감행하도록 하였다"[81]고 파악하였다. 손죽도 왜변을 도요토미가 정권을 잡은 후 조선 침략을 감행하기 위해 정보를 수집하고 전력을 탐지하기 위한 예비전으로 성격 규정을 내린 것이다.

의도대로 손죽도 왜변이 진행되었다는 소식을 접한 도요토미는 3월 1일에 직접 군대를 이끌고 오사카를 출발하여 5월 8일 사쓰마의 다이헤이지[大平寺]에서 시마즈 요시히사[島津義久]의 항복을 받고 규슈 정벌을 종결지었다. 여기에 고토의 우쿠 씨, 히라도섬의 마쓰우라 씨 등이 동참하였다. 당연히 공상이 내려졌는데, 우쿠 스미하루는 도요토미로부터 1만 5천 석 정도의 소유권을 인정받아 다이묘[大名, 藩主]로 발전하였다. 도요토미는 사쓰마 정벌 시 진중에서 처에게 보낸 편지에서, "고려 왕에게 일본의 궁궐에 들어와라, 그렇지 않으면 내년에 처벌하겠다고 빠른 배를 보내어 전하였다. 내가 살아 있는 동안에 당국(唐國)까지 손에 넣을 생각이다"고 적고 있다. 그리고 전국적인 세력가 혼간지 코우사[本願寺 光佐]에게 보낸 주인장(朱印狀)에서도 조선 왕으로 하여금 입조하게 하라고 하였다. 이로 인해 쓰시마도 도요토미 세력에 편입되고 말았다. 도주의 사자인 야나가와가 구마모토에 가서 도요토미와 회견하였는데, 도요토미는 조선 출병 및 조선 국왕으로 하여금 일본에 입조하라는 의사를 내비쳤다. 그리하여 9월에 도주 요시시케는 조선으로 하여금 조공과 함께 가도입명을 하도

---

81) 사회과학원, 『조선전사』 9, 과학백과사전출판사, 1980, 154쪽.

록 하였다.

1588년에 도주 자리를 이어받은 요시토시는 조선을 드나들며 조공과 가도입명을 요구하였다. 그리고 고니시의 딸과 결혼한 후 장인에게 일본군이 쉽게 조선에 침입할 수 있는 방법과 그에 알맞은 지식과 기술에 대해서 매우 정확한 정보를 제공하였다. 이 사실을 고니시가 도요토미에게 전하자 대단히 기뻐하며 그들에게 선봉장으로 출진하도록 명령하였다.

조선이 입공을 거절하자, 도요토미는 1591년에 전국의 다이묘를 교토에 불러 조선 출병을 선포한 후, 가신들의 건의를 받아들여 히라도에서 12리 정도 떨어진 나고야[名護屋]를 조선 침략의 전초기지로 삼았다. 그런데 나고야 지역은 벽지로 사람이 살기에 적합하지 않고 식량뿐만 아니라 과업을 수행하는 데 필요한 손이 닿지 않은 황무지였다. 그럼에도 불구하고 전통적으로 한반도 출구였던 하카다를 선택하지 않고 나고야를 선택하였다. 그 이유는 전라도 공략에 있었다. 나고야~전라도 노선은 바람과 해류를 이용한 최단거리 일본~조선 노선이기 때문이었다. 그래서 조선 조정도 조헌이 "조정의 의논은 왜적이 호해제도(湖海諸島)를 침공하리라 하여 영남지방을 버려두고 거론하지 않는다고 하니 이것은 크나큰 실책인 줄로 압니다"고 우려할 정도로 전라도 방어에 주력하였다.

(2) 노예무역의 개시탄인가?

왜란 7년 동안 10만 명 가량의 조선인이 납치되어 일본으로 끌려갔고, 그중 상당수가 포르투갈 상인에게 팔려 나갔기 때문에 임진왜란을 '노예무역전쟁'이라고 평가하기도 한다.[82] 그런데 일본군은 5년 전 손죽도 왜변 때에 수백 명의 조선인을 납치하여 데리고 갔다. 사상 유례없는 대량

---

82) 이원순, 「임진·정유재란시의 조선부로노예문제 – 왜란 성격 일모」, 『변태섭박사화갑기념사학론총』, 삼영사, 1985.

납치가 침략 과정에서 발생한 우발적인 행위인가, 아니면 노예무역을 위한 계산된 행위인가가 궁금하다.

사실 일본인의 조선인 납치 행위는 어제 오늘의 일이 아니다. 멀리는 신라와 고려 때부터 있었고, 조선시대에도 마찬가지였다. 1429년(세종 11)에 통신사로 일본에 다녀온 박서생(朴瑞生)은 왜적들이 일찍이 우리나라를 침략하여 우리 인민을 붙잡아 노비로 삼고 혹은 먼 나라에 전매(轉賣)하기도 하였을 뿐만 아니라, 사행 길에 정박하는 곳마다 잡혀 간 사람들이 다투어 도망해 오려고 해도 그 주인이 가쇄(枷鎖)를 하고 굳게 가두어서 뜻을 이루지 못한다고 보고하였다.[83] 손죽도 왜변 직전에도 납치 행위가 있었는데, 1573년에 하동 사람 9명이, 1576년에 강진 사람 10명이 왜적에게 잡혀갔다. 이들 가운데 포르투갈 상인에게 팔려 나간 자도 있었다.

그런데 손죽도 왜변 때에는 10여 명 납치하던 이전과 달리 수백 명을 납치하였을 뿐만 아니라 그중에 상당수가 동남아시아에 팔려 나갔다. 이러한 행위에 적극 가담한 지역은 규슈의 히라도섬과 그 인근 고토였다. 이들이 적극적으로 납치에 나선 데에는 조선과 거리가 가장 가깝다는 지리적인 요인과 서양과 통교를 하고 있는 나가사키[長崎]를 가까이 두고 있다는 현실적인 요인이 작용하였다. 따라서 규슈의 나가사키 주변 세력가는 임진왜란 이전부터 조선인을 납치하여 노예무역을 진행했고 그 사실은 조선 인사들에게도 공공연하게 알려져 있었다. 임진왜란 때에도 대규모 납치행위가 자행되었던 것으로 보아, 손죽도 왜변과 임진왜란의 전개양상 상당부분이 규슈 세력가의 이해관계를 반영한 것이었음을 알 수 있다.

손죽도 왜변 당시 일본 침략군은 수백 명에 이르는 조선 수군과 양민을 납치하여 일본으로 끌고 갔다. 그 가운데 일부는 쇄환되었고, 일부는 동남아에 팔려 나갔다. 그런가 하면 임진왜란 때 일본군의 일원으로 참전한

---

83) 『세종실록』 46, 세종 11년 12월 3일.

사람이 있는가 하면, 일본에 잔류한 사람도 있었다. 이 네 가지 경우를 하나씩 살펴보겠다.

① 쇄환자

쇄환인의 숫자와 쇄환 시기에 대해 자료마다 약간 차이가 나고 있으니, 하나씩 검토할 필요가 있다. 먼저, 신흠(申欽)은 "1589년(선조 22) 5월에 수길이 또 平義智 · 玄蘇 · 世俊 등으로 하여금 우리나라에 와서 공작(孔雀) 한 쌍과 말 한 필을 바치게 하고, 포로가 된 우리나라의 변방 백성 김대기(金大璣) · 공대원(孔大元) 등 1백 16인을 쇄환하는 동시에 본국의 반민(叛民) 사화동과 정해년의 적왜(賊倭) 緊時要羅 · 三甫羅 · 望古時羅 등 3인을 묶어 보내면서 말하기를 '들어와 노략했던 일은 우리와는 관계가 없다. 그것은 바로 귀국의 반민 사화동이 고토의 왜인을 유혹하여 변방의 요새를 약탈한 것인데 지금 묶어 보낸다.'하며 간절하게 사신을 보내 주기를 청하였다."[84]고 하여, 1589년 5월에 116명이 쇄환되었다고 하였다.

또한 『선조수정실록』 선조 22년 7월조에서는 "일본국 平秀吉, 平義智, 玄蘇 등이 본국의 포로 김대기 · 공대원 등 1백 16인을 쇄환하고 또 반민 사화동 및 정해년의 적왜 緊時要羅 · 三甫羅 · 望古時羅 등 3인을 포박하여 보내며 말하기를, '입구(入寇)한 일은 우리는 모르는 것이고, 곧 귀국의 반민 사화동이 고토의 왜인을 유인하여 변보(邊堡)를 약탈한 것이므로 지금 잡아 보내어 귀국의 처치를 기다립니다.'하고, 이어 우리 사자(使者)가 나라에 와서 수호(修好)해 주기를 간청하였다."[85]고 하여, 1589년 7월에 116명이 쇄환되었다고 하였다.

그런가 하면, 이항복(李恒福)은 "신이 경인 연간에 비변사의 낭관으로

---

84) 『상촌집』 56, 지, 「壬辰倭寇構釁始末志」.
85) 『선조수정실록』 22, 선조 22년 7월.

있었는데, 그때에 적추(賊酋) 秀吉이 우리에게 통신사를 요청하면서 우리 나라의 반민인 사화동 및 고토의 적왜로서 누차 우리의 변경에 입구했던 信三甫羅, 緊時要羅, 望古時羅 등 세 왜인을 결박하여 보내고, 인하여 다시 우리 백성들로서 포로로 잡혀간 남녀 1백 30여 명을 쇄환해 왔었습니다. 그런데 쇄환된 백성들 가운데 김대기, 공태원(孔太元) 등 2인은 제법 영리하여 문자를 알았고, 스스로 고토에 포로로 잡혀 있었던 일을 말하면서 그 도주의 행위, 토지의 비척(肥瘠), 인민의 다소, 풍속, 형승 등에 관하여 매우 자상하게 말해 주었으므로, 지금까지도 그것을 기억하고 있습니다."[86]고 하여, 1590년(선조 23)에 130명이 쇄환되었다고 하였다. 여기서 1590년은 "진도의 거민 사을화동(沙乙火同)이 왜국에 투항하여 그들이 노략질하는 데 향도 노릇을 해 왔는데 일본에서 그를 쇄환시켜 왔으므로, 상이 인정전에 나아가 헌부례(獻俘禮)를 거행했다."[87]는 『실록』 기사로 보아, 2월 28일임에 분명하다.

이렇게 보면, 시기에 대해 1589년 5월, 1589년 7월, 1590년 2월 28일 등이 보인다. 이 중에서 통신3사를 임명해 놓고 있던 1590년 2월 28일이 쇄환 날짜로 추정된다. 조선은 이들의 쇄환을 확인한 후 통신사를 출발시켰기 때문이다. 또한 인원에 대해 116명, 130명이 보인다. 이 중에서 어느 것이 정확한 숫자인가에 대해서는 속단할 수 없다. 많게는 130명, 적게는 116명이 쇄환된 셈인데(80명, 160명이라는 설도 있음), 그 가운데 김대기와 공태원이 있었다. 이 두 사람은 조선에 중요한 정보를 제공하였다.

김대기는 쇄환 즉시 당국의 조사를 받았다. 1591년(선조 24) 3월에 김대기를 조사한 최립은 하교를 받고 10월 24일에 선조에게 왜국 정보를 보고하였다. 그는 주본(奏本)에서 김대기가 "畠山殿州라는 이름의 그쪽 지

---

86) 『백사집』 별집 1, 계사, 「舟師事宜啓」.
87) 『선조실록』 24, 선조 23년 2월 28일.

역에서 들은 바에 의하면, 국왕이 전함을 대대적으로 갖추고 금년에 대명(大明)을 쳐들어 갈 것이라고 하였다.", 그리고 "일본의 관백 도요토미가 군대를 일으켜 제도(諸島) 60여 주를 병탄하였고, 유규와 남만의 여러 나라도 모두 복종하며 귀의해 왔다. 그런데 가정(嘉靖) 연간에 사신을 보내 조공하려고 했을 때 대명이 거절하고 받아들이지 않았기 때문에 대대로 원망하며 한스럽게 여기는 마음을 품어 왔다. 그래서 명년 3월 사이에 대명으로 쳐들어갈 계획을 세우고 있는데, 병선이 지나가다 보면 혹 귀국의 경내를 소란스럽게 할 염려도 있을 듯싶다"고 진술하였다고 보고하였다.[88] 김대기가 진술한 점에 대해서 유성룡도 들어 알고 있었다. 그런데 유성룡은 "신이 또한 먼저 항목에서 말한 쇄환인 김대기 등이 진술한 말을 참조해 보면, 지난해 6월경 그곳에서 들은 것이니, 이른바 중국에 쳐들어 가고자 한다는 내년 봄은 바로 금년을 가리키는데 이미 맞지 않았습니다. 이어 왜승 겐소와 쓰시마 요시토시가 와서 공갈하고 으름장을 놓은 것에 의하면 실은 금년 5, 6월경인데, 쳐들어오는 시기는 또 내년이라고 말합니다. 그들의 앞뒤 말이 번거롭게 자꾸 변하여 터무니없는 듯하니, 공갈하여 오직 간악한 꾀를 이루려는 데 뜻이 있는 것은 더욱 확실한 듯합니다."[89]고 하면서, 조선을 거쳐 명나라로 들어가기 위해 나고야에 전함을 집중시키고 있다는 김대기의 증언을 도요토미의 사기극으로 치부하고 있었다. 이러한 생각은 당시 여러 관료들에게 나타났다.

공태원(혹은 공대원)은 손죽도 왜변 때 왜인에게 납치되었다가 풀려 돌아와 임진왜란 때에 좌수영 진무(鎭撫)로 참전하였고 이순신 곁에 있으며 통역을 맡았고 왜정을 전해 주었다. 1593년 3월에 이순신 함대는 당포 해전에서 일본군 2명을 나포했다. 이를 심문한 사람이 일본말을 잘 아는 공

---

88) 『간이집』1, 주, 「辛卯奏十月二十四日奉敎製」.
89) 『서애집』3, 주문, 「陳倭情奏文辛卯」.

태원이었다. 공태원은 하루 종일 심문했다. 한 명은 宋古老(宗五郎)로 나이 27이고 약간 글자를 알고, 또 한 명은 要沙汝文(與左衛門)으로 나이 43이었다. 이들이 말하기를 자신들은 이즈모[出雲] 지역 출신으로 작은 배를 타고 바다에서 고기를 잡던 중 바람을 만나 표류하다가 잡혔기 때문에 일본군의 동정을 자세히 모른다고 발뺌을 하자 처형해 버렸다.[90] 공태원의 통역 일은 1594년 5월 4일에도 있었다. 경상우수사의 권관이 이순신에게 와서 "왜적 3명이 중선(中船)을 타고 추도(楸島)에 온 것을 만나 붙잡아 왔다"고 고하자, 이순신이 압송해 와서 심문하도록 하였는데, 공태원이 통역을 맡아 "왜적들이 바람을 따라 배를 몰고 본토로 향하다가 바다 한가운데서 폭풍을 만나 배를 조종할 수가 없어 떠다니다가 이 섬에 댄 것이라고 하였다."고 전하였다.[91] 그리고 『난중일기』에 의하면, 그는 1595년 7월 14일에 이순신이 한산도에 진을 치고 있을 때에 좌수영에서 들어와 이순신 가족 소식을 전해 주었고, 10월 21일에는 몹시 싸늘한 바람으로 잠을 이루지 못하고 있는 이순신의 부름에 불려가 왜적의 정세에 대한 물음에 답하기도 하였을 뿐만 아니라, 1596년 1월 7일에는 항복 왜인 5명에 대한 통역자로 뽑힌 적도 있었다.

② 매매자

손죽도 사건 때에 납치된 사람 가운데 남만에 팔려간 사람도 있었다. 일본에서는 포르투갈과 스페인을 남만이라고 했는데, 이들은 말레이반도와 필리핀을 점령하였다. 일본인은 납치 조선인을 포르투갈인이나 스페인인에게 팔아 가까이는 중국(절동과 절서)이나 동남아, 멀리는 유럽으로 팔려갔고 일본으로 되팔려 온 사람도 있었다.[92] 팔려 간 사람이 얼마나 되

---

90) 『이충무공전서』 3, 장계, 「討賊狀」.
91) 『이충무공전서』 6, 「난중일기」 2, 1594년 5월 4일.
92) 『중봉집』 8, 소, 「請斬倭使疏辛卯三月十五日」.

는지 알 수는 없지만 상당수 되었던 것 같다. 통신사 파견의 전제 조건으로 납치인 송환을 조선에서 강력히 주장하였기 때문에 쓰시마는 팔려간 사람들에 대한 송환도 수행하였다. 그런데 그 실적이 미미하였던지 김성일(金誠一)은 쓰시마 측에 "여러 섬에 공문을 내려 보내 아직까지 잔류한 포로들을 찾아 돌려보내라고 하였소. 그리고 곧이어 남만에서 쇄환한 우리 백성 한 사람을 우선적으로 보내 주었소. 그뿐 아니라 그 아드님을 쓰시마까지 보낸다고 하니 우리는 족하의 은혜에 대하여 매우 감사하게 생각하고 있었소. 그러나 우리가 바라는 바가 어찌 각 섬에 잔류한 자뿐이겠소? 남만으로 팔려간 사람들까지 차례로 모두 돌려보내 주시도록 한다면 더더욱 고맙겠소."[93]라고 하문을 분발해 주도록 요청하였다.

전매된 사람 중에 쇄환된 사람 외에 도망쳐 나온 사람도 있었다. 전라도 좌수영 진무였던 김개동과 이언세가 그들인데, 두 사람 가운데 이언세는 장흥 출신이었다. 그는 손죽도 싸움에서 왜구에게 잡혀가 고토에 머물다가 남만에 팔려갔다. 배를 타고 주야 40일을 가서야 중국의 광시[廣西] 샹산현[香山縣] 땅에 닿았다. 한 배에 탄 중국 상인에게 물어서 그곳이 명나라 지방인 것을 알았다. 그는 동반자인 김개동과 함께 밤을 타 도망쳐 그 지방 지현(知縣)에게 호소하니 지현이 처음에는 만인(蠻人)이 올린 고장(告狀)이라고 하여 팽개쳐 버리고 거들떠보지도 않았다. 그러자 며칠을 울부짖으니 그제서야 조사 심문하였다. 이언세는 글을 좀 알았는데 '조선국의 장흥 사는 사람으로, 해전을 하다가 왜적에게 사로잡혀 오랑캐 배에 넘겨졌다.'고만 썼다. 그것을 본 지현이 남웅부(南雄府)에 압송하니 삼사관(三司官)이 그 문초에 의거, 북경으로 이송했다. 그때 마침 5월 20일에 서울을 출발한 사은사 우의정 유전(柳㙉)이 북경에 도착하였으므로, 그

---

93) 『학봉집』 5, 서, 「擬與副官平調信」.

사행과 같이 11월 12일에 서울에 돌아오게 되었다.[94]

이들은 돌아와 사화동의 부역, 납치자와 납치선의 정황 등 중요한 사실을 조선에 알렸다. 또한 이들은 임진왜란 때 좌수영 수군으로 참전했다. 부산포 해전에서 좌수영 우후 이몽구가 일본군 두 명의 목을 베었다. 그중 한 명은 본래 왼쪽 귀가 없었다. 이를 본 김개동과 이언세는 "소인을 (정해년에) 잡아간 왜인은 본시 왼쪽 귀가 없었는데, 이제 왜인의 머리를 보니 얼굴이 그와 같으며 이 왜인은 나이가 늙어서 스스로 두목이 되어 가지고 도적질을 일삼고 사람 죽이기를 즐겨 하였다."고 말했다.[95]

③ 참전자

손죽도 왜변 당시 납치된 사람 가운데 임진왜란 때에 일본군과 함께 들어와 통역관과 길잡이 역할을 한 사람도 있었다. 낯선 이국 조선 땅에서 전쟁을 원활하게 수행하기 위해, 일본은 현지 사정에 정통하고 언어를 소통할 수 있는 안내원이 필요하였다. 그래서 그들은 상당히 오래전부터 납치인을 현지 안내원으로 양성하였다. 현지 부역자만으로는 원활한 전쟁 수행을 하기가 어려웠기 때문에 이는 매우 중요한 준비 작업이었다.

전쟁에 참여했던 일본 무장들의 일기를 분석한 연구에 따르면, 일본은 조선을 침략하기 전부터 조선어 통역사를 양성하였고 그들을 데리고 조선에 들어왔다고 한다.[96] 그러면 어떤 사람을 통역관으로 양성하였겠는가가 궁금하다. 일본인으로 하였을 가능성도 있고, 조선인으로 하였을 가능성도 있다. 이 중에서 손죽도 왜변 때에 납치한 조선인에게 일본어 교육을 시켜 통역관으로 활용하였을 가능성이 높다.

---

94) 『성소복부고』 26, 부록, 「鶴山樵談」. 『선조실록』 22, 선조 21년 5월 20일. 『선조실록』 22, 선조 21년 11월 12일.

95) 『이충무공전서』 2, 장계, 「釜山破倭兵狀」.

96) 김문자, 「16세기 동북아 국제질서 변동과 전쟁」, 『일본역사연구』 27, 일본사학회, 2008, 226쪽.

또한 일본은 조선 곳곳을 안내할 길잡이로 손죽도 왜변 때에 납치한 조선인을 앞세웠다. 이 일은 이미 예견된 것이었다. 조헌이 「비왜지책」에서 "연해 여러 진의 정박할 곳을 외국 사람은 실로 알 수가 없기 때문에 향도하는 사람을 얻어야만 온전하게 돌아갔으며 그 밖에 널리 정박한 배는 도서와 해변에 많이 걸쳐서 부서지고 없어진 것이 매우 많으니 왜적의 큰 근심이었다. 그러므로 늘 흑산도, 추자도 등의 섬에서 전복 잡이를 하는 어부를 포로로 얻으면 큰 보배로 여기어 전복을 많이 주고 향도인으로 삼고 있습니다."고 말한 바와 같이, 굴곡이 심하고, 섬이 많고, 갯벌이 넓고, 조수 간만의 차가 심한 조선 해안을 일본인은 정보원 없이는 들어올 수 없었다. 이처럼 일본은 전쟁에 필요한 현지 정보 수집과 정보원 확보를 위해 손죽도 왜변 때에 사상 유례없는 납치를 자행하였던 것이다.

④ 잔류자

통신사 협상시 쓰시마는 1백명 이상의 포로를 송환해 주었다. 그런데 돌아온 사람들의 말에 따르면, 일본에서 포로를 송환할 때에 바삐 모았던 관계로 탈락되어 아직 돌아오지 못한 자가 많다고 하였다. 또한 통신사들이 일본에 와서 들은 바에 따르면, 포로 송환 상황이 본국에서 들은 내용과 대체로 같다고 하였다. 이러한 정황에 따르면, 송환되지 못하고 일본에 잔류한 조선 포로들이 상당수 있었음을 알 수 있다.

규슈 지역 그리스도교 신자를 분석한 연구에 따르면, 1593년에 나가사키에서 그리스도교 세례를 받은 100명 중에 과반수는 조선인 노예였다고 한다.[97] 이 50명 이상의 조선인 세례자 가운데 1년 전 임진왜란 때에 납치된 사람도 있었겠지만, 그 이전 손죽도 왜변 때에 온 사람도 있었을 것이다.

---

97) 中村質, 「秀吉 政權과 壬辰倭亂의 特質」, 『아시아문화』 8, 한림대 아시아문화연구소, 1992, 23쪽.

일본에 잔류하여 17세기 전반에 가서야 존재가 확인된 사람도 있었다. 임진왜란이 끝나고 1634과 1642년에 히라도섬에서 작성한 포로인과 그 가족 관계를 기록한 「平戶町·構瀨浦町人數改帳」, 「平戶町人別生所糺」이라는 문서를 분석한 연구에 따르면, 손죽도 왜변 때에 납치되어 지금까지 생존하고 있는 조선인이 있었다. 甚五左衛門의 부인이 7살 때인 1587년에 히라도섬에 들어왔다. 문서에 부모가 기재되어 있지 않고 혼자 건너왔다고 기록된 것으로 보아, 당시 유년들도 대거 납치되었음에 분명하다. 이 여자는 3살 연상의 甚五左衛門과 결혼하여 히라도섬 영내의 '相ノ浦'에서 어민으로 생활하다 1636년에 나가사키로 이주하였다.[98]

맺음말

1555년 을묘왜변 이후 소규모 내침을 자행하던 일본인들은 1587년에 손죽도 왜변을 일으켜 또다시 대규모 침략을 감행했다. 손죽도 왜변은 지방 세력가에 의해 노략질을 일삼던 이전의 왜변과는 달리 새로이 일본 집권자로 등장한 도요토미와 연결된 규슈 세력가에 의해 자행된 임진왜란의 전초전 성격을 띠었다. 총통과 조총으로 중무장한 침략군 앞에 전라 좌우수군은 무기력하게 무너졌지만, 녹도만호 이대원이 중과부적에도 불구하고 손죽도 해전에서 전력응전하다 장렬하게 순국했을 뿐만 아니라 사족들은 직접 거병을 하기도 하였다. 이후 호남 사족들은 무장단을 조직하여 자위체제를 다졌고 연해민들은 이대원을 애모하는 마음을 널리 가졌을 뿐더러 정부는 이순신을 전라좌수사로 보내는 등 전라도 해안지역 방어에 주력했다. 이는 호남 연해민들의 대일의식을 고조시키고 호남 연해지역의 방어

---

98) 中村質, 「壬辰丁酉倭亂の被虜人の軌跡」, 『한국사론』 22, 국사편찬위원회, 1992, 174쪽.

력을 증대시켜 임진왜란 당시 전라수군이 조선수군의 주력군으로 전란극복의 원동력이 되고 호남의병이 개전 초기에 거병하였던 배경이 되었다.

전라도 사족들은 왜적을 물리치기 위해 거병을 하였다. 그 대표적인 인물이 정여립인데, 정여립의 거병은 2년 8개월 뒤 그가 모반을 도모하려고 한 단서로 서인에 의해 규정되어 기축옥사의 결정적 빌미가 되었다. 이에 따라 거병을 요청한 전주부윤 남언경도 기축옥사 때에 처벌을 받았다. 큰 전란을 겪지 않았던 당시까지 자의적인 거병은 쉽게 용납되지 않은 매우 위험한 행동이었다. 특히 동인의 공세에 밀려 극심한 수세에 처한 서인은 동인 인사의 거병에 매서운 의혹의 눈초리를 보내며 옥사를 확대하고 마침내 정권을 차지하였다. 이 외의 재지사족들도 자구책 마련에 긴박하게 움직였다. 언제 발생할지 모르는 전란에 대비하는 사람들이 속출하였는데, 나주 출신 김천일, 남원 출신 안영, 옥과 출신 유팽로, 충청도 출신 조헌 등이 그들인데, 이들은 모두 임진왜란이 일어나자 4~5월에 의병을 일으켜 일본군에 적지 않은 타격을 가하였다. 그들이 개전한 지 1개월도 안 되어 발 빠르게 의병진을 구성할 수 있었던 것은 이미 전란 전부터 준비한 결과였다.

왜군들은 퇴각하면서 사상 유례없는 수백 명의 조선 인질을 연행해 갔다. 이들을 동남아시아에 매각하는 노예무역을 단행했고 임진왜란 때 조선 침략의 향도로 활용했다. 매매자 가운데 일부는 탈출하여 귀국한 후 중요한 왜정을 제공하였다. 또한 피로인 쇄환은 경인통신사 협상의 카드로 활용되어 1백여명이 넘는 숫자가 쇄환되었는데, 일부는 왜란 당시 이순신 옆에서 통역과 정보 요원으로 활약하였다. 또한 일부는 현지에 잔류하여 17세기에 가서야 존재가 확인되기도 하였다. 이처럼 손죽도 왜변은 일본이 조선 침략을 위하여 방어태세를 파악하고 정보를 수집하고 요원을 확보하기 위한 예비전 성격을 띠었던 것이다.

II. 왜란과 지역민의 대응

6. 임진왜란시기 전라좌수영 군관의 출신과 역할

6. 임진왜란시기 전라좌수영 군관의 출신과 역할

머리말

1592년 4월 13일 임진왜란 발발 이후, 조선 육군은 패전을 거듭하며 일본군의 북진을 속수무책으로 허용하였다. 그렇지만 이순신(李舜臣)이 이끄는 '전라 좌수군'[1]은 처음 출전한 5월 7일 경상도 거제도 옥포(玉浦) 앞바다 전투에서 대승리를 거두었다. 이후 조선 수군은 연승을 거두며 제해권을 장악하여 일본군의 수륙양면 작전에 제동을 걸며 전세를 역전시켰고, 이는 왜란 극복의 원동력이 되었다는 것이 널리 알려진 사실이다.

그런데 임진왜란에서 일본 수군을 격파한 조선 수군의 주력 부대는 전라 좌수사 이순신이 이끄는 전라 좌수군이었다. 당시 전라 좌수군은 좌수영, 그리고 순천, 광양, 낙안, 흥양, 보성 등 5읍, 그리고 방답, 사도, 여도, 발포, 녹도 등 5진 등 11개 독립 수군부대를 하나의 군단으로 편성한 것이다. 이 중에서 전라 좌수군의 핵심 부대는 최고 지휘권자 전라 좌수사 이순신의 본영 전라 좌수영에 주둔하고 있는 직할 수군 '전라 좌수영군'

---

1) 이순신이 이끄는 좌수영 관할 수군을 보통 '전라 좌수군'이라고 부른다. 그런데 '전라 좌수군'이라고 명명할 경우, 좌수영의 직할 수군과 구분이 모호해질 가능성이 높다. 따라서 여기에서는 구분을 명료하게 하기 위해 전라 좌수영 소속 1영 · 5관 · 5포의 전체 수군을 '전라 좌수군'이라 하고, 좌수영의 직할 수군을 '전라 좌수영군'이라고 하겠다.

이었다. 이렇게 볼 때, 임진왜란 초기에 군단 전체를 진두지휘하며 제해권을 장악한 후 전란 극복의 원동력을 창출한 전라 좌수군의 핵심 부대는 전라 좌수영의 직할 수군인 전라 좌수영군이었던 것이다.

임진왜란 당시 전라 좌수영군의 규모나 조직에 대해서는 관련 자료가 충분하지 않고 연구마저 부진하여 자세히 알 수 없다.[2] 그 가운데 전라 좌수영군의 조직과 관련하여서는 수사(水使)와 우후(虞候) 등 지휘자 밑에 군관(軍官), 진무(鎭撫), 방포(放砲), 훈도(訓導), 사부(射夫), 사공(沙工), 무상(無上), 격군(格軍) 등이 보인다. 이 중에서 수사의 최측근 참모로서 주장을 보좌하며 전략전술을 숙의하거나 전투에 참전할 뿐만 아니라, 전령 · 정찰 · 감찰 · 군수를 담당하거나 궐석 진장의 가장(假將)을 맡는 등 전라 좌수영의 지휘부를 구성한 계층이 군관(軍官)이다. 따라서 전라 좌수영군 소속 군관은 임란해전 승리의 사실상 일등 공신이나 다름없는 집단으로 '조선 수군사'에서 중요한 존재인 것이다.[3]

여기서는 이러한 전라 좌수영 소속 군관의 출신과 역할을 살펴보아, 왜란 승리의 원동력을 또 다른 각도에서 접근하고자 한다. 그런데 이들 군관에 대해서는 자료가 분명하지 않을뿐더러, 이순신 막하인물[4]의 연구에도 불구하고 체계적인 정리가 되어 있지 않는 실정이다. 또한 군관은 수영 외에, 중앙의 군사기관, 지방의 병영이나 군현 또는 포진에도 있어 그들의 위상이나 역할이 천차만별인 것도 사실이다. 게다가 후대에 작성된 문중 자료는 사실을 정확히 파악하는 데에 혼선마저 주고 있는 실정이다. 그러므로 전라 좌수영 소속 군관의 실체를 밝힌다는 것이 어려운 작업일

---

2) 조선초기 수군에 대한 연구로는 다음을 참고할 수 있다. 이재룡, 『조선초기사회구조연구』, 일조각, 1984. 방상현, 『조선초기 수군제도』, 민족문화사, 1991. 오봉근, 『조선수군사』, 한국문화사, 1998.

3) 전승의 동력을 하층 격군 · 사부층이나 해상 의병으로 보는 견해도 주목된다(조원래, 「임란해전의 승인과 전라도 연해민의 항전」, 『임진왜란과 호남지방의 의병항쟁』, 아세아문화사, 2001). 그러나 필자가 군관에 주목하는 이유는 중하층과 최고 지휘부의 연결고리가 바로 군관이었고, 해상의병은 전세의 승기를 잡은 이후에 본격화되었다는 점이다.

4) 제장명, 「임진왜란 시기 이순신 막하인물의 활동」, 『역사와 경계』 52, 부산경남사학회, 2004.

수밖에 없겠지만, 여기에서는『이충무공전서』,『난중일기』,『실록』등 당대 자료에 좌수영 군관으로 언급된 인물들을 모아 그들의 출신이나 역할을 정리하고자 한다. 이 글이 전라 좌수영은 물론이고 조선 수군에 대한 이해의 폭을 넓히는데 조금이나마 기여하기를 기대한다.

1) 전라좌수영 군관의 출신

(1) 법적인 군관

『경국대전』병전에 따르면, 전라 좌수영에는 대맹선(大猛船) 2척, 중맹선(中猛船) 6척, 소맹선(小猛船) 1척, 무군소맹선(無軍小猛船) 7척 등 16척의 군선이 배치되어 있었다. 그리고 최고 지휘관으로 정3품의 수사가 있고, 그 밑에 정4품의 우후 1원이 파견되었다. "하삼도 병영과 수영의 우후는 직책상 군무를 총괄함은 물론 수색과 토벌도 해야 하므로 그 임무가 매우 긴요합니다."[5]고 언급된 것으로 보아, 우후는 수사의 명령을 받고 군무를 총괄하는 지위였다.[6]

그리고 외아전(外衙前)으로 좌수영 같은 주진에는 나장(羅將) 30명과 차비군(差備軍) 20명이 각각 딸렸고, 군관으로 5명이 배속되었다. 이렇게 볼 때, 법적으로는 전라 좌수영의 인적구성이 수사와 우후 아래에 행정업무를 맡는 향리(6방, 색리, 지인)[7]와 군사업무를 맡는 수군(진무, 훈도, 사부, 선장, 격군)[8]으로 구성되어 있고, 그리고 향리와 수군의 상위계층

---

5) 『선조실록』25, 선조 24년 2월 8일.
6) 우후(虞候)는 수영 외에 병영과 통제영 등에도 파견되었다. 그 가운데 통제영 우후에 대해서는 송기중, 「17~18세기 통제영의 방어체제와 병력운영」,『한국문화』73, 서울대 규장각한국학연구원, 2016 참조됨.
7) 향리는 일반 고을처럼 6방으로 구성되어 있는데 영리나 색리로 불리었고, 그 아래 계층으로 나장이나 감고 및 급창 등도 보인다. 이들은 좌수영 관내 읍·진을 조사하는 일을 맡고, 군수물자를 배정하거나 독촉할 뿐만 아니라 그와 관련된 공문서를 작성하는 일을 맡았다. 그리고 향리들은 지휘관 개인의 가족 업무를 관리하는 일도 수행하였다.
8) 선척 당 수군 수는 대선 80명, 중선 60명, 소선 30명이었다. 이들은 진무·방포장·훈도·사부 등의 군인(軍人), 그리고 선장·사공·격군 등의 선인(船人)으로 구성되어 있다. 이들은 대부분 관할 읍진에서 정기적으로 들어와 국역 의무를 수행하는 입번군(立番軍)과 좌수영 성 아래에 살고 있는 토병(土兵)으로 충원되

으로 군관이 있었음을 알 수 있다. 이러한 인적구성은 좌수영 예하의 읍이나 포진에도 마찬가지였는데, 이순신이 관하 군현이나 포진의 군선이나 군수물에 문제가 발생하면 여러 명칭의 군관이나 수군·색리를 벌주었던 것으로 보아 확인할 수 있다.

〈 전라 좌수영의 지휘계통 〉
수사 → 우후 → 군관 → 향리(영리 → 색리)
　　　　　　　→ 군인(진무·훈도 → 사부)
　　　　　　　→ 선인(선장·사공 → 격군)

이 가운데 전라 좌수영의 최고 간부진은 역시 군관(軍官)이다. 임진왜란 개전 초기에 전라 좌수군 진영에서 예하 수령·진장 및 좌수영 군관과 함께 지휘부를 구성하였던 인물로 수군 의병(성응지, 이원남), 지원 투속자(송응민, 최천보), 관료 출신 유배자(이응화, 주몽룡) 등도 있었지만, 이들은 어디까지나 유사시 비상조치에 불과하였다. 어찌되었던 간에 좌수영 군관이 관하 수령·진장과 함께 좌수영 진영의 최고 지휘부 일원이었던 사실은 이순신이 전쟁 전에 관하 읍·진을 순찰하고 돌아오면 가장 먼저 근접 거리에서 맞이하는 그룹이 우후, 인척, 그리고 군관이었던 점을 통해서 쉽게 짐작할 수 있다. 그리고 좌수영 군관은 임진왜란 당시 직접 장수로 출진하거나, 또는 이순신을 최측근에서 그림자처럼 보좌하면서 몸을 돌보지 않고 끝까지 싸우거나, 아니면 본영에 남아 군령을 전달하고 군수물을 조달하여 전란을 승리로 이끈 1등 공신이었던 점을 통해서도 그들이 진영에서 최고 간부급이었음을 짐작하게 해준다.

었다. 이들 가운데 수군의 진무, 영선두목(선장), 지인(향리) 등은 문자를 아는 자들이라고 한 것으로 보아(『세종실록』 68, 세종 17년 6월 8일), 수군의 중간계층에 해당하는 셈이다. 이 사실은 수군의 진무, 영사, 사관 외에 격군은 물론이고 정군, 봉족이 윤차로 변방 방어에 나가는데, 진무와 영선두목은 격군을 통솔하여 그 책임이 가볍지 않다고 한 것으로 보아서도 확인할 수 있다(『세종실록』 116, 세종 29년 4월 11일).

그러면 누가 어떤 방법으로 군관을 차출하였을까? 『경국대전』 병전 군관조를 보면, 군관은 무과 출신 및 하번 별시위나 갑사로서 진장(鎭將)이 각기 추천하면 병조의 고핵(考覈, 사실 조사)으로 계차(啓差, 임금에게 아뢰어 차출함)하는데, 1년이면 교체한다고 하였다. 그리고 주진(主鎭)에는 5명의 군관이 배치되어 있었다. 이러한 원칙에 따라, 15세기에는 진장으로 하여금 무재(武才)가 있고 청렴하고 근신한 사람을 가려서 군관으로 구전(口傳, 전조를 거치지 않고 임금의 구두 결재로 임명하는 것)으로 정하여 권관(權管, 임시직)으로 삼은 적이 있었고,[9] 여러 진과 포구의 군관은 반드시 시재(試才)로 뽑은 사람을 임명하여 보낼 것이며 만약 자원하여 시재를 거치지 않은 자가 있으면 반드시 시재를 거친 후에 구전하도록 병조에서 조치를 강구하기도 하였다.[10] 이렇게 볼 때 당시 수군 군관은 지휘자가 유력자를 추천하면 일정한 테스트나 병조의 결재를 거쳐 선발되었던 것이다.

그런데 16세기에 들어오면, 군관 차출 시스템에 변화가 왔다. 이와 관련하여 1553년(명종 8년)에 사헌부에서는,

군관을 설치한 것은 장수를 보좌하고 방비를 돕게 하려는 것입니다. 그 임무가 이와 같다면 주장(主將)으로 하여금 스스로 선발하게 해야 할 것입니다. 더구나 요즘에는 남쪽과 북쪽에 사변이 있으니, 더욱 염려하지 않을 수 없는데 뇌물을 많이 받고 주장에게 부탁하여 공공연히 차견(差遣)하고 있습니다. 이에 대해 지난번에 여러 차례 전교가 있었는데도 들은 척도 안 하고 있으니, 사습이 이와 같아서야 어떻게 나라를 다스릴 수 있겠습니까. 지금부터는 병사·수사 이하로서 사사로운 부탁을 들어주고 스스로 선발하지 못하게 하는 자와 청탁하는 자들은 모두 듣는 대로 적발하여 파직하소서.[11]

---

9) 『세조실록』 17, 세조 5년 7월 17일.
10) 『성종실록』 54, 성종 6년 4월 7일.
11) 『명종실록』 15, 명종 8년 9월 20일.

하여, 주장이 군관을 스스로 선발하게 해야 한다고 하면서, 실제 그렇게 행해지고 있다고 보고하였다. 다만 사헌부가 문제 삼고 있는 것은 중앙의 실력자들이 자기 사람을 보내기 때문에 주장의 군관 선발권이 침해를 받고 있다는 점이다.

이 당시 본영 장수가 스스로 선발한 군관을 데리고 부임하는 사례는 이 외에도 더 찾을 수 있다. 가령, 1557년(명종 12)에 제주목사 민응서는 본주는 인물이 쇠잔하여 군졸 중에 무재가 있는 자가 많지 않다고 하면서, 자신이 거느리고 가는 군관 10명 외에 스스로 지망하는 사람 10인을 더하여 방비에 나서겠다고 한 바 있다.[12] 감사(監司)의 경우, 을묘왜변 이후 20인 이상의 군관을 거느리고 다니는데, 데리고 다니는 군관을 영원히 폐지하고 국방상 필요한 곳에서는 무재가 있는 자를 가려 뽑으면 된다고 지적된 적도 있다.[13] 당시 주장(主將)이 군관의 정원 가운데 일정 인원을 본인이 사전에 선발하여 데리고 임지에 내려가는 풍토가 일반화되고 있었음을 알 수 있다.

또한 16세기에는 군관에 대한 법적인 정원도 제대로 지켜지지 않았다. 이 당시 여진족과 왜구 출몰이 빈번하여 친위 요원이 필요한 관계로 그러한 관행이 등장하였을 것이다. 이와 관련하여 1581년(선조 14) 김해부사 박세현(朴世賢)의 경우, 늙고 혼미한 사람으로 앞길을 헤아리지 않고 부임한 뒤에 오직 백성에게 침해와 포학만을 일삼고 또 정원 이외의 군관을 많이 거느리고 갖은 폐단을 지어 온 경내의 백성이 그 고통을 견디지 못하고 있었다.[14] 군관을 함부로 거느리는 것은 백성 침학뿐만 아니라, 재정 운영 면에서도 비판이 제기되는 문제였다.

---

12) 『명종실록』 23, 명종 12년 9월 21일.
13) 『명종실록』 23, 명종 12년 12월 3일.
14) 『선조실록』 15, 선조 14년 6월 21일.

(2) 좌수영의 군관

임진왜란 당시 전라 좌수영의 군관은 법적 정원인 5명보다 더 많았다. 전란이 발발하기 이전인 1592년 3월 22일에 좌수사 이순신은 성 북쪽 봉우리 아래에 도랑을 파내는 일을 감독하기 위해 우후와 10명의 군관을 나누어 보낸 적이 있었다. 성 안에 잔류해 있는 군관을 감안한다면, 평시임에도 불구하고 상당히 많은 수의 군관이 있었던 것 같다.

『이충무공전서』와 『실록』에 의하면, 1592년에 있었던 옥포, 사천, 당포, 한산도, 부산포 등지의 해전을 승리로 이끌 때에 참전하여 공을 세운 군관만 해도 가안책, 김대복, 김효성, 나대용, 배응록, 변존서, 송성, 송한련, 송희립, 신영해, 윤사공, 이기남, 이봉수, 이설, 이언량, 이충, 최대성 등 무려 17명이 보인다.[15] 이 외에 직접 출전하지는 않고 유진장(留鎭將)으로 본영이나 포진에 남아 후방기지를 관리하며 군령을 전달하거나 인력·물자를 보급하는 데에 종사한 군관도 있었고, 실제 전투에 참여하였지만 기록에 이름이 남아 있지 않은 군관도 있을 것이다. 그런데 이들에 대해서는 그 실체를 현재 확인할 길이 없다. 다만 『난중일기』에 임진왜란 개전 전후 기간 동안 산견되는 군관으로 김득룡, 김인문, 노윤발, 송두남, 송일성, 송홍득, 이경복, 정사립, 정사준, 정홍수 등 10명이 확인된다. 바로 이들이 후방 본영에 남았거나 아니면 참전했던 인물들일 것이다. 이렇게 볼 때 임진왜란 당시 전라 좌수영 소속의 군관이 30명 가까이나 존재한 셈인데, 이는 어디까지나 사료에 군관이라고 명기되어 있는 사람만 열거한 것이고 군관일 것이라는 심증은 가지만 물증이 없는 경우는 가급적 제외하였다. 여기서 필자가 밝히고자 하는 점은 군관의 숫자를 정리하려는 것이 아니고, 그들의 지역별이나 신분별 출신 성향을 확인하려는 것이기 때문에, 이 정도의 숫자만 가지고도 필자의 의도는 충분히 드

---

15) 『이충무공전서』 2, 장계, 『唐浦破倭兵狀』, 『見乃梁破倭兵狀』, 『釜山破倭兵狀』.

러날 것이라고 여긴다.

그러면 현재 확인된 30여명의 이순신 군관은 어떤 인물이며 어디 출신인가를 알아보기 위해 아래의 표를 작성해 보았다.

표(1) 임진왜란기 좌수영 소속 군관

성명	고향	과거	이전 활동	임란 당시 활동	이후 활동
가안책			전권관	사천(한후장),한산도(좌별도장)	금갑만호
김대복	강진		전봉사	한산도(한후장)	순절
김득룡	함열	무과		광양 순찰	순절
김인문				진영~본영 왕래	
김효성		무과	전봉사,축성감독	옥포,사천	
나대용	나주	무과	훈련봉사,귀선건조	옥포(발포가장,유군장),사천	수사,수령
노윤발	흥양	무과		당포,감찰	
배응록		무과		옥포(참퇴장),사천,한산도(한후장),전령	
변존서			훈련봉사	옥포,사천,진영~본영 왕래	
송두남	흥양	무과		군수,서울 왕래	동복현감
송성	흥양	무과	훈련주부	사천(한후장),둔전	
송일성	흥양			정찰	
송한련	흥양		별시위	옥포,전령,군수,	
송홍득	강진	무과		전투	순절
송희립	흥양		전봉사,전령	옥포,사천,전략,전령,감찰	수사
신영해	흥양			사천	
윤사공			전만호	한산도(전좌별도장),부산포(녹도가장)	
이경복				전령,감찰	흥덕현감
이기남	순천	무과		사천(귀선돌격장),한산도(좌돌격귀선장),둔전	훈련첨정
이봉수	보성		정로위,축성,봉화	옥포,사천	첨정
이설	나주	무과	전봉사	옥포(우별도장),사천,전령,감찰	발포가장,순절
이언량	동복		보인	옥포(돌격장),사천(귀선돌격장), 한산도(좌돌격귀선장),부산포(귀선돌격장)	군수
이충				전령	
정사립	순천	무과		문서,전령,감찰	군수
정사준	순천	무과	봉사	군량조달,조총제작,복병장	현감
정홍수				행수 군관	
최대성	보성	무과		옥포(한후장),진영~본영 왕래	순절

이들 27명 군관의 출신지를 살펴보면, 전라도 도내 사람이 18명, 그리고 도외인으로 추정되는 사람이 일부 확인된다. 전라도 사람 가운데 흥양 출신이 7명(노윤발, 송두남, 송성, 송일성, 송한련, 송희립, 신영해)으로 가장 많고,[16] 그 다음으로 순천 출신이 3명(이기남, 정사립·사준 형제)이다. 좌수영이 소재하고 있는 순천부 출신과 좌수영 소속 5관 5포 가운데 1관 4포가 포진되어 있는 흥양현 출신이 가장 많다는 것이다. 또한 강진, 나주, 보성 등 연해지역 출신이 다수 포진되어 있는 것도 주목하지 않을 수 없다. 이들 전라도 출신 군관은 이순신이 좌수사로 현지에 부임한 후 지형지리와 해양전술에 뛰어난 연해지역 출신 인물을 군관으로 채용한 사람들일 것이다.

그런가 하면 도외 사람으로 이순신의 외사촌인 변존서(卞存緒)가 있는데, 인척 출신 군관은 입증은 할 수 없지만 정황 상으로 볼 때 더 있을 것으로 추측된다. 임진왜란 발발 이전에 변존서 및 여타 군관들과 늘 중요한 자리에 함께 있다가 곧 진영을 떠난 조이립(趙而立)도 군관일 것 같으나, 확인할 길이 없어 제외하였다. 그리고 해전에서 장수로 참전하여 큰 공로를 세운 가안책, 김효성, 배응록, 윤사공 등도 도외 사람으로 추정되는데, 이들은 큰 공을 세웠음에도『호남절의록』에 이름이 보이지 않는 점으로 보아 이순신이 좌수사로 부임하면서 본인이 직접 데리고 내려온 사람으로 여겨진다. 앞의 제주목사 민응서의 사례에서 언급되었듯이, 외방 장수들이 부임하면서 일급 참모로 삼은 군관을 일부를 현지에서 선발하고 또 일부를 본인이 직접 데리고 가기도 하였는데, 이순신의 경우도 그러하였다. 통신사(通信使)의 정사와 부사가 일본에 갈 때에 5~6품 정도의 문무 관직을 역임한 바 있는 군관을 각각 7명씩 거느리고 가는데, 그중 2명

---

16) 바로 이런 점 때문에 전란 극복의 요지로 흥양이 지목되고 있다(조원래,『임란해전의 실상과 조선수군의 전 승배경』,『임진왜란사 연구』, 아세아문화사, 2005).

을 자제군관(子弟軍官)이라 하여 친인척 중에서 선발하였다. 이는 전라
좌수영 군관의 출신성분을 이해하는데 참고된다.

이어 신분별 출신을 살펴보면, 임진왜란 이전에 무과에 급제한 인물이
13명이 확인되고, 관직에 진출하거나 임명된 적이 있는 인물도 12명이나
된다. 이는 이순신의 군관들이 군관이 되기 이전에 무과에 합격한 사람들
이었음을 반증해 준다. 무과 출신이나 별시위 및 갑사 중에서 군관을 차
출하라는 『경국대전』의 기록처럼, 이순신도 좌수영 군관을 그런 인물로
충원하였는데, 이순신 자신도 무과에 합격한 후 젊어서 충청병사와 남병
사의 군관이 된 적이 있다.[17]

또한 전란 도중이나 이후에 관료로 진출한 인물도 12명이나 된다. 이
는 그들이 본래 문무 관료로 진출할 수 있는 신분 출신이라는 것을 증명한
다. 이렇게 볼 때 이순신 휘하의 군관을 역임한 사람들은 크게 보아 조선
의 엘리트 계층으로 분류될 수 있다. 이러한 능력과 식견을 지니고 있었
기 때문에, 이들은 이순신 측근으로 전략전술을 숙의하고 전투를 진두지
휘할 수 있었을 것이다.

그런데 이순신의 군관이 되었던 사람들 가운데에는 무인 가문의 후예가
적지 않게 눈의 띈다. 순천 출신으로 둘 다 무과 합격자인 군관 정사준 ·
사립의 경우, 1544년에 무과에 합격하여 을묘왜변에 종군하여 공을 세운
정승복(鄭承復)의 아들이고, 그의 형제 정사정(鄭思竫) 또한 무과 출신이
다.[18] 그리고 흥양 출신의 군관 송희립의 경우, 형과 동생이 이순신 휘하
에서 활약했고, 동족의 송두남(宋斗南) · 송건(宋建) · 송계창(宋繼昌) ·
송흥운(宋興雲) · 송득운(宋得運) · 송운기(宋雲起) 등이 모두 무과 출신이
다.[19]

---

17) 이순신 행장.
18) 『순천부읍지』, 인물.
19) 『호남절의록』.

2) 전라좌수영 군관의 역할

(1) 이순신의 특급 참모

이순신에게는 많은 휘하 장수와 군관 및 병사들이 있었고, 이들과 동고동락을 하면서 이순신은 해전을 승리로 이끌었다. 이들 중에서 이순신 옆에는 항상 군관이 수행비서로서 그림자처럼 따라 다녔다. 전란이 발발하기 전, 1592년 2월 12일[20]에 이순신은 좌수영 인근의 해운대로 자리를 옮겨 활을 쏘고 꿩 사냥을 구경한 후, 군관들과 모두 일어나 춤을 추었다. 여흥이 깊었는지 조이립이 시 절구를 읊었고 저녁이 되어서야 돌아왔다. 방답진을 순찰하고 배를 타고 돌아오다 27일에는 경도(鏡島)에 이르러, 술을 싣고 마중 나온 아우 우신, 조이립, 군관, 우후 등 핵심 인사들과 즐기다 해가 진 뒤 본영으로 돌아왔다. 3월 3일에는 삼짇날이라 답청(踏靑)을 해야 하는데 종일 비가 오자 조이립, 우후, 군관들과 동헌에서 이야기하며 술을 마신 적도 있다. 이순신이 순찰사 이광을 만나러 순천으로 갈 때 군관을 거느리고 갔다. 또한 정유재란 때에 통제사로 복귀하여 군관 9인과 군사 6인을 거느리고 진주, 옥과, 순천, 보성을 시찰하며 군사를 모집한 적도 있다. 이순신의 공적인 행차에는 어김없이 그의 군관이 동행하였다.

이순신 본인뿐만 아니라, 그의 가족들의 수행도 군관들의 몫이었다. 당시 이순신이 전라 좌수사로 부임한 이래 좌수영 본영이나 해상 진영에 머문 적이 있는 이순신의 인척이 적지 않다. 그의 아우 우신, 조카 봉과 완및 뇌, 그리고 아들 회·울·면 및 어머니, 또한 종과 소실도 머물고 있었다. 이런 가족들의 이동이나 면회 및 편지·선물·소식의 전달, 문병 등을 주로 군관들이 주선하였다. 가족들과 떨어져 그리움과 걱정으로 나날을 보내고 있는 이순신에게 군관들의 이러한 보좌는 큰 정신적 위안이 되

---

20) 전거 없이 날짜만을 언급하며 서술한 내용은 『난중일기』의 기록임.

었다. 이처럼 이순신에게 군관은 그림자와 같은 존재로 수행비서 역할을 하여 이순신의 공적 자리나 수행, 그리고 사적 일에도 그의 군관들은 참모 자격으로 동행하였던 것이다.

그러면 수많은 휘하 장병 중에서 후대의 역사가들은 이순신의 일급 참모로 누구를 지목하였을까? 작전 · 군수 · 정보 · 감찰 등을 계획 · 지도한 일급 참모를 어떤 인물로 선정하느냐는 기록자의 관점에 따라 자연히 다를 수 있다. 이 점에 대해서는 여러 찬술가들이 언급한 바 있지만, 여기에서는 지금까지 크게 다루어진 적이 없는 백호 윤휴의 「제장전(諸將傳)」 기록을 보도록 하자.[21] 그는 여기서 이순신의 일급 참모로 정운, 송희립, 이억기, 유형, 정사립, 이완, 진무성, 안위, 김대인 등 9인을 들며 간단한 전기를 남겼다. 그러면서 윤휴는 이순신이 정운(鄭運), 송희립(宋希立), 정사립(鄭思立) 등 3인을 심복으로 삼았다 하였다. 따라서 참모 가운데 특급 참모는 이들 3인으로 정리할 수 있는데, 녹도만호인 정운은 장수로서, 이순신의 군관인 송희립과 정사립은 군관으로서 특급 참모의 반열에 오른 것이다.

군관은 단위부대의 지휘권을 행사하는 독립 장수보다는 지위가 다소 떨어지지만, 진영 안에서 주장을 보좌하며 전략과 전술을 숙의하고 그것을 외부에 하달할 뿐만 아니라, 내외 정보를 수집하여 주장에게 보고하고 군단 내의 감찰 활동을 펴 규율을 강화하는 등 이순신의 분신 역할을 하였다. 전라 좌수군의 전략과 전술은 이순신 군관들의 머리에서 나와 손발로 집행되었던 것이다. 그러한 나머지 이순신과 전략적인 갈등을 펴는 정적 장수들에게 이순신 군관들은 곧 공격 목표가 되기도 하였다. 이순신을 직접 공격하기 보다는 우회적으로 그의 측근을 공격했던 것인데, 1595년 9월 1일에 "우후(虞候)가 도양장(道陽場)에서 와 공문을 바쳤는데, 정사립

---

21) 『백호전서』 23, 사실, 제장전, 「宋希立」.

을 해치려는 뜻이 많이 있으니 가소롭다."(『난중일기』)고 하여, 우후가 정사립을 해치려 한 적이 있었다. 원균이 이순신을 대신하여 통제사가 되어서는 송희립에게 일을 맡기지 않고 항상 그를 죽이려고 했으나 이루지 못한 적도 있다.

그러면 이순신의 군관은 참모로서 어떤 역할을 하였으며, 그 역할을 다하기 위해 어떤 자질을 지니고 있었을까? 이 점을 알아보기 위해 윤휴가 언급한 송희립과 정사립의 전기 일부를 보도록 하자. 그는 이순신의 군관 송희립과 정사립에 대해 이렇게 평하였다.

> 송희립은 흥양 사람이다. 그는 이순신의 비장이 되어 으뜸으로 출사(出師)의 계획을 도왔고, 막하에 모두 7년 동안 있으면서 용감하고도 지려(智慮)가 있었으므로, 순신이 그를 매우 중히 여기어 모든 일을 반드시 그와 의논하여 여러 차례 드러난 공을 세우게 되었다. 원균이 이미 순신을 대신하여 통제사가 되어서는 그에게 일을 맡기지 않고 항상 그를 죽이려고 했으나 이루지 못하였다.
>
> 정사립은 순천 사람이다. 그는 문재(文才)가 뛰어나서 문사(文詞)를 거침없이 잘 지었다. 일찍이 문사인 이이첨(李爾瞻) 등과 함께 시를 지을 적에 붓만 쥐었다 하면 문득 수백 운씩을 짓되 말뜻이 뛰어나서 아무도 감히 대항하지 못하고 붓을 던졌다. 그가 이순신을 섬기어 비장이 되었는데, 사람됨이 의기가 충천하고 의론이 강직하여…

이를 통해 볼 때, 이순신의 군관은 장수를 수행하고, 출전의 계획을 짜서 실행하고, 군수물을 조달하고, 감찰·군령을 시행·집행하고, 전령을 접수·전달하고, 기타 진중의 대소사를 의논하는 일을 맡았다. 이러한 일을 장수가 믿고 맡기고, 본인이 제대로 처리하기 위해서는 여러 자질과 능력이 필요했다. 우선 용감하고, 무술이 출중해야 하였다. 그리고 지형지리에 밝고 전략전술에 뛰어나야 했다. 또한 지혜와 사려가 깊고, 의기와 의론이 강직하고, 신의와 믿음이 두터워야 했다. 그런가 하면 정사립

처럼 문장력도 뛰어나야 하였다.

특히 군관들은 담력과 용기가 있어야 하였고, 활쏘기와 용력 등 무술에 능숙해야 하였다. 이 점은 1597년(선조 30)에 이순신 본인이 올린 보고서에 다음과 같이 기록되어 있다.

> 신의 장수 가운데 계책이 있고 담력과 용기가 있는 사람, 그리고 군관·병사로 활을 잘 쏘고 용력이 있는 자들이 있는데, 항상 진영에 머물면서 함께 조석으로 계책을 의논하기도 하고 그들의 성심을 시험하기도 하고 함께 밀약하기도 하였으며 또 그들을 시켜 적의 정세를 정탐하게도 하였습니다.[22]

그래서 이순신은 틈만 나면 늘 군관들에게 활쏘기와 씨름을 시켰다. 군관이 되어 주장의 특급 참모로서 역할을 제대로 수행하려면 활을 잘 쏘고 용력이 뛰어나야 했기 때문이다. 『난중일기』를 보면, 활쏘기 사례가 빈번하게 보인다. 1593년 5월 4일 우수사 이억기와 군관들이 함께 진해루에서 활쏘기를 했고, 그 다음날에는 우수사, 순천부사, 광양현감, 낙안군수, 그리고 군관들이 서로 편을 갈라 활쏘기를 하였는데, 종종 이순신 군관들이 좋은 실적을 내곤 하였다. 군관들이 활쏘기를 하면 이순신은 그 등수를 메기는데, 95년 7월 4일에 군관 노윤발이 1등을 차지한 적이 있었다.

일신의 안위가 달려 있는 일정 수행을, 전술전략의 성패가 달려 있는 기밀숙의를 군관과 함께 했다는 것은 이순신과 군관 간에 인간적인 신뢰가 구축되어 있기에 가능한 일이다. 이순신이 군관을 신뢰한 정도는 매우 돈독한 것으로 보인다. 1593년 5월 17일 남해 바다에 있을 때에, 고성현령이 군관을 보내어 문안하고 약술과 쇠고기 · 꿀 등을 보냈는데, 상중이라 받을 수 없지만 의리상 받고 군관들에게 나누어 준 적이 있다. 이순신은 상부와 작전 마찰로 정신적 갈등을 자주 겪었다. 그 때 이순신의 곁에서

---

22) 『선조실록』 84, 선조 30년 1월 1일.

그를 위로해 준 사람이 바로 그의 군관이다. 예를 들면, 1596년 2월 28일에 장흥부사와 체찰사(이원익) 군관이 한산도 진영에 왔는데, 장흥부사는 이순신을 체포하러 왔다고 하고, 체찰사 군관은 이순신이 지휘하는 전라 수군에서 우도 수군을 빼내어 제주와 진도를 지원하라고 하였다. 이에 호응하여 우수사는 소속 부하를 거느리고 본영(우수영)으로 돌아가겠다고 한다. 이를 접한 이순신은 조정의 어리석은 계책을 한탄하며 대응 전략을 공문으로 작성하고, 군관 정사립으로 하여금 보고서를 쓰게 하여 체찰사에게 보냈을 뿐만 아니라, 우수사의 군관과 도훈도에게 곤장을 쳤다. 그날 저녁 송희립이 술을 가지고 노윤발, 이원룡과 함께 침실에 들어왔으니, 그것은 다름 아닌 속이 상하여 침울해 있는 주장을 위로하기 위해서였을 것이다. 우수사를 책망한 것이 미안했었는지, 이순신은 사흘 후에 송희립을 보내어 미안하다는 뜻을 정중하게 전하였다.

이들의 관계는 주장과 군관이라는 주인과 신하의 주종관계를 떠나 생사를 함께 하는 동지적 믿음으로 맺어 있다. 그래서 이순신이 1597년 4월 1일자로 옥에서 풀려나 도원수 권율의 막하에서 백의종군 할 때에, 그의 군관 출신인 정사준, 이기남, 정사립, 변존서 등이 달려와 여정에 도움을 주었고 수시로 찾아와 그간의 정세를 보고하기도 하였다.[23]

(2) 공문서 · 전령의 발송 · 접수

이순신의 군관들은 군무를 보좌하는 참모로서, 본영과 진영의 살림살이를 도맡는 역할을 하였다. 그 가운데 좌수영의 공문서, 주장의 서찰, 진영 간의 전령 등을 외부에 전달하거나 외부의 그것들을 본영으로 가지고 오는 업무는 중요한 일이었다. 이순신은 처음 출전하여 1592년 5월 6일 대승을 거둔 옥포 해전의 승전 보고서와 노획물(철갑, 총통, 참수 1급)

---

23) 제장명, 「임진왜란 시기 이순신 막하인물의 활동」, 26쪽

을 군관 송한련과 진무 김대수 등에게 주어서 올려 보냈다.[24] 바로 이어 7월 10일 안골포에서 적선 40여 척을 공격하여 적선을 거의 불사르고 적군 250여 명의 목을 베고, 물에 빠져 죽은 자가 수를 셀 수 없을 정도의 대승을 거두었는데, 이 전공을 이순신은 군관 이충을 의주 행재소에 보내어 보고하게 하였다. 이를 접한 행재소에서는 기뻐하며 경하해 하지 않은 사람이 없었다.[25]

이순신의 군관들은 공문서를 제출하고 받아오기 위해 서울을 왕래하였을 뿐만 아니라, 직접 공문서를 작성하기도 하였다. 강진 출신의 군관 김대복은 국왕의 전서와 교서, 부찰사의 공문을 가지고 온 적이 있다. 흥양 출신의 군관 송두남(宋斗南) 또한 서울을 왕래하며 공문서를 전달하였다. 일본과 강화를 추진하던 명은 대일 공격 중지를 선언하고, 94년 3월 6일 이순신이 머물고 있는 한산도에 명나라 장수의 '금토패문(禁討牌文)'을 전달한다. 이에 이순신은 몹시 괴로워하다가 답서를 본인이 글을 짓고 정사립으로 하여금 써서 보내게 하고, 12일 영의정(유성룡)에게 보낼 편지와 장계를 쓰고 다음날 아들 회와 군관 송두남을 내어 보내니 송두남은 4월 16일에야 진영에 내려왔다. 송두남은 95년 10월 19일에도 장계를 가지고 서울로 간 적이 있는데, 무과 합격자로 96년에 동복 현감(1596.11~97.3)[26]에 제수된 것으로 보아 상당한 식견과 정보를 지니고 있었을 것이다. 특히 정사립은 윤휴의 지적처럼 문필력이 뛰어나 직접 많은 공문서를 짓고 썼는데, 앞서 언급한 사례 외에 1596년 2월 30일에 체찰사의 군관이 전날 와서 전라 수군 중 우도의 수군은 좌도와 우도를 왔다 갔다하면서 제주와 진도를 성원하라는 명령을 내린데 대한 반론 보고문을 정사립이 지어서 체찰사에게 보낸 적이 있고, 3월 3일에는 이순신이 정사

24) 『이충무공전서』 2, 장계, 「玉浦破倭兵狀」.
25) 『선조실록』 27, 선조 25년 6월 21일.
26) 『동복읍지』, 선생안.

립을 시켜 장계를 쓰게 했다.

군관들은 서울뿐만 아니라 전라 감영을 오가며 공문서와 편지를 전달하였다. 전라 감영 전주에 갔던 군관 김인문이 1592년 2월 10일에 순찰사 이광의 편지를 가지고 돌아왔다. 그 편지를 보고, 이순신은 통역관들이 뇌물을 많이 받고 명나라에 무고하여 군사를 청하였다는 사실과 명나라에서는 우리 나라가 일본과 더불어 딴 뜻이 있는 것이 아닌가 의심했다는 사실도 알았다. 송희립이 1593년 8월 20일 순찰사에게 문안을 가는데, 제만춘(諸萬春)을 공초한 공문을 가지고 갔다. 제만춘은 원균의 군관으로 복무하다 92년에 왜군에 체포되어 포로가 되었다가 7월에 16일에 탈출하여 이순신 진영으로 돌아왔다. 이를 문초하여 작성한 공문을 송희립이 가지고 감영에 간 것인데, 송희립의 노력으로 그의 죄는 사면되고 이후 이순신 진영에서 군관으로 활약하였다.

그런가 하면, 전황을 시찰하러 남해상 진영을 방문한 명나라 장수를 접대하는 일도 군관의 몫이었다. 1593년 5월 22일 아침에 한산도에 있는 이순신에게 군관 나대용(羅大用)이 본영에서 나와, 명나라 관원이 시랑 송응창의 패문을 가지고 오고, 그를 수행하는 전라도사·상호군·선전관이 함께 온다는 기별을 가지고 들어왔다. 이순신은 우후로 하여금 영접하도록 내보내고, 접대하는 일을 문의하기 위해 나대용까지 내보냈다. 24일 나대용이 명나라 관원을 사량 뒷바다에서 발견하고 먼저 와서 전하자, 군관 이설(李渫)을 보내어 배까지 인도하게 하였다.

또한 인근 장수들과 공문서와 전령을 주고받는 것도 군관의 주요 임무였다. 특히 이 임무는 정보 누설의 우려 때문에 아무에게 맡길 일이 아니다. 1593년 6월 16일 경상도 영등포 척후병이 와서 김해와 부산 등지의 왜적이 안골포·웅포·제포 등지로 들어왔다고 보고하자, 이억기·정걸 수사에게 공문을 보내고, 군관 송희립을 경상 우수사 원균에게 보내어 작전을 의

논하게 하니 우수사가 내일 새벽에 수군을 거느리고 오겠다고 답하였다. 1594년 2월 13일에 경상 군관이 와서 춘원포에 정박해 있는 왜적을 치자고 보고하자, 곧장 나대용을 경상 우수사 원균에게 파견하여 상의하게 하였다. 송희립, 나대용 등 특급 참모가 아니면 기대할 수 없는 일이다.

1593년 8월 4일 도원수(권율)의 군관 이완이 삼도에 있는 적의 형세에 관한 보고서를 보내지 않았다는 일로 군관과 색리를 심문하기 위해 좌수군 진영에 왔다. 이를 해명하기 위해 이순신은 6일에 이완과 함께 군관 송한련(宋漢連)과 색리 여여충(呂汝忠)을 도원수에게 보냈다. 1594년 6월 18일에는 도원수 권율의 군관 조추년이 권율이 광양 두치에 이르렀을 때 광양현감 송전이 수군을 옮겼다가 복병으로 정할 때에 사사로운 인정을 썼다는 말을 듣고 그 까닭을 물으려 전령을 가지고 오자, 그와 함께 군관 배응록(裵應祿)을 원수가 있는 곳으로 보내어 해명하게 하였다. 배응록은 7월 1일 돌아와 원수가 자신이 한 말을 뉘우친다고 보고하였다. 상부 기관과 행정적 마찰이 있을 때 이순신의 명을 받고 해결사 역할을 그의 군관들이 수행했던 것이다.

이순신의 군관 이경복(李景福)이 1593년 7월 19일 병마사에게 갈 편지를 가지고 한산도에서 떠났는데, 이 편지는 왜적이 광양을 침범하여 분탕질을 했다는 헛소문을 정리한 것이거나 당시 표면화되기 시작하는 원균과 이순신의 갈등의 사실 관계를 정리한 것으로 보인다. 이경복이 8월 3일 한산도로 들어오니, 13일에 이순신은 이경복에게 장계를 가지고 가라고 보냈다. 9월 4일에는 다시 이경복으로 하여금 폐단을 진술하는 장계,[27] 총통을 올려 보내는 일, 제만춘을 불러서 문초한 사연을 올려 보내는 일 등 세 통의 장계를 봉하여 가지고 가도록 하였는데, 3통의 장계 모두 당시

---

27) 이 장계는 새로 부임한 순찰사 이정암이 무릇 군사의 일가족들에 대해서는 일체 징발하지 말라는 지침에 대해, 수군역은 세전(世傳)되는 것이어서 일가족이 수군에 차정되는 일은 피할 수 없다는 점을 밝힌 것으로 추정된다.

민감한 사안을 다룬 것이다. 이렇듯, 이순신 군관들은 논란이 많은 공문을 가지고 가서 논쟁을 해결하고 돌아왔던 것이다.

(3) 정찰과 감찰, 그리고 군수

군관들의 평시 주요 업무는 관내 순찰, 금령 감찰, 군수 확충, 그리고 병사 훈련이었다. 1430년(세종 12)에 외방 각 고을의 영과 진에 속해 있는 군관 및 선군은 당번 시 각기 활 쏘는 연습을 하도록 하였고,[28] 1550년 (명종 5)에 충청도 수사 이세린(李世麟)이 군관을 나누어 보내 연해 각처를 안정시키고 어루만지게 하였다거나,[29] 1554년(명종 9)에 병사와 수사가 바다에 들어가서는 안 되는 금령을 어긴 민간 어선을 단속하기 위해 군관을 나누어 보냈던 것이 바로 그것이다.[30] 이러한 일들은 전시에는 더욱 중요한 업무인데, 이를 대부분 군관들이 수행하였다.

좌수영의 군관들은 정보를 교환하기 위해 인접 장수를 방문하거나 정보를 수집하기 위해 변방을 정찰하는 일을 하였다. 전라 감영에 들어갔던 군관 송희립이 1592년 3월 24일에 순찰사와 도사의 답장 편지를 함께 받아서 좌수영으로 가지고 돌아왔다. 순찰사의 편지 가운데, 다음과 같은 영남 관찰사 김수(金睟)의 편지가 소개되어 있었다. "쓰시마 도주 소 요시토시[宗義智]의 문서에, '일찍이 배 한 척을 내어 보냈는데, 만약 귀국에 도착하지 않았다면 틀림없이 바람에 부서진 것이리라'고 했는데, 그 말이 매우 음흉하고도 사악하다. 동래에서 서로 바라다 보이는 바다인데 그럴 리가 만무하며, 말을 이렇게 꾸며대니 그 간사함을 헤아리기 어렵다." 이 답장을 보고 상황이 급박하였던지 이순신은, 경상병사가 남해안 순찰에 나섰는데 남해 평산포(좌수영 맞은편)에 도착하지 않고 곧장 남해읍으로

---

28) 『세종실록』 49, 세종 12년 8월 2일.
29) 『명종실록』 10, 명종 5년 9월 9일.
30) 『명종실록』 17, 명종 9년 11월 1일.

간다고 하자, 서로 만나보지 못한 것이 유감스럽다는 뜻으로 경상병사에게 답장을 보내고서 그 다음 날 우후와 송희립을 경상병사를 접촉하러 남해에 파견하였다. 임진왜란 이전에 좌수영 군관이 정찰에 나선 사례이다.

전라 좌수군 군단이 조직되어 처음 출전하려는 4월 30일 전날, 정찰병으로 파견된 좌수영 진무 이언호(李彦浩, 순천 수군 출신)가 달려와 수령·만호 등이 도주한 채 남해현 성 안의 관사와 민가가 모두 텅 비고 화마에 휩싸였고 창고 문은 열려 곡물은 흩어져 있을 뿐만 아니라, 무기고의 병기 또한 오간데 없다고 보고 하였다. 막바지 출전 준비에 들어간 이순신은 깜짝 놀란 나머지 출전을 중단하고, 하인의 보고를 그대로 믿을수 없어 보다 정확한 정황 파악을 위해 본인의 군관 송한련을 다시 남해에 파견하였다. 위험을 무릅쓰고 정찰을 한 송한련은 5월 2일 돌아와 이언호와 동일하게 보고하였고, 송한련의 보고는 이순신의 작전 수립에 중요한 정보가 되었다. 이순신은 순천부사 권준(權俊)을 육지 방어를 위해 빼내려고 하는 정부 정책이 수군 포기에 있다고 판단하고, 강력한 군기 강화에 들어가 야간도주를 꾀하려는 좌수영의 수자리 군사와 현지 토착인을 체포하기 위해 요로에 군관을 파견하여 2명을 붙잡아 참수한 후 군중 앞에 효시하여 동요하는 군정을 진정시켰다. 이를 토대로 이순신은 5월 4일 좌수영 앞바다에서 배를 출발시켜 남해 앞바다로 향했다. 전란 중에 정보 수집을 위한 대외 정찰과 군 기강을 수립하기 위한 감찰 활동은 주장의 주요한 업무인데, 이순신은 이를 그의 군관들에게 맡겼던 것이다.

1593년 5월 21일에 있었던 제2차 진주성 전투의 패전 소식이 7월 5일에야 광양으로부터 이순신 진영에 전달되었다. 이후 좌수영 관할 지역인 광양·순천이 왜군에 점령당했다는 유언비어가 남해 사람 조붕과 남해현령에 의해 전달되어 진영을 깜짝 놀라게 하였다. 이에 이순신은 9일에 광양현감, 순천부사, 송희립·김득룡·정사립·이설 등의 군관을 현지에 보

내어 정확한 사정을 정찰하게 하였다. 뼛속까지 아파 말을 할 수 없고, 홀로 뱃전에 앉아 온갖 근심으로 가슴이 치밀어 오르고 있을 새벽 1시경에, 탐후선이 들어와서 영남의 피란민들이 왜군 차림으로 가장하고 광양으로 들어왔다고 보고하였다. 이어 정찰군이 속속 들어와 광양의 일은 헛소문이라고 하였다.

1594년 2월 14일에는 경상도의 남해, 하동, 사천, 고성 등지에 송희립, 변존서, 유황, 노윤발 등을 보내어 적정을 살피게 하였고, 전라우도에는 변유헌, 나대용 등을 보내어 군기를 점검하도록 하였다. 95년 11월 21에는 송희립을 내보내어 견내량에 적선이 있는지를 조사하게 하였다. 이처럼 이순신은 위급한 상황 때마다 자신의 군관을 현지에 보내어 적정을 정찰하게 하여 정확한 정황을 파악한 후 대처 방안을 강구하였다.

이러한 정찰 업무와 함께 감찰 활동도 군관들의 주요한 업무 가운데 하나였다. 전쟁이 발발하자, 정찰도 하고 부정사실도 조사할 일로 군관을 내보냈는데, 배응록은 절갑도(거금도)로 가고, 송일성은 금오도로 갔다. 또 이경복, 송한련, 김인문 등으로 하여금 두산도(돌산도)의 나무를 실어 내리는 일로 각기 군사 50명씩 데리고 가게 하였다. 병력 확충을 위해 피역을 꾀하거나 도망을 간 자들을 수색하여 입역하게 하거나 처벌하는 감찰 활동이 중요한데, 군관들의 주요 임무였다.

전시에 군인들의 도망은 흔히 있는 일로, 이를 단속하지 못하면 부대의 존립이 위태롭다. 그래서 이순신도 도망자를 색출하여 엄벌에 처하는 일을 단행하였을 뿐만 아니라, 군선에 승선한 음란한 계집을 처벌했고, 양식을 훔친 사람들을 엄하게 처형하였는데, 이러한 일들을 군관으로 하여금 시행하고 집행하도록 하였다. 가령, 92년 4월말, 경상 우수사의 구원 요청으로 좌수영 수군단이 처음 출진할 때에, 출진 명령을 듣고 군사들이 혹은 성을 넘어 도망가고 혹은 문을 밀치고 도망가니, 좌수사 이순신이 군관에게 명령하여 먼저 도망간 자 5인을 베니 군중(軍中)이 비로서 안정되었다. 94년 2월 1일에는 이경복, 노윤발, 윤백년 등이 도망가는 군사를 싣고 육지로 들어가는 배 8척을 붙잡아 왔다. 특히 노윤발은 이 무렵 정원을 채우지 못한 흥양의 군관과 병선색 및 괄군색을 잡아다가, 색리들을 죄로 다스렸다. 또한 송희립, 이경복, 이봉수, 정사립 등도 명령을 어긴 격군을 잡아 오거가 도망간 격군을 찾아 잡아 오기도 하였다. 엄격한 감찰 활동은 군율을 바로 세우는 데에 긴요한 일인데, 이 일을 군관들이 집행하였던 것이다.

축성을 하고 군기를 보수하고 군량을 확충하는 등 군수 업무도 군관들의 주요한 임무였다. 성 북쪽 봉우리 아래에 도랑을 파내는 일을 10명의 군관들이 가서 감독하였고, 성에 해자 파는 일도 군관을 정하여 보내어 완성하도록 하였다. 군관 이봉수는 쇄사슬 고정용 돌 뜨는 일과 봉화대 점검 일을, 김효성은 쇄사슬 고정용 돌을 운반하는 일을 감독하였다.

조선 업무를 감독하는 것도 주요한 업무였다. 이 점과 관련하여 군관 나대용이 주목된다. 1591년에 이순신이 전라 좌수사에 부임하자, 나대용은 집에 있다가 종제 나치용과 함께 이순신을 찾아뵙고 왜구가 침입할 것을 예견하고 그 대책을 진언하였다. 그러자 이순신이 그를 영중에 두고 수영의 군수물자에 대하여 협의하지 않은 것이 없었고, 거북선 3척과 대소 군선을 건조하여 장차 해전 승리의 발판이 되었다. 이때 나대용은 이설, 이언량과 함께 거북선 건조 작업을 이끌었다. 송두남과 이상록 등은 새로 만든 배를 가지고 한산도로 돌아오기도 하였다. 군선 건조에 필요한 목재를 운반하는 일도 군관의 감독 사항이었는데, 전선을 만들 재목을 끌어내기 위해 우도 군사 300명, 경상도 군사 100명, 충청도 군사 300명, 전라좌도 군사 390명을 송희립이 거느리고 간 적이 있다.

순천의 무인 집안 출신인 정사준(鄭思竣)은 이순신의 군관으로 조총 제작에 종사하여 우수한 조총을 만들었다. 이순신은 그가 만든 조총 5자루를 조정에 올려 보내며 각 도와 각 고을에 명령하여 모두 제조하도록 하면 좋을 것이라고 하였다.[31] 이순신이 올린 장계와 『호남절의록』에 의하면, 전 훈련봉사 정사준이 임진왜란이 일어나자 집의 종들을 거느리고 군량미 1척석을 내어 이순신 휘하에 투신했고, 광양 복병장으로 활약하였고 군량과 군수물자를 싣고 의주에 가기도 하였다.[32] 그의 정사횡 · 사립 형제도 이순신 휘하에 투신하였다.

전시에 군량은 매우 중요한 군수물이다. 군량을 확보하는 것도 쉬운 일이 아니었지만, 안전하게 한산도 진영으로 수송하는 것도 어려운 일이었다. 이를 위해, 이순신은 각지에 군관을 파견하여 군량 수송을 독촉하였는데, 94년 6월 6일에 군관 송희립, 낙안군수, 흥양현감, 보성군수가 군량 독촉차 한산도에서 밖으로 나갔다. 그 결과 송두남은 93년 8월 13일에 쌀 3백섬과 콩 3백섬을 가지고 한산도로 왔다. 안전한 군량 확보를 위해 돌산에 자신의 군관인 훈련주부 송성을, 도양에 훈련정 이기남을 모두 농감관으로 임명하여 보내 둔전을 경작하게 하였다. 이들은 둔전을 혹 백성들에게 내주어 병작하게 하든지 혹은 유랑민들을 입작하게 하든지 하여 절반을 수취하였다.[33] 그런가 하면, 군관들은 부식으로 사용하거나 시장에 팔아 군량으로 바꾸기 위해 미역이나 고기를 잡았는데, 노윤발은 미역 99동을 따고, 송한련은 대구 10마리와 청어 1천 두름을 잡아 온 적이 있다. 이순신은 고기잡이를 위해 송한련에게 그물을 만드라고 생마 40근을 주기까지 하였다.

---

31) 『이충무공전서』3, 장계, 「封進火砲狀」.
32) 『이충무공전서』2, 장계, 「裝送戰穀狀」.
33) 『이충무공전서』4, 장계, 「請改差興陽敎官狀」.

(4) 전장의 장수

이순신의 군관들은 주장의 참모로 측근에 머무는 데에 그치지 않았고, 직접 장수로 군선을 이끌고 전투에 참여하였다.[34] 여기에서는 1592년에 제1차 출전으로 대승리를 거두었던 옥포 해전을 중심으로 군관 가운데 누가 어떤 활약을 하였는지를 살펴보겠다.

1592년 4월 14일, 왜군은 부산진을 무너트리고, 15일에는 동래성마저 함락시키고 북상하기 시작하였다. 왜군이 해상에 나타나자 경상 좌수사 박홍(朴泓)은 제대로 싸우지도 못하고 도주했고, 경상 우수사 원균(元均)은 바다를 건너오는 왜병들에 대해 대적할 수 없는 형세임을 알고 전함과 전구를 모두 물에 침몰시키고 수군 1만여 명을 해산시키고 나서 혼자 옥포만호 이운룡(李雲龍), 영등포만호 우치적(禹致績)과 남해현 앞에 머물면서 육지를 찾아 적을 피하려고 하였다. 이운룡이 항거하여 호남의 수군도 와서 구원하도록 청하자 하니, 원균이 그 계책을 따라 율포만호 이영남(李英男)을 이순신에게 보내 구원을 요청하게 하였다.

개전 당시 일본군의 전선 척수는 500여 척 이상이나 되는 대군이었다. 이순신은 좌수군에 소속된 방답·사도·여도·발포·녹도 등 5개 진포의 전선만으로는 세력이 심히 약하다고 생각하여, 수군이 편성되어 있는 순천·광양·낙안·흥양·보성 등 5개 고을 전선도 아울러 거느리고 갈 예정이었다. 이순신은 각 읍과 진에 격서를 보내, 경상도로 출전할 때 해로를 지나게 되는 "본영 앞바다로 일제히 도착하라"고 통고하였다.[35]

여러 장수들이 좌수영에 도착하였다. 이영남의 말을 듣고 여러 장수들은 대부분 말하기를 "우리가 우리 지역을 지키기에도 부족한데 어느 겨를에 다른 도에 가겠는가?"하였다. 그런데 녹도만호 정운(鄭運)과 고흥 출

---

34) 당시 해전에 대한 연구는 이민웅, 『임진왜란 해전사』, 청어람미디어, 2004.

35) 『이충무공전서』 2, 장계, 「赴援慶尙道狀」.

신의 좌수영 군관 송희립(宋希立)만은 강개하여 눈물을 흘리며 "적을 토벌하는 데는 우리 도와 남의 도가 따로 없다. 적의 예봉을 먼저 꺾어놓으면 본도도 보전할 수 있다."고 말하며 진격하기를 권했다. 이순신이 크게 기뻐하여 드디어 4월 29일 좌수영 앞 바다에 집결했다. 이때 편성된 출진 장수와 진에 남은 유진장을 정리하면 다음과 같다.

표(2) 전라 좌수군의 출진장과 유진장

출진장(出陳將)			유진장(留鎭將)	
중위장(中衛將)	방답 첨사	이순신	좌수영	우후
좌부장(左部將)	낙안 군수	신호	방답진	좌영 군관
전부장(前部將)	흥양 현감	배흥립	사도진	좌영 군관
중부장(中部將)	광양 현감	어영담	여도진	좌영 군관
유군장(遊軍將)	발포 가장	나대용	발포진	좌영 군관
우부장(右部將)	보성 군수	김득광		
후부장(後部將)	녹도 만호	정운		
좌척후장(左斥候將)	여도 권관	김인영		
우척후장(右斥候將)	사도 첨사	김완		
한후장(捍候將)	좌영 군관	최대성		
참퇴장(斬退將)	좌영 군관	배응록		
돌격장(突擊將)	좌영 군관	이언량		

이때 이순신은 전선(戰船) 24척, 협선(挾船) 15척, 포작선(鮑作船) 46척 등 85척을 거느리고, 원균의 전선 4척, 협선 2척 등 6척과 한산도에서 합류하여 옥포 앞바다로 나가 5월 7일 격전을 펼쳐 대승리를 거두었다. 적선 30여 척이 사면에 휘장을 두르고 길 다란 장대를 세워 홍기와 백기들을 현란하게 달아 위세를 과시했으며, 나머지 왜적들은 육지로 올라가 마을 집들을 불사르고 약탈하였다. 왜적들은 수군을 보고는 서둘러 노를 저

어 진지를 나와 아군과 바다 가운데서 만났다. 그러나 아군의 기습에 당황한 왜적은 곧 도주하기 시작했으며, 이에 아군은 포격을 퍼부으며 추격하여 적선 26척을 불살라 버렸다. 이것이 옥포 해전(玉浦 海戰)으로 임진왜란의 첫 승리이다. 이 승전은 해로를 통하여 일본에서 전달되는 왜적의 보급을 막는 실질적인 효과와 함께 육전을 수행하던 왜군들의 사기를 꺾고 우리 민관의 왜군 격퇴 의지를 고양하고 전열을 정비하는 데 결정적인 계기가 되었다.

바로 이 해전에서 17명의 장수 가운데 좌수영 군관 출신이 무려 7명이나 되었다. 7명 가운데 4명(나대용[36], 최대성, 배응록, 이언량)은 선장(船將)으로 출전하여 전공을 세웠고, 담략이 있는 사람을 가장(假將)으로 차정한 나머지 3명은 유진장(留鎭將)으로 포진에 남아 후방기지를 수호하였다. 이외의 다수 군관들도 출전하여 많은 전공을 세웠다. 이들 좌수영 군관들이 거둔 전공을 들자면, 장수로 출전한 나대용은 왜대선 2척을, 최대성은 왜대선 1척을, 배응록은 왜대선 1척을, 이언량은 왜대선 1척을 각각 격파하였다. 그리고 이순신을 보좌한 변존서와 김효성은 합력으로 왜대선 1척을 쳐부수었다. 전라 좌수군은 잔류 병력을 웅천 땅 합포까지 추격하여 격파하였는데, 여기에서도 이순신 군관인 변존서, 송희립, 김효성, 이설 등이 합력으로 활살을 쏴 왜대선 1척을 쳐부수고 불태웠다. 이어 8일에는 고성 땅 적진포에서 이설과 송희립이 합력하여 왜대선 2척을, 이봉수가 왜대선 1척을, 송한련이 왜중선 1척 등을 모두 총통으로 쏘아 쳐부수고 불태웠다. 다음날 9일에 본영으로 돌아온 이순신은 전승 보고서와

---

36) 1592년 3월 23일에 순찰사가 편지를 보내어 발포만호는 군사를 거느릴 만한 재목이 못 되므로 체임시키겠다고 하자, 이순신은 답장을 보내어 아직 체임시키지 말고 그대로 유임시켜 방비의 일을 맡게 하라고 하였다. 그런데 전쟁이 발발하자, 순찰사는 4월 18일에 발포 만호는 이미 파직되었으니, 임시 장수를 정하라고 이순신에게 공문을 보냈다. 이에 그날 이순신은 군관 나대용을 발포 권관으로 정하고 공문을 작성하여 감영에 보냈다.

노획물을 군관 송한련을 통하여 서울로 보냈다.[37] 이렇게 볼 때 임란해전 승리사의 출발점이 된 옥포 해전의 처음과 마지막까지 중요한 역할을 하였던 인물이 바로 좌수영 소속 군관이었던 것이다.

좌수영 소속 군관들의 뛰어난 활약은 이후의 전투에서도 계속되었다. 5월 27일 경상 우수사 원균이 적선 10여 척이 사천에 정박했다고 보고했다. 이에 이순신은 자신의 군관으로 만호를 역임한 바 있는 윤사공(尹思恭)을 좌수영의 유진장으로 차정하고 대신 우후 이몽구를 자신과 함께 출전하게 했고, 각진 포구를 주사 조방장 정걸에게 맡겼다. 5월 29일 전선 23척을 이끌고 출전하여 사천, 당항포, 당포 등지에서 승리를 거두었는데, 이 해전에서는 한후장으로 이순신의 군관인 가안책(賈安策)과 송성(宋晟)이 출전하여 왜선을 쳐부수고 불태웠다. 이 전투에서 적의 철환이 이순신의 왼편 어깨를 맞히고 등을 뚫었으나 중상에 이르지는 않았고, 이순신의 군관 나대용도 철환을 맞았고, 이설도 화살에 맞았는데 모두 죽을 정도는 아니었다. 이순신의 군관들이 크게 분전하였는데, 이때 거북선이 처음 출전하여 군관 이기남과 이언량이 귀선장으로 활약했다. 이 외에 군관 변존서, 송희립, 신영해, 김효성, 배응록, 이봉수 등도 참전하여 공을 세웠다.[38]

7월 8일 한산도 대첩[39]에서는 군관 이기남이 좌돌격장으로 왜대선 1척을 바다 가운데서 잡아 머리 7급을 베었으며, 좌별도장이며 본영 군관인 윤사공과 가안책 등은 층각선 2척을 바다 가운데에서 온전히 잡아 머리 6급을 베었다. 좌돌격장으로 이언량, 한후장으로 김대복, 배응록 등이 군관으로 공을 세운다. 바로 이어 10일에 이순신은 안골포에서 적선 40여 척을 공격하여 적선을 거의 불사르고 적군 250여 명의 목을 베고, 물에 빠

37) 『이충무공전서』 2, 장계, 「옥포파왜병장」.
38) 『이충무공전서』 2, 장계, 「당포파왜병장」.
39) 정진술, 「한산도해전연구」, 『임란수군활동연구론총』, 해군군사연구실, 1993.

져 죽은 자가 수를 셀 수 없을 정도의 승리를 거두었다. 이러한 전공을 이순신은 군관 이충을 의주 행재소에 보내어 보고하게 하니, 이를 접한 행재소에서는 기뻐하며 경하해 하지 않은 사람이 없었다.[40] 8월 28일부터 9월 2일까지 진행된 부산포 해전[41]에서는 귀선 돌격장 이언량, 좌부별장 윤사공, 한후장 김대복, 전투시 전사한 녹도만호 정운을 대신하여 가장이 된 윤사공 등이 공을 세웠다. 이처럼 해전 때마다 좌수영의 군관들은 혹은 장수로 혹은 장수를 보좌하는 참모로 참여하여 승전을 이끌어냈던 것이다.

맺음말

지금까지 임진왜란 당시 전라좌수영의 최고 간부진이었던 군관의 출신과 역할을 살펴보았다. 당시 전라 좌수영의 군관은 확인된 숫자만 30명 정도 되었다. 이들은 대부분 무과 출신이거나 하급관료 출신이어서 상당한 식견을 지닌 인물이었다. 그리고 그들 대부분은 지형지리와 해양전술에 능한 전라도 연해지역 출신으로 현지에서 주장에 의해 발탁되었고, 일부는 인척을 포함하여 이순신이 부임하면서 데리고 내려온 인물이었다. 이러한 배경을 토대로 좌수영의 군관들은 뛰어난 무술, 강한 용력, 높은 충성심, 깊은 신의, 유창한 문필력, 사려깊은 생각을 겸비하였다.

이러한 인물이었기에, 이들은 주장의 특급 참모로서 전라 좌수영의 지휘부 일원이 되어 임란 해전을 승리로 이끄는 데에 큰 역할을 하였다. 그들은 이순신을 지근거리에서 수행하며 주장 개인의 희노애락을 함께 하였

---

40) 『선조실록』 27, 선조 25년 6월 21일.
41) 김강식, 「임진왜란 시기의 부산포해전과 의미」, 『부대사학』 30, 부대사학회, 2006.

을 뿐만 아니라, 전략과 전술을 숙의하여 전달하고, 각종 공문서와 전령 및 서간을 전달하고, 상부기관과 마찰을 빚는 업무를 해결하고, 적정을 정찰하여 보고하고, 군기강을 세우기 위한 감찰활동을 펴고, 군수물자 조달에도 앞장섰다. 또한 전투에 참여해서는 장수로 혹은 참모로 목숨을 아끼지 않고 전과를 올리기도 하였다. 이러한 활약을 토대로 '전라 좌수군'은 조선 수군의 주력부대로 임진왜란을 극복하였던 것이다.

7. 임진왜란과 진주 삼장사

7. 임진왜란과 진주 삼장사

머리말

이른바 '진주 삼장사(晉州 三壯士)'는 임진왜란 및 진주 지역사와 관련된 용어이다. 그런데 누가 삼장사인가에 대해서는 논란이다. 현재 해석은 '영남 삼장사'와 '호남 삼장사' 등 두 계통으로 갈리어져 있다. 영남 삼장사란 주로 영남 사람들이 말하는 것으로, 영남 출신의 김성일, 조종도, 곽재우(이노)가 거론되었다.[1] 반면에 호남 삼장사란 주로 기호·호남·진주 사람들이 말하는 것으로, 호남 출신의 김천일, 최경회, 황진(고종후, 양산숙)이 거론되었다.[2] 이를 보면, 삼장사가 누구인가에 대한 논란이 A

---

[1] 이에 대한 연구로는 다음을 들 수 있다. 김시박, 「촉석루중삼장사시고증」, 「촉석루중삼장사추모총간」, 1981. 김득만, 「삼장사 삼자 시평」, 「퇴계학과 유교문화」 11, 경북대 퇴계학연구소, 1983. 이재호, 「역사기록의 허실에 대한 검토; 특히 촉석루「삼장사시」 작자의 경우」, 「부대사학」 8, 부대사학회, 1984. 김해영, 「촉석루중삼장사' 시의 사적에 관하여」, 「남명학연구」 38, 경상대 남명학연구소, 2013.

[2] 이에 대한 연구로는 다음이 참고 된다. 박성식, 「계사 진주성전투 삼장사고」, 「대구사학」 20·21, 대구사학회, 1982. 최재양, 「전주성 삼장사논쟁 종식에 관한 소고」, 「국향사료보」 3, 광주전남사료조사연구회, 1992. 윤호진, 「다산의 진주시문에 나타난 감회와 인식」, 「경남문화연구」 20, 경상대 경남문화연구소, 1998. 양만정, 「진주 촉석루 삼장사에 대한 고찰」, 「전라문화연구」 10, 전북향토문화연구회, 1998. 김정호, 「호남의병과 진주성 삼장사」, 「전남문화」 14, 한국문화원연합회 전라남도지부, 2001. 최판도, 「진주성 싸움과 촉석루중 삼장사의 논란에 대한 고찰」, 「경남향토사논총」 23, 경남향토사연구협의회, 2013.

아니면 B라는 단순한 차원을 넘어, A 속에 ⓐ 아니면 ⓑ, 또는 B 속에 ⓐ 아니면 ⓑ라는 복잡한 구도 속에 들어가 있음을 알 수 있다. 게다가 삼장사를 최초로 언급한 시구(詩句)의 작자와 내용마저 진위 논란에 휩싸여 있다. 지연·혈연·학연·당색과 겹쳐서 그런 것 같은데, 복잡하게 얽혀서 가닥을 잡기가 쉽지 않은 실정이다.

이처럼 삼장사가 누구인가에 대해서 상이한 해석이 나와 있는 상태에서 임진왜란과 진주 지역사에 대한 올바른 이해를 위해서는 이에 대한 분명한 해석이 단행되어야 한다. 그것을 하기 위해 우리가 우선 관심을 가져야 할 것은 삼장사란 무슨 개념이고, 언제 어떤 상황에서 나왔고, 그 역사적 의미는 무엇인가에 대해서이지 않을까 생각한다. 이런 생각이라면 삼장사가 무슨 의미이고 어떤 상황에서 나왔는지를 사건이 발생하고 추모제가 이어지고 있는 진주 지역사회를 토대로 살펴볼 필요가 있고, 그리고 삼장사의 용례를 검토한 후 진정한 의미의 삼장사는 무엇인지를 조선사회의 지배이념인 유교사상 차원에서 알아볼 필요도 있다.

이러한 전제 하에 필자는 여기에서 진주 삼장사에 대한 논란을 영남 삼장사와 호남 삼장사로 나누어 검토할 것이다. 그리고 진주 사람들 기억 속의 삼장사란 누구인가를 제2차 진주성 전투를 통해서 알아보고 그들을 선양하기 위해 건립하고 시행했던 정충단과 창렬사 및 함성불제와 촉석루제를 알아볼 것이다. 결국 이 논문은 누가 뭐라고 말했던 간에 역사 현장인 진주의 현지 사람들은 삼장사에 대해 어떤 인식과 기억을 가지고 있었는가에 초점이 두어진 것이다.

1) 진주 삼장사에 대한 논란

진주성 안에 있는 촉석루는 삼장사가 서 있었던 역사적 현장이다. 그래서 촉석루에 온 사람은 으레 도도히 흐르는 강물을 바라보며 삼장사를 떠

올렸다. 그런데 누가 삼장사인가에 대해서는 두 갈래로 갈리어져 있었고, 그래서 그때의 감흥은 관점에 따라 달랐다. 그 갈래를 영남 삼장사와 호남 삼장사로 나누어 검토하겠는데, 먼저 전자부터 알아보겠다.

(1) 영남 삼장사

영남을 리드해나가는 지역 엘리트들은 '진주 삼장사'가 동향 출신의 김성일, 조종도, 곽재우(이노)라고 주장하는데, 이를 이른바 '영남 삼장사'라고 말할 수 있다. 이들의 입론은 안동 출신의 김성일(金誠一, 1538~1593)의 시에서 기원한다. 김성일은 임진왜란이 발발한 1592년(선조 25) 4월에 경상우도 초유사가 되어 5월에 진주에 들어왔다. 그때 진주목사 이경(李璥)은 지리산 골짜기에 숨어 있었고, 성 안에는 적막하여 사람 그림자가 없었다. 김성일이 진주성 안의 촉석루 위에 올라와서 함안 출신의 조종도(趙宗道, 1537~1597), 의령 출신의 곽재우(郭再祐, 1552~1617)와 더불어 산하를 바라보고는 비통한 마음을 금할 수 없었다. 조종도가 김성일의 손을 잡고는 "진양(晉陽)은 거진(巨鎭)이고 목사는 명관(名官)인데도 지금 이와 같으니, 앞으로의 사세는 다시 손써 볼 도리가 없을 것이므로, 빨리 죽느니만 못합니다. 공과 함께 이 강물에 빠져 죽었으면 합니다."고 말하고서 김성일을 강가로 이끌었다. 그러자 김성일이 웃으면서

한 번 죽는 것이야 어려운 일이 아니나, 헛되이 죽는다면 무슨 소용이 있겠는가. 필부들이나 지키는 작은 의리를 나는 따라 하지 않을 것이다. 선왕(先王)께서 남기신 은택이 아직 다 없어지지 않았고, 주상께서도 이미 자신을 죄책하는 교서를 내리셨다. 이에 하늘이 현재 화를 내린 것을 후회하고 있다. 여러분들과 더불어 군사를 모은 다음 나누어 점거하고 있다가 함부로 쳐들어오는 왜적을 막는다면, 적은 숫자의 군대로도 충분히 나라를 흥복(興復)시킬 수가 있어서, 회복의 공을 분명히 이룰 수

있을 것이다. 만약 불행히도 그렇게 되지 않았을 때에는 당나라의 장순(張巡)처럼 지키다가 죽어도 되고, 안고경(顔杲卿)처럼 적을 꾸짖다가 찢겨서 죽어도 된다. 그런데 그대는 어찌하여 그처럼 서두르는가. 이 강물을 두고 맹세하거니와 나는 죽음을 두려워하는 사람이 아니다.

고 말하였다. 그리고서 절구 한 수를 읊고는 서로 눈물을 흘리면서 크게 통곡하고 자리를 파하였는데, 그 시가 바로 다음이다.

> 矗石樓에서 지은 절구 한 수
> 촉석루 누각 위에 올라 있는 세 장사 / 矗石樓中三壯士
> 한 잔 술로 웃으면서 장강 물을 가리키네 / 一杯笑指長江水
> 장강 물은 밤낮으로 쉬지 않고 흘러가니 / 長江之水流滔滔
> 물 마르지 않는 한 우리 넋도 안 죽으리 / 波不渴兮魂不死.[3]

이 시는 김성일의 문집 『학봉집』에 수록되어 있는데, ①시제(詩題), ② 시서(詩序), ③시구(詩句) 등으로 구성되어 있다. ①시제는 「촉석루일절(矗石樓一絶)」로 되어 있다. ②시서는 앞서 언급한 김성일의 진주 도착과 상황 파악에 관한 내용을 담고 있는데, 김성일 본인이 지은 것이 아니라 오늘날의 주석처럼 후대 사람이 작성하여 문집 발간 때에 집어넣은 것이다. ③시구 속에 '矗石樓中三壯士'라는 구절이 들어 있는데, 영남 사람들은 이 시 속의 삼장사가 시서 속에 등장하는 김성일, 조종도, 곽재우(이노)[4]라고 주장했다. 다시 말하면 『학봉집』에 수록된 시를 토대로 영남 사람들은 세칭 진주 삼장사가 이들 3인이라고 주장하고 있는데, 언제부터 그러하였을까에 대해서는 확인하기 어렵다.

---

3) 『학봉집』 2, 詩, 「矗石樓一絶」.
4) 영남 사람들이 말하는 삼장사가 누구인지, 즉 김성일, 조종도, 곽재우인지, 아니면 김성일, 조종도, 이노인지에 대해서는 우리가 여기에서 굳이 논할 필요가 없기 때문에 이 정도 언급으로 그치겠다. 자세한 내용은 앞서 제시한 논저를 참고하면 된다.

그런데 이 시를 사료로 사용하는 데에는 몇 가지 제한점이 있다. 첫째, 위 시 속에는 삼장사가 누구이라는 말이 적시되어 있지 않다. 단지 3인 이름만 타인에 의해 작성된 시서에 거론되어 있을 뿐인데, 이를 근거로 후대 사람들이 삼장사는 김, 조, 곽이라고 거명했다는 말이다. 둘째, 김성일은 진주성 함락이 있기 2개월 전 4월 29일에 세상을 떠났다. 김성일은 뒤에서 자세하게 설명할 제2차 진주성 전투와 관련 없고, 그래서 장렬(壯烈)한 삼장사(三壯士)와도 관련 없다는 말이다. 김성일이 관련 없으면 나머지 2인도 마찬가지로 성립 불가능이다. 셋째, 시 자체에 대한 의문이다. 시구 자체에 이본(異本)이 있는 것이 문제인데, 이 점은 『학봉집』에도 "一本 笑指菁川水 菁川萬古. 一本 笑指淸江水 淸江萬古"라고 언급되어 있다. 이본의 존재는 자연히 시 자체의 신뢰도에 의문을 가질 수 있게 한다.[5] 이런 취약성 때문에 삼장사에 곽재우 대신 이노(李魯)가 들어가야 한다느니, 이노가 대신 들어가자 다시 곽재우가 들어가야 한다는 주장이 영남 안에서 비등하게 되었다. 넷째, 위 시가 수록된 『학봉집』 초간본은 1649년(인조 27)에 간행되었다. 그런데 이보다 먼저 1632년(인조 10)에 발간된 진주읍지 『진양지』에는 김·조·곽을 삼장사라고 한다는 말이 없고, 오히려 김천일, 최경회, 황진을 배향하기 위해 진주 사람들이 정충단을 건립했다는 말만 언급되어 있어 자료의 신뢰도 측면에서 김성일 시는 약점을 지니고 있다. 더군다나 1632년에 합천군수로 재임하고 있던 유성룡 아들 유진(柳袗, 1582~1635)이 경상감사 오숙(吳翽)·진주판관 조경숙(趙卿叔)과 함께 촉석루에 올라 옛 진주 일을 이야기하면서 김성일의 「촉석절구(矗石絶句)」를 암송하자, 그 시를 조경숙이 판에 새겨 걸었다고 한다.[6] 여기에서 이 일을 주도한 사람이 영남 주류집단 인물이라는 점이

---

5) 오늘날의 저작물 표절처럼, 일반적으로 문집 속의 작품에 대한 진위와 위작 여부는 종종 있어오는 논란이다. 그럼에도 불구하고 증빙 자료의 부족으로 진실을 가려내기도 어려운 실정이어서 논란은 늘 잠복 상태이다.

6) 『수암집』 연보 1.

주목된다. 그 현판은 중간에 유실되어 수십 년을 보내다가 1808년(순조 8)에 다시 게시되었다.[7] 뒤에서 거론하겠지만, 시 작자에 대한 시비 때문에 진주 사람들이 현판을 내려버린 것 같다. 아무리 호남 사람들이 이의를 제기한다고 하더라도 김성일 시라는 확신만 있다면, 진주 사람들이 현판을 내리지 않았을 것이다.

이러한 제한점 때문에, 삼장사를 바라보는 영남 사람들의 태도에 모순점이 도처에서 발견되고 있다. 첫재, 영남 엘리트들이 삼장사 발생 현장인 촉석루를 읊은 시를 보면 그 이미지가 진주성이 비참하게 무너지고 군민들이 처참하게 죽어가는 분위기와는 완전히 다르다. 가령 1609년(광해군 1)에 조임도(趙任道, 1585~1664)가 지은 시를 보면, 높은 누각에 올라 사방을 둘러보니 슬픈 탄식만 느껴진다는 정도로 감회를 피력했다.[8] 함안 출신의 조임도는 정구·장현광의 문인으로 곽재우 등과 교유한 인물이다. 또 대구 출신 최흥원(崔興遠, 1705~1786)은 촉석루에 올라 아름다운 경치를 평하며 3현의 함께 죽자는 맹세를 기억한다고 하였다.[9] 죽었다는 말, 죽어서 거룩하다는 말은 한 마디도 없다. 최흥원은 이상정(李象靖, 1711~1781)과 교유했는데, 이상정은 안동 출신으로 영남 삼장사를 해석하고 방어하는 데에 큰 공헌을 한 인물이다. 여기에 거론된 인물들은 모두 영남 현지에 세력기반을 두고 있는 엘리트 사람들이다. 이들은 촉석루와 삼장사를 감상적으로 인식했다. 그렇게 인식한 데에는 동향의 김·조·곽(이)이 진주성에서 전사하지 않고 각지에서 병사나 자연사로 생을 마쳤기 때문이다.

반면에 서울 출신 김창집(金昌集, 1648~1722)은 유배 도중 촉석루를

---

7) 박성식, 「계사 진주성전투 삼장사고」.

8) 夢落仙區久 靑藜偶獨來 江深千丈水 石聳十層臺 形勝名長在 興亡世幾回 高樓登眺處 感歎一含哀(『간송집』 속집 1, 「矗石樓偶吟(己酉)」).

9) 我縱龍鍾猶志士 來登矗石臨淸水 江樓勝賞何須論 只憶三賢共誓死(『백불암선생문집』 1, 시, 「登矗石樓 次三壯士韻」).

지나며 삼장사의 충절과 논개의 의로운 외침을 사람들이 널리 말하고 있다고 읊었다.[10] 삼장사와 논개의 죽음이 진정 나라를 위한 길이었다는 점을 강조했으니, 표현이 앞의 사람들과는 사뭇 대조를 이룬다. 신유한(申維翰, 1681~1752)은 임금에게 보답한 사람은 삼장사라고 하면서 장단(將壇)에서 봄날을 보낸다고 읊었다.[11] 장단이란 정충단을 의미하고 삼장사만이 임금에게 보답한 사람이라고 말했으니, 김 · 조 · 곽이 삼장사가 아님을 쉽게 알 수 있다. 신유한은 본래 밀양 출신이지만, 경화사족들과 교유가 깊은 인물이어서 영남 재지적 분위기와는 다른 생각을 지니고 있었던 것 같다. 사실 영남 안에서도 이와 비슷한 생각을 지녔던 사람이 한 둘이 아니었다. 가령, 대구 출신으로 연재학파였던 이병운(李柄運, 1858~1937)은 동생에게 보낸 답신에서 촉석루는 산수가 아름다운 곳이면서 임란 때에 삼장사와 논개의 순의(殉義)가 서린 곳이라고 평했다. 그러면서 오랜 동안 지사(志士)들의 감흥처여서 자신도 일찍이 가보고 싶었는데 이제야 왔다고 말했다.[12] 결국 이들은 삼장사를 외적을 막다가 장렬하게 순절한 인물로, 그리고 촉석루를 왜군에 의한 도륙의 현장으로 인식했다. 이렇게 보면, 삼장사는 진주성이 함락되고 수많은 인명이 순절한 1593년 6월의 제2차 진주성 전투와 연관되어 있음을 알 수 있다.

둘째, 영남 사람들이 영남 삼장사를 주장하는 글 속에도 논리적 모순이 담겨 있다. 1813년(순조 13)에 영남 유생들이 이노(李魯, 1544~1598)의 가증사시(加贈賜諡) 일로 상소를 올렸다. 가증사시의 근거로 들었던 점을 제시하면 다음과 같다.

---

10) 保障從來設晉陽 百年形勝控南荒 樓臨絕壁闌干迴 城帶深江眺眼長 忠節飽聞三壯士 義聲多說一 佳娘 停舟指點當時迹 自是騷人感國殤(『몽와집』 4, 남천록, 「過矗石樓有感」).

11) 晉陽城外水東流 叢竹芳蘭綠映洲 天地報君三壯士 江山留客一高樓 歌屛日照潛蛟舞 劍幕霜侵宿鷺愁 南望斗 邊無戰氣 將壇笳鼓半春遊(『청천집』 1, 시, 「題矗石樓」).

12) 『긍재문집』 7, 서, 「答仲弟」.

영의정 김재찬이 아뢰기를, "영남 유생 김정찬 등이 고충신(故忠臣) 증참의(贈參議) 이노(李魯)에게 증직을 더하고 시호를 내리도록 소를 올려 청하였는데 묘당에 내려 품처하라는 명이 계셨습니다. ⓐ정유년(丁酉年) 진주의 전란은 받는 화가 참혹하고 절개를 지키다 죽은 이가 가장 많아 천보(天寶) 때의 수양(睢陽)과 흡사합니다. ⓑ이때 증판서 김성일, 조종도, 증참의 이노는 세상에서 촉석루의 삼장사라 일컫습니다. 한 조각 거의 망해가는 성에서 백만의 막강한 도적이 영호(嶺湖)를 가로막았을 때를 당하여 그 세력을 저지하였으니 장순(張巡)과 허원(許遠) 이후 처음 있는 공로였으나 힘이 다하고 ⓒ성이 함락되게 되어서는 동시에 운명을 함께 하였습니다. ⓓ삼장사의 탁월한 절개는 천고(千古)에 전해져야 할 일이고 뒤의 언론을 하는 자 역시 그 사이에 우열을 가리지 못합니다.[13]

요약하면 전주성이 왜란 때에 참혹한 화를 당했고(제2차 진주성 전투를 말함), 그 때 성이 함락되면서 삼장사(김성일, 조종도, 이노)가 운명을 같이 했고, 그러니 그 높은 절개는 표창되어야 한다는 말이다. 그런데 이들 3인은 제2차 진주성 전투 때 현장에 없었고 그래서 그곳에서 죽지도 않았다. 김성일은 진주에서 성 함락 이전인 1593년 4월에 전염병에 의해 죽었고, 이노는 1598년에 정언이 되어 서울로 가다가 김산(金山) 객사에서 죽었고, 곽재우는 1618년에 노환으로 죽었기 때문에 명백한 사실 왜곡이다. 바로 이런 점 때문에 급기야 위 시가 김성일의 것이 아니라 최경회의 것이라는 주장까지 나오게 되었다. 이어서 자세히 알아보자.

(2) 호남 삼장사

위 시가 최경회 작품이라는 주장이 언제 처음 제기되었는지에 대해서는 확인하기 어렵다. 하지만 1747년(영조 23)에 진주 남강에서 최경회(崔慶會)가 사용했다고 하는 경상 우병영 인장이 발견되어 중앙에까지 보고되

---

13) 『비변사등록』 203, 순조 13년 2월 25일. 밑줄과 번호는 필자가 이해의 편의를 위해서 붙인 것이다.

었고, 이를 접한 영조가 창렬사(彰烈祠)에 치제하고 후손을 서용하고 인장을 보관하라는 조치를 내린 상황에서 연유한다는 주장이 있다.[14] 바로 이때에 좌참찬 권적(權樀)[15]이 작성한 최경회 시장(諡狀)에 이 시가 최경회 작품으로 수록되었다. 화살이 다 떨어지고 싸울 기력이 떨어져 이기지 못할 것을 알고는 김천일, 고종후 등과 함께 성 남쪽 누각에 올라가서 "矗城樓中三壯士 一盃笑指長江水 長江之水流滔滔 波不渴兮魂不死"(『학봉집』 수록 시와 내용이 똑 같다)라는 시 한 수를 짓고 북쪽을 향해 재배한 후 투강했다고 기록되어 있다.[16] 3년 뒤 유최기(俞最基)가 지은 최경회의 묘비명에도 비록 시구는 제시되어 있지는 않지만 비슷한 뉘앙스가 담겨 있다. 이 일 바로 이어 1757년(영조 33)~1765년(영조 41)에 편찬된 『여지도서』 화순현 인물 최경회조에 최경회가 진주성 남루에 올라 입으로 앞서와 같은 시 한 수를 불러주었다고 기록되었다. 바로 이 무렵에 촉석루에 게시되어 있던 김성일 시 현판이 내려졌을 것 같다. 이리하여 이 이후부터 위 시는 최경회의 작품으로 인식되었고, 그와 함께 왜곡을 바로 잡으려는 노력이 보다 적극적으로 펼쳐졌다. 그와 관련하여 1779년(정조 3)에 호남 유림들은 영남 유림들에게 편지를 보내어 김성일의 촉석루 시를 최경회의 작품으로 바로 잡아주고, 시 속의 삼장사가 최·김·황 3인이라고 항의했는데, 이를 방어하는 데에 큰 역할을 한 사람이 바로 이상정이다.[17] 1799년(정조 23)에 광주 출신의 의병장 고경명 후손에 의해 간행된 『호남절의록』 최경회 편에도 위 시는 최경회 작품으로 기록되어 있다.[18]

이러한 노력 결과 최경회 창작설은 호남을 넘어 전국으로 퍼져나갔다.

---

14) 윤호진, 앞의 논문.

15) 권적은 좌참찬으로 영조 22년 12월에 임명되었다가, 이듬해 3월까지 재임하였다.

16) 『일휴당실기』, 「慶尙右兵使贈左贊成崔公諡狀」.

17) 以鶴峯金先生矗石詩 爲忠毅崔公之作 而崔金黃三公 爲詩中三壯士(『대산집』 42, 잡저, 「答湖南通文(代左道士林作 己亥)」).

18) 『호남절의록』 1, 임진의적, 「忠毅公崔日休堂事實」.

가령, 서유본(徐有本)이 1794년에 작성한『진주순난제신전(晉州殉難諸臣傳)』에 의하면, 최경회가 성이 함락되던 날 죽음을 앞두고 시 한 수를 읊조렸다고 했으니,[19] 그 시가 바로 이 시임에 분명하다.『징비록』등의 문집은 물론이고 실록 등의 관찬서에 1593년 6월 29일 진주성이 함락될 때에 김천일, 최경회 등이 촉석루에서 손을 잡고 통곡하고서 북면재배하고 남강에 뛰어들어 죽었다는 내용이 널리 수록되어 있는데, 그런 내용은 최경회가 시를 직접 읊었을 가능성을 높게 해준다. 사실 기대승에게서 수학한 후 생원시와 식년문과에 급제한 그의 문사적 소양을 감안하면 그 가능성은 더 한층 높아진다. 촉석루 시를 최경회가 지었다는 점은 진주 사람들도 인정한 바다. 진주 사람들은 임진왜란 때에 진주성 전투에 참여한 사람들을 선양하기 위해『충렬실록』이라는 문서를 1831년에 진주에서 발간했다.[20] 그러니 이 책속에는 진주 사람들의 삼장사에 대한 인식과 기억이 들어 있을 수밖에 없다. 그 가운데의 충청병사 황진 관련 내용을 보면, 성이 함락되는 날 경상병사 최경회가 창의사 김천일과 함께 촉석루 위에 올라 술잔을 잡고 죽음을 맹세하는 시(矗城樓中三壯士 一盃笑指長江水 長江之水流滔滔 波不渴兮魂不死)를 읊고서 물에 뛰어 들어 죽었다고 기록되어 있다.[21] 그리고 이 시는 1921년에 발간된 최경회의 문집『일휴당실기』에「촉석루순절음(矗石樓殉節吟)」이라는 제목으로 수록되었다. 그때 후손 최익수(崔翼秀)는 발문에서 "矗樓之懸板暗奪 而長江不死之句或入於他集"이라고 말하며 불편한 심경을 토로했다. 문집은 물론이고 촉석루 현판마저 몰래 바뀌었다는 말이다. 내려졌던 현판이 1808년에 다시 올려졌기에 그런 말을 한 것이다.

---

19) 임유경,「서유본의『진주순난제신전』연구」,『어문학』86, 한국어문학회, 2004, 201쪽.

20) 김강식,「임진왜란 시기 진주성전투 참가자의 포상 과정과 의미」,『지역과 역사』17, 부산경남사학회, 2005, 148쪽.

21) 『충렬실록』2, 충렬실록,「黃武愍公實錄」.

그러면 호남 사람들은 진주 삼장사를 누구로 생각했을까? 촉석루 시를 최경회 작품으로 보았기 때문에 그와 함께 했던 사람을 삼장사로 여겼다. 1747년(영조 23)에 지중추부사 원경하(元景夏)는 임진왜란 때 순절은 진주와 남원에서 많았는데, '晉州三壯士'는 모두 호남 사람이고 '一新七忠臣' 또한 호남 사람이 대다수라고 말했다.[22] 그가 진주 삼장사가 누구인지에 대해 거론하지는 않았지만, 호남 사람이라고 말했기 때문에 김천일, 최경회, 황진 3인임에 분명하다. 김천일은 나주, 최경회는 화순, 황진은 남원 출신이기 때문이다. 송치규(宋穉圭, 1759~1838)도 삼장사는 최경회, 김천일, 황진이라고 하였다.[23] 최익현(崔益鉉, 1833~1906)은 촉석루에 올라가 삼장사의 영혼에게 조문을 하고서 영남과 호남의 장적(壯蹟)으로는 여기가 제일 먼저 손꼽힐 것이라고 생각했다. 삼장사의 의리를 의롭게 여기고 삼장사의 죽음을 죽음답게 여기어 나라에서는 그들을 융숭하게 보답하고 사람들이 제사 지낸 지 3백 년이 되었기 때문이었다.[24] 이런 삼장사는 당연히 김 · 최 · 황 3인밖에 없다. 실제 최익현은 황, 김, 최를 삼장사라고 하면서 진주 남강에서 함께 순절했다고 밝혔다. 그러면서 그 사실이 전투 당시 김해부사였던 이종인(李宗仁) 가문의 보첩에 실려 있다고 언급했다.[25] 상황이 이러하다 보니, 『임진록』이라는 문학작품에도 삼장사가 나온다. 고려대학교 소장본 『임진록』에 최경회가 촉석루에 올라 "矗城樓中三壯士 一盃笑指長江水 長江萬里流滔滔 波不渴兮魂不死"라는 시를 지었고, 이어서 삼장사가 누각에서 떨어져 죽고 말았다고 기록되어 있다.[26] 그러면 이때 죽은 삼장사가 최

---

22) 『승정원일기』 1022, 영조 23년 10월 18일. 일신(一新)은 남원의 별호이다.

23) 壬辰島夷之變 湖南節義之卓然者 世必稱晉陽三壯士 故兵使忠毅崔公慶會 其一也(『강재집』 9, 묘표, 「掌樂院 正贈都承旨崔公墓表」).

24) 『면암집』 22, 기, 「求禮七義閣記」.

25) 金海府使宗仁 壬辰之燹 與黃金崔三壯士 同殉于晉州之南江 此其載錄譜牒者然也(『면암집』 8, 서, 「開城李氏 族譜序」).

26) 국립진주박물관, 『임진왜란 사료총서』 1 문학, 2000, 404쪽. 『임진록』은 많은 이본이 간행되었는데, 그 중 가장 이른 것은 17세기 중반 병자호란 이후에 간행된 것으로 추정되고 있다. 고려대 소장본 『임진록』도 이 이후에 간행된 것으로 여겨진다.

경회라는 말인데, 그렇다면 나머지 2인은 김천일, 황진임에 분명하다.

이처럼, 호남, 호서, 경기, 서울 사람들 대다수는 호남 출신의 김천일, 최경회, 황진을 진주 삼장사로 생각했다. 이들은 제2차 진주성 전투 때에 함께 순절했던 사람이다. 따라서 진주 삼장사는 제2차 진주성 전투와 연관된 용어이다. 그렇다고 호남 삼장사 자체에 이견이 없는 것은 아니다. 제2차 진주성 전투 때에 위 3인 외에 많은 호남 사람들이 순절했기 때문이다. 그와 관련하여 황진 대신 고종후(高從厚)를 삼장사의 한 사람으로 보아야 한다는 주장이 일어났다. 1773년(영조 49)에 전라도 유생 275인이 진주로 보낸 통문에서 최경회가 삼장사 시를 읊었고, 삼장사는 최경회, 김천일, 고종후라고 하였다. 이 세 사람의 후손들은 1822년(순조 22)에도 경상감영에 글을 보내 똑같은 주장을 하면서, 어찌 경상도 사람들은 남의 공적을 가로채 가려고 하느냐고 질타했다.[27] 단성 출신으로 산청에서 우거한 권운환(權雲煥, 1853~1918)이 임진 5주갑(1892년) 6월 그믐에 지은 촉석루제 삼장사 제문에도 김천일, 최경회, 고종후를 삼장사로 보았다.[28] 경상도 출신이면서 삼장사를 호남 사람으로 자신 있게 선언한 데에는 그가 노사학파였던 점이 크게 작용했을 것 같다.[29]

그런가 하면 양산숙(梁山璹)을 삼장사의 일원으로 거론한 기록도 보인다. 1817년(순조 17)에 예조에서는 작년 전라도암행어사 조인영(趙寅永)의 보고서에 양산숙을 세상에서 진주 삼장사의 한 사람으로 칭한다고 거론하면서, 증직을 정2품으로 올려주자고 제안했다.[30] 이 제안이 삼장사를 논하는 자리가 아니라 양산숙의 가증(加贈)을 논하는 자리에서 나온 것

27) 「제하휘록」하, 「孝烈公遺蹟」. 「제하휘록」은 고경명 및 그의 아들 · 손자들과 관련된 글을 모아놓은 것이고, 효열공은 고경명의 장남 고종후이다. 고경명은 차남 고인후와 함께 금산전투에서 순절했다.

28) 「명호문집」13, 제문, 「矗石樓祭三壯士文」.

29) 김봉곤, 「송산 권재규의 노사학 계승과 영남지역에서의 활동」, 「남명학연구」34, 경상대 남명학연구소, 2012.

30) 「승정원일기」2081, 순조 17년 3월 14일.

이지만, 이민서가 지은 양산숙 행장, 홍양호가 지은 신도비에도 "世之稱晉陽役三壯士者 公其一也"라고 기록되어 있다.[31] 누구를 빼고 양산숙을 넣자고 하였는지에 대해서는 알 수 없지만, 혹 황진이 그 대상이 아닌가 한다.

이처럼 삼장사 가운데 황진을 빼고, 제2차 진주성 전투에서 순절한 고종후나 양산숙을 넣자는 의견이 후대에 나왔다. 그도 그럴 것이 당시 전투에서 고종후나 양산숙의 공이 지대했다. 서울 출신의 박성양(朴性陽, 1809~1890)은 1593년에 진주성의 피화가 가장 참혹하여 의롭게 죽은 사람이 매우 많았는데, 김건재(金健齋, 김천일) · 황무민(黃武愍, 황진) · 최충의(崔忠毅, 최경회)가 세칭 삼장사이고, 장윤 · 이종인이 크게 선전했고, 고종후 · 양산숙은 죽음으로 지키려했다고 했다.[32] 김 · 최 · 황을 삼장사로 보는 의견이 지배적이었지만, 고 · 양의 활약상이나 충성심이 높았기 때문에 삼장사로 볼 여지도 있었던 것이다.

2) 진주 사람들 기억 속의 삼장사

(1) 제2차 진주성 전투

그러면 진주 사람들은 삼장사를 누구로 생각했을까? 이 점은 제2차 진주성 전투에서 실마리가 찾아진다. 논지 전개를 위해 기존의 연구성과를 토대로 하여 그 개요를 들면 다음과 같다.[33]

31) 양산숙의 행장과 신도비문은 그의 아버지 양응정의 문집 『송천유집』 7, 부록 하에 수록되어 있다. 양응정은 1570년에 진주목사를 역임한 바 있다.

32) 『운창문집』 11, 찬, 「晉州三壯士贊 并小序」.

33) 제2차 진주성 전투에 대해서는 다음의 논고가 참고 된다. 박성식, 「계사 진주성전투 소고」, 『경북사학』 4, 경북대 사학회, 1982. 박성식, 「진주성 전투」, 『경남문화연구』 14, 경상대 경남문화연구소, 1992. 지승종, 「16세기말 진주성전투의 배경과 전투상황에 관한 연구」, 『경남문화연구』 17, 경상대 경남문화연구소, 1995. 북도만차, 「임진왜란과 진주성 전투」, 『남명학연구』 7, 경상대 남명학연구소, 1997. 조원래 편, 「임진왜란과 진주성 전투」, 국립진주박물관, 2010. 김영나, 「임진왜란 시기 2차 진주성전투 순절자의 참전과정과 활동양상」, 『전북사학』 45, 전북사학회, 2014.

도요토미 히데요시는 백여 년에 걸친 내전을 정리하고서 조선 침략을 준비했다. 건국 이래 평화를 유지하던 조선 정부는 대비를 소홀히 했고, 관리들은 당파 간의 정쟁만 일삼은 채 별다른 대책을 내놓지 못하고 있었다. 그러던 1592년(선조 25) 4월, 왜군은 대규모 군대를 거느리고 부산에 도착하여 조선을 침략하는 임진왜란을 일으켰다. 육로를 따라 경상도 전역을 휩쓸고, 조령을 넘어 충주까지 점령했다. 서울로 곧장 달린 왜군에 의해 조선은 개전 20여 일 만에 서울을 빼앗기고 말았고, 국왕은 서울을 뒤로 한 채 평안도 의주로 도망가버렸다. 그러나 수군 승전, 의병 활약, 그리고 명군 파병으로 전세는 곧 역전되었다. 왜군은 조·명 연합군의 압박에 따라 1593년 4월 한양에서 철수하여 경상도 지방으로 남하했다. 제1차 진주성 전투(1592년 10월)에서 대패했던 왜군은, 대규모 보복전으로 그 치욕을 씻고 나아가 호남으로 진출할 교두보를 확보하고자 진주성 공략에 나섰다. 약 10만명에 이르는 왜군에 맞선 조선측은 성을 비워 희생을 피하자는 의견과 죽음으로 성을 사수하자는 의견으로 양분되었다. 그때 김천일은 "지금 호남은 국가의 근본이고 진주와 호남은 입술과 이의 관계인데, 진주를 버리면 그 화가 호남에 미칠 것이다"라는 논리로 성을 사수하자고 역설했다. 반면에 순찰사 권율, 의병장 곽재우, 그리고 명나라 장수들은 중과부적이라고 판단하고서 성을 버리고 외곽으로 철수하고 말았다. 고립무원의 상태에서, 6·7만 여명에 이르는 군민(軍民)은 밤낮 9일 간에 걸친 1백 여 차례의 악전고투를 감당하다 6월 29일 성 함락과 함께 대부분 순절했는데, 이를 제2차 진주성 전투라고 한다. 당시 진주성을 지키던 3대장인 창의사 김천일, 경상병사 최경회, 충청병사 황진이 순절했는데, 모두 호남 출신이다. 역시 호남 사람 고경명의 아들 고종후도 복수의병장으로 입성하여 자신의 종인 봉이·귀인과 함께 순절했고, 김천일을 보좌한 양산숙도 함께 순절했다. 이 외에 논개도 의암에서 왜장을 껴

안고 남강에 투신하여 순절했다. 호남 사람들뿐만 아니라, 자기 지역 병사를 따라온 충청도의 수령과 군병들도 대거 순절했다.

성 안에 몇 명이 있었고, 몇 명이 죽었고, 어떻게 죽었고, 생존자는 어떻게 하여 살아남았을까? 이 점은 진주 사람들에게 중요한 것이어서 하나씩 살펴보겠다. 안방준(安邦俊, 1573~1654)은 성 안에는 여러 장수들 휘하 병사, 진주 병사와 백성, 파란 온 사족과 여성 등을 합쳐 6~7만이 있었다고 했다.[34] 어떤 이는 8만여 인이라 하고, 또 어떤 이는 3만여 인이라고도 했다.[35] 의병이 거느리고 온 병사, 관군이 이끌고 온 병사, 진주 사람들, 피란 온 사람들을 합하여 대략 6만명 정도 있었던 것 같다.

그 수가 다 죽었다는 기사가 주종을 이룬다. 호남 출신 조위한(趙緯韓, 1567~1649)의 시는 "六萬義兵同日死 幾多冤鬼至今啼"라고 하여 매우 강렬한 이미지를 풍긴다.[36] 촉석루 하면 6만 의병이 한 날 죽은 곳이고 그래서 지금까지도 그 원귀가 서려 있는 곳이라고 했다. 모두 죽어 한 사람도 살아남지 못했다는 말인데, 비변사에서는 "진주성이 함락될 때 싸우다가 죽은 문무제장(文武諸將)들에게 서둘러 포상의 전례를 보여주어야 하는데, 온 성이 다 도륙되어 한 사람도 살아난 자가 없고 우리나라의 여러 군사도 감히 가까이 간 자가 없어 당시의 상황을 목격하고서 말할 수 있는 자가 한 사람도 없었으므로 진실된 보고를 기다리고자 하여 감히 계청하지 못하였습니다."고 말했다.[37] 이민서(李敏敍, 1633~1688)가 지은 정충단 비문에는 군민이 모두 도륙되어 한 사람도 탈출하지 못했고, 소·말·닭 개 또한 남지 않았다고 적혀 있다. 왜군들은 이에 그치지 않고 성벽을 허물어 평평하게 하고, 성 안 우물을 메워버리고, 나무를 전부 찍어 넘어

---

34) 『은봉전서』 7, 기사, 「晉州敍事」.
35) 『선조실록』 40, 선조 26년 7월 16일.
36) 『현곡집』 6, 시, 「矗石樓」.
37) 『선조실록』 41, 26년 8월 4일.

트리며 지난 해의 분함을 풀었다고 한다.[38] 인근 함양 출신 정경운(鄭慶雲)은 "왜적들은 칼을 뽑아들고 마치 잡초를 베고 짐승을 사냥하듯이 목을 베니, 사람의 씨도 남김이 없었다. 죽어서 쌓인 시체는 구릉과 같았고, 강물은 온통 붉게 물들었다."[39]고 적어 놓았다.

다 죽었는데, 도륙(屠戮)당했다. 왜군이 성 안에 있는 사람들을 함부로 참혹하게 마구 죽였다. 마치 잡초를 베고 짐승을 사냥하듯이 목을 베었다. 매일 죽여도 다 죽이지 못하자, "사창대고(司倉大庫)에 피란하여 들어가는 자는 죽음을 면한다"고 속였다. 어리석은 백성들이 앞 다투어 창고에 들어가자 불을 질러 한 번에 태워 죽였다.[40] 이러하니 사방이 시신으로 가득 차 있었다. 경상감사 김륵(金玏)이 사람을 시켜 조사하게 하니 성 안에 시신이 1천여구 싸여 있고, 촉석루에서 남강 북안까지 시신이 서로 베고 싸여 있고, 청천강에서 무봉까지 5리 사이에도 시신이 강물을 막고 있었다. 그는 방치된 시신을 각 고을의 승군(僧軍)을 동원하여 매장했다. 『충렬실록』에 들어 있는 함성기(陷城記)를 보면, 혈전을 펼치다 죽은 자가 성 안에 산처럼 쌓였고, 익사자와 부수자 또한 수를 셀 수 없을 정도였다. 성이 함락되는 날에 셀 수 없는 남녀아동들이 참살 당했다. 다음 날에는 많은 여인들이 붙잡혀 배에 실려 부산포로 보내졌는데, 이때 피랍된 진주 사람들이 교토 부근의 '진주도(晉州島)'라는 곳에 집단 거주했다는 추정이 제기된 바 있다.[41] 그래서 시신 썩는 악취가 30리까지 퍼졌고, 관사와 마을이 모두 소실되어 텅 비었고, 성첩 또한 모두 허물어져 평평해졌다.

모두 죽었다는 기록은 상황 자체가 너무 참혹하여 그 실상을 생생하게

---

38) 『서하집』 14, 비명, 「旌忠壇碑」. 이 비문은 제2차 진주성 전투와 삼장사를 이해하는 데에 중요한 사료이다. 그래서 김천일 문집 『건재집』, 최경회 문집 『일휴당집』, 황진 관련 자료집 『정충록(旌忠錄)』은 물론이고, 『충렬실록』에도 수록되어 있다. 『정충록』은 황진 후손이 임진왜란 때에 순절한 남원 출신의 황진·고득뢰·안영 3인의 사적을 정리하여 1653년(효종 4)에 편찬했다가 1806년(순조 6)에 간행한 것이다.

39) 『고대일록』 1593년 6월 29일.

40) 『난중잡록』 1593년 6월 29일.

41) 신윤호, 「제2차 진주성 전투와 '진주도'」, 『진주성 전투』(국립진주박물관 편), 2012.

전달하려는 의욕에서 나온 과장된 표현인 것 같다. 살아남은 사람은 있었지만 극소수에 불과했다. 김늑이 진주에 사람을 보내어 탐문한 결과, 성이 함락될 당시 빠져나온 사람이 얼마나 되었는지 알 수 없었지만, 평민들 가운데 성을 뛰어 넘거나 혹은 헤엄을 쳐서 탈출한 자가 조금 있었다.[42] 『난중잡록』에 의하면, 남원 사람들은 의병장을 따라 진주성에 300여명이 들어갔는데, 남강에 뛰어 들어 살아 돌아온 사람은 몇 사람에 불과했다. 함양 사람들도 진주성에 들어갔다가 모두 전사했으며, 단지 몇 사람만 살아서 돌아왔다. 실록에 충청도 보령 출신의 인발(印潑)이라는 탈출자가 보이는데, 신북문(新北門)을 지키고 있던 그는 29일 오후 격전이 벌어질 때에 성벽에서 밖으로 떨어져 시신 가운데 숨어서 죽은 체 하다가 야음을 틈타 탈출하여 목숨을 건졌다.[43] 6만 여명 가운데 극소수 사람만이 필사적으로 탈출하여 기적적으로 살아남았다. 나머지는 처참하게 납치되거나 도륙당하고 장렬하게 순절했다. 한마디로 진주성은 도륙과 순절의 현장이었다. 살아남은 사람은 극소수에 불과했다. 그러하다 보니 관련자료가 진주 땅에 많이 남아있지 않았다. 130년 지나 『충렬실록』을 편찬할 때에 등록(謄錄)과 재적문자(載蹟文字)를 뒤져보아도 남아 전하는 것이 거의 없고 오직 이민서가 쓴 「정충단비명(旌忠壇碑銘)」만이 참고 될 뿐이라고 했다. 하지만 이렇게 기록은 많지 않았지만, 사실 자체마저 진주 사람들이 모르고 있었던 것은 아니었다. 누구 못지않게 정확하게 알고 있었다. 이제 진주 사람들이 무엇을 어떻게 알고 있었는지에 대해 알아보자.

경상도 관찰사 신석우(申錫愚)가 1856년(철종 7)에 순찰을 돌다 5월에 진주에 들러 촉석루에 올라 다음과 같은 글을 남겼다. 임진왜란 때에 왜군의 공격으로 성이 함락될 때에 병마사 최경회, 황진, 김천일이 죽었는

42) 『선조실록』 40, 선조 26년 7월 22일.
43) 『선조실록』 40, 선조 26년 7월 16일.

데, 후인들이 '순원(巡遠)의 수양(睢陽)'에 비유한다고 말했다.[44] '순원의 수양'이란 중국 당 나라 안록산의 난 때에 장순(張巡)과 허원(許遠)이 수양을 사수하며 충의를 지켜 후세에 명성을 높였다는 말인데, 이 말은 이미 진주성 함락 이듬해 1594년(선조 27)에 선조 임금이 내린 제문에도 언급되어 있다. 순절자가 최, 황, 김 3인이고, 그들을 후인들이 장순과 허원에 비유한다는 사실을 신석우는 어디에서 들었을까? 그건 다름 아닌 진주 사람들로부터일 것이다.

다음, 진주를 두 번이나 방문한 바 있는 정약용(丁若鏞)의 언급도 검토해 보자.[45] 그는 논개를 배향하는 의기사(義妓祠)를 방문하고서 다음과 같은 글을 남겼다.

> 옛날에 왜구가 진주를 함락하였을 때 의로운 기생이 있었으니, 그녀는 왜장을 꾀어 강 가운데 있는 돌 위에서 마주 춤을 추다가 춤이 한창 무르익어 갈 즈음에 그를 껴안고 못에 몸을 던져 죽었는데, 이곳이 그녀의 의절(義節)을 기리는 사(祠)이다. 아, 어찌 열렬한 현부인이 아니랴. 지금 생각해 볼 때, <u>왜장 한 명을 죽인 것이 삼장사(三壯士)의 치욕을 씻기에는 부족하다고 하겠으나</u>, 성이 함락되려고 할 때 이웃 고을에서는 병사를 풀어서 구원해 주지 아니하고, 조정에서는 공(功)을 시기하여서 패하기만 고대하였다. 그리하여 견고한 성지(城池)를 적군의 손아귀에 떨어뜨려 충신과 지사의 분노와 한탄이 이 일보다 심한 적이 없었는데, 보잘것없는 한 여자가 적장을 죽여 보국(報國)을 하였으니 군신(君臣)간의 의리가 환히 하늘과 땅 사이에 빛나서, 한 성에서의 패배가 문제되지 아니했다. 이 어찌 통쾌한 일이 아닌가.[46]

성이 함락될 때에 삼장사가 장렬하게 죽고, 바로 이어 논개가 의롭게 죽었다는 말인데, 그가 말한 삼장사는 김성일, 조종도, 곽재우가 아님은 분

---

44) 『해장집』 12, 기, 「矗石樓讌遊記」.
45) 다산의 삼장사에 대한 인식은 윤호진의 앞의 논문에 자세하게 서술되어 있어 참고 된다.
46) 『여유당전서』, 시문집 13, 기, 「晉州義妓祠記」.

명하다. 그러면 누구일까? 그는 『목민심서』에 김천일, 최경회, 황진 등이 죽음에 임하여 시를 짓기를 "矗石樓下三壯士 一杯笑指長江水 長江萬古流滔滔 波不竭兮魂不死"[47]했다고 기록했다. 정약용의 지적에 따르면, 재지 영남 사람들이 주장하는 김성일의 시는 김성일의 것이 아니라 최경회의 것이 되고, 삼장사는 김천일, 최경회, 황진임이 분명하다. 그리고 진주에 가서 지은 「촉석회고」라는 시에서는 촉석루는 진주 병마영에 있는데 임진왜란 때에 삼장사가 이곳에서 순절했다고 하면서, "연꽃 못은 지난날 미인의 춤 비추었고(花潭舊照佳人舞) / 단청한 기둥 이제껏 장사의 노래 남았다오(畫棟長留壯士歌)"[48]하였다. 삼장사란 자연히 김, 최, 황 3인이고 그들에 대한 기억이나 칭송이 진주 지역에 자자하고 있음을 쉽게 짐작할 수 있다. 또한 그는 경상 우병사인 그의 장인이 촉석루에서 베푼 연회에 참석하고서 지은 「촉석루연유시서」에서 그의 장인이 "옛날 3장사가 이 루에 올라서 실컷 마시고 남강에 몸을 던져 죽으면서도 후회하지 않았다. 이때에 제진에서는 군사를 가지고서 구원하지 않았고, 조정에서는 사정을 가지고 허물을 꾸짖으니, 외적이 제거되기 전에 내란이 먼저 일어나서 마침내 충신 의사가 함께 나란히 물에 빠져 죽게 되었다. 내가 이 일을 생각할 때마다 여기에 미치면 피눈물이 흐르고 가슴이 아프다."[49]고 하였다. 몸을 던져 죽은 삼장사란 다름 아닌 김, 최, 황 3인이다.

이처럼 신석우는 진주성 순절자 최, 황, 김 3인을 순원에 비유했다. 정약용은 삼장사가 김, 최, 황 3인이라고 밝혔다. 이런 인식은 진주 사람들의 전언에 의한 것임에 분명하다. 앞서 언급한 바 있는 김창집과 신유한의 촉석루와 삼장사에 대한 인식도 진주 사람들로부터 입수한 정보에 의한 판단일 것이다. 결국 진주 사람들은 진주 삼장사를 제2차 진주성 전

---

47) 『목민심서』, 병전, 어구.
48) 『여유당전서』, 시문집 1, 시, 「矗石懷古」.
49) 『여유당전서』, 시문집 13, 서, 「矗石樓燕游詩序」

투 때에 순절한 김, 최, 황으로 인식하고 있었다. 진주 사람들만 그런 것이 아니었다. 인근 사람들 중에도 그런 사람들이 많았다. 1782년(정조 6) 가을에 향시 때문에 진주 선비들 30여인이 촉석루에 모였다. 그날 누각에 게시된 삼장사 관련 촉석루시를 보면서, 나라가 불행하게 되어 외적이 날뛰게 된다면 백의로 일어나 의려를 일으키고 자기 몸을 잊고 나라를 위해 죽으면 장사(壯士)가 되지 않겠느냐고 다짐했다. 장렬하게 죽어야 삼장사 자격이 있다는 말인데, 이는 함안 출신의 이상두(李尙斗, 1814~1882)가 남긴 기록이다.[50] 또한 호남 사림이 1839년 무렵에 진주 향교에 보낸 글에 의하면, 대현의 글, 공가의 역사, 시인의 글, 부인·어린이·가마꾼 모두 삼장사를 김·최·황 3충신으로 말하고, 당신들도 이와 다름이 없었는데 왜 촉석루에 이름을 바꾼 시가 걸려 있느냐고 항의했다.[51] 이 말은 당시부터 최근까지 적어도 진주 사람들만은 죄다 삼장사를 김·최·황으로 알고 있었다는 뜻이다.

이런 분위기 속에서 영남 사람들 가운데 영남 출신의 김·조·곽을 삼장사라고 하고, 대신 호남 출신의 김·최·황을 삼절사(三節士)라는 용어로 호칭한 사람들이 나타나기 시작했다. 언제부터 그러했는지에 대해서는 확언할 수 없지만, 대략 19세기 후반부터 그랬던 것 같다. 가령, 예천 출신의 장복추(張福樞, 1815~1900)는 제2차 진주성 전투에서 순절한 의령 출신의 강기룡(姜起龍) 묘갈명에서 "공은 호남의 김천일·황진·최경회 삼절사와 함께 진양성에 들어왔다."고 적었다.[52] 또한 의령 출신의 허찬(許巑, 1850~1932)은 진주 출신의 거제부사 김준민(金俊民)이 진주성에 들어가 호남 삼절사와 함께 수많은 싸움으로 성을 지키다 성 함락과 함께 한 날에 강에 뛰어들어 순절했다고 그의 아들 김봉승의 묘비명에 적

---

50) 『쌍봉집』1, 시, 「矗石樓同遊詩 並少序」.
51) 『무민공실기』, 「道內士林寄晉州鄕校文」.
52) 『사미헌문집』9, 묘갈명, 「贈通政大夫吏曹參議東湖姜公墓碣銘」.

어 놓았다.[53] 허찬은 경상우도 지역에서 명망 있는 유림으로 활동했던 근기 남인계 인사였다고 한다.[54] 함안 출신의 최홍모(崔弘模, 1878~1959)는 촉석루 제의 때 삼장사(김, 최, 황) 제문 제목을 아예 '촉석루제 삼절사 문'이라고 붙였다.[55] 불과 10~20년 이전에 장지연이 '촉석루제 삼장사'라고 하고, 당시 언론에 삼장사로 보도된 것과 대비된다. 이처럼 '入矗城與湖南三節士同殉'류의 인식이 19세기 후반부터 부쩍 고개를 들었다. 그러자 세칭 삼절사와 삼장사가 혼칭되면서 혼란이 야기되자고 영남 엘리트들에게 해석 문의가 들어왔던 것 같다. 함양 출신의 권도용(權道溶, 1877~1963)은 달성 예연서당에 보낸 답통문에서 삼절사는 '호남 삼절사'이고, 삼장사는 '영남 삼장사'라고 하면서, 호남 삼절사는 진주에서 모두 순사했기 때문에 절사이고, 영남 삼장사는 김·조·곽이라고 했다.[56] '호남 삼장사'를 전면 무시하는 것이 여러 면에서 불가능하게 여겨지자 궁여지책으로 19세기 후반부터 삼절사라는 용어를 대신 사용하기 시작한 것 같은데, 삼절사는 이 이전이나 다른 지역에서는 거론된 바가 없는 신출 창작 용어이다.

그러면 영남 엘리트들은 왜 호남 삼장사를 부정하고, 있지도 않고 근거도 없는 호남 삼절사를 만들어냈을까? 이 점에 대해 제2차 진주성 전투 당시 진주에서 순절한 창의사 김천일과 진주목사 서예원에 대한 평가가 주목된다. 기타지마 만지[北島万次] 교수가 지적했듯이,[57] 유성룡은 김천일을 병법을 알지 못한 인물로 묘사하며, 김성일이 추천하여 진주목사가 된 서예원을 김천일이 미워하여 패배하고 말았다고 평가했다. 여기에 등장하는 유성룡-김성일-서예원은 동인(東人) 인물이고, 김천일은 서인

---

53) 『소와문집』 6, 묘갈명, 「通德郎金公墓碣銘」.
54) 최석기, 「소와 허찬의 학문과 문학」, 『남명학연구』 33, 경상대 남명학연구소, 2013.
55) 『심천집』 4, 제문, 「矗石樓祭三節士文」.
56) 『추범문원』 후집 3, 잡저, 「答達城禮淵書堂通文」.
57) 北島萬次, 앞의 논문.

(西人) 인물이다. 영남 삼장사로 거론된 곽재우는 동인 인물로 진주성 전투에 소극적이었고, 호남 삼장사로 거론된 고종후는 서인계 고경명 아들이다. 이렇게 보면, 제2차 진주성 전투와 관련자 사후 평가 등에 있어서 그 밑바닥에는 동인과 서인의 정치적 다툼이 있었다고 생각할 수 있다. 무리한 확장 공사로 부실해진 동쪽 성벽이 계속되는 장맛비로 약화되어 왜군들에게 쉽게 함몰되었고,[58] 조선군의 주력부대가 후원을 하지 않았음에도 불구하고 패전 책임을 죄없는 서인 출신의 전라도 의병장 김천일에게 돌렸던 것이다.

(2) 정충단과 창렬사

진주 사람들에게 진주성 함락은 충격이었다. 왜란 중, 아니 유사 이래 가장 참혹한 전투로 여겨졌기 때문이다. 그래서 그들은 자신들의 성을 지켜주기 위해 입성하였다가 함성과 함께 장렬하게 순절한 이들에 대한 선양사업을 펼칠 수밖에 없었다. 이에 대한 실마리는 정충단(旌忠壇)과 창렬사(彰烈祠)에서부터 찾아질 수 있다. 정충단에 대한 가장 이른 자료로 1622년(광해군 14)에 진주 출신 성여신(成汝臣)에 의해 편찬되기 시작하여 10년만인 1632년(인조 10)에 완성된 『진양지』가 있는데, 그 단묘조에 다음과 같은 기사가 수록되어 있다.

> 창렬사는 (진주성) 내성 성황당 서쪽에 있다. 계사년(1593) 성이 함락될 때에 창의사 김천일, 충청병사 황진, 경상병사 최경회 등이 모두 사망하였다. 단선(壇墠)을 축조하고 매년 6월 29일에 스스로 관(진주목사)이 그들에게 제사를 올리는데, 이 날이 바로 성이 함락된 날이다. 단선 호를 정충단(旌忠壇)이라고 하였다. 그 후 순찰사 정사호(鄭賜湖)가 사우를 건립하고 그 밖에 3단을 설치하고 춘추에 경건하게 향사하도록 하고, 이어 사액을 계청하여 이름을 창렬사(彰烈祠)로 고쳤다.[59]

---

58) 김준형, 「조선시대 진주성의 규모와 모양의 변화」, 『역사와 경계』 86, 부산경남사학회, 2013.

59) 『진양지』, 단묘, 「彰烈祠」.

위 기사는 진주성 함락 직후 진주 사람들은 진주성 내성 안 성황당 서쪽에 정충단이라는 제단을 축조하고, 진주목사 주관 하에 진주성이 함락된 6월 29일에 맞춰 매년 김천일, 황진, 최경회 등의 순절을 기리는 제사를 올렸다는 내용이다. 진주 출신의 생원 하세응이 쓴 '設壇廟 自官致祭' 그대로였다.[60] 정충단은 절의정신을 장려하려는 정부의 특명에 의해 세워졌다. 그때가 성 함락 두 달 뒤 9월 5일이었던 것으로 보이는데, 『고대일록』에 "왕은 예조정랑 길해(吉海)를 보내 진주성 전투에서 사망한 사람들의 제사를 지내도록 했다. [주상께서 치제(致祭)를 지시했는데도, 순찰사가 아직 시행을 하지 않고 있으니, 한스러운 일이다.] 진양에서 싸우다 죽은 곳을 '정충단'이라 이름 했다."고 기록되어 있다.[61] 그리고 9월 20일에 김천일 등 순절자에 대한 추증이 이루어졌다.

이어 위 3인을 배향하는 삼충사(三忠祠)라는 사우가 건립되었다. 건립 시기는 1601년 무렵으로 추정된다. 이에 대해 『난중잡록』 1593년 6월 29일자에는 "(김천일, 최경회, 황진) 3인은 3충이라 하는데 그 뒤 8년 만에 진주에 삼충사를 세워 제사지내다."고 세주로 기록되어 있다. 이 기록은 나중에 누군가가 이 날짜에 추기한 것인데, 『연려실기술』에도 위 3인은 진주 삼충사에서 배향한다고 기록되어 있다. 그래서 그런지 『건재집』에도 정사호의 청액계가 「삼충사청액계(三忠祠請額啓)」라는 이름으로 실려 있다.[62] 그리고 진주 출신 하홍도(河弘度, 1593~1666)는 창렬사로 사액된 이후로 추정되는 때에 김·최·황 3충에게 제향을 올리고서 든 느낌을 「애삼충사(哀三忠祠)」라는 이름의 시에 남겼다.[63] 결국 삼충사는 삼장사를 배향하는 사우였다. 그래서 의령 출신의 신병조(愼炳朝, 1846~1924)는

60) 『충렬실록』 2, 제문, 「▨忠壇祠宇重修記文」.
61) 『고대일록』 1593년 9월 5일.
62) 『건재집』 부록 5, 「三忠祠請額啓 萬曆丁未七月日鄭賜湖慶尙道巡察使」.
63) 『겸재집』 2, 시, 「哀三忠祠」.

삼장사 사우에 조문을 하고서 「조삼장사사당(弔三壯士祠堂)」이라는 글로 충정을 표현했다.[64]

삼충사는 얼마 지나지 않은 1607년(선조 40)에 창렬사라는 액을 내려 받았다. 경상도 관찰사 정사호(鄭賜湖, 1607년부터 1608년까지 재임)는 관내 순찰을 돌다가 진주에 들어와 진주성이 함락된 날짜인 6월 29일을 맞이하게 되었다. 전몰자 자손 가운데 아직까지 남아 있는 약간인이 그 날 새벽에 아래에서 성을 바라보며 통곡을 하고 있었다. 비통한 나머지 도망가서 살아남은 사람 몇 명을 찾아내서 당시의 함성절차를 상세하게 들었다. 그들의 말에 의하면 창의사 김천일, 경상병사 최경회, 충청병사 황진이 3대장으로 함께 성으로 들어가 나누어 지키니, 뒤따라 거제현령 김준민, 김해부사 이종인, 우병우후 성영달, 복수의병장 고종후, 적개의병부장 이잠, 분의병장 강희설, 사천현감 장윤, 진해현감 조경형 등이 들어가 3대장의 지휘를 받았고, 모두들 성을 지키다 장렬하게 순절했다. 그리고 정사호는 그들로부터 조정의 특명으로 단(정충단)을 쌓아 매년 춘추에 제사를 올린다는 말도 들었다. 그래서 정충단을 직접 가서 보게 되었는데, 정충단의 단이 상석(床席) 넓이만도 못할 뿐만 아니라, 풀 속에 파묻혀 있어 향사하여 충혼을 달래는 곳의 형상이 아니었다. 이에 그는 병사 김태허(金泰虛)와 함께 성의 서북쪽에다 3칸짜리 사우를 지었다(이전부터 있었던 사우를 개보수한 것으로 보인다). 그리고 우찬성에 증직된 김천일, 우참찬에 증진된 최경회, 병조판서에 증직된 황진의 위패를 모셨고, 함께 순절한 장사(將士)들을 동무와 서무에 나누어 각각 배향했다. 또 사우 밖에다 상, 중, 하의 3단을 높이 쌓고 상단에는 각진 의병장, 중단에는 여러 장수와 편장, 하단에는 각진 병사의 위를 두고서 분향할 곳으로 삼았다.

---

64) 『사소유고』 2, 시, 「弔三壯士祠堂」

그리고서는 직접 제문을 지어 윤6월 24일에 제사를 주관하기까지 했다.[65] 그리고 이어 7월에는 '삼장사우(三將祠宇)'에도 다른 사우처럼 액을 내려 주기를 임금에게 요청하여 마침내 창렬이라는 액을 내려 받았다.[66] '삼장(三將)'이라는 용어는 뒤이어 진주목사 성여신이 1619년(광해군 11)에 쓴 「진양전성기(晉陽全城記)」에 '公若在焉 必無癸巳陷沒之羞 而終致三將爲猿鶴'이라는 표현으로 또 나오는데, 진주목사 김시민이 죽지 않았다면 진주성이 함몰되지 않고 삼장도 죽지 않았을 것이라는 의미이다.[67]

이처럼 진주 사람들은 제2차 진주성 전투에서 순절한 분들의 얼을 기리기 위해 처음에는 정충단이라는 제단을 축조하여 함성일에 제사를 올렸다. 그러다가 8년 지나서 삼충사라는 사우를 건립하여 춘추로 3인만을 향사했고, 삼충사는 6년 정도 지나 창렬사로 사액을 받아 향사는 대상을 확대하여 계속되었다. 이 행사 때에 성을 지키려고 하는 데에 핵심적인 역할을 했던 인물이 가장 주목을 받았을 것이 분명하다. 널리 알려져 있듯이, 핵심 인사는 도절제(都節制)였던 김천일(의병 통솔)과 최경회(관병 통솔) 그리고 순성장(巡城將)이었던 황진 등 3인이었다.[68] 이들 3인은 전년 10월에 벌어졌던 제1차 진주성 전투 때에 외곽 후원군으로 활약하여 전투를 승리로 이끄는 데에 큰 공을 세운 인물이다.[69] 따라서 임진왜란과 진주성을 논할 때에 이들 3인은 빼놓을 수 없는 존재였다. 이렇게 보면, 정충단 향사에 의해 삼장사는 자연스럽게 촉석루와 함께 제2차 진주성 전투를 대표하는 인물·장소의 개념으로 탄생하게 되었다. 그로부터 15여년 지난 뒤에 경상감사에 의해 창렬사가 사액을 받아 중앙정부의 재정·행정

---

65) 『화곡집』 2, 제문, 「祭彰烈祠黃節度進文 丁未閏六月二十四日」.

66) 『화곡집』 1, 계, 「請晉州彰烈祠額啓(萬曆丁未七月 爲慶尙巡察時)」. 김준형, 「조선시대 진주성의 기능과 성내 시설의 변화」, 『조선시대사학보』 65, 조선시대사학회, 2013, 114쪽. 김준형, 「조선후기 진주성도의 비교 분석」, 『조선시대사학보』 68, 조선시대사학회, 2014, 209쪽.

67) 『부사집』 3, 기, 「晉陽全城記」.

68) 조원래, 「김천일의 의병활동과 그 성격」, 『임진왜란과 호남지방의 의병항쟁』, 아세아문화사, 2000.

69) 송정현, 「전라의병과 최경회장군」, 화순군, 『화순지방의 임란의병활동』(전라남도·화순군), 1988.

적 지원을 받으면서 삼장사는 삼강 가운데 하나인 '군위신강(君爲臣綱)'이라는 국가 이데올로기를 지닌 역사적 개념으로 진주 지역사회에 그 실체를 드러내게 되었다.

(3) 함성불제와 촉석루제

진주 사람들은 제2차 진주성 전투 때에 순절한 분들에 대한 선양사업을 제단과 사우에서의 향사 외에 거읍적인 축제 형태로도 펼쳤다. 추모제는 진주성 전투 직후부터 거행되었다. 앞에서 언급한 것처럼, 처음에는 정충단을 축조하고서 성이 함락된 날에 순절자에 대한 추모제를 지냈다. 그런데 수년 뒤 삼충사·창렬사라는 사우가 창건된 뒤부터는 상황이 완전히 바뀌었다. 이제 사우에서 춘추 2회에 걸쳐 제사를 지냈는데, 주벽이 김천일·최경회·황진이기 때문에 결국 그 날 행사는 삼장사에 대한 추모제에 불과했다. 이는 1746년(영조 22)에 진주목사가 된 김상중(金尙重)이 창렬사 제사를 마치고서 느낀 감회를 읊은 시에서 '今世傷心三壯士'라고 한 데서 확인된다. 계사년 4회갑인 1833년(순조 33)에 순조 임금이 내린 창렬사 제문에도 '天實不助 匪計之失 報以一死 同我三士'라고 하여 마찬가지였다. 이런 상황에서 삼장사 이외의 순절자들 영혼은 소외될 수밖에 없었다. 더군다나 창렬사 제향은 중앙에서 파견된 예관, 제관으로 온 인근 수령(1833년의 경우 경상우병사, 자인현감, 하동부사, 진주목사, 곤양군수)들, 그리고 관내 양반들의 입회하에 정중하게 거행되었기 때문에, 유교이념과 신분제를 근간으로 하는 국가 정체성을 홍보하는 관치 추모제에 가까웠다. 이렇게 보면 진주 엘리트들은 진주성을 끝까지 지키다가 장렬하게 순절한 인물들을 배향하는 사우를 짓고 국가적 지원과 유교식 의례 하에 자신들 중심으로 정중한 추모제를 거행했던 것이다.

그러면 수많은 사람들이 도륙당했던 그 역사적인 함성일은 어떻게 되었을까? 진주 사람들은 그 날을 도외시 할 수 없었다. 진주는 물론이고 인근 사람들도 함성일을 맞이할 때마다 남다른 감회를 느껴 시를 남겼다. 가령 의령 출신의 최여완(崔汝琬, 1865~1936)은 「진주성이 무너진 날 감회가 있어」라는 시로 충성을 다해 목숨을 바치는 것이 남자의 도리라고 말했다.[70] 자연히 창렬사 제향과 함께 함성일 추모제도 병행될 수밖에 없었다. 그렇지만 함성제(陷城祭)는 창렬사 제향과는 달리 그 주체는 민간과 승려들이었고, 그 분위기는 제법 성대했다. 그것과 관련해서 홍석모(洪錫謨, 1781~1857)가 1840년 전후에 저술한 『동국세시기』 6월조에

> 경상도 진주 지방 풍속에 이 달 그믐날에는 남녀들이 강가로 나가 함성불제(陷城祓除), 즉 성이 함락 당한 데 대한 상서롭지 못한 것을 씻어버리는 행사를 한다. 이때 원근사람들이 모여들어 보느라고 구경꾼들로 시장을 이룬다. 이는 옛날 임진왜란 때 이 날 성이 함락되었기 때문이다. 이 행사는 해마다 한다.

고 기록되어 있다. 상서롭지 못한 것을 씻어버리는 함성불제(陷城祓除)라는 추모제를 함성일에 남강 강가에서 매년 거행했는데 자못 성대했다. 액막이 굿처럼 상서롭지 못한 것을 떨쳐 버리는 의식인 불제라는 용어를 사용한 것으로 보아, 이 추모제는 민간이나 불가에서 주도했음을 쉽게 추측할 수 있다. 이런 추측은 김창협(金昌協)이 1686년(숙종 12)에 쓴 창렬사 제향에 관한 글을 보면 곧장 확인된다. 그에 의하면, 진주 사람들이 절의를 사모하여 사우를 지으니 정부 또한 사액을 하여 포상했는데, 진주에 와서 보니 건물이 퇴락해 있고 사람 또한 없는데다가 춘추 향사마저 거행하지 않고 다만 인근 승려들이 매년 함성일에 읍촌에서 걸미를 하여 불사(佛事)를 한다고 했다.[71] 인근 승려라면 창렬사 앞 산성사(호국사) 승려일텐

---

70) 『벽계유고』 1, 시, 「晉陽陷城日有感」.
71) 『충렬실록』 1, 계, 「請春秋享禮啓」.

데, 그들이 민간에서 자금을 지원받아 함성일에 불교식으로 추모제를 거행하고 있다는 말이다. 이런 식의 행사는 계속 이어졌다. 전라도 함평에 살고 있는 이선(李漨, 1686~1740)이 1722년(경종 2)에 진주성에 갔다. 함성 때에 버려진 시신이 강을 메워 붉은 피가 흘러 매년 6월 29일이 되면 강물이 붉게 변하고, 그것 때문에 매년 그 날이 돌아오면 승려들이 강가에서 대재(大齋)를 설행한다는 말을 그곳 사람들로부터 들었다. 그 말을 듣고서 이준은 물이 붉게 변하는지에 대해서는 확인할 수 없지만 원기가 가득 차 있음을 알 수 있고, 애통하게 죽은 넋을 달래기 위해 그런 행사를 하는 것이라고 생각했다.[72] 승려들은 강가에서 원혼을 달래는 의식을 치르면서 등불을 강물에 띄웠을 것 같다. 사실 이식(李植, 1584~1647)이 "지금 유행하는 민속을 보면, 관등(觀燈)이나 불제(祓除)나 경도(競渡) 같은 것이 있는데, 이것들은 그 유래가 애도하며 슬퍼하거나 아니면 허탄한 발상에서 나온 것들로서, 행하는 것도 때에 맞지 않고 의식도 법도에 맞지 않는 등 즐거워할 만한 일이 못된다고 하겠다. 그럼에도 불구하고 온 나라 사람들이 여기에 몰입하여 마치도 미친 듯이 좋아하고들 있다."[73]고 말한 것처럼, 당시 불제가 민간에서 제법 성행하고 있었다. 유교식 의례는 소수 엘리트만 참석하여 점잖은데 반해 민간주도 의례는 다수 군중이 참여하여 왁자지껄했기 때문에, 불만을 표출했을 것 같다.

표(1) 1898년 진주지방의 제향(『各部請議書存案』)

享祀處所	該地方報來額	量定額
彰烈祠祭	2차, 60냥	10원
矗石樓陷城祭	1차, 30냥	5원
纛祭	2차, 20냥	2원
矗石江邊義妓祭	2차, 20냥	3원

72) 『도재일기』 임인년 7월 5일.
73) 『택당집』 9, 서, 『楊江泛月唱和詩錄後序』

민중들에 의해 함성일에 강가에서 성대하게 거행되었던 함성불제는 한말까지 이어졌다. 지방재정을 개혁하던 광무정부의 내부(內部)에서는 1898년 7월 9일에 각 지방의 요청액을 토대로 하여 향사비를 책정했다. 진주의 경우 창렬사제, 촉석루함성제, 독제, 촉석강변의기제 등 4개의 향사가 있었다. 이를 보면 유림들이 주관하는 창렬사제, 민중들이 주관하는 촉석루함성제, 관아에서 주관하는 의기제가 당시에 별도로 거행되고 있었음을 알 수 있는데, 함성불제가 '촉석루 함성제(矗石樓 陷城祭)'라는 이름으로 지속되고 있었음에 분명하다. 그래서 진주성 함성일에 진주성에 들어오면 자연스럽게 삼장사에 조문하게 되었다. 가령, 단성 출신 이도복(李道復, 1862~1938)이 1893년에 친구들과 진주성에 들어와 삼장사에 조문했는데, 그날이 진주성 함성일이었다.[74] 어떠하든 촉석루 함성제는 '촉석루제(矗石樓祭)'라는 이름으로 약칭되고 있었다. 한말 언론인 장지연(張志淵)이 남긴 「촉석루제삼장사문」이라는 촉석루에서 거행된 삼장사 추모제 제문에 의하면, 매번 6월이 되면 그곳 사람들이 촉석루에 모여 들여 6만 의백(毅魄)과 삼장사 충절에 공경하게 머리숙여 제사를 올린다고 했다.[75] 그는 국권 강탈 이듬해 1911년에 진주로 가서 살면서 「진양잡영(晉陽雜詠)」이라는 12절 시를 짓고, 창렬사를 배알하다가 1913년 5월에 마산으로 이거하였으니, 이 제문은 이 때에 지어졌을 것 같다.

이 추모제는 일제 강점기에 들어와서도 약간의 조정을 거치면서 지속되었다. 이와 관련하여 1931년 8월 15일자 동아일보에 다음과 같은 기사가 수록되어 있다.

---

74) 『후산문집』 20, 연보, 「紀行程曆」.
75) 『위암문고』 6, 내집, 제문, 「矗石樓祭三壯士文」. 장지연이 읊은 「진주잡영」 원주에 「土人言每年六月陷城日 江水必翻」이라고 기록되어 있다. 진주 사람들이 장지연에게 매년 6월 함성일에 남강 강물이 매번 뒤집힌다고 말했으니, 진주 사람들에게 함성일은 남다른 날이었음을 알 수 있다.

음력 6월 28일은 거금 3백 40년전 임진란에 진주성이 함락됨을 따라 그 당시 수성하는 김천일, 최경회, 황진의 3장사가 남강에 투신하여 순절하던 날이오, 그 다음날인 29일은 의기 논개가 적장을 안고 역시 남강에 투신하던 날이다. 진주에 있어서는 춘풍추우 3백 40년을 지난 오늘까지도 삼장사와 의기(義妓)의 제전을 전시민의 열성으로 거행하여 오는데 금년에도 3장사는 창렬사에서, 의기는 진주권 기생사회에서 당지 촉석루에 수만 시민의 장엄한 열석(列席)으로 성대한 제전을 거행하였는데, 유량한 고악의 소리는 끈끈히 흐르는 장강의 물소리와 함께 충혼의백(忠魂義魄)을 조상(弔喪)하였다.

진주성 함락 하루 전 28일에 김·최·황을 추모하는 삼장사 제전이 청렬사에서, 그리고 당일 29일에는 논개를 추모하는 의기 제전이 촉석루에서 수만 시민의 참여 하에 성대하게 거행되고 있었다. 1932년의 경우 사정상 28일 하루에 거행했는데, 삼장사제(三壯士祭)는 제관을 유림이 맡아 밤 9시에 장엄한 고악의 유량한 소리에 맞춰 진행했다. 그것을 마치면 10시부터 의기제(義妓祭)가 시작되는데 기생사회에서 제관을 맡아 진행했는데, 검무를 위시한 기예와 소리가 공연되었다.[76] 함성 추모제가 한말에는 창렬사제, 촉석루함성제, 촉석강변의기제 등 3개로 열렸는데, 일제 때 들어와서는 창렬사제와 의기제만 열리고 반일 감정을 자극할 수 있는 촉석루함성제는 의기제로 통합되었던 것 같다. 함성제가 폐지되자 그때에 행해졌던 유등(流燈) 행사도 사라지게 되었고, 일제 때의 각종 민속 조사서에도 좀체 보이지 않고 있다. 그러다가 1997년에 '개천 예술제'의 한 프로그램으로 '전통등 및 창작등 전시'가 있은 후 '진주 남강 유등축제'로 유등 행사가 다시 자리를 잡게 되었다.[77] 이런 굴절된 전승 때문에 현재 유등 축제의 기원을 제대로 파악하지 못하고 제1차 진주성 전투 때의 통신수단에서 비롯되었다고 말하고 있다. 이렇게 보면, 진주 사람들은 이른바

---

76) 동아일보 1932년 8월 17일자.
77) 김흥우, 『한국의 지역축제』, 지성의 샘, 2006, 180쪽.

'진주 삼장사'를 김, 최, 황 3인으로 여기고 있었음을 알 수 있다. 이 점은 1933년 12월 10일자 동아일보에도 마찬가지로 보도되었다. "진주 창렬사는 임진란 시대에 일배소지장강수(一盃笑指長江水)라는 시와 같이 촉석루에서 순사(殉死)한 <u>촉석루중 삼장사</u>를 비롯하여 20수인의 장사들을 합사하는 집"이라고 한 바와 같이, 한시 속의 '촉석루중삼장사'가 창렬사에 배향된 김, 최, 황 3인이라고 진주 사람들은 믿고 있었다. 해방 이후에도 마찬가지였다. 1959년 8월 12일자 『국민보』라는 신문에 실린 현지인 기사를 보면, "三백 六十三년 전 왜적의 침입으로 말미암아 삼장사의 비상한 순국과 (진양성)의 비극은 말할 것도 없고 과거 반세기 동안 왜정 밑에서 피 맺힌 민족의 치욕을 우리가 한시각인들 어떻게 참을 것이며 五년전 공산침략으로 말미암아 수많은 생명을 잃고 국토가 재로 화한 원한의 六二五를 꿈엔들 어떻게 잊을 것인가?"라고 적혀 있다.

이상을 보면, 진주 현지 사람들은 진주성 전투 직후부터 최근까지 삼장사를 김천일, 최경회, 황진으로 여기며 매년 추모 행사를 거행해 왔음을 알 수 있다. 영남 지역사회를 리드해 나가는 양반 엘리트들이 남긴 문집에 뭐라고 적혀 있건 또 그 후손들이 뭐라고 말을 하건 간에, 진주성 전투라는 역사를 안고 있는 진주 사람들은 그때부터 '현재'까지 진주성이 함락된 날, 삼장사(김, 최, 황)에 대한 추모제를 거행하고 있는 것이다.

사진(1) 동아일보의 촉석루제 보도

한시 속의 '촉석루중삼장사'가 김천일, 최경회, 황진이라는 1933년 12월 10일자 동아일보

진주성 전투에서 순절한 삼장사(김천일, 최경회, 황진)에 대한 진주사람들의 추모제 기사(동아일보 1931년 8월 15일)

맺음말

진주 삼장사는 1593년 6월 29일 왜군에 의해 진주성이 함락될 때에 수성을 위해 들어갔다가 촉석루에서 장렬하게 순절했던 창의사 김천일, 경상우병사 최경회, 충청병사 황진을 말하는데, 모두 호남 사람이고 서인계 인물이다. 그런데 영남의 동인계 주류인사들은 이와는 달리 동향이며 동색인 김성일, 조종도, 곽재우를 거론했는데, 이들은 공성론을 주장했으며 당시에 순절하지 않고 나중에 병사나 자연사했다. 그러다보니 촉석루와 삼장사를 읊은 영남 동인계 사람들의 시를 보면 감상적인 수준에 머물

러 있다. 이와는 달리 호남·호서·근기 사람들은 김·최·황을 삼장사라고 여기며 장렬하게 순절한 인물로 평가했으며, 그와 함께 촉석루를 도륙의 현장으로 인식했다.

영남 삼장사의 근거는 김성일이 지었다는 「촉석루일절(矗石樓一絶)」이라는 시에 두어졌는데, 이 시는 1649년에 간행된 『학봉집』에 수록되었다. 그런데 이 시는 본래부터 시서가 나중에 작성되어 삽입되고 이본이 있는 등 의문을 안고 있었다. 그러다가 본래 최경회의 것이라는 주장이 최경회가 사용했던 우병영 인장이 발견되던 18세기 중반에 제기되었다. 최경회 창작설은 사실화되면서 최씨 문중과 호남 지역을 넘어 전국으로 퍼져나갔다. 급기야 호남 사림들이 영남에 항의를 하기에 이르렀고, 그런 와중에 유성룡 아들이 기억해 내어 1632년에 촉석루에 게시했던 김성일 시 현판이 철거되기도 했다. 그러한 나머지 경상우도의 노사학파 사람들은 호남 삼장사를 대부분 지지하고 있었다. 그럼에도 불구하고 영남—동인 주류집단들은 19세기 후반에 삼절사라는 용어를 만들어 김·최·황은 호남 삼절사이고, 김·조·곽은 영남 삼장사라는 궁색한 논리를 펼쳤다.

문제는 역사 현장 사람들은 어떤 생각을 하고 있었을까이다. 진주 사람들은 자신을 지켜주기 위해 왔다가 순절한 김·최·황을 삼장사로 여기고 있었다. 제2차 진주성 전투는 유사 이래 가장 참혹한 전투였다. 6만에 이르는 입성자들은 무원고립 상태에서 대부분 도륙당했다. 시신이 곳곳에 산더미처럼 쌓였고, 성곽·우물·관아·주택 등 모든 것이 파괴되었고, 강물이 소용돌이쳤다는 괴담도 나돌았다. 이는 진주 사람들에게 충격이었다. 그 충격을 이겨내고 수성 3대장을 추모하기 위한 행사를 이어나갔다. 먼저 정충단이라는 제단을 지어 함성일에 삼장사를 추모했다. 이어 삼충사라는 사우를 지어 춘추 향사했는데, 이는 곧이어 창렬사로 사액을 받아 유교식 의례로 관아 지원 아래 양반 주도로 향사가 거행되었다. 이와는 달리 함성일 추모제는 강가에서 성대하게 열렸는데, 승려들에 의해 '함성불제'라고 하여 상서롭지 못한 것을 씻어버리는 행사였다. 함성불제는 '촉석루 함성제' 또는 '촉석루제'라는 이름으로 한말과 일제 강점기를 거쳐 해방 이후까지 지속되었다.

8. 전라우수사 김억추와 명량해전 : 기록과 전투에 대한 새로운 접근

1) 무과 급제와 수군 장수

    (1) 유학을 공부하다 무과에 급제
    (2) 수군 장수로 무인의 길을

2) 『난중일기』 속의 김억추

    (1) 김응남, 이순신 낙마에 동조하다
    (2) 김억추, 김응남 추천으로 전라우수사
    (3) 이순신, 김억추를 미워하다

3) 명량해전에서의 김억추

    (1) 철쇄를 설치·사용하여
    (2) 피란선을 관리·활용하여
    (3) 이순신과 함께 대첩을 거두다

8. 전라우수사 김억추와 명량해전 :
기록과 전투에 대한 새로운 접근

머리말

김억추(金億秋, 1548~1618)는 1606년에 선무원(宣武原) 1등에 올랐다. 전라 우수사로써 1597년에 있었던 명량해전에서 큰 공을 세웠기 때문이다. 대첩 직후 전투의 최고 지휘관인 3도수군통제사 이순신(李舜臣)은 본인과 김억추가 전선 13척으로 적 전선 130척과 싸워 31척을 깨뜨렸다고 조정에 공문서로 급히 보고하였고, 이를 접한 조정은 사실을 확인한 후 그대로 명군(明軍) 지휘부에 외교문서로 보냈다. 김억추의 이런 공로에도 불구하고 이순신이 쓴 『난중일기(亂中日記)』에는 김억추에 대한 평가가 상반되게 서술되어 있고, 그것을 후대 연구자들은 별다른 검증 없이 그대로 인용하고 있는 실정인데, 그것은 영화 「명량」에도 고스란히 반영되었다. 뭔가 앞뒤가 맞지 않는 인상을 지울 수 없는데, 그것은 다음의 두 가지 이유에서 발생한 결과일 것이다.

첫째는 자기 중심성이 강한 일기의 속성 때문에 비롯되었을 것이다. 자기 약점을 숨기고 장점을 내세운다거나, 친한 인물을 추겨 세우고 싫은 인물을 깎아 내리는 등의 서술을 할 가능성이 높다는 말이다. 더욱이나 임란(1592년) 직전에 터진 동서분당(1575년)과 기축옥사(1589년) 및 건저의(1591년) 등으로 인한 당쟁은 당대인으로 하여금 합심일체로 전란에 임할 수 없게 만들었고 더더욱 공정한 기록을 가로 막을 수밖에 없었다. 실제 동인계는 관군에 대거 투신하였고 반면에 서인계는 의병 활동을 주도하여 따로따로 전란에 임하였다.[1] 이런 상황에서 동인 추천을 받은 이순신은 서인 추천을 받은 원균을 몹시 미워했다. 『난중일기』 곳곳에 '형편없는 짓', '흉계가 우습다', '참으로 음흉하다' 등의 기록을 남겼다. 사실의 여부를 떠나 국란에 처한 상황에서 같은 장수로써 '극단적'이며 '분파적'인 표현을 구사하였음에 분명하다. 그래서 최근에 일기를 교감 완역한 노승석은 "(『난중일기』는) 개인적이고 가족적인 내용을 위주로 적은 것이다. 특히 상관과 동료에 대한 불만과 감정을 직접적으로 토로한 내용들은 지금까지 볼 수 없었던 이순신의 새로운 면모를 알게 해 준다."고 하였다.[2] 그렇다고 그것을 무조건 배척해서는 안되고 잘 헤아려 읽을 필요가 있는 것이다. 둘째는 당시는 전쟁 중이었기 때문에 그런 급박한 상황에서 생성된 기록은 자기가 본 것 중심일 수밖에 없었다는 것이다. 남의 것을 보고 추가하거나 보완할 수 없는 상황이었다는 말이다. 그래서 임진왜란 관련 자료는 크게 두 가지 유형이 있다. 하나는 전투에 참여한 당사자들이 일기나 장계 형태로 남긴 기록이 있다. 또 하나는 주변에서 전투를 관망한 사람들이 남긴 것이 있는데, 이는 기록이나 구전의 형태로 남아 있다. 어느 것이건 간에 전투 상황 모두를 남길 수는 없고, 자신이 보거나 들은 것

---

1)   조원래, 「호남의병과 의병지도층의 성격」, 『임진왜란과 호남지방의 의병항쟁』, 아세아문화사, 2000.

2)   이순신 지음(노승석 옮김), 『교감 완역 난중일기』, 민음사, 2010, 19쪽.

만 담아낼 수밖에 없을 뿐만 아니라 자신만의 목적의식이 들어 있을 수 있다. 임란 주요 전투 가운데 하나인 명량해전(鳴梁海戰)의 경우도 마찬가지이다. 이와 관련해서는 우선 최고 지휘관인 이순신이 남긴『난중일기』가 있다. 그런가 하면 당시 높은 산봉우리에 올라가 전투를 관망하였던 많은 사람들이나 해상에 떠있던 1백여 척의 피란선에 타 있던 사람들이 보고 들은 것도 있다. 이 중에서『난중일기』에 대한 의존도가 절대적인데, 그런 상황에서는 일기에 기록된 그 자체가 역사 전체일 수밖에 없다. 그럴 수는 없는 것이니, 그런 점에도 다른 자료에도 귀 기울일 필요가 있다.

이렇게 정리하고 보니 임진왜란과 관련하여 당색(黨色)이 사실을 기록하는 데에 적지 않게 작용하였음을 알 수 있고, 새로운 기록의 발굴과 기존 기록의 재해석이 요구됨도 알 수 있다. 필자는 이런 점에 주목하여 이 글을 작성하였는데, 먼저 유학을 공부하다 무과에 급제하여 수군 장수로 무인의 길을 걸은 김억추의 생애를 알아보겠다. 이어 일기를 쓴 당사자 이순신과 일기에 부정적으로 표현된 김응남·김억추 3인의 정치적 관계를 알아보겠다. 마지막으로 김억추가 전라 우수사에 임명되어 이순신과 함께 명량해전을 승리로 이끈 과정에 대해 알아보겠다. 의도한 대로 연구되면,『난중일기』의 자료적 한계와 그 극복방안이 드러날 것이고 명량해전 전투에 대한 새로운 접근도 가능해질 것이다.

1) 무과 급제와 수군 장수

본격적인 분석에 앞서 기초적인 지식을 습득하기 위해 우선 김억추의 가족관계, 수학과정, 관직현황, 주요보직 등을 알아볼 필요가 있다. 이를 위해 그의 가족관계와 수학과정을 먼저 살펴보고, 이어서 관직현황과 주요보직을 차례로 살펴보겠다.

(1) 유학을 공부하다 무과에 급제

김억추는 본관이 청주이고, 자는 방로(邦老)이다. 태종 때에 도승지를 지낸 김린(金麟)의 6세손이다. 김린이 장흥부사를 맡은 뒤 장흥 땅에 눌러 앉음으로써 그 후손들이 남도 땅에 살게 되었다. 장흥에는 동백정(冬柏亭)이 있는데, 김린이 자신의 은거지에 지은 정자이다. 그 내력은 박광전(朴光前, 1526~1597)과 송병선(宋秉璿, 1836~1905)이 지은 「동백정기(冬柏亭記)」에 잘 나와 있다.[3] 김린의 네 아들 가운데 넷째 보생(甫生)이 장흥에서 강진 땅으로 옮겨 온 뒤 그 후손들이 강진 관내 각지에 나뉘어 살게 되었다. 김보생은 장흥 위씨와 결혼하였다. 그 인연이었던지 김억추의 묘갈명을 위백규(魏伯珪, 1727~1798)가 그리고 행술(行術)을 위관식(魏灌植, 1843~1910)[4]이 지었다. 김억추의 고조는 무과를 급제하고서 첨절제사를 역임한 김극중(金克中, 김보생 아들)이고, 증조는 훈련원 첨정을 지낸 김령(金玲)이고, 할아버지는 상장군을 지낸 김우필(金友珌)이고, 아버지는 정로위를 지낸 김충정(金忠貞)이고 어머니는 경주 이씨로 이희남(李熙南)의 딸이다. 김억추는 1548년(명종 3)에 강진현 박산촌(博山村, 현재 작천면 박산)에서 태어나 무과에 급제하여 무신으로 활약하였다. 18세에 조명세(曺命世, 본관 창녕)의 딸과 결혼하였다. 슬하에 3남 1녀를 두었는데, 차남이 무과에 급제하여 만호와 첨사를 역임하였다. 이처럼 강진에 정착한 김억추 선대는 무업에 종사하였고, 김억추 본인과 아들 역시 그러하였다.

집안이 무업에 종사하여서였던지, 김억추는 어려서부터 성격이 쾌활하

---

3) 『죽천집』 5, 기, 「冬柏亭記」. 『연재집』 27, 記, 「冬柏亭記」.

4) 김억추 행술은 『현무공실기(顯武公實紀)』(금강사 발행, 1970년)에 수록되어 있으나, 누가 언제 지었는지에 대해서는 설명되어 있지 않고 단지 '춘파록(春坡錄)'이라고만 적혀 있다. '춘파록'이라는 말은 춘파가 기록 하였다는 말일 텐데 춘파가 누가일까? 인물은 위관식(본관 長興, 자 瑞圭, 호 春坡, 문집 『春坡遺稿』)으로 추정되고 그 시기는 신도비가 세워진 1881년에서 현무공실기 서문이 작성된 1914년 사이로 추정된다. 한 편 『울돌목 승리 김억추 장군』(양광식 편저, 강진문화재연구소, 2012, 101쪽)에는 이성령(李星齡, 1632~?) 이 지은 것으로 쓰여져 있는데, 잘못 판단한 것 같다.

였으며 활시위 솜씨가 뛰어났고, 체격이 크고 풍채가 웅건했다고 한다. 그래서 그의 용맹함이나 능란한 무술 솜씨에 대해서는 여러 일화가 전한다. 그가 자신의 마을 입구에 있는 발산(鉢山)에서 병영 옆에 있는 수인산 정상을 향해 활시위를 당기면, 어김없이 노적봉에 꽂혔다. 그곳 큰 바위에는 김장군이 쏘아서 맞힌 많은 화살 흔적이 있다고 한다. 실제 수인산 정상 절벽 바위에는 많은 구멍이 나 있는데, 이는 풍화혈(風化穴) 현상의 결과일 따름이다. 따라서 이 일화는 사실성이 먼 것이지만, 사실에 가까운 일화도 전하고 있어 알아볼 필요가 있다. 관찬으로 편찬된 『여지도서』(1757~1765년에 성책) 수록 「강진읍지」에 '金億秋 才力絶倫 今訓鍊院 有其遠射石標'라는 기록이 있다. 김억추는 용력이 뛰어나고, 지금 훈련원(訓鍊院)에 그가 멀리서 화살을 쏘았음을 표시하는 바위가 있다는 말이다. 훈련원은 무예를 훈련하고 시험 보는 일을 관장하는 관서인데, 그곳에 김억추가 먼 곳에서 화살을 쏘아 적중시켰다는 의미를 담고 있는 입석이 서 있다는 것이다. 다른 자료를 통해 더 자세히 알아보자. 서울 훈련원 앞 들판의 거리가 제법 멀리 떨어진 곳에 바위가 있는데 사람들은 그 바위를 '김억추석(金億秋石)'이라고 하였다. 김억추는 용기와 힘은 남보다 훨씬 뛰어나고 활쏘기가 신묘한 경지에 이르렀다. 훈련원에서 습사(習射)가 있었던 것 같은데, 그날 그는 사대(射臺)에 똑바로 서서 활을 당기어 6냥(兩)짜리 무게 화살 세 발을 쏘아 연이어 과녁에 적중시켰다. 무과시험이나 습사 때에 보통 6냥전(六兩箭), 4냥전(四兩箭), 1냥전(一兩箭) 등 3종을 사용하는데, 그 가운데 가장 무거운 6냥전은 240g으로 80보(100m) 거리에서 쏘아서 이보다 멀리 날아갈수록 추가 점수를 주었다.[5] 팔을 상하게 할 수도 있는 무거운 6냥전을 명중시켰으니, 사람들이 모두 기이하게 여기어 마침내 사대 바위를 김억추 바위라고 이름을 붙였는데 활을 쏘

---

5) 민승기, 『조선의 무기와 갑옷』, 가람기획, 2004, 72쪽.

는 경외의 사람들이 모두 기억해야 한다고 하였다. 무릇 수백 년이 지난 후에도 나라 안의 부녀자와 아이들조차 모두 이름을 전하며 칭송하여 돌이 사라지지 않을 것이니, 누군들 김공이 위대한 사람인 줄을 알 것이라고 하였다. 이 말은 장흥 출신 위백규가 지은 김억추 묘갈명(1788년 지음)에 나와 있는 것이다.[6]

김억추는 어려서 집에서 그리 멀지 않은 강진 금곡사에서 공부하였다고 한다. 당시 엘리트 집안 자제들이 자주 사찰에 가서 공부하였다(양팽손은 쌍봉사에서, 김덕령은 서봉사에서). 금곡사는 고려 말기에 창건된 사찰로 알려져 있다. 금곡사 뒤에는 그의 아버지 김충정의 묘가 있다. 그는 처음에는 문업(文業)을 공부하여 문예(文藝)가 정밀하고 뛰어났고, 경서와 사서를 널리 섭렵했다고 한다. 그도 그럴 것이 그가 태어난 박산촌은 청련 이후백(李後白, 1520~1578)이 살았던 곳이다. 경상도 함양에서 태어난 이후백은 조실부모 한 후 1535년 16세의 나이에 친정에 머물고 있는 외할머니를 봉양하기 위해 강진으로 내려왔다. 이후백은 강진에서 공부하여 1542년에 향시에 장원급제하였고, 이듬해 1543년에 박산촌에 집을 짓고 살기 시작하였다. 박산의 개울과 봉우리의 경치가 뛰어남을 사랑하여 그곳에 마침내 집터를 잡아 몇 간의 집을 짓고 독서하며 강학하니 당시의 이름난 선비들이 따라와 교유하는 사람이 매우 많았다. 그리고 1546년에 사마시에 급제하고 1555년에 문과에 급제한 후 관직에 들어가 대사헌·도승지·이조판서 등을 역임하며 사림의 명사로 활약하였다.[7] 박산 지역의 문풍이 흥성했을 것 같은데, 그런 분위기에서 자란 김억추는 여러 번 향시에 합격하여 문과에 응시하였지만 급제하지 못하였다.

그래서는 그는 남자가 임금을 섬기고 입신양명하는 데에 문무(文武)가

6) 『존재집』 22, 묘갈, 「贈判書金公墓碣銘」.
7) 『청련집』, 연보.

따로 있느냐고 하면서 붓을 놓고 무예(武藝)를 익혔다. 그리하여 1577년 (선조 10)에 알성시 무과에 급제하였다. 알성시란 3년마다 치르는 정기 시험이 아니라 임금이 문묘에 참배한 뒤 치르는 부정기 시험으로 문과와 무과가 시행되었다. 그는 무과 급제 후 주로 무직에 종사하였다. 그러던 1601년에 제주목사(濟州牧使)에 제수되었는데 무고(誣告)에 걸려 부임하기 전에 갈리게 되었다. 그는 원정(原情, 억울함을 호소하는 문서)을 올려 "김억추는 죄가 없으니, 당연히 제주목사에 그대로 직임을 보게 하라"는 임금의 하교를 받았다. 그럼에도 불구하고 그는 병을 이유로 사직하고 끝까지 부임하지 않았다. 우수사 때부터 이때까지 무고를 당하여 나추(拿推, 잡아다가 추문함)를 당한 적이 두 번이나 되었다. 이에 탄식하기를 "큰 외적이 이미 평정되어 왕국이 다시 살아났으니, 대장부가 나라에 보답하기 위해 힘쓰는 것도 여기에서 끝났다."라고 하였다. 드디어 박산 고향 마을로 돌아가 경치가 좋은 곳을 골라 정사(精舍)를 짓고 유유자적한 생활을 하다 1618년(광해군 10)에 향년 71세로 세상을 떠났다.

부음이 알려지자 조정에서 특별히 병조판서에 추증하였다. 존재 위백규가 묘갈명을 1784년에 지었다. 1800년에 군동면 풍동에 건립된 금강사(錦江祠)에 이순신과 함께 향사되었다. 금강사는 대원군 때에 훼철되고서 1946년에 강진읍 영파리에 중건되었는데, 이때 동생 김응추와 종제 김대복이 배향되었다. 1881년에 신도비가 세워졌는데, 비문은 연재 송병선이 지었다. 이 무렵에 위관식이 행술을 지었다. 1914년에 기우만이『현무공실기(顯武公實記)』서문을 지었고 실기는 1970년에 간행되었다.

(2) 수군 장수로 무인의 길을

앞에서 살펴본 것처럼, 김억추는 무인 집안에서 태어나 1577년 29세에 무과에 급제하였다. 그러자 선조가 율곡 이이(李珥, 1536~1584)에게 명하여 시재(試才)하도록 하였다. 시재란 무과에 급제한 자를 관직에 임명하기 위하여 행하는 시험을 말한다. 이때 김억추는 앞에서 언급한 것처럼, 무게 6냥(六兩)짜리 화살 3개를 먼 거리에서 쏴 전부 명중시켰다. 그래서 그의 화살 실력을 무인 교육에 활용하고자 훈련원에 '遠射石標'란 표석이 세워졌는데 서울 사람들은 그것을 일명 '김억추석'이라고 불렀다. 이를 본 이이는 김억추에게 7품을 내리고서 겸사복(兼司僕)으로 발탁하였는데 겸사복은 국왕을 호위하는 정예부대이다. 이상을 종합하면 김억추는 이이에 의해 발탁되어 국왕 호위부대에서 첫 관직 생활을 시작하게 되었음을 알 수 있다.

얼마 지나지 않아 김억추는 평산포(平山浦) 만호(萬戶)에 임명되었다고 한다. 묘갈명에 나온 기록인데, 평산포는 경상도 남해에 있는 경상 우수영 관할의 수군진(水軍鎭)이고, 만호는 종4품의 진장(鎭將)이다. 평산포진 만호는 김억추에게 주어진 최초의 지휘관 직책에 해당된다. 이렇게 보면, 김억추가 최초로 지휘관으로 나아간 자리는 다름 아닌 수군 진장이었다. 이는 김억추에게 의미 있는 일이었다. 이순신도 처음 지휘관으로 발령 받은 곳이 고흥에 있는 발포진 만호, 즉 수군 진장이었기 때문이다. 이후 김억추는 완도에 있는 가리포진 첨사에 임명되어 또 다시 수군 진장을 역임하였다.

곧이어 김억추는 내삼청 부장(部將), 5위도총부 도사(都事) 등의 무직을 역임하였다. 그리고 사복시정(司僕寺正) 겸 내승(內乘)에 제수되기도 하였으니, 왕실 호위 부대에서 오래도록 근무한 셈이다. 이런 경험은 그로 하여금 임진왜란 때에 국왕을 호위하는 임무를 맡게 하였다. 1592년(선조 25)에 임진왜란이 일어나 왜적이 한양을 향해오자 선조는 4월 30일 새벽에 서쪽으로 향하는 피란길에 올랐다. 당시에 선조는 전교(傳敎)하기를 김억추는 어디에 있느냐고 물었다. 승지가 현재 순창에 있다고 대답하였다.[8] 선조는 김억추로 하여금 속히 어가(御駕)를 호종하도록 하였다. 선조는 5월 7일에 평양에 도착하였다. 김억추는 밤을 새워 부지런히 가서 평양에 도착해서 선조를 뵈었다. 선조는 김억추를 평안방어사(平安防禦使)로 삼았다. 평안방어사란 대동강을 사수하라는 직책이었으니, 역할이 수군이나 다름없었다. 그때 왜적이 석회탄(石灰灘, 황해도 옹진)에 이르자 여울을 지키던 군졸들이 모두 흩어졌으므로 형세가 외로워 대적하기 어려웠다. 대동강 상류 방어를 맡은 조방장 용천군수 허숙(許淑)은 내강(內江)으로 퇴각하여 웅거하려고 강동현(江東縣)에 도착하였다. 그러자 방어사 김억추가 먼저 강동현에 당도하여 흩어진 병졸들을 수합하여 성천강(成川江)으로 달려가버렸다. 허숙과 김억추가 합세하지 못하고 분리되자, 좌의정 윤두수는 두 사람이 힘을 합쳐 내강을 방어하도록 해야 한다고 하였다.[9] 그런데 이때 평양에 와서 임금을 뵌 유성룡은 "김명원(金命元)은 장수의 국량은 있으나 장재(將才)에는 부족하고, 허숙·김억추는 물러나 움츠린다고 합니다. 지금 마땅히 군령을 신칙(申飭)하여 한 걸음이라도 퇴각하는 사람은 바로 참수한다면 모든 장수들이 반드시 명을 따라 명나라 병사가 오면 반드시 성공할 기세가 있을 것입니다."[10]고 아뢰었다. 윤두수와 함께 평양 사수론을 편 유성룡은 김억추를 미워했을 뿐만 아니라 김명원까지 폄하하였다. 당시 김명원은 도원수로써 한강·임진강을 사수하지 못하였고, 순찰사 이원익과 함께 책임을 맡은 대동강마저 지키기 어려운 상황을 맞고 있었다. 결국 임금은 6월 11일에 평양을 떠 의주로 향하였고, 왜군은 6월 13일에 평양성을 점령하였다.

---

8) 김억추는 임진왜란 발발 때에 순창군수였다고 하기 때문에(가전 자료) 이런 대화가 탄생한 것 같은데, 순창 선생안에는 김억추가 보이지 않고 김례국이 기록되어 있다(이동희 편, 『조선시대 전라도의 감사 수령 명단』, 전북대 전라문화연구소, 1995, 112쪽). 그렇다고 배제할 수만은 없는데, 당시가 전란 상황이어서 기록이 누락될 수 있기 때문이다.

9) 『선조실록』 27, 선조 25년 6월 13일.

10) 『선조실록』 27, 선조 25년 6월 15일.

이때 김억추는 안주목사(安州牧使)에 제수되었다.[11] 청천강 중류에 있는 안주는 평안도 병영이 있는 군사적 요충지이다. 당시 조정은 방어선을 대동강으로 유지하며 평양성을 탈환하려고 하였다. 그래서 김억추 역시 안주목에 있지 않고 대동강 방어에 나섰다. 그때 사헌부·사간원에서는 대동강을 지키지 못했다고 강동탄(江東灘) 수장(守將) 김억추·허숙, 왕성탄(王城灘) 수장 오응정·박석명, 평안병사 이윤덕 등을 처단하라고 청하였다. 이에 대해 선조는 그렇게 할 수 없으니 비변사와 의론하여 조처하라고 명하였다.[12] 조정의 재촉에 의해 도원수 김명원은 순찰사 이원익과 순변사 이빈으로 하여금 군사를 거느리고 평양으로 진군하여 공격하게 하였으나 이기지 못하였다. 당시 이원익 등은 천여 명의 정예군사를 거느리고서 순안에 주둔하여 배후를 지키고 있었다. 방어사 김응서 등은 바닷가 여러 고을의 군사 만여 명을 거느리고 평양의 서쪽을 압박하며 때로 영세한 적을 소탕하면서 성 밖까지 이르렀으나 적은 끝내 나오지 않았다. 김억추는 수군을 거느리고 대동강 입구에 웅거하였고, 임중량은 2천 명의 군사를 거느리고 보루를 쌓아 주둔하며 지켰다. 3로로 나누어 세 차례나 평양성을 공격하였으나 모두 뜻을 이루지 못하여 퇴각하고 말았다.[13] 대동강 방어와 평양성 탈환이 어려운 상황이었다.

김억추는 1593년(선조 26)에 주사장(舟師將)에 임명되었다. 평양성을 탈환할 수 있도록 수군을 거느리고 대동강을 지키라는 명령이었음에 분명하다. 조명 연합군과 의승군에 의해 평양성은 1월 9일에야 수복되었다.[14] 김억추도 여기에 참여하였다. 그리고 나서 김억추는 평양 서쪽에 진을 쳤는데 거느리고 있는 군사는 300명이었는데, 그 가운데 사수가 120명이었

---

11) 『선조실록』 27, 선조 25년 6월 26일.
12) 『선조실록』 29, 선조 25년 8월 3일. 강동탄과 왕성탄은 대동강 상류로써 평양 동쪽에 있다.
13) 『선조수정실록』 26, 선조 25년 8월.
14) 김강식, 「임진왜란 시기의 평양성 전투와 사명당의 역할」, 『사명당 유정』(사명당기념사업회 편), 지식산업사, 2000.

다.[15] 이후 김억추는 경기도 여주목사를 역임하게 된다. 12월 18일에 비변사는 여주목사 김억추로 하여금 경기도 군병을 거느리고 남쪽으로 내려가서 왜적을 치게 하였다.[16] 김억추는 12월 28일에 여주목사로 부임해 온 것으로 선생안에 적혀 있다. 재임 중에 국초부터 있었던 영빈관(迎賓館)이 임진년 병화로 소실되자 중수하였다.[17] 그런데 이듬해 1594년(선조 27) 3월 7일에 사헌부는 업무 추진 능력이 없다면서 김억추와 함께 순변사 이일(李鎰)을 파직해야 한다고 주장하였다.[18] 당시 사헌부는 동인계가 장악하고 있었던 것 같다. 임금의 반대에도 불구하고 계속되는 사헌부의 주장에 결국 물러나고, 3월 16일에 최원이 후임 목사로 부임해왔다. 만포첨사로 좌천되었음에도 불구하고 사간원은 또 교체를 주장하자, 선조는 아뢴 대로 하라고 답하였다.[19]

그래서 김억추는 1595년(선조 28) 2월까지 무보직 상태였던 것 같다. 체찰사가 되어 남쪽 지방으로 내려가 임무를 수행하게 될 김응남은 비록 주사장이지만 김억추를 차출해서 군관으로 데리고 가고 싶다고 하였다.[20] 두 사람 사이가 상당히 깊은 관계였다고 짐작된다. 그런데 『죽계일기(竹溪日記)』를 보면 1595년 2월에 김억추가 진주목사에 제배되었다고 기록되어 있는데, 실록에는 7월에 진주목사로 재임하고 있었다.[21] 이때 사헌부는 학식도 없고 재간도 없으니 김억추를 체직하라고 주장하였으니, 역시 동인계 대간들의 탄핵이었던 것 같다. 1596년(선조 29)부터는 고령첨사(高嶺僉使), 장흥부사(長興府使)에 제수되었다. 『장흥읍지』 선생안을 보면, '通政武右水使陞遷'으로 기록되어 있다. 1597년에 전라 우수사로 승

---

15) 『선조실록』 34, 선조 26년 1월 11일.
16) 『선조실록』 46, 선조 26년 12월 18일.
17) 『여주군사』 2, 2005, 351쪽. 『여지도서』, 「여주목」.
18) 『선조실록』 49, 선조 27년 3월 7일.
19) 『선조실록』 54, 선조 27년 8월 4일.
20) 『선조실록』 60, 선조 28년 2월 27일.
21) 『선조실록』 65, 선조 28년 7월 4일. 『진양지』에는 김억추의 진주목사 재임 여부가 기록되어 있지 않다.

진하여 1600년까지 재임한 것으로 보인다.

　이처럼 무인 집안에서 태어난 김억추는 무과 급제 이후 첫 지휘관을 평산포 만호라는 수군 진장으로 시작하였고, 바로 이어 또 가리포진 만호라는 수군 진장을 역임하였다. 그리고 임진왜란 초기에는 국왕을 호위하고 평양성을 수복하기 위해 대동강에서 주사장이라는 수군 지휘관으로 활약하였다. 이어 여주·진주·장흥 등 대읍에서 수령을 역임하기도 하였다. 이러한 수군 지휘관과 군현 수령의 경력은 후일에 전라 우수사로 임명되어 수군 장수로써 명량해전을 승리로 이끄는 데에 큰 경험이 되었을 것이다.

2)『난중일기』속의 김억추

　널리 알려져 있듯이, 이순신은 동인 출신 유성룡의 추천으로 1591년에 전라 좌수사에 임명되어 임진왜란 때에 해전에서 승리를 거두어 3도수군통제사에 임명되었다. 그런데 1597년에는 요시라, 원균, 이산해, 김응남, 서인 등등의 모략·동조·상소로 나국·삭직·투옥되는 비운을 맞았다가 재기용되는 반전을 맞았다. 따라서 이러한 상황에서 이순신 또한 인간적 갈등을 겪지 않을 수 없었을 것이고, 그것이 그의『난중일기』속에 어떤 형태로든 반영되었을 것 같다는 생각이 든다. 그렇게 보면, 우리가 지금 알아보고 있는 명량해전의 주역들에게도 애증의 역학관계가 존재하였을 것임은 쉽게 짐작되는 대목이다. 이런 차원에서 김응남, 김억추, 이순신 3인의 관계를 차례로 살펴보겠다.

(1) 김응남, 이순신 낙마에 동조하다

　『난중일기』를 보면, 이순신은 명량해전 직전에 만난 김억추를 부정적으로 평가하였고, 해전 중에도 마찬가지 반응을 보였다. 깊이 있는 분석은 하지 않았지만, 조원래 교수는 이순신이 김억추를 부정적으로 평가한 데에는 당색이 가져온 갈등이 있었지 않았을까 한다고 추정하였다. 필자는 이순신과 김억추 사이에 김응남(金應南, 1546 1598)이 있었기 때문에 이순신이 그런 반응을 보였다고 생각한다. 따라서 김응남과 이순신 관계를 우선 알아보겠다.

『대동야승』에 들어있는 「계미기사(癸未記事)」 1583년 4월 17일자에 "유성룡, 이발, 김효원, 김응남은 동인(東人)의 괴수로 조정 일을 맘대로 처리하는 형적이 많으니, 더욱 억제하소서"라는 말이 있다. 동서 분당 이후 김응남이 동인의 핵심 인사였음을 알 수 있다. 김응남은 1592년 임진왜란으로 왕이 피난길에 오르자 유성룡(柳成龍)의 천거로 병조판서 겸 부체찰사가 되었다. 이듬해 1593년 이조판서로서 왕을 따라 환도하였고, 1594년에는 우의정에 이르렀다. 1595년에는 좌의정이 되어 영의정 유성룡과 함께 혼란한 정국을 안정시켰다. 그런데 이후부터 두 사람은 인사 문제 때문에 대립하기 시작하였다. 그래서 유성룡이 이순신을 비호한 반면 김응남은 그 반대 입장에 있었다.

1596년(선조 29) 6월 26일, 이순신의 능력과 인품을 놓고 벌이는 선조와 좌의정 김응남의 대화를 들어보자.[22]

선　조 : "이순신(李舜臣)은 밖에서 의논하기를 어떠한 사람이라고들 하는가?"
김응남 : "이순신은 쓸 만한 장수입니다. 원균(元均)으로 말하면 병폐가 있기는 하나 몸가짐이 청백하고 용력으로 선전하는 점도 있습니다."
선　조 : "이순신은 처음에는 힘껏 싸웠으나 그 뒤에는 작은 적일지라도 잡는데 성실하지 않았고, 또 군사를 일으켜 적을 토벌하는 일이 없으므로 내가 늘 의심하였다. 동궁(東宮, 세자)이 남으로 내려갔을 때에 여러 번 사람을 보내어 불러도 오지 않았다."
김응남 : "원균이 당초에 사람을 시켜 이순신을 불렀으나 이순신이 오지 않자 원균

---

22) 『선조실록』 76, 선조 29년 6월 26일.

은 통곡을 하였다 합니다. 원균은 이순신에게 군사를 청하여 성공하였는데, 도리어 공이 순신보다 위에 있게 되자, 두 장수 사이가 서로 벌어졌다 합니다."

선　조 : "이순신의 사람됨으로 볼 때 결국 성공할 수 있는 자인가? 어떠할는지 모르겠다."

김응남 : "알 수 없습니다마는, 장사(將士)들은 이순신이 조용하고 중도에 맞는다 합니다. 그러나 지금 거제(巨濟)의 진(鎭)에는 원균을 보내야 하니, 거제를 지키는 일이라면 이 사람이 아니고 누가 하겠습니까."

　　선조는 이순신이 어떤 사람인가가 궁금하였다. 적을 잡는데 성실하지 않고 적을 토벌하는 일을 하지 않고 있다고 생각하기 때문이었다. 이에 대해 김응남은 쓸 만한 장수이지만, 원균과 분란을 일으킨데다가 원균만 못하다고 말하였다. 사실 여부를 떠나 선조와 김응남이 한 통속으로 이순신을 불신하고 있음에 분명하다. 그 자리에 있었다면 유성룡은 이순신을 그런 사람이 아니라고 극력 옹호하였을 것이다. 9월에 강화회담이 결렬되고, 11월에 왜군이 내년 2월에 재침할 것이라는 정보가 알려지자, 조정은 한산도에 머물고 있는 이순신으로 하여금 부산 앞바다로 나가라고 하였다. 그러나 이순신은 왜수군의 거점을 수군과 육군이 합동으로 공격할 것을 조정에 촉구하면서 조정의 해상작전 명령에 신중하게 임하였다. 진공론을 주장하여 온 선조와 서인들은 이순신을 집중적으로 비난하였다.[23]

　　이순신에 대한 선조의 불신은 1597년(선조 30) 1월 12일에 정유재란이 발발하자 더 깊어졌다. 그때 김응남은 선조 편에 서서 이순신을 공략하였다. 1월 23일에 김응남이 선조께 말하기를, "정운은 이순신이 나가 싸우지 않는다 하여 죽이려 하자, 이순신이 두려워 마지못해 억지로 싸웠으니, 해전에서 이긴 것은 정운이 격려해서 된 것입니다. 정언신이 항상 정

---

23) 손종성, 「강화회담의 결렬과 일본의 재침」, 『한국사』 29(국사편찬위원회), 1995, 112쪽.

운의 사람됨을 칭찬하였습니다."하였다. 그러자 선조는 이순신에게 가토 기요마사[加藤淸正]의 목을 베라고 하였는데 단지 배로 해상을 순회만 할 뿐 끝내 하지 못했다고 하면서 한숨을 지을 뿐이었다.[24] 27일에는 선조가 이순신을 용서할 수 없다고 말하자, 김응남은 수군으로서는 원균만한 사람이 없다고 말하였다. 다시 선조가 원균을 수군의 선봉으로 삼고자 한다고 말하자, 김응남은 지당하신다고 말하였다. 김응남과 매서 관계인 영돈녕부사 이산해(李山海)가 "임진년 수전(水戰)할 때 원균과 이순신이 서서히 장계(狀啓)하기로 약속하였다 합니다. 그런데 이순신이 밤에 몰래 혼자서 장계를 올려 자기의 공으로 삼았기 때문에 원균이 원망을 품었습니다."고 말하며, 김응남 말에 동조하였다. 마침내 김응남은 "모름지기 어사(御史)를 보내 그로 하여금 규찰하게 하는 것이 어떻겠습니까?"고 하여 사법처리 방안까지 제시하였다. 영의정 유성룡이 한동네 사람이어서 이순신은 직무를 잘 수행할 사람이라며 두둔하였지만, 분위기는 넘어가고 있었다. 그 다음날 28일에는 이순신이 체임되고 원균이 후임 통제사로 임명되었다. 마침내 2월 4일에는 이순신을 붙잡아 법에 따라 죄를 주어야 한다고 하였고, 결국 이순신은 압송되어 국문을 받고 투옥되었다.

이순신은 4월 1일 특사로 출옥 하였다. 유성룡·정탁 등이 나와 맞이하였지만, 당연히 김응남은 보이지 않았다. 이순신은 고향 아산 선영으로 향하였다. 그리고 어머니의 부고 소식을 들었다. 가슴을 치고 뛰며 슬퍼하니 하늘의 해조차 캄캄해 보였다. 가슴이 찢어지는 슬픔을 이루 다 적을 수 없다고 하였고, 친구가 도와주자 "뼈가 가루가 되어도 잊지 못하겠다"고 말하였다. 금부도사의 재촉에 영정을 뒤로 한 채 경상도 초계의 도원수 권율의 막하로 향하였다(백의종군). 자신을 이렇게 만든 원균의 동태(흉포하고 패악한 행동, 뇌물 제공, 우둔하고 무모한 작전)에 바짝 귀를

---

24) 『선조실록』 84, 선조 30년 1월 23일.

귀울였다. 그리고 거기에 김응남도 일조를 한 셈이었으니, 이순신 역시 김응남을 배척하지 않을 수 없었다.

(2) 김억추, 김응남 추천으로 전라우수사

김억추는 서인계 인사들과 매우 가까웠다. 무엇보다도 유성룡·이순신과 대립 관계에 있던 인사들과도 가까웠다. 그러한 인물로는 이후백, 이이, 김명원, 김응남 등을 들 수 있다. 하나씩 알아보겠다.

첫째, 김억추는 이후백이 살고 있는 마을에서 태어났다. 앞서 말한 것처럼, 이후백은 사림의 신망이 두터운 인물이었다. 그렇지만 김효원과 심의겸이 동인과 서인으로 갈라질 조짐이 있을 때에, 여러 사람들은 심의겸과 사이가 좋은 이후백을 심의겸의 당이라고 지목하였다. 형조판서로 있던 이후백이 1575년에 함경도 관찰사로 나가자, 많은 사람들은 김효원을 강하게 비난하였다. 결국 이후백은 서인계 인사들과 사이가 좋았고, 그것을 동인계 인사들이 시기하였음을 알 수 있다. 그렇다면 그런 이후백과 한 마을에서 태어난 김억추 또한 동인계 인사들로부터 견제를 받을 수밖에 없었을 것이다.

둘째, 김억추는 이이의 후원을 받았다. 이이는 사림의 추앙을 받아오다가, 1575년 사림의 동서분당 이후에는 서인계의 영수로 활약하였다. 김억추는 1577년에 무과에 급제하였다. 선조는 이이로 하여금 급제자들의 무예 실력을 시험하게 하였다. 이이는 1576년 12월에 병조 참지에 제수되었다가 1577년 1월에 해주로 돌아갔다고 하니, 병조 참지 때에 김억추를 시재하였던 것 같다. 그때 김억추는 6냥 무게 화살 세 발을 멀리서 명중시켰다. 이 무예 실력에 의해 김억추는 겸사복과 부장에 임명되어 왕실 호위 임무를 맡게 되었다. 그러나 이이는 1584년에 세상을 떠나고 말았으니, 김억추는 이이의 후원을 뒤이어 받을 수 없었다.

셋째, 김억추는 김명원(金命元, 1534 1602)의 후원을 크게 입었다. 김명원은 전주부윤으로 있는 서인계 인물 심의겸을 후임 전라감사로 추천하려고 하자, 번신이 말할 바가 아니라는 반대파의 공격에 시달린 적이 있었다. 반대파란 동인임에 분명하다. 김녕원은 정여립 사건 때에는 옥사를 국문하는 데에 참여하여 녹훈되고 경림군에 봉해지고 정헌대부로 승진하였다. 옥사의 대상은 당연히 동인이었다. 김명원이 서인계 인물이었다고 보아도 크게 틀리지 않다. 김억추는 1578년(선조 11)에 내삼청 부장이 되었다. 내삼청이란 국왕 호위와 궁궐 수비를 담당하던 내금위·겸사복·우림위를 말하고, 부장은 5위에 있는 종6품 직책이다. 이듬해 1579년 선조가 능행 중에 전교하기를, "시위하는 장관(將官) 가운데 용기(龍旂)를 들어서 휘두를 수 있는 사람이 있느냐?"라고 물으니, 김명원이 나와서 아뢰기를 "부장 김억추의 용기와 힘이 남보다 훨씬 뛰어나니 가능한지 시험해 보는 것이 좋겠습니다."라고 하자 즉시 입시하도록 명하였다. 김억추가 명을 받들어 깃대를 잡고 휘두르니 깃발이 하늘에 펄럭였다. 임금이 크게 칭찬을 하고 이어서 등나무로 만든 채찍을 하사하고 어병(御屛)에 성명을 친히 기록하였다. 이 말은 위백규가 지은 묘갈명에 나온 것인데, 그 무렵에 발간된 『호남절의록』에는 임금이 흰 모래 다섯 말을 문룡기(交龍旗)의 깃대 꼭대기에 매달고 그 용력을 시험하였다고 기록되어 있다. 표현에 있어서 미세한 차이는 있지만, 전체적인 면에서 볼 때 용력이 뛰어났다는 의미임에 분명하다. 김억추와 김명원의 인연은 계속 이어졌다. 1580년(선조 13)에 김명원이 북경에 사신으로 갈 적에 김억추를 군관(軍官)으로 데려갔다가 이듬해에 돌아왔다. 연행사 3사(정사, 부사, 서장관)들은 각기 1~2인의 군관을 차출하여 데리고 갔다가 돌아왔다.[25] 김억추는 연행에서 돌아온 후 사헌부 감찰에 제수되었다고 한다. 실제 취임 여부를 떠나 무

---

25) 전해종, 『한중관계사 연구』, 일조각, 1970, 65쪽.

신으로서 문신들도 가기 어려운 청요직에 제수되었다니, 김명원의 후원이 두터웠음을 알 수 있다.

넷째, 김억추는 김응남(金應南, 1546~1598)의 추천을 받아 전라 우수사에 임명되었다. 언제부터 알고 지냈는지에 대해서는 확언할 수 없다. 김응남이 1595년(선조 28) 2월에 체찰사에 임명되었다. 중임에 걸맞게 편비(褊裨)와 종사(從事)의 무리를 갖추겠다고 아뢰었다. 그러면서 군관으로 조경(趙儆)은 차출할 만한데 지금 중한 임무에 제수되었고, 박명현(朴名賢)은 옥중에 있고, 그렇지만 김억추는 비록 수군으로 있지만 그를 차출해서 데려가려고 한다고 말하였다. 별다른 반론이 없었던 것으로 보아, 그렇게 되었을 것 같다. 군관이라면 정사의 신변을 보위하는 자리이기 때문에 깊은 신뢰 없이는 차출할 수 없다. 그래서 봉명사신의 군관으로는 보통 친인척이 자주 차출되었다. 결국 두 사람 사이가 깊은 관계였다는 점을 증명한다.

이 관계는 김억추의 전라 우수사 임명으로 이어진다. 이순신의 『난중일기』를 보면 1597년(선조 30) 7월 16일 새벽에 조선 수군이 기습을 받아 통제사 원균, 전라 우수사 이억기, 충청 수사, 그리고 여러 장수들이 많은 피해를 입었다. 이 소식은 7월 22일 서울에 전달되었는데, 수군 전체가 대패하였고 왜선들이 서진을 한다고 하였다. 다급해진 선조는 바로 대신과 비변사 당상을 불렀다. 영의정 유성룡, 행 판중추부사 윤두수, 우의정 김응남, 행 지중추부사 정탁, 행 형조판서 김명원, 병조판서 이항복, 병조참판 유영경 등이 들어왔다. 임금이 대책을 묻자, 아무도 어떤 대답을 내놓지 못하는 절망스러운 순간이었다. 이때 이항복이 "지금의 계책으로는 통제사와 수사를 차출하여 계책을 세워 방수하게 하는 길밖에 없습니다"고 말하였다. 그러자 선조는 "그 말이 옳다"고 답하였다. 그 자리에서 바로 이어 이순신을 전라좌도 수군절도사 겸 경상·전라·충청 3도 통제사로 삼았다.[26) 그리고 8월 3일에 이순신은 진주에서 통제사 임명 교서를 받았다. 바로 이때 전사한 이억기 후임으로 김억추도 전라 우수사에 임명되었다. 실록에는 7월 25일자로 기록되어 있다.[27) 그러면 이순신을 통제사로 임명하는 건은 누가 주장하였을까? 기록이 없어 알 수는 없지만, 영의정 유성룡이었을 것이다. 반면에 김억추를 우수사로 임명하는 건은 누가 주장하였을까? 우의정 김응남이 했음에 분명하다. 『난중일기』 9월 8일자를 보면,

> 여러 장수들을 불러 대책을 논의하였다. 우수사 김억추는 겨우 만호에만 적합하고 장수를 맡길 수 없는데, 좌의정 김응남이 서로 친밀한 사이라고 해서 함부로 임명하여 보냈다. 이러고서야 조정에 사람이 있다고 할 수 있겠는가. 다만 때를 못난 것을 한탄할 뿐이다.[28)

라고 기록되어 있다. 좌의정(『선조수정실록』에는 김응남의 직함이 좌의정으로 쭉 기록되어 있다) 김응남이 서로 친밀한 사이라고 해서 김억추를 전라 우수사로 임명하였다는 말이다.

(3) 이순신, 김억추를 미워하다

이순신은 동인계 인물인데, 김억추는 서인계 사람들과 가까웠다. 그런데다가 이순신을 낙마시키는 데에 김응남이 큰 역할을 하였는데, 김응남은 김억추를 전라 우수사로 추천하여 임명시켰다. 그러면 3도수군 통제사 겸 전라 좌수사 이순신과 전라 우수사 김억추의 첫 만남은 언제 이루어졌을까?

---

26) 『선조실록』 90, 선조 30년 7월 22일.
27) 『선조실록』 90, 선조 30년 7월 25일. 이날 함께 황신(黃愼)이 전라도 관찰사로 임명되었다.
28) 이순신 지음(노승석 옮김), 『교감 완역 난중일기』, 414쪽.

이순신은 1597년 8월 3일에 진주에서 통제사 임명장을 받고서 하동을 거쳐 구례에 이르렀다. 곡성, 옥과, 순천, 낙안, 보성을 거쳐 8월 18일에 드디어 수군진이 있는 장흥 회령포에 이르렀다. 회령포진에서 이순신이 접수한 전함은 경상 우수사 배설이 거느리고 온 10척 뿐이었다. 이 숫자가 통제사 원균이 거느렸던 3도 수군 전체였다. 장흥부사로 재직하고 있던 김억추는 7월 25일자로 이억기 후임으로 전라 우수사에 임명되었다. 그는 임명장을 받고 바로 우수영으로 가서 군영을 점검하였을 것이다. 두 사람의 첫 만남에 대해 이순신의『난중일기』에는 이 날 배설은 배 멀미를 핑계로 나오지 않았지만, 다른 장수들은 보았다고 하였다. 그런데 이순신의 조카 이분(李芬)이 쓴『이충무공행록』에 의하면,

18일에 회령포(會寧浦)에 이르니 전선(戰船)이라고 다만 10척뿐이다. 공(이순신)이 전라 우수사 김억추를 불러 병선을 수습케 하고 여러 장수들에게 분부하기를 배를 단장하여 귀선(龜艦)으로 만들어 군세(軍勢)를 도우라 하고 약속하기를, '우리 한 가지로 왕명을 받았으니 의(義)에 마땅히 한 가지로 죽을지라. 일이 이에 이르렀으니 어찌 한 번 죽어 국가에 갚기를 아끼랴. 오직 죽은 뒤에 말따름이니라' 하매 여러 장수들이 감동하지 않을 수 없었다.[29]

고 하였다. 김억추는 8월 18일에 직속상관이 머물고 있는 회령포진으로 내려가 이순신을 '처음' 만났음을 알 수 있다. 이순신이 김억추에게 명하여 거북선을 만들라고 하였는데, 이 사실 여부는 풀리지 않은 쟁점 가운데 하나이다.[30] 이항복이 쓴「고통제사이공유사」에는 "전라 우수사 김억추를 불러 그로 하여금 관할 하의 장수 5인을 소집하여 병선을 수습하게 하고, 장수들에게 분부하여 전함을 치장해서 군세를 돕게 하도록 하였다.

---

29) 『이충무공행록』.
30) 제장명, 『정유재란기 명량해전의 주요쟁점과 승리요인 재검토』, 『동방학지』144, 연세대 국학연구원, 2008.

약속하기를, '우리들은 함께 임금의 명을 받았으니, 의리상 사생을 함께 하여야 할 것이다. 나라 일이 이에 이르렀으니 한번 죽기를 어찌 아낄 것 이냐? 오직 충의에 죽는다면 죽어도 영광이 될 것이다' 하니, 모든 장수가 감복하고 두려워하지 않는 이가 없었다."[31]고 하였다. 두 사람의 첫 만남 은 오직 전선을 모집하고 구국의지를 불태워 적을 막자는 것 뿐 이었다.

이순신을 만난 김억추는 그 다음 날 8월 19일에 우수영으로 돌아온 것 같다. 이 날 여러 장수들이 이순신이 있는 회령포에 와서 교서와 유서에 숙배를 하였기 때문이다. 그리고 이순신은 20일에 영암 이진으로, 24일에 는 어란포로 이동하였다. 김억추는 26일에 어란포로 내려가서 또 이순신 을 만났다. 두 사람은 전략을 숙의하며 각종 정보를 제공하였을 것이다. 어란포진은 우수영 소속으로 우수사 김억추의 관할 구역이기 때문이다. 그때 김억추는 전선 1척을 거느리고 와서 이순신에게 주어서 이순신 함대 는 총 13척이 되었다. 그런데 이때 이순신은 "배의 격군과 기구는 규모를 이루지 못했으니 놀랄 일이다"고 김억추를 평가하였다. 전임 이억기가 전 함을 다 몰고 가서 죄다 잃어버린 상태에서 빈손으로 임무를 이어받아 고 작 부임 한 달 만에 전선 1척을 가지고 온 김억추에 대한 이순신의 평가는 이전과는 다른 의도적인 혹평이었음에 분명하다. 그 사이에 모종의 정보 를 이순신이 입수하였던 것 같은데, 김응남이 김억추를 추천하였다는 말 도 들어서 그랬을 것이다. 김억추는 다시 우수영으로 돌아오고, 이순신은 29일에 진도 벽파진으로 이동하였다.

9월 7일에 적선이 벽파진 바로 앞 어란에 이르렀다. 신시에 열 세 척이 벽파진으로 쳐 들어오자 아군이 출동하니 그대로 도망 가버렸다. 밤 이경 에 다시 기습을 가해오자 이순신이 직접 나서 화포를 쏴서 응수하였다. 네 번이나 나왔다가 물러나는 공방전 끝에 삼경 말에야 끝났다. 8일에 이

---

31) 『백사집』 4, 유사, 『故統制使李公遺事』.

순신은 여러 장수들을 불러 대책을 논의하였다. 이날 이순신은 급기야 우수사 김억추는 겨우 만호에만 적합하고 장수를 맡길 수 없는 인물이라며 직격탄을 날리고 말았다. 전함을 더 증선하지 못하거나 전술의 차이에서 온 불만이었을 것이다. 무엇보다 전면전이 눈앞에 다가온 상황에서 가슴 속 감정이 폭발하였을 것 같다. 적선 200여 척 가운데 55척이 어란 앞 바다에 들어왔고, 그들이 조선 수군을 섬멸한 후 서울로 올라가려 한다고 정탐병이 전해오자, 이순신은 15일에 여러 장수들을 거느리고 우수영 앞바다로 진을 옮겼다.

이처럼 이순신은 김억추를 처음 만났을 때에는 오직 의기투합하자는 말만 하였다(배설에 대해서만 불만). 그런데 그 이후부터는 볼 때마다 대비가 소홀하다더니 또는 장수감이 되지 못한다더니 등의 혹평을 가하였다. 그 이유는 어디에 있었을까? 그것은 처음엔 몰랐던 사실, 즉 자신을 궁지로 내몬 김응남이 김억추를 우수사로 추천하였다는 사실을 알아서였다.

3) 명량해전에서의 김억추

인간적 애증관계는 있었는가는 모르겠지만, 명량대첩은 이순신과 김억추의 철저한 공조에 의해 거둔 승리였다. 당시 현장에 있었던 장수는 두 사람 뿐이었다. 두 사람은 최소한 세 번의 만남과 여러 차례의 전령을 통해 역할을 분담하였다. 그 가운데 이순신은 전투함을 지휘하면서 전체를 통솔하였고, 김억추는 그의 통솔 하에 철쇄를 설치·사용하고 피란선을 관리 활용하는 등 크게 두 가지 일을 수행하여 명량해전을 승리로 이끌었다.

(1) 철쇄를 설치·사용하여

우선 김억추는 요해처 명량 해협에 철쇄를 몰래 설치하여 사용하는 일을 맡았다. 아군 전함이 지나가면 내려놓았다가, 적군 전함이 지나갈 때에 올려 적선을 전복시키기 위해서였다. 그런데 아무도 무거운 철쇄를 들 수 없자, 김억추가 마치 조총 같이 움직여 걸었다. 적선이 명량의 철쇄 걸어놓은 곳에 이르자, 아군은 일자로 늘어서 함께 나아갔다. 일시에 퍼붓는 함포와 올라간 철쇄를 만난 적선 수백여척은 일시에 파몰되고 말았고, 그 무렵에 뒤바뀐 조류는 더 이상의 저항을 불가능하게 만들었다. 이순신 함대는 바로 이 철쇄와 조류를 이용하여 적을 물리쳤던 것이다.

이 사실은 1751년(영조 27) 무렵에 발간된 이중환의 『택리지』에 "왜수군이 남해에서 북쪽으로 올라갈 때에 수군대장 이순신이 바다 위에 머물면서 쇠사슬을 만들어 명량에 가로 뻗쳐 놓고 기다렸다. 왜선이 명량 위에 와서는 쇠사슬에 걸려 이내 명량 아래로 거꾸로 엎어졌다. 그러나 명량 위에 있는 배에서는 낮은 곳이 보이지 않으므로, 거꾸로 엎어진 것은 보지 못하고 명량을 넘어 순류에 바로 내려간 줄로 짐작하다가 모두 거꾸로 엎어져 버렸다."고 기록되어 있다. 이순신이 철쇄를 만들어 걸고 사용하였다는 말인데, 이순신 본인이 아니라 이순신 진영에서 그렇게 했다고 해석해야 온당할 것이다. 이와는 달리 1799년(정조 23)에 호남 사람들에 의해 발간된 『호남절의록』에는 "쇠사슬[鐵鎖]을 명량에 가로질러 설치하여 우리 배가 지날 때는 거두고 적의 배가 지날 때는 걸도록 하였는데 쇠사슬이 너무 무거운지라 여러 장수들 중 아무도 그 일을 해낼 사람이 없었다. 공이 때에 맞춰 걸고 거두는 것을 아주 쉽게 하므로 충무공이 그 용력의 절륜함에 탄복하였다. (중략) 또 쇠사슬을 걸어 길을 막으니 떠다니는 시체가 바다를 가득 덮어 마침내 대첩을 이루었다."고 기록되어 있다. 김억추가 직접 철쇄를 걸었고 왜선이 지나갈 때에 올려 크게 격파하였다는 말이다.

이상은 전후 150~200년 지난 기록으로써 명량대첩 당시나 직후에 발간된 자료에는 보이지 않는다. 이런 점을 토대로 이른바 '철쇄설'을 허구로 주장하는 연구자들이 있다. 그들은 위 기록이 민간 설화를 채록한 것이고, 당시 상황이 철쇄를 제작하고 설치할 여유가 없었고, 300m에 이르는 명량의 빠른 물속에 설치하는 것이 불가능하다고 한다.[32] 그렇다면 『택리지』는 어떻게 집필되었을까? 흔히 현지 답사를 기초로 집필되었다고 하는데, 전라도와 평안도는 직접 답사하지 않았다. 그렇다고 전라도와 평안도편이 부실하다거나 허구라고 말하는 사람은 한 사람도 없다. 이는 당시에 답사하지 않고도 지역의 역사문화를 정리할 만큼 조사·연구된 것이 많았다는 증거이다. 그래서 윤기(尹愭, 1741~1826)도 『택리지』 기록을 인용하여 이순신이 명량에 쇄사슬을 설치하여 적선 500여척을 일시에 전몰시켰다고 하였다.[33] 남인 출신으로 이익의 문인이어서 이중환 기록을 믿었을런가 모르겠지만, 그만큼 타당성이 있어서 그렇게 말하였을 것이다. 실제 명량해전 당시 현지에 있었던 수많은 민간인들이 남긴 기록이나 전언이 곳곳에 산재해 있었을 것이다. 최근에는 철쇄를 사용하여 적선을 물리쳤다는 점을 사실로 인정해도 되겠다는 연구논문도 발간되었다.[34] 명량에도 철쇄는 있었을 것이나, 공격용 시설이 아니라 방어용 시설이어서 해전에서의 역할에 대해서는 의문이 간다는 신중론도 제기된 바 있다.[35]

철쇄 설치는 새로운 것이 아니라, 이미 이전에 경험했던 것이다. 일찍이 연산군 때에 전라 좌수사 이량(李良)에 의해 좌수영 앞 바다 장군도에 해저석성이 축조되었다.[36] 항구를 보호하기 위해 왜구의 접근을 봉쇄하려던 시설물이었다. 이를 이어 받아 전라 좌수사로 부임해 온 이순신은 1592년 1월 17일에 철쇄를 박을 구멍낸 돌을 실어오도록 했다.

---

32) 이민웅, 『임진왜란 해전사』, 청어람미디어, 2004, 231~232쪽. 그런데 이민웅은 명량해전의 격전장이 비좁은 울돌목이 아니라 우수영 앞바다일 가능성이 높다고 하였다. 그렇다면 철쇄를 해남과 진도 사이의 명량해협이 아니라 우수영 선창과 그 앞 양도 사이에 설치했을 가능성이 있다.

33) 『무명자집』 10, 문, 『論壬辰事』.

34) 송은일, 「임진왜란 직전 전라좌·우수영의 철쇄설치」, 『호남문화연구』 57, 전남대 호남문화연구소, 2015.

35) 박혜일 외, 「이순신의 명량해전」, 『정신문화연구』 88, 한국정신문화연구원, 2002.

36) 송은일, 「조선시대 전라좌수영의 장군도성 축조과정 및 배경과 이량장군」, 『역사학연구』 54, 호남사학회, 2014.

2월 2일 철쇄를 횡설할 대중석 80여개를 가지고 왔다. 9일에는 철삭을 꿸 긴 나무를 베어오게 했다. 3월 27일에는 철쇄 횡설을 감독하였다. 이는 이순신 본인이 쓴 『난중일기』에 들어 있는 내용이다. 철쇄의 제작에서 설치까지 평상시 상황에서 70일 가량 소요되었는데, 유사시라면 기간을 훨씬 단축시킬 수 있을 것 같다. 그리고 조카 이분이 쓴 『행록』에도 "공이 수영에 계실 때 외적이 반드시 들어올 것을 알고 본영과 소속 포구에 있는 무기와 기계들을 모조리 보수하고 또 쇠사슬을 만들어 앞바다를 가로 막았다"고 했다. 이런 내용을 보았는지 어땠는지 확언할 수는 없지만, 일찍이 윤휴(尹鑴, 1617~1680)는 "(1591년 전라 좌수사 임명 후) 순신은 무기를 대대적으로 수리하고 속진(屬鎭)들을 신칙 장려하였으며, 쇠사슬[鐵鎖]을 주조해서 바다 어귀를 가로질러 치고, 큰 군함을 마치 엎드린 거북의 형상처럼 제작하여 큰 판을 위에 덮고서 화살촉과 칼날은 밖으로 향하게 하고 창과 대포는 그 안에 갈무리하고서 이를 귀선(龜船)이라 명명하여 선봉으로 삼아 적이 오는 데 대비하였다."[37]고 하였다. 이후 지어진 이순신을 향사하는 현충사(顯忠祠)의 제문 · 상량문, 이순신의 연보(年譜)나 시장(諡狀) 등에도 철쇄를 만들어 좌수영 입구를 막았다고 기록되어 있다. 석성이나 철쇄를 적을 막기 위한 시설물로 바다에 설치하는 것은 당시 널리 알려진 대비책이었던 같다.

이렇게 보면, 철쇄를 설치하는 것은 그리 어려운 것이 아니었고 새로운 것도 아니었다. 그래서 명량해협에 철쇄를 설치하자는 아이디어는 이순신이 내었는가는 모르겠지만, 그것을 설치하고 사용하여 대첩의 기회를 잡은 것은 김억추였다. 『이충무공전서』에는 회령포에서 처음 만났을 때에 이순신이 김억추에게 "공은 족히 철쇄(鐵鎖)와 철구(鐵鉤)로 저 적 선척을

---

37) 『백호전서』 23, 事實, 「統制使李忠武公遺事」.

능히 파쇄할 수 있다"고 말하였다고 기록되어 있다.[38] 그러하다 보니 김억추 휘하 사람들이 쇄사슬을 설치하였다는 말도 있다. 진도 출신 조응량(曺應亮)은 이순신과 더불어 미리 쇄사슬을 명량 바다밑에 매설해 놓고 마로해에 나가 적선을 유인하여 싸우다가 거짓 패한 척 하고서 후퇴하니 물살은 급하고 바람마저 거세어 파도가 용솟음치니 적선들이 쇄사슬에 걸려 반 이상이 뒤집혀질 즈음 이순신과 함께 배를 몰아 급히 쳐서 대승을 거두었다고 한다.[39] 이 말도 일리는 있다. 김억추는 명령을 내리고 작업을 실행한 사람은 조응량으로 해석되기 때문이다.

(2) 피란선을 관리·활용하여

다음, 김억추는 피란선을 관리하고 활용하는 일을 맡았다. 적선이 벽파진을 향해서 다가오자, 벽파진에 머물고 있던 이순신은 9월 14일에 우수영에 전령선을 보내어 피난민들을 즉시 육지로 올라가도록 일렀다. 그리고 15일에 이순신은 조수를 타고 여러 배를 거느리고 우수영 앞바다로 들어가 거기서 머물러 잤다. 이윽고 16일에 적선이 우수영으로 올라와 133척이 이순신 함대를 에워쌌다. 이때 상황을 "우수사 김억추가 탄 배는 멀리 떨어져 있어 묘연했다"고 이순신은『난중일기』에 적었다. 이는 김억추가 겁을 먹고 도망간 것이 아니라, 피란선을 통제하며 후방 지원을 하고 있었는데 제법 떨어져 있었던 것 같다. 우수영 앞 바다가 묘연할 만큼 멀리 떨어질 수 있는 공간도 아니다.

1월에 재침한 왜군은 7월에 칠천량에서 조선 수군을 격파한 후 8월 16~19일에는 남원과 전주를 점령하였다. 북상하던 왜군은 9월 6일에 천안에서 남하하기 시작하였다. 이에 당시 호남 사람들 상당수가 배를 타고

---

38) 『이충무공전서』16, 부록, 동의록,『김억추』.
39) 진도군·목포대박물관,『임진·정유왜란과 진도』, 1992, 195쪽.

피란을 갔다. 왜적이 침입하여 인심이 흉흉하자, 함평 사람 정희득은 8월 12일에 가족과 함께 배를 타고 바다로 나갔다. 왜군이 불지르고 도살하자, 강항은 9월 14일에 영광에서 가족과 함께 배를 타고 바다로 나갔다. 모두 왜군에 붙잡혀 일본으로 끌려갔다 돌아온 사람이다. 이런 식으로 우수영으로 내려온 피란선이 많았을 것이다. 그 가운데 흥덕 사람 오익창도 있었다. 또한 우수영에는 장흥, 해남, 영암, 흥양 등지에서 올라온 마하수, 백진남, 정명열, 김안방, 김성원, 문영개, 변홍원, 김택남, 임영개, 백선명, 정운희 등 수많은 사람들이 피란와 있었다. 이 사람들은 이순신 전함을 따라 올라온 사람들이다.

이분은 피란선이 몇백척이라고 하였다. 이순신의 피란령에 의해 일부는 육지로 올라가 좌우 산 중턱이나 정상에 매복하고 있었다. 하지만 100여 척에 이르는 선박은 명량해역을 떠나지 않고 있었다. 이들 피란선은 김억추의 지휘 아래에 양도(洋島, 우수영 선착 앞 섬) 안에 횡대로 열지어 서 있었다. 양도 밖에서 일자로 진을 치고 있는 이순신 함대 뒤에서 군세를 크게 보이도록 하기 위해 바다를 가로 질러 진을 치고 있었던 것이다.[40] 이 피란선은 가만히 서있지만 있지 않고 군량·군복 등을 조달하며 조선 수군을 지원하였다. 그 가운데 오익창은 본진과 피란선단을 오가며 군수물자를 제공하였다.[41] 마하수는 실전에 뛰어들었다가 탄환을 맞고 순사하였다. 이런 활동은 전승의 동력으로 작용하였다. 바로 이 일을 진두지휘한 사람이 바로 김억추이다.

서인계 출신 이민서가 1686년(숙종 14)에 명량대첩비(鳴梁大捷碑) 비문을 지었다(비는 2년 뒤 해남 우수영에 세워졌다).[42] 이 비는 문자 그대로 이순신을 선양하기 위해 세워진 것이기 때문에, 비문에 김억추 장군 관련

---

40) 해남문화원·해남군, 『명량대첩의 재조명』, 1987, 82쪽.
41) 노승석, 「명량해전 중 오익창의 의병활동에 대한 고찰」, 『호남문화연구』 52, 전남대 호남문화연구소, 2012.
42) 『서하집』 14, 비명, 「故統制使李舜臣鳴梁大捷碑」.

말은 등장할 수가 없다. 하지만 비문 속에 들어 있는 "時南民避賊從公者 百餘船 未戰公令分船泛海爲疑兵"라는 구절이 있다. 정운희(丁運熙) 행장 을 보면, 호남 사민이 탄 백여척의 선박이 이순신을 보호하기 위해 서로 약속을 하고 군량을 지원하였으며 후미를 성원하였다고 기록되어 있다.[43] 이순신이 전투에 치중하는 사이에, 군병처럼 보이며 후미를 성원하거나 실전에 뛰어든 피란선이 백여척에 이르렀다. 그러면 이들의 이 일이 각자 알아서 진행되었을까? 그렇지 않았다. 그렇게 해서는 대첩을 거둘 수 없 었다. 그러면 이순신이 지휘하였을까? 이순신은 그럴 여유가 없었다. 명 령을 내리고 포를 쏘며 죽기 살기로 전투 중이었기 때문이다. 바로 지역 사령관 김억추의 지휘에 의해 일사분란하게 피란선은 움직였다. 만약 이 들 피란선이 보이지 않고 전함 13척만 보였다면, 왜군은 절대 퇴각하지 않았다고 보아도 크게 틀리지 않을 것이다.

이처럼 김억추는 철쇄를 설치한 후 우수영 앞바다에서 피란선을 관리 하고 있었다. 그때 사도첨사 김완점과 모포만호 강유신은 양도 밖에 진을 치고, 김억추와 예하 장수들은 양도 안에 진을 쳤다. 김완점과 강유신이 싸우다가 거짓으로 물러가니, 적선 수백척이 꼬리에 꼬리를 물고 추격하 다가 명량 괘구처(掛鉤處, 명량해협 북쪽 끝자락)에 와서 파몰되고 말았 다. 왜장 한 명이 순금으로 만든 짐승 모양의 얼굴 갑옷을 쓰고 몸에 견고 한 갑옷을 입고, 두 귀에는 황금으로 만든 큰 방울을 달고 있었으며, 오른 손으로는 방천화극(方天畫戟, 병기의 하나)을 잡고 왼손으로는 5색의 깃 털 깃발을 잡고 있었는데 깃발을 휘두르고 머리를 흔들자 딸랑딸랑 방울 소리가 울렸다. 적병이 개미처럼 진을 치고 온종일 전투를 벌였는데 거 의 버티기가 힘들 지경이었다. 김억추는 순은(純銀)으로 만든 갑옷을 입 고 화살과 돌이 빗발치는 곳을 무릅쓰고 돌진하여 진지 앞에 서서 여러 장

---

43) 『이충무공전서』 14, 부록 6, 기실[하], 「丁運熙行狀」.

수를 돌아보면서 말하기를 "국가에서 선비를 양성하여 어디에 쓰려고 한 것이겠는가. 남아가 목숨을 바쳐 나라에 보답하는 것이 이 한 번의 행동에 달려 있다."라고 하며 즉시 화살 한 발을 왜장을 향해 쏘니 귀에 방울을 단 왜장이 화살시위 소리와 함께 쓰러졌다. 공이 통제사 이순신과 함께 승기를 타서 왜적을 무너뜨렸다. 북소리가 하늘을 뒤흔들고 적의 시신이 바다에 가득 차서 드디어 왜적이 크게 무너졌다. 당시 바닷가 언덕에서 이 광경을 보던 피란민들이 혀를 차며 입으로 전하면서 칭송하기를 "당시 순은 갑옷을 입은 대장이 적진에 충돌하고 재빨리 돌아서자 갑옷이 햇빛에 반사되며 적진으로 쳐들어가 뒤흔드니 피거품이 바다를 이루고 적의 배를 육지인양 이리 번쩍 저리 번쩍 다니는데, 나는 새도 그보다는 못할 것이다. 아, 우리 이야야(李爺爺, 이순신)께서 과연 이와 같은 신묘하고 용기 있는 부장(副將, 주장을 보좌하는 장수)을 얻어서 이런 큰 공로를 이루어 우리 백성과 나라를 살린 것인가."[44]라고 하였다. 김억추는 이순신의 훌륭한 부장으로 민간에 알려졌음을 알 수 있다.

(3) 이순신과 함께 대첩을 거두다

명량해전 승리 이후 김억추가 조정에 장계를 올렸다. 원문은 전하지 않는다. 『호남절의록』에 있는 "이공이 승첩을 알리는 계문에서 이르길 '판관 김대복(金大福)은 몸을 아끼지 않고 선봉에 서서 승첩을 이루는데 공이 매우 크다'고 하였다"는 기록을 통해 알 수 있다. 이순신도 승첩 장계를 올렸지만, 역시 전문은 남아 있지 않다. 다만 조정에서 명군에 보낸 자문 속에 그 일부가 들어 있을 뿐인데, 그것을 제시하면 다음과 같다.

한산도가 무너진 이후 병선과 병기가 거의 다 유실되었다. 신이 전라우도 수군절

---

44) 『현무공실기』.

도사 김억추 등과 전선 13척, 초탐선 32척을 수습하여 해남현 해로의 요구(要口)를 차단하고 있었는데, 적의 전선 1백 30여 척이 이진포 앞바다로 들어오기에 신이 수사 김억추, 조방장 배흥립, 거제 현령 안위 등과 함께 각기 병선을 정돈하여 진도 벽파정 앞바다에서 적을 맞아 죽음을 무릅쓰고 힘껏 싸운 바, 대포로 적선 20여 척을 깨뜨리니 사살이 매우 많아 적들이 모두 바다 속으로 가라앉았으며, 머리를 벤 것도 8급이나 되었다. 적선 중 큰 배 한 척이 우보(羽葆, 새털로 만든 의장)와 홍기를 세우고 청라장을 두르고서 여러 적선을 지휘하여 우리 전선을 에워싸는 것을 녹도만호 송여종, 영등만호 정응두가 잇따라 와서 힘껏 싸워 또 적선 11척을 깨뜨리자 적이 크게 꺾였고 나머지 적들도 멀리 물러갔는데, 진중에 투항해온 왜적이 홍기의 적선을 가리켜 안끌포의 적장 마다시(馬多時)라고 하였다. 노획한 적의 물건은 화문의(畫文衣), 금의(錦衣), 칠함(漆函), 칠목기(漆木器)와 장창(長槍) 두 자루다.[45]

이순신의 말을 종합해 보면, 아군 전선 13척으로 적군 전선 130여척을 명량에서 맞아 33척을 깨뜨리며 물리쳤다. 본인, 우수사 김억추, 조방장 배흥립, 거제현령 안위, 녹도만호 송여종, 영등만호 정응두가 죽음을 무릎 쓰고 싸운 결과였다. 누가 더 잘했고 더 못했고, 누가 잘났고 못났다는 말은 한마디도 없다. 모두들 긴밀한 공조체제를 유지하여 힘껏 싸워 거둔 대승이었다. 그런데 이 사료에 나와 있는 배흥립은 『난중일기』 명량해전 부분에는 보이지 않는다. 배설과 함께 칠천량 해전에서 살아남아 명량해전에 참여하였다. 그럼에도 불구하고 그의 이름이 일기에 보이지 않는 것은 이순신과 떨어져서 작전을 펴 관찰을 못했기 때문일 것이다. 당시 기록의 한계가 바로 여기에 있다. 『난중일기』 외에 명량해전을 설명해 줄 이렇다 할 당대 자료가 없는 상황에서, 일기를 곧이 곧 대로 해석하고 금과옥조로 받아들이면 많은 문제가 발생할 수밖에 없다. 일기에 기록되어 있지 않은 것은 역사가 될 수 없고, 기록되어 있는 것(제대로 보건 그릇되게

---

45) 『선조실록』 94, 선조 30년 11월 10일.

보건 간에)은 무조건 그 자체가 역사가 될 수밖에 없다는 말이다.

김억추는 자신의 작전 구역인 명량해역에서 조선 수군의 최고 사령관 이순신과 함께 적을 물리쳤다. 이때 김억추 휘하에 있던 많은 사람들이 공을 세웠다. 장흥 출신의 김위(金渭), 광주 출신의 강의창(姜熙昌), 해남 출신의 박팽세(朴彭世) 등의 이름이 보인다. 김억추와 함께 대동강에서 활약한 차은로(車殷輅, 나주 출신)와 강옥상(姜玉祥, 무안 출신), 막하에서 활약한 정응(鄭鷹, 함평 출신) 등도 명량해전에 참여하였을 것 같다 (『호남절의록』).

김억추의 많은 친족들도 명량해전에서 함께 싸웠다. 그의 4형제 가운데 둘째 만추(萬秋)는 재가 봉친하였지만, 셋째 응추(應秋)는 이순신 막하에서 활약하다 명량해전에서 순절하였다. 이 외에 그의 당숙 충질(忠質), 당제 대복(大福)·덕복(德福)·인복(仁福) 등이 명량해전에 참전하거나 선무공신에 이름을 올렸다. 이 가운데 김대복과 덕복 형제는 명량해전 때에 김억추의 좌우에서 활약하다 김대복은 그만 순절하고 말았다. 특히 김대복은 이순신 막하에서 군관으로 활약한 적도 있었는데, 견내량 전투에서는 한후장(捍後將)으로 참전하여 공을 세웠다.[46] 이순신 막하의 군관은 대부분 무과급제나 하급관리 출신으로써 군정을 담당하거나 전투에 참여하여 임란 해전을 승리로 이끈 장본인이었다.[47] 그리고 김인복은 몸에 일곱 군데나 상처를 입고 피를 흘리며 싸웠다고 한다.

〈 김억추 일가의 임진왜란 활약 〉
金玲 – 友珌 – 忠貞 – 億秋(전라 우수사)
　　　　　　　　 – 應秋(명량 순절)

---

46) 『이충무공전서』2, 상계 1, 「見乃梁破倭兵狀」.
47) 김덕진, 「임진왜란시기 전라좌수영 군관의 출신과 역할」, 『해양문화연구』1, 전남대 이순신해양문화연구소, 2008 : 본서 제6장.

- 友璋 - 忠恕 - 大福(명량 순절)
　　　　　　- 德福(명량해전)
　　- 忠孝 - 仁福(선무공신)
　　- 忠質(선무공신)

이처럼 김억추는 명량해전 내내 장수로써 이순신의 지휘 아래에 부하 및 친족들과 함께 전투 현장에 있으면서 큰 공로를 세워 호종공신과 선무공신에 책봉되었다. 그래서 선조도 장계를 보고 김억추의 품계를 가선대부(종2품)로 올려주었다. 그 사실을 선조는 유서를 통해 알려주었는데, 그 속에는 모든 장수들이 계속 패전만 하다가 지금에 이르러 처음 대첩을 거두었다고 치하하면서 각 목장의 말을 수합하여 훈련시켜 육전용으로 삼고자 하오니 그 수를 헤아려 장수들에게 나누어 주도록 당부하였다. 수사의 역할 가운데 하나가 도서에 있는 목장 관리도 들어 있기 때문에 김억추에게 이런 당부를 한 것 같다. 그런 점 때문에 1601년(선조 34) 이순신을 향사하는 충민사(현재 여수) 사당을 짓는 일을 충청수사와 함께 전라우수사 김억추가 맡았다.

맺음말

고조 때부터 강진에 정착한 김억추 선대는 무업에 종사하였고, 김억추 본인과 아들 역시 그러하였다. 김억추는 어려서부터 성격이 쾌활하였으며 활시위 솜씨가 뛰어났고, 체격이 크고 풍채가 웅건했다고 한다. 1577년 29세에 무과에 급제하여 첫 지휘관을 평산포 만호라는 수군 진장으로 시작하였고, 바로 이어 또 가리포진 만호라는 수군 진장을 역임하였다. 그리고 임진왜란 초기에는 국왕을 호위하고 평양성을 수복하기 위해 대동강에서 주사장이라는 수군 지휘관으로 활약하였다. 이어 여주·진주·장흥 등 대읍에서 수령을 역임하기도 하였다. 이러한 수군 지휘관과 군현 수령 경력은 후일에 전라 우수사로 임명되어 수군 장수로써 명량해전을 승리로 이끄는 데에 큰 경험이 되었다.

통제사 이순신과 우수사 김억추는 1597년 8월 18일에 장흥 회령포진에서 처음 만났다. 그때 이순신은 김억추에게 오직 전선을 모집하고 구국의 지를 불태워 적을 막자고 말하였다. 그리고 26일에 어란포진에서 두 번째 만났는데, 이때 이순신은 이전과는 달리 김억추를 대비를 소홀히 한다고 악평하였다. 갑자기 태도가 바뀐 데에는 그 사이에 우의정 김응남이 김억추를 우수사로 추천하였다는 사실을 알게 되어서였을 것이다. 김응남은 이순신을 통제사에서 끌어내리고 백의종군시킨 데에 일조한 인물이기 때문이다. 그래서 이후부터는 말끝마다 김억추를 폄하하였는데, 9월 8일에 벽파진에서 이순신은 김억추를 장수감이 되지 못한다고 말하였다. 급기야 9월 16일 명량해전 때에는 뒤에서 피란선을 관리하며 본인을 후원하고 있는 김억추를 꽁무니를 빼고 뒤에서 얼쩡거리는 인물로 『난중일기』에 묘사하고 말았다. 이 이후에도 기본적인 태도는 마찬가지였다. 명량해전 연구에서 이순신 일기는 절대적이어서 그곳에 적혀 있지 않으면 역사가 될 수 없고 그곳에 적혀 있는 것이 곧 역사 자체일 수밖에 없는 상황에서 신중한 접근이 요구된다.

인간적으로는 이러하였지만, 실제 전투에서는 철저하게 역할 분담을 하였다. 이순신은 전투함을 지휘하면서 전체를 통솔하였고, 김억추는 그의 통솔 하에 철쇄를 설치·사용하고 피란선을 관리·활용하는 등 크게 두 가지 일을 수행하여 명량해전을 승리로 이끌었다. 승리 후 이순신은 장계를 올려 김억추와 함께 적선을 무찔렀다고 중앙에 보고하였다. 중앙에서는 이를 토대로 김억추를 공신에 책봉하였다. 김억추 역시 그런 이순신이 고마워 충민사 사당을 짓는 데에 일조하였다.

9. 전라도 강진의 면제와
왜군점령정책

9. 전라도 강진의 면제와 왜군점령정책

1) 자료에 대하여

일본 규슈 사가[佐賀]번의 번주(藩主)인 나베시마 나오시게[鍋島直茂, 1538~1618]는 1592년 임진왜란 때에 12,000명을 이끌고 일본군의 제2 진으로 가토 기요마사[加藤淸正]와 함께 조선에 들어왔다. 함경도 공략에 참여하여 조선 왕자를 체포하는 데에 일조한 후 한성에 입성하였고, 후퇴 후 경상도 김해 죽도(竹島)에 성을 쌓고 웅거하였다. 그리고 1597년 1 월에 개시된 정유재란 때에 제4진으로 들어왔다가 중간에 귀국하여 4월에 오사카에서 도요토미 히데요시[豊臣秀吉]를 만난 후 바로 조선으로 돌아왔다. 8월에 우군의 일원으로 가토와 함께 남원성 공격에 참여한 후 전주를 거쳐 북진을 하다 9월에 충청도 직산에서 조선군의 공세에 길이 막히자 전라도로 남진을 하기 시작하였다. 그는 내려오다 김제·금구에서 조선군과 전투를 벌여 많은 병사를 살상하였을 뿐만 아니라 이비(耳鼻)를 베어 본국에 보냈다. 9월 16일에 정읍에서 여러 장수들과 회의를 열어 전라도 점령정책을 논의하였는데, 이때 작성된 문서가 「高麗陣諸將郡割並ニ陣立人數書出案」으로 추정된다.[1] 여기에 정읍 이남의 34개 고을을 나눠 점령한 13명 이상의 일본 장수들이 자세하게 열거되어 있는데, 그는 김제, 금구, 화순, 능주를 담당하였다. 그는 화순과 능주를 거쳐 죽도성(竹島城)으로 돌아갔다. 반면에 그의 10대 아들 나베시마 가츠시게[鍋島勝茂]는 강진과 해남을 맡도록 한 시마즈 요시히로[島津義弘]와 함께 내려가 강진에 이르러 20일 가량 머물며 군량미 2,000여석을 마련하여 여러 병졸들에게 나주어 준 후 죽도성으로 돌아갔다.[2] 이때 시마즈는 해남에 주둔하여 점령정책을 폈다.

사가에 있는 타이쵸인[泰長院]이라는 사찰의 제3대 주지인 묘린[明琳]은 나베시마 나오시게를 수행한 종군 승려로써 많은 기록을 남겼고, 현재 그의 후손이 그 문서들을 타이쵸인에 소장하며 보관하고 있다. 그 가운데 「泰長院明琳全羅道康津縣十八社數等書出」이라는 문서가 있는데, 이는 1958년에 佐賀縣立圖書館에서 발행한 『佐賀縣史料集成』에 실려 있다.[3] 이 문서는 나베시마 가츠시게가 강진현에 주둔해 있던 '慶長二載丁酉 小春初九日', 즉 1597년 10월 9일에 작성된 것으로, 여기에는 강진현의 18개 사(면)의 이름과 방향·위치, 그리고 강진 현민이 일본에 낼 곡물량 등 크게 두 가지 사항이 수록되어 있다. 전자는 점령지 통치의 기초자료로 삼기 위해, 후자는 군량미 조달을 위해 작성하였을 것이다. 따라서 이 문서는 일본군의 강진 점령정책을 단편적이나마 알려주는 문서라고 할 수 있는데, 여기에는 당시 강진의 지역정보가 담겨 있다.

7년 왜란사 연구에서 가장 미진한 분야가 일본군의 점령정책이 아닌가 한다. 자료 부족과 관심 결여가 그 요인이겠지만, 함경도 점령정책이 기타

---

1) 김덕진, 『소쇄원 사람들』, 다할 미디어, 2007, 277쪽.

2) 『佐賀縣近世史料』 제1편 제1권, 佐賀縣立圖書館, 1993.

3) 『佐賀縣史料集成』 古文書編 3, 佐賀縣立圖書館, 1958.

지마 만지[北島万次][4)의 일련의 연구에 의해 일부 밝혀졌을 뿐, 가장 격전지였던 경상도와 전라도의 경우는 아직까지 베일에 가려져 있다. 그런 점에서 볼 때 이 문서는 일본군의 호남지역 점령정책을 살피는 데에 중요한 자료로 여겨지는데, 지금까지 학계에 알려진 적이 없어 이번에 여기에서 소개하고자 한다. 『佐賀縣史料集成』에 실린 원문을 들면 다음과 같다.

泰長院明琳全羅道康津縣十八社數等書出

全羅道康津縣十八社數

縣內	府中		營川	東五里	鼠頭里	東十里
大谷	東二十里		七良	南二十五里	大口	南四十里
寶岩	西三十里		白道	西五十里	波之大	西四十里
知品田	西二十里		非羅乃	東十里	古郡內	北三十五里(有兵營也)
梨旨	北三十里		草谷	北四十里	列樹	北三十五里
唵川	北五十里		古邑	西四十里	安住	西四十里

　右穀積
一　種租一千五百四十九石五斗
　　　　旧例還上并土貢米五千七十一石五斗
　　　　右四分一并五分一米一千一百五十二石十二斗 日本御上納
一　種太二百三十七石一斗
　　　　旧例還上一千九百十二斗
　　　　右四分一并五分一米貳百三十九石 日本御上納
一　種麥七十四石
　　　　旧例還上百三十六石
　　　　右四分一并五分一米卄七石三斗 日本御上納
今年日本上納之分
　　　　米太麥合而一千四百十八石十三斗歟

慶長二載丁酉小春初九日 泰長院明琳書

---

4)　北島万次, 『朝鮮日々記·高麗日記』, 그리고, 1982. 北島万次, 『豊臣政權の對外認識と朝鮮侵略』, 校倉書房, 1990. 北島万次, 『豊臣秀吉の朝鮮侵略』, 吉川弘文館, 1995. 이 외에 다음도 참고된다. 김만호, 「임진왜란기 일본군의 함경도 점령과 지역민의 동향」, 『역사학연구』 38, 호남사학회, 2010.

2) 왜란 당시 강진의 면제

우리나라의 지방행정 체계 역사에서 군현(郡縣)과 리(里)의 중간단계에 해당하는 면(面)이 등장한 시기는 고려 말기이지만, 그것이 제도화된 시기는 15세기 조선초기이다. 조선초기 당시 면은 동·서·남·북 등 방위면 형태를 띠었고 그 기능도 후대와 달랐던 것으로 지적되고 있다. 그런데 『여지도서』나 『호구총수』 등 18세기 조선후기 자료를 보면, 면의 이름이 방위명에서 실질적인 행정업무를 수행하는 지역명으로 변화되고, 수는 고을 당 적게는 4~8개 많게는 20개 이상으로 증가하게 된다.[5] 이때에 방위명에서 지역명으로 바뀌면서 면의 기능이 군현과 리의 중간단계 역할을 수행하기 시작하였다는 것이 지금까지의 연구 결과이다.

그렇다면 언제 이러한 일이 벌어지게 되었을까가 궁금한데, 이 점에 대해 지금까지 명확한 설명이 없다. 숙종 대의 「오가통사목(五家統事目)」이 이러한 면리제 변화의 단초적인 양상을 보여주고 있다는 설명 정도에 그치고 있다. 바로 이러한 점을 해명하는 데에 「泰長院明琳全羅道康津縣十八社數等書出」의 '全羅道康津縣十八社數'는 하나의 단서를 제공할 것이다. 여기에 강진현 18개 사의 이름과 방향·위치가 기록되어 있기 때문이다. 그것을 방향과 거리에 따라 정리하면 다음과 같다.

〈 全羅道康津縣十八社數 〉

縣內	읍내	波之大	서 40리
營川	동 5리	古邑	서 40리
鼠頭里	동 10리	安住	서 40리
非羅乃	동 10리	白道	서 50리
大谷	동 20리	梨旨	북 30리
七良	남 25리	古郡內	북 35리
大口	남 40리	列樹	북 35리
知品田	서 20리	草谷	북 40리
寶岩	서 30리	唵川	북 50리

5) 이수건, 「군현제의 정비」, 『한국사』 23, 국사편찬위원회, 1994. 김준형, 「지방행정체제의 변화」, 『한국사』 34, 국사편찬위원회, 1995.

이 자료는 일본군이 점령지인 강진지역의 통치에 필요한 기본정보를 얻기 위해 작성하였을 것이지만, 우리는 이를 통해 다음의 몇 가지 지역사정을 파악할 수 있다.

첫째, 16세기 말기에 강진에 사(社)라는 이름으로 현내(縣內), 영천(營川), 서두리(鼠頭里), 비라내(非羅乃), 대곡(大谷), 칠량(七良), 대구(大口), 지품전(知品田), 보암(寶岩), 파지대(波之大), 고읍(古邑), 안주(安住), 백도(白道), 이지(梨旨), 고군내(古郡內), 열수(列樹), 초곡(草谷), 옴천(唵川) 등 무려 18개의 면이 동서남북 4방에 포진되어 있었다. 양란 이후 전개된 광범위한 사회적 변화 이전에 이미 강진지역은 방위면 체제에서 지역면 체제로 전환되었음을 알 수 있다. 그러면 당시 조선사회 전체가 이러한 상태였을까가 궁금한데, 진도의 경우 17세기 말기까지도 방위면 체제였다. 1691년(현종 12)에 진도 동면(東面) 의신촌(義信村)에 사는 유학(幼學) 김남표(金南杓)라는 사람이 상업을 위해 배를 몰고 바다를 나갔다가 표류한 적이 있었다.[6] 그런데 18세기 중반 영조 대의『여지도서』를 보면, 동면은 사라지고 대신 의신촌이라는 지역촌이 의신면으로 승격되었다. 따라서 면리제의 변화가 지역에 따라 편차가 있었음을 알 수 있고, 그 가운데 강진은 매우 빠른 시기에 변화가 단행되었음을 알 수 있다.

둘째, 18개면 가운데 고군내면은 옛 도강(道康) 치소였던 곳이다. 고읍면은 1429년부터 1475년까지 강진 치소였던 곳으로 고려시대의 송계부곡(松溪部曲)이 있었던 곳이다.[7] 대곡면은 대곡소(大谷所)가 있었던 곳이고, 대구면은 대구소(大口所)가 있었던 곳이고, 칠량면은 칠량소(七良所)가 있었던 곳이다. 나머지 면은 대체로 자연촌이 승격된 곳이었을 것이

---

6) 고동환, 『조선후기 서울상업발달사연구』, 지식산업사, 1998, 148쪽.

7) 1417년(태종 17)에 도강(道康)과 탐진(耽津)을 합쳐 강진(康津)으로 이름하고 치소를 탐진 치소로 삼았다. 그러다가 1429년(세종 11)에 도강 땅의 송계로 치소를 옮겼다가, 1475년(성종 6)에 다시 탐진의 옛 치소로 옮겼다. 그러므로 송계는 고읍 또는 고강진이 된 것이다(김덕진, 『손에 잡히는 강진역사』, 남양미디어, 2015, 53쪽).

다. 이렇게 보면, 강진의 18개면 가운데 옛 치소가 면으로 바뀐 곳이 있는가 하면, 자연촌이 면으로 승격된 곳이 있고, 부곡이 면으로 승격된 곳이 있을 뿐만 아니라,[8] 소가 면으로 승격된 곳이 있었음을 알 수 있다.[9] 이는 조선의 면 구역 획정이 인위적인 구획으로 이루어진 것이 아니라 이전부터 오래 동안 영위해 온 지역민들의 생활권을 근거로 하였음을 반증할 것이다.

셋째, 4개의 방위면이 18개의 지역면으로 언제 바뀌었을까가 궁금하다. 고읍면이 있는 것으로 보아, 적어도 1475년(성종 6) 이후에 그러한 변화가 나타난 것으로 보인다. 그렇지만 서두리(鼠頭里)가 있는 것으로 보아, 아직까지 자연촌이 면 역할을 하고 있는 곳이 있었음도 알 수 있다.

그러면「泰長院明琳全羅道康津縣十八社數等書出」에 기재된 면이 이후에 어떻게 되었을까가 궁금하다. 이후 강진현의 면 현황을 전해주는 자료가 17세기 현종 대에 유형원(柳馨遠, 1622~1673)이 지은 『동국여지지(東國輿地志)』이다. 이에 의하면, 강진현에는 18개 면이 있었지만, 면의 숫자만 기록되어 있기 때문에 구체적인 상황에 대해서는 확인할 길이 없지만 이전 때와 별다른 차이가 없었을 것이다.

강진 관내 면의 현황을 비교적 소상히 알 수 있는 자료가 1759년에 작성된 『여지도서』이다. 『여지도서』, 강진현, 방리조에는 현내면부터 청산도까지 23개 면의 방면과 거리 및 호수와 구수가 기록되어 있다. 이에 따르면, 당시 강진현에는 18개의 육지면과 5개의 도서면 등 모두 23개의 면이 있었다. 이들을 방위와 거리 순서대로 정리하면 다음과 같다.

---

8) 고려시대에 강진에는 운수부곡, 영가부곡, 송계부곡, 미포부곡, 좌곡부곡 등 5개의 부곡이 있었는데, 이 가운데 송계부곡 1곳이 면으로 승격된 것이다.

9) 고려시대에 강진에는 대구소, 대곡소, 칠량소, 산계소, 산심소, 종옥소, 구계소, 부원소 등 8개의 소가 있었는데, 이 가운데 대구소, 대곡소, 칠량소 3곳이 면으로 승격된 것이다.

〈『여지도서』의 면과 면별 호구수 〉

읍내		縣內面	: 765호,	2,555구	(남 1412, 여 1143)
동	7리	虎溪面	: 108호,	443구	(남 213, 여 230)
	10리	羅川面	: 52호,	221구	(남 111, 여 110)
	20리	錦川面	: 222호,	845구	(남 415, 여 430)
	20리	大谷面	: 330호,	1,275구	(남 713, 여 562)
서	10리	知田面	: 130호,	434구	(남 224, 여 210)
	20리	波之大面	: 173호,	799구	(남 390, 여 409)
	50리	白道面	: 409호,	1,528구	(남 775, 여 753)
남	30리	七良面	: 405호,	1,352구	(남 719, 여 633)
	30리	寶岩面	: 272호,	1,012구	(남 583, 여 429)
	50리	大口面	: 405호,	1,352구	(남 719, 여 633)
북	20리	草谷面	: 87호,	291구	(남 137, 여 154)
	20리	古邑面	: 243호,	813구	(남 298, 여 515)
	20리	梨旨面	: 33호,	136구	(남 65, 여 71)
	30리	列樹面	: 106호,	508구	(남 259, 여 249)
	40리	安住面	: 186호,	797구	(남 342, 여 455)
	40리	古郡內面	:1,374호,	3,755구	(남 1,945, 여 1,810)
	40리	唵川面	: 164호,	1,041구	(남 629, 여 412)
동남	80리	古今島	: 613호,	1,513구	(남 618, 여 895)
	100리	助藥島	: 290호,	971구	(남 412, 여 559)
	120리	薪智島	: 509호,	1,325구	(남 629, 여 696)
서남	120리	莞島	: 382호,	1,017구	(남 477, 여 540)
	300리	靑山島	: 428호,	1,352구	(남 591, 여 761)
	계		: 8,033호,	25,995구	(남 13,045, 여 12,950)

*기록상 총 호수는 8,033호이나 면별 총 호수는 7,686호로 346호가 적음. 인구수는 남자가 13,045명이나 면별 총 집계는 16,386명으로 3,341명이 많음, 여자는 12,950명이나 12,659명으로 291명이 적음.

새로이 면체제로 편입된 도서지역을 제외한 18개 육지면이 이미 200년 전 모습 그대로라는 것이 눈여겨 볼만하다. 단지 몇 개의 이름만 약간 바뀌었고, 거리만 수정되었을 뿐이다. 가령, 동쪽 5리 영천면(營川面)이 동쪽 7리 호계면(虎溪面)으로 바뀌었는데, 노변에 호계라는 석면이 있어 이렇게 바뀐 것으로 보인다.[10] 그리고 동쪽 10리 서두리(鼠頭里)가 위치는 그대로인 채 나천면(羅川面)으로 바뀌었는데, 서두란 의미가 불결하여 면명을 미려한 한자식 지명인 나천으로 바꾸고 리명 또한 서동리(西洞里)로 바꾼 것 같다. 또한 동쪽 10리 비라내면(非羅乃面)이 동쪽 20리 금천면(錦川面)으로 바뀌었는데, 비단을 의미하는 비라가 한자 '금(錦)'으로 냇가를 의미하는 내가 한자 '천(川)'으로 바뀐 것으로 보인데, 읍내 동쪽 20리에 있는 금천[11]이라는 냇가를 이 지역 사람들은 전부터 비라내라고 불렀던 것 같다. 그리고 서쪽 20리 지품전면(知品田面)이 서쪽 10리 지전면(知田面)으로 바뀌었다. 나머지는 이전 이름 그대로 사용되었다.

『여지도서』 다음으로 강진현의 면 현황을 파악할 수 있는 자료가 1789년에 작성된 『호구총수』이다. 『호구총수』, 전라도, 강진 조항에는 면별 호구수와 소속 리명이 수록되어 있는데, 총 면 수는 24개 면으로 육지면이 19면, 도서면이 5면인데, 30년 전 『여지도서』와 완전 일치하고 단지 병영이 들어서 있어 규모가 가장 큰 면인 고군내면이 노상면과 노하면으로 분화되었을 따름이다. 그런데 노상면과 노하면은 19세기에 들어가면 다시 고군내면으로 합면되어 일제시대에 9개면(강진면, 군동면, 칠량면, 대구면, 도암면, 성전면, 작천면, 고군면, 옴천면)으로 개편될 때까지 18면 체제였다. 따라서 강진지역은 16세기 후반부터 20세기 초기까지 18면 체제를 유지하였다고 정리할 수 있다(도서면 5개면은 1896년에 신설된 완도

10) 虎溪石. 縣東五里. 虎溪路邊石面(『동환록』).
11) 錦川. 在縣東二十里(『동국여지지』).

군으로 이설).

우리는 이 문서를 통해 중요한 사실을 확인할 수 있다. 일반적으로 조선 초기에 수립된 방위면 체제가 왜란과 호란을 거친 이후 조선후기에 분화된 것으로 이해되고 있지만, 위 기록을 통해 이미 왜란 전에 분화되어 있었음을 알 수 있다. 그것도 무려 18개의 면으로 매우 세분화되었다는 것은 새로운 발견이라고 할 수 있다. 중요한 것은 이 18개면 체제가 조선이 망하고 일제에 의해 행정구역이 개편될 때까지 지속되었다는 것이다. 조선 역사의 지속성을 확인할 수 있는 대목이다.

3) 왜군의 강진 점령정책

앞서 언급한 것처럼,「泰長院明琳全羅道康津縣十八社數等書出」 문서는 강진현의 면 현황과 강진 현민이 일본군에게 내야 할 곡물량 등 두 분야로 구성되었다. 우리가 마지막으로 살펴볼 것은 후자인데, 이는 어려움에 처한 군량미를 확보하기 위해 작성된 것이었음에 분명하다.

일본군은 강진 현민에게 미(米) 1,418석을 자기들에게 납부하라고 하였다. 그러면서 그들은 그 산출내역을 다음과 같이 제시하였다. 종자용으로 보관하고 있는 조(租) 1,549석의 1/4인 387석(미 138석)과 환곡과 전세로 국가에 낼 미(米) 5,071석[12]의 1/5인 1,014석을 합산한 미(米) 1,152석을 일본에 내도록 하였다. 그리고 종자용으로 보관하고 있는 태(太) 237석의 1/4인 59석과 환곡으로 국가에 낼 태 1,912두의 1/5인 382두를 합산한 미 239석을 일본에 내도록 하였다. 또한 종자용으로 보관하고 있는 맥(麥) 74석의 1/4인 18석과 환곡으로 국가에 낼 맥 136석의 1/5인 27석을 합산한 미 27석을 일본에 내도록 하였다. 이렇게 산출한 미곡 1,418석을 수합

---

12) 강진의 18세기 중반 전세, 삼수미, 대동미가 미 4,058석, 태 599석이었기 때문에(『여지도서』), 이 시기 환곡과 전세가 미 5,071석이었다는 일본 측 기록은 매우 신빙성이 높은 통계라고 볼 수 있다.

하여 일본군은 자신들의 군량미로 사용하였는데, 이 점은 나베시마 가츠시게의 연보에도 소개되어 있다.

강진현에 들어온 일본군의 급선무는 조선사람의 반발을 진정시키고 그를 토대로 군량미 확보 등 전력 보강에 있었을 것임에 분명하다. 이를 위해서 일본군은 진주 즉시 점령지 통제정책을 발표하였다. 그와 관련하여 시마즈는 해남에 들어와서 5개조로 된 「全羅道海南定榜文事」[13]라는 포고문을 발표하여 곳곳에 붙였다. 이는 전국적으로 동일한 내용이지만, ①토민(土民)과 백성(百姓)은 모두 향읍(鄕邑)에 돌아와 농경에 종사할 것, ②상관(上官)과 그 가족을 수색하여 살육하고 관인(官人)의 가택을 방화할 것, ③토민, 백성, 관인의 은신처를 알린 자를 포상할 것, ④은신처를 방화하고 돌아오지 않은 인민을 살육할 것, ⑤인민을 살해하고 행패를 부리는 왜졸을 보고할 것 등을 골자로 하였다. 당연히 나베시마 가(家)에서 작성한 강진 포고문도 있었을 것 같지만 이에 대해서는 현재 확인되지 않고, 경상도 지역의 것만 남아 있다.

이러한 포고문을 통한 억압책으로 일단 민심을 진정시킨 후 행정경험이 풍부한 사람들의 협조가 시급히 필요했을 것은 자명한 일이다. 그래서 그들은 우선 향리나 관노 등 관속들을 찾아내어 통치자료를 입수하고 그를 토대로 점령정책을 작성하였다. 1597년 당시 강진을 포함한 남해안 일대 지역에서 일본군의 강요에 못이겨 부역한 사람들의 현황에 대해 11월 12일에 충청병사 이시언(李時言)이 다음과 같이 보고하였다.

해남·강진·장흥·보성·무안 등의 고을은 인민이 거의 다 적에게 붙어 사족의 피난처를 일일이 가르쳐 주어, 거의 다 살륙되었습니다. 해남의 노직향리(老職鄕吏) 송원봉(宋元鳳)과 가속서리(假屬書吏) 김신웅(金信雄) 등은 혹은 좌수(座首)라느

---

13) 동경대학사료편찬소 편찬, 『島津家文書』 2, 1953, 253쪽.

니 혹은 별감(別監)이라느니 하면서 우리나라 사람들을 제멋대로 살륙하였으며, 6방(六房)을 차정하는 데 있어서도 시노(寺奴) 심운기(沈雲起)는 이방(吏房), 향리 송사황(宋士黃)은 호방(戶房), 시노 서명학(徐命鶴)은 예방(禮房), 시노 박인기(朴麟奇)는 병방(兵房), 향리 차덕남(車德男)은 형방(刑房), 사노(私奴) 박희원(朴希元)은 창색(倉色), 사노 다물사리(多勿沙里)·주질석을이(注叱石乙伊) 등은 고직(庫直), 면역향리(免役鄕吏) 차광윤(車光允)과 사노 부근(夫斤)·인세(仁世) 등은 도장(都將), 시노 윤해(尹海)는 각처의 정탐, 사노 언경(彦京)은 응자착납(應子捉納)으로 각각 차정하여, 왜노가 하고자 하는 일이라면 모든 성의와 힘을 다하여 왜노에게 아양을 떨었으며, 또 왜진(倭陣)이 철수하여 돌아갈 적에 뒤떨어진 적에게 머물기를 정하여 세 곳에 주둔시켜 놓고서, 그를 빙자하여 온갖 흉악한 짓을 다 하였다고 합니다. 때문에 장수를 차정하여 적을 섬멸할 적에 송원봉과 시노 인세·윤해와 사노 언경은 잡아다가 이유없이 자백을 받아 부대시참(不待時斬)으로 형을 행하여 효시해 연해의 백성들에게 국법이 있음을 알도록 하고, 그 나머지의 미처 사로잡지 못한 사람은 지금 뒤좇아 잡는 중입니다.[14]

강진, 장흥, 보성, 무안 등지에 대해서는 정황만 언급하였지만, 우수영이 있는 해남에 대해서는 사정을 소상히 보고하였는데 향리나 노비들이 일본군의 통치행정에 적극 가담하였다. 강진의 경우도 대략 이와 대동소이하였을 것이다.

강진 일본군은 이들 부역자들의 협조를 얻어 은신할 만한 곳을 수색하여 사람들을 찾아내어 살육하거나 납치해갔다. 얼마나 많은 사람들이 죽임을 당하고 귀와 코를 베이고 납치당했는지에 대해서는 알 수 없지만, 1624년(인조 2)에 회답겸쇄환사의 부사(副使)로 일본을 다녀온 바 있는 강홍중(姜弘重)이 남긴『동사록(東槎錄)』에 한 여성 납치자의 근황이 소개되어 있다. 강홍중이 일본으로 가던 중 아이노시마[藍島]에 머물고 있을

---

14) 『선조실록』 94, 선조 30년 11월 12일. 이 기사에서 이시언은 전라 우수사로 기록되어 있는데, 이때 이시언은 충청병사였다. 따라서 내용으로 보아 전라 우수사는 김억추여야 하는데, 이시언으로 나온 것은 실록의 오기임을 알 수 있다.

때에

한 여인이 그 아들을 데리고 몰래 조그만 배를 타고 와 우리 뱃사람에게 말하기를, '나는 강진(康津)에 살던 백성의 딸입니다. 정유년에 사로잡혀 올 때에 아들은 6세 아이로 따라와 지금 이 성에서 3식(息, 1식은 30리) 거리에서 살고 있는데, 사신의 행차가 있음을 듣고 기쁜 마음을 견딜 수 없어 배를 세내어 타고 찾아왔습니다. 돌아가실 때에 다시 와 기다리겠으니, 원컨대, 행차를 따라 고국으로 돌아가게 해 주옵소서. 사로잡혀 온 사람으로 나와 같이 있는 자가 한 부락을 이루고 있는데, 모두 돌아가려 해도 되지 못하니, 내가 미리 알려 두었다가 같이 오겠습니다.'하였다.[15]

고 하여, 1597년에 강진 출신 여자가 6살 아들과 함께 납치되어 지금까지 아이노시마[16]에 거주하고 있었다.

그리고 일본군은 부역자의 정보제공을 토대로 군량미를 포함한 군수물자 확보에 나섰다. 바로 이러한 일을 행하기 위한 기초자료 확보 차원에서 우리가 앞에서 살펴본 행정편제를 파악하였다. 이를 이용하여 가내 재고 곡물과 조세량을 파악하여 민심위무 차원에서 전량 징수하지 않고 1/4 혹은 1/5만 징수하였다. 20일이라는 매우 짧은 기간에 재고량, 조세량(전세, 환곡)을 매우 자세히 파악할 수 있었던 것은 행정업무에 경험이 많은 사람들의 협조가 있었기에 가능한 일이었다. 더욱이나 당시 우리 지명이나 인명의 '어'나 '여'를 일본인들이 발성·청취의 차이 때문에 '오'나 '요'로 적어 놓은 기록물을 종종 볼 수 있는데, 우리가 살펴본 이 강진 문서에서는 한 건도 그런 사례가 발견되지 않고 있으니, 행정 경험이 풍부한 현지 조력자에 의해 문건이 작성되었음을 알 수 있다.

---

15) 강홍중, 「동사록」, 1624년 10월 25일.
16) 아이노시마는 규슈 기타규슈에서 북쪽으로 4.2km 떨어진 섬이다.

10. 통신사 사행록에 보이는
호남출신 왜란 피로인

10. 통신사 사행록에 보이는 호남출신 왜란 피로인

머리말

임진왜란(壬辰倭亂, 1592~1597년) 시기에 의병의 항전과 수군의 승전에 힘입어 호남지역은 왜군의 수중에 들어가지 않고 보존되어 후방 보급기지로 그 역할을 수행하였다. 그러나 정유재란(丁酉再亂, 1597~1598년) 시기 수륙양면에 걸친 왜군의 집중적인 공략으로 호남 전지역이 왜군에 점령되어 호남 지역민들은 왜군으로부터 무자비한 약탈·방화·살륙을 겪어야만 하였다. 그 과정에서 적지 않은 수의 호남 사람들이 일본에 강제로 끌려가기도 하였다. 따라서 어떤 사람들이 끌려가 어떠한 상황에 처하였는지가 궁금하지 않을 수 없다. 바로 이점을 알 수 있는 자료로 통신사(通信使) 사행록(使行錄)이 있다.

왜란으로 단절된 조일 양국관계는 도요토미 히데요시 사망 이후 들어선 도쿠가와[德川] 막부(幕府)의 통교 간청과 쓰시마[對馬島]의 중개로 개선되기 시작하였다. 그에 따라 몇몇 사신들이 쓰시마에 파견되었고, 1604

년(선조 37)에는 승려 유정(惟政)이 탐적사(探賊使)로 쓰시마를 거쳐 교토
[京都]로 가서 도쿠가와 이에야스[德川家康]를 만나고 일본의 국정을 살핀
후 피로인을 데리고 이듬해에 돌아왔다. 이를 토대로 1607년(선조 40) 도
쿠가와 막부에 회답겸쇄환사(回答兼刷還使)라는 명칭의 사절을 보냄으로
써 양국의 국교는 재개되었다. 그 후 조선은 19세기 전기까지 11회의 통
신사를 더 파견하여 피로인을 쇄환하거나 쓰시마 번(藩)을 견제하고, 그
리고 일본국정을 탐색하고 막부장군의 즉위를 축하하였다.[1]

통신사 일행들은 일본을 내왕한 후 기록을 남겼는데, 그것들이 현재 적
지 않게 남아 있어 양국 문화연구에 긴요하게 활용되고 있다. 사행록에는
왜란 중에 일본에 강제로 끌려간 피로인(被虜人)에 관한 기록이 수록되어
있다. 사행록은『해행총재(海行摠載)』에 수록되어 있는 것과 한국·일본
각지에 분산되어 있는 것으로 대별할 수 있다.[2] 여기에서는『해행총재』에
수록된 사행록에서 호남출신 왜란 피로인 자료를 소개만 하고,[3] 구체적인
연구는 다음 기회로 미루고자 한다.

왜란 7년 동안 피로인 전체를 10만명 정도로 추정하고, 그 가운데 1만
명 가량이 쇄환되었다 한다.[4] 피로인에 관한 전반적인 연구가 일천하기도
하지만, 가장 치열한 전투가 전개되었던 호남지역 출신 피로인이 어느 정
도였고, 몇 명이 쇄환(刷還)되었으며 그들이 쇄환 후 어떤 대우를 받았는
지를 알 수가 없다. 따라서 통신사 사행록에 보이는 호남출신 왜란 피로
인에 관한 자료 정리는 앞으로의 연구에 초석이 될 것으로 여겨진다.

---

1) 통신사의 피로인 쇄환에 대해서는 손승철, 「조선통신사의 피로인 쇄환과 그 한계」, 『전북사학』 42, 전북사
   학회, 2013.
2) 통신사 사행록의 현존 현황에 대해서는 다음 연구가 참고 된다. 하우봉, 「새로 발견된 일본사행록들; 《해
   행총재》의 보충과 관련하여」, 『역사학보』 112, 역사학회, 1986. 최근에는 『해행총재』 외에 새로 발굴된 것
   에 대한 소개가 이어지고 있다. 이상규, 「1617년 회답부사 박재의 '동사일기' 고찰」, 『한일관계사연구』 55,
   2016. 이상규, 「1636년 일본사행록, 『해사일기』의 작사와 내용 소개」, 『한일관계사연구』 57, 한일관계사학
   회, 2017.
3) 왜군에 의해 강제로 일본으로 끌려간 사람을 피로인(被虜人) 또는 부로인(俘虜人)으로 명명하나, 여기에서
   는 피로인으로 사용할 것이다.
4) 이장희, 『왜란 중의 사회상』, 『한국사』 29, 국사편찬위원회, 1995, 172~176쪽.

1) 1607년(선조 40) 통신사 사행록

(1) 경섬(慶暹), 『해사록(海槎錄)』

(1) 1607년(선조 40) 6월 27일, 교토[京都] 부근 대시촌(大柿村) : 아침에, '우리나라 전라도(全羅道) 수영(水營) 사람이 임진년 난리 초에 포로되어 와서 대시(大柿)에 있었는데, 올 3월에 어떤 사람과 싸움질하여 칼로 사람 하나, 말 한 필을 찔러 죽였다. 그래서 지관(地官)이 곧 그를 죽이게 하였는데, 휘하 장수들이 다른 나라 사람을 차마 죽일 수 없다 하여, 옥에 가두어 스스로 굶어 죽게 하였다. 그런데, 어떤 친구 왜인 하나가 계속 음식을 먹여주어 여태까지 죽지 않았다.'는 말을 들었다. 원풍(元豊)을 시켜 지관에게 말하였더니, 지관이 곧 내보내 주어 그와 함께 왔다.

(2) 1607년(선조 40) 윤6월 11일, 오사카[大阪] : 어제 저녁에 격군(格軍) 80명을 보내어 밤 조수를 타서 배를 바다 어구에 내렸다. 오시(午時)에 작은 배를 타고 점포(店浦)를 지나는데, 어떤 남자 하나가 포구의 갈대밭 속에서 달려 나와 부르짖기를, "나는 조선 사람이오. 돌아가는 배에 태워 주시오."하므로 배를 멈추어 태워 주었다. 그는 전라도 사람이다. 그 주인이 놓아 보내려 하지 않으므로 도망쳐 와 여기 숨어서 행차를 기다렸다 하니, 그 정상이 가련하다.

2. 1617년(광해군 9) 통신사 사행록

1) 오윤겸(吳允謙), 『동사상일록(東槎上日錄)』

(1) 1617년(광해군 9) 8월 2일, 이키[壹岐]섬 : 황혼 무렵에 포로된 사람이 와서 말하기를, "본시 순천(順天)에서 살았는데 방답진(防踏鎭) 진무(鎭撫)에 분속(役屬)되었고 본명은 박춘절(朴春節)입니다."하면서 고국에

가고 싶다고 하였다. 우리들은 불러서 만나보고 위로해 타이르며 돌아올 적에 와서 현신(現身)하도록 약속했다. 그는 또 본도에 사로잡혀 온 우리나라 사람이 매우 많다고 말하므로, 우리들은 설유하기를, "네가 만약 불러 모아 다수를 모집해서 함께 가게 한다면 너에게 반드시 중한 상이 있을 것이다."하였다. 그가 또, 김제(金堤) 사람이 고국에 가고 싶다는 말을 하기 위해 나타나겠다고 한다고 말하므로 우리들은 돌아올 적에 와서 기다리도록 전하라고 설유하고 다 과물을 주어 보냈다.

(2) 1617년(광해군 9) 8월 4일, 아카마세키[赤間關] : 순창(淳昌)에 살던 여인이 언문 편지를 보내기를, "제 조부는 목사(牧使) 권대덕(權大德)이고 외조는 용안현감(龍安縣監)입니다. 나이 15세 때인 정유년에 사로잡혀 와서 지금 나이는 35세요, 지쿠젠[筑前] 번주 친노(親奴)의 비자(婢子)가 되었는데 돌아가고 싶습니다."하였다.

(3) 1617년(광해군 9) 8월 22일, 교토 : 포로된 사람인 진주(晉州) 장인개(張仁凱), 나주(羅州) 나윤홍(羅允弘) 등이 왔는데, 다 양반의 자제라고 한다.

(4) 1617년(광해군 9) 8월 24일, 교토 : 이함일(李涵一)의 아우 행일(行一)이 사로잡혀 와서 종이 되었는데, 찾아와서 눈물을 무수히 흘린다. 구례(求禮)에 살던 사람 양응해(梁應海), 김해(金海)에 살던 사람 김응창(金應昌), 울산(蔚山)에 살던 사람 한응봉(韓應鳳)이 찾아왔다. 양응해는 글을 해득했는데, 스스로 '일찍이 초시(初試)에 참여했다.'말하고, 김응창은 경인년에 무과(武科) 출신이라고 한다. 양응해가 성심으로 돌아가고 싶어하므로, 위로해 타이르고 주과(酒果)를 대접하였다. 그리고 유문(諭文)을

내보이고 인해 유문 한 통을 주어서, 포로된 사람들을 소모(김募)하여 모여 있다가 우리들이 돌아갈 때를 기다려서 함께 나가자고 말해서 보냈다.

(5) 1617년(광해군 9) 9월 2일, 교토 : 유식(柳植)의 딸 및 (昌平 출신) 양몽린(梁夢麟)·몽인(夢寅) 형제의 편지가 왔다. 지금 협판중서(協判中書, 脇坂安治로 보임)의 관하에 있다가, 중서(中書)가 이요[伊預]주에서 시나노[信濃]주로 바꾸어 지키게 되었으므로, 유식의 딸 및 양씨 형제가 오사카에 따라왔다고 한다. 곧 답서를 내고, 이어 집정(執政)에게 별도로 쇄출(刷出)해 줄 것을 청하였다. 유명환(柳命環)이 와서 어머니와 함께 돌아가겠다고 했다. 유녀(柳女)와 양씨(梁氏)의 편지를 명환(命環)이 가지고 왔다.

(6) 1617년(광해군 9) 9월 9일, 교토 : 시게오키[調興, 야나가와 시게오키[柳川調興] 등이 서계 및 집정의 서신을 가지고 왔으므로 열어 보았더니, 비로소 왕(王)이란 글자를 쓰고 다른 미흡한 곳도 다 개정하였다. 쇄환에 대한 문자도 또한 가지고 왔다. 양몽린(梁夢麟)의 일가와 이혜(李惠), 유식(柳植), 순흥군(順興君), 김명순(金順命) 등의 딸들이 비로소 빠져 나왔다. 대개 왜경(倭京)에 들어선 이후부터 힘을 다하여 주선하지 아니한 날이 없었는데, 협판중서(協判中書)란 자가 내보내기를 싫어하므로 최의길(崔義吉)로 하여금 직접 중서의 집에 가서 집정의 서(書)를 가지고서 반복하여 논설을 벌인 후에야 비로소 내보낸다는 허락을 받았다. 최의길이 양반·상인 아울러 20여 명을 점고하여 받아서 다른 집으로 옮겼는데, 그 중에 이른바 유석준(柳錫俊)의 딸 및 상인(常人) 몇 명은 다시 돌아가서 오려고 하지 않았다 하였다. 그래서 곧 사령(使令) 및 군관을 정하여 곧 유식 등의 딸들을 우리들의 사관 근처에 옮겨 놓고 호위하게 하여 빼앗

아 가는 것을 방지하도록 하였다.

(7) 1617년(광해군 9) 9월 17일, 무로쓰[室津] : 미시(未時)에 무로쓰에 당도하여 (求禮 출신) 양응해(梁應海) 등을 기다리기 위해서 닻을 내리고 유숙하였다.

(8) 1617년(광해군 9) 9월 18일, 무로쓰 : 아침에 양응해가 왔는데 그 가속 및 그 외 14명을 모집하여 거느리고 왔다. 대마도의 배를 삯 내었는데, 양응해 등을 싣기 위해서였다. 응해가 말하기를, "익산(益山)의 양반으로 한(韓)씨 성을 가진 사람이 와 있는데, 다만 그 처가 희지(熙地, 희메지[姬路]로 추정)에 있는데, 곤궁하여 능히 자력으로 살아갈 수 없어서 다른 사람에게 은(銀) 3냥을 빌려 썼기 때문에 그 채권자가 내보내 주지 아니합니다."고 하기에, 곧 역관으로 하여금 은자를 챙겨서 한씨 성을 가진 사람에게 주어 즉시 채권자에게 갚고 함께 오라고 하니, 한씨는 머리를 조아리며 감사를 표하고 갔다. 한(韓)이 가서는 그 아내의 말을 듣고서 머물러 있으면서 선뜻 오려고 아니하니, 양응해가 분연히 달려가서, 신의가 없음을 나무라고 은자를 추심해 왔다. 한의 마음씨는 가증스럽고 양의 일은 가상하다. 이날 배를 출발시켜 우시마도[牛窓]로 향하면서 양응해로 하여금 행장을 차려 따라오게 하고, 별파진(別破陣) 정의일(鄭義一)과 왜인(倭人) 통사 한 사람을 남겨 두어 거느리고 오게 하였다.

(9) 1617년(광해군 9) 9월 19일, 우시마도[牛窓] : 종일토록 비가 내려서 사관에 머물렀다. 밤 2경에 양응해의 배가 따라왔는데, 양응해가 모집한 사람이 또 도망가고 오지 아니하였다고 한다.

(10) 1617년(광해군 9) 9월 22일, 나가사키[長崎] : (羅州 출신) 전선공판관(前繕工判官) 박우(朴祐, 이경직의『부상록』에는 佑로 기록되어 있음)가 찾아와서 처자를 거느리고 오려고 한다 하기에 배를 빌릴 삯을 주어 시게오키가 신임하는 두왜(頭倭)를 대동케 하여 함께 박우의 주거에 가서 그의 처자를 거느리고 뒤따라오게 하였다.

(11) 1617년(광해군 9) 10월 8일, 쓰시마 : 양몽인(梁夢寅)도 또한 여섯 사람을 거느리고 작은 배를 타고 오다가 서로 이키섬에서 만나 바람을 기다린다는 것이다. 몽인은 바로 몽린(夢麟)의 아우요 몽린은 천경(千頃)[5]의 아들인데, 정유년 난리에 양씨 집안 일문이 함몰을 당하고 천경의 처 및 자녀 세 사람은 함께 사로잡혀 왔었는데, 오늘날에야 모두 살아서 돌아오니 실로 천행이었다.

(2) 이경직(李景稷),『부상록(扶桑錄)』

(1) 1617년(광해군 9) 8월 2일, 이키섬 : 한 사람이 와서 주방(廚房) 군관(軍官) 이영생(李瀛生)에게 말하기를, "소인은 바로 순천(順天) 가리포(加里浦)에 살던 방답수군(坊踏水軍)이었습니다. 진무(鎭撫)하는 일을 하다가 한산(閑山)에서 패전(敗戰)하였을 적에 법인(法印)의 진(陣)에 포로되어, 비란도(飛蘭島)에 와서 살고 있습니다."하는데, 곧 평호도(平戶島)였다. 곧 불러 보고 먼저 그 나라를 향모(向慕)하는 정성을 격려해 주고, 다음에 조정에서 선유(宣諭)하는 뜻을 일러 돌아갈 때에 모집하여 기다릴 것을 약속하였더니, "이미 수십 명이 서로 약속했습니다. 사행(使行)이 바다를 건너다는 말을 듣고 여기에 와서 기다린 지가 벌써 10여 일입니

---

5) 양천경(梁千頃)은 소쇄원(瀟灑園)을 창건한 양산보(梁山甫)의 손자이다(김덕진,『소쇄원 사람들』, 다할미디어, 2007, 295쪽).

다."하였다. 우리나라 이름으로는 박춘절(朴春節)이고, 왜의 이름은 신시로(信時老)였다.

  (2) 1617년(광해군 9) 8월 3일, 이키섬 : 김제(金堤) 사람 하나가 와서 뵙기에 거주(居住)하던 곳과 성명, 부모, 형제의 유무를 물으니, 모두 모르고, 조선말도 또한 알아듣지 못했다. 10세 때에 포로되었다 하는데, 그 어리석고 용렬함이 이와 같았다. 올 때에 나와서 기다리도록 약속했으나, 이와 같은 사람은 하나의 왜인일 뿐이었다.

  또 한 사람은 하인들이 있는 곳에 언문(諺文) 편지를 던졌다. 그 편지의 대략에, "조선국 전라도 순창(淳昌) 남산(南山) 뒤에 살던 권목사(權牧使)의 손녀이며, 아버지는 권백(權伯)이었습니다. 외조부(外祖父)는 정유년(1597, 선조 30)에 용안현감(龍安縣監)으로 있었습니다. 첩(妾)의 나이가 열다섯일 때에 포로되어 와 이 고을 태수와 친근한 노(奴)의 여종이 되었습니다. 이 고을 이름은 바로 지구전(至久前)인데 이곳에서 가장 귀한 것은 호피(虎皮)이니, 만약 한 장만 얻으면 제대로 팔아서 돌아갈 수가 있습니다. 비록 그렇게 되지 못하더라도 이 고을 태수에게 말을 할 것 같으면 반드시 놓아주어 돌아가도록 할 것입니다. 첩(妾)은 살아 돌아가 고향에서 죽으려고 생각하여, 남들은 모두 시집갔으나 저는 홀로 살고 있습니다. 이번에 우리나라 사신이 온다는 것을 듣고 구제(救濟)될 길이 있기를 바라며 감히 이렇게 앙달(仰達)합니다."했는데, 그것을 한 왜인이 와서 전하는 것이었다. 하인들을 시켜 언문 편지를 만들되, 돌아갈 때에 쇄환하겠다는 뜻을 말해 주게 하였다. 축전주 태수와 친근한 노의 집에 살고 있는 사람이라고 범연히 말하고 그 주왜(主倭)의 성명 및 그의 항시 부르는 이름은 적지 않았다. 편지를 전하는 왜인에게 물어보았으나 역시 자세하게 말하지 않았으니, 필시 두려워해서 감히 말하지 못한 것이다. 지구전(至久前)은 바로 지쿠젠[筑前]의 왜음(倭音)이었다.

(3) 1617년(광해군 9) 8월 22일, 교토 : 진주(晉州) 사인(士人) 장한량(張漢良)의 아들 인개(仁凱)라는 사람이 와서 뵈었는데, 글씨 쓰는 것으로써 생활하는 밑천으로 한다 하였다. 이 사람은 나이가 계유생(癸酉生)이고, 문자도 조금 알아 자못 고국을 향모하여 돌아가기를 원하는 마음이 있었다. 나주(羅州) 사람 나윤홍(羅允紅)은 제 말이, 나덕창(羅德昌)의 6촌으로 명문가의 자제인데, 10세 때에 포로되었다 한다. 그 모양을 보고 그 말을 들으면 돌아갈 마음이 조금도 없었으니, 미운 마음을 견딜 수 없었다. 대개 고향을 그리워하는 마음이 없기로는 호남 사람으로서 포로된 자가 더욱 심했다.

(4) 1617년(광해군 9) 8월 24일, 교토 : 포로된 사람으로 구례(求禮)에 살던 사인(士人) 양응해(梁應海), 김해(金海)에 살던 무과출신(武科出身) 김응창(金應昌), 울산(蔚山)에 살던 양반 한응봉(韓應鳳) 등이 와서 단자(單子)를 바쳐 돌아가기를 원한다는 뜻을 말했는데, 그 글이 두서가 없어 알아볼 수가 없었다. 곧 불러 보니, 양응해와 김응창이 모두 중이었는데, 양(梁)은 제법 글을 알고 본국에 있을 때에 유술(儒術)을 업(業)으로 했다 하였다. 김응창도 또한 스스로, 출신(出身)이라고 말했으나, 어느 해에 출신했는지는 모르고 다만, "제가 출신한 지 3년 후에 사변이 났습니다." 하였다. 모두, "고국을 향모하는 마음이 있어 하리마[幡摩]주에서 사신이 온다는 것을 듣고 따라 왔습니다."고 하였다. 포로된 사람 중에는 제법 정성스러운 마음이 있으므로, 술을 주어 위로하고 유문(諭文)을 내어 보이니, 읽는 대로 훌쩍거려 정상(情狀)이 불쌍하였다. 포로된 사람을 불러 모아서 중로(中路)에서 모이기로 약속하고 갔다.

(5) 1617년(광해군 9) 8월 25일, 교토 : 양응해 등이 다시 와서 가겠다고 말하며, 극히 친절하게 하고 갔다.

(6) 1617년(광해군 9) 8월 25일, 교토 : 포로된 남원(南原) 사인(士人) 김용협(金龍俠)의 아들 길생(吉生)이 와서 뵙는데, 13살 적 정유년에 포로되었다 하였다. 말은 매우 더듬거리나 문자는 제법 알았다. 부상(富商) 집의 사위가 되었는데 돌아가고 싶은 마음이 많으나 뜻을 쉽사리 결단하지 못하므로, 간곡하게 타일러서 보냈다.

(7) 1617년(광해군 9) 9월 2일, 교토 : 광주(光州)에 사는 유현(柳玹)의 아들 명환(命環)이 오사카에서 양천경(梁千頃)의 아들 몽인(夢寅)·몽린(夢麟) 등 및 전일에 편지했던 신향(愼向) 등 딸과 그 누이동생 혜란(惠蘭)의 편지 아울러 3통을 가지고 왔는데, 신향의 딸 등의 편지는 곧 전일 편지에 돌아가기를 원하던 그 뜻이었고, 혜란의 편지도 또한 그 뜻이었다. 몽인 등의 편지는 대략, "어미를 모시고 아우·누이동생과 같이 탈 없이 보존하고 있습니다. 멀리 동떨어진 지역에 흘러온 지 20년 동안 여름의 긴 날, 겨울의 긴 밤 잠깐 동안도 고국으로 돌아가려는 심정을 잊지 못하고 있습니다마는, 호랑이 아가리 같은 데를 벗어나기 어려워 지금까지 그 뜻을 이루지 못하니, 부끄럽고도 부끄럽습니다. 원컨대 은덕(恩德)을 힘입어 고국에 돌아가고 싶습니다."하였다. 명환을 불러서 물으니, 답하기를, "협판중서(恊板中書)가 나이 많아 그 임무를 그 아들에게 전해 주어서, 그 아들이 시나노주로 바뀌 제수되어서 장차 그곳에 부임하고, 중서(中書)는 왜경에 영주(永住)하게 되므로, 권속(眷屬)을 데리고 대판부에 왔으나, 장군이 후시미[伏見]성에 있기 때문에 들어오지 못하고 우선 체류하고 있습니다. 저희 모자(母子)와 양몽인은 제 뜻대로 가고 옴을 허

락하나 그 나머지는 모두 나가는 것을 허락하지 않습니다. 그중에도 몽린은 중이 되어 차(茶) 끊이는 것을 맡아 하는데 중서가 가장 애중(愛重)하게 여기므로 도망갈까 염려하여 그 모친을 담보(擔保)로 하고 있습니다. 모친은 비록 늙었으나 이 때문에 돌아가기가 어렵습니다.”하였다. 곧 각 사람의 성명을 별지(別紙)에다 기록하여 시게오키에게 주며 장군에게 청해서 돌아가도록 하게 하였다. 다만 듣건대, ‘중서(中書)의 아들로서 15∼16세 이하인 두 사람이 방금 관백의 좌우에 있으면서 신임과 사랑을 받고 있다 하며 그들이 가로막을까 염려된다.’하였다. 들으니, ‘쇄환하라는 영을 왜경에 알리되, 만약 가기를 원하는데도 숨기고 귀속(歸還)시키지 않는 사람이 있으면 중한 죄를 준다.’고 하였다.

(8) 1617년(광해군 9) 9월 4일, 교토 : 별지(別紙)에다 포로된 사람 중에 사족(士族)으로서 두드러진 자인 유식(柳植), 신향(愼向), 양천경(梁千頃)의 자녀 등 40여 인을 열서(列書)하여 야나가와에게 주면서, 후시미의 집정들에게 보내어 각별히 분부하여 찾아내도록 하였다.

(9) 1617년(광해군 9) 9월 8일, 교토 : 포로되었던 사람 (光州 출신 柳)명환(命環)이 와서, 신향(愼向)의 딸 등 및 양몽린(梁夢麟)의 편지를 전하는데, “이타쿠라[板倉]가 이미 협판중서(悏板中書)에게 편지를 하여 말끔히 찾아내어 보내도록 했고, 중서란 자도 마땅히 보내겠다는 것으로써 답했는데, 몽린이 그 편지를 베껴 보냈으니 일은 이미 되었습니다. 다만 외출(外出)하는 것을 허락하지 않으니 밤중에 그가 자기를 기다렸다가 관소(館所)로 나가서 곡절을 자세하게 아뢰겠습니다.”하였다. 2경쯤에 몽린이 과연 와서 뵙고 말하기를, “20년 동안 욕을 참고 이에 이른 것은 다만 오늘이 있기 위한 것이었습니다. 이번에 만약 나가지 못하게 된다면 맹세코 자결(自

決)코자 합니다. 지금 노모(老母)를 모시고 고국으로 돌아가게 되니 기쁨을 스스로 견디지 못하겠습니다."하였다. 내일 다치바나 도모마사[橘智正]를 보내서 중서(中書)에게 말하여 찾아내도록 해줄 것을 약속하고 갔다.

(10) 1617년(광해군 9) 9월 8일, 교토 : 역관 최의길을 보내어 다치바나 및 이타쿠라의 관하 왜인을 대동하고 협판중서가 있는 곳에 가서 김순명(金順命), 순흥군(順興君), 유식(柳植), 신향(愼向), 양천경(梁千頃)의 자녀 등 및 포로된 딴 여인 22명을 찾아내었는데, 여자 6명과 남자 1명은 나왔다가 도로 들어갔다 하니, 통분함을 견딜 수 없다.

(11) 1617년(광해군 9) 9월 13일, 오사카 : 강우성이 계빈(界濱)에서 돌아왔는데 겨우 10여 명을 모집했으나 또한 데리고 오지 못하고 내일 행장을 꾸려 오기로 약속했다고 한다. 소위 양몽린(梁夢麟)이란 사람은 즉 포로되어 오랫동안 이요주에 있던 사람이다. 시코쿠[四國] 지방 사정을 자세히 물으니, "이요 이남은 길이 매우 멀어서 비록 사람을 보내더라도 금년에는 결코 돌아올 수 없고, 이요 이북은 내가 자세히 아는 것이니 내가 가서 찾아오겠습니다."하였다. "거기에 있는 포로된 사람이 얼마나 되느냐?"고 물으니, 답하기를, "아와[阿波]·아와지[淡路]에는 많지 않으나 이요에는 돌아가기를 원하는 사람이 제법 있습니다. 비록 다소를 예측할 수는 없지마는, 내가 만약 들어가면 20여 명은 찾아낼 수 있습니다. 내 아우 몽인(夢寅)이 지금 이요에 있으니 내가 만약 편지를 만들어서 몽인에게 자세히 통지하고, 또 유시문(諭示文) 및 집정(執政)의 문서를 서로 아는 믿을 만한 사람에게 보내어 몽인과 더불어 통유(通諭)하여 찾아오도록 하면 편리할 듯합니다."하였다.

(12) 1617년(광해군 9) 9월 14일, 오사카 : 포로되었던 사람 양응해(梁應海) 등이 희지(姬地)에서 와 뵈오므로 양식을 주어 돌려보내며 포로된 사람을 찾아내어 무로쓰와 오사카에서 기다리도록 했더니, 포로된 사람을 수십여 인이나 데리고 왔으므로 쓰시마 사람에게 말해서 배를 세내어 태웠다.

(13) 1617년(광해군 9) 9월 17일, 무로쓰 : 전일 왜경에 있을 때에 포로되었던 사람 양응해(梁應海) 등과 여기에서 만나기로 서로 기약하였고, 오사카에 있을 때에도 또 와서 친절하게 말하고 갔으니 버리고 갈 수가 없었다.

(14) 1617년(광해군 9) 9월 18일, 무로쓰 : 양응해 등이 과연 가권(家眷)과 또 모집한 사람과 아울러 14명을 거느리고 왔다.

(15) 1617년(광해군 9) 9월 19일, 우시마도 : 정의일이 양응해 등을 거느리고 2경쯤에 무로쓰에서 뒤쫓아 왔는데, 은자(銀子)를 가지고 가 아내를 찾아오겠다던 자가 도망치고 오지 않으므로 다만 은자만 추심(推尋)해서 돌아왔다 한다.

(16) 1617년(광해군 9) 9월 22일, 삼뢰도(三瀨島) : 포로되었던 사람 넷이 와서 뵙는데, 하나는 스스로 일컫기를, 전선공감판관(前繕工監判官) 박우(朴佑), 왜명(倭名)은 휴암(休菴)인데 중이 되어 의술(醫術)을 업으로 하여 이와지마[岩島]에 있으며, 이와쿠니[岩國] 태수(太守) 깃카와 히로이에[吉川廣家]에게 의탁하고 있는데, 전라도 나주 사람이고, 하나는 (경상도) 대구 사람으로 별시위(別侍衛) 안몽상(安夢祥)의 아들 경우(景宇)인데, 승명(僧名)은 탁암(卓菴)이고 의술을 업으로 하면서 태보(太輔)의 조

카 우에몽[右衛門]에게 의탁하여 히로시마[廣島]에 살고 있는 사람이고, 하나는 전라도 금구에 사는 김승수(金承守)의 아들이고 현학(玄鶴)의 손자로서 이름이 응복(應福)인데, 왜명은 쇼자부로[正三郎]로서 히로시마 가미야초[紙屋町]에 살고 있는 사람이고, 하나는 함평 광교(咸平 廣橋)에 사는 몽걸(夢傑)의 아들 목한(木漢)이라 하였다. 그런데 목한은 군관 안경복(安景福)과 뒤쫓아 시모노세키[下關]에 오기를 약속하고 밖에서 벌써 가 버렸다. 그 나머지 세 사람은 앞에 불러 와서 유시문(諭示文)을 내어 보이며 간곡하게 개유(開諭)하였는데, 안경우는 돌아갈 뜻이 아주 없어 매양 태보가 허락지 않는다고 핑계하고, 박우는 스스로 말하기를, "고국을 향하는 마음이 없는 것은 아니나, 이런 먼 섬에 있기 때문에 도망갈 길이 없었습니다. 마침 사신의 행차를 만났으니, 만약 배 한 척을 얻으면 살던 곳에 돌아가서 처자를 이끌고 중로(中路)에 뒤따라가겠습니다. 자녀가 6~7명인데, 딸 하나는 에도[江戸]의 장군 곁에 있고, 하나는 또 히로이에의 곁에 있으니, 만약 본국 문서만 얻으면 내어 보이고 데려올 수가 있습니다."하였다. 곧 쓰시마에 말하여 배 한 척을 세내고, 요시나리[義成]의 관하(管下) 왜인 카츠베이[勝兵衛]와 통사 왜인 리헤이[利兵衛] 등을 데리고 이와지마·히로시마 등지에 앞서 가서 각 사람의 처자를 찾아낸 다음, 행차가 도착한 곳에 뒤쫓아오도록 하였다.

(17) 1617년(광해군 9) 9월 27일, 아이노시마[藍島] : 덕원(德源)·흥양(興陽)·익산(益山) 사람으로서 포로되어 하카다[博多]에 있던 자가 뱃머리에 와서 뵙고 차인(差人)과 함께 가서 그 처자를 데려오게 해 주기를 원하였다. 박대근을 시켜 곧 시게오키 및 나가마사[長政]의 관하 사람에게 말하여 쓰시마 통사(通事)와 소통사(小通事) 덕손(德孫)을 데리고 가도록 약정(約定)했는데, 나가마사의 관하 사람이 포로되었던 사람과 먼저 배를

타고 소통사는 물리치며 태우지 않았으니, 그 정상을 알 수 있었다. 곧 시게오키에게 말하고 소통사를 보내서 뒤따르도록 했으나, 밤이 깊다고 핑계하고 봉행(奉行)하려 하지 않았다. 재삼 독촉하니, 내일 보내겠다고 답하였다.

(18) 1617년(광해군 9) 10월 8일, 쓰시마 : 강우성이 이날 저녁에 와서, "히젠[備前]에 도착해서 나흘을 머물면서 포로된 사람 45명을 찾아내어 삼뢰도(三瀬島)에 도착하여 먼저 내보냈습니다. 히로시마에 도착하여 포로되었던 사람 박우(朴佑)와 같이 쇄환하는 일로 들어갔다가 쓰시마 사람 카츠에몽[勝衛門] 등과 서로 만나 닷새를 머물면서 박우 등 20여 명을 찾아냈습니다. 박우의 처자(妻子)는 또 이와지마에 있는데, 데려오려고 하므로 카츠에몽을 시켜 데리고 오도록 한 다음, 저는 먼저 떠났습니다. 초 6일 이키섬에 오니, 앞서 보낸 포로들이 탄 배와 양몽린(梁夢麟)의 아우 몽인(夢寅) 등 일곱 사람이 이요 주(州)에서 나오다가 이키시마에서 바람에 막혀 전진하지 못했습니다. 하루를 체류했으나 또한 순풍을 만나지 못하였는데, 저는 타고 있던 쾌속선을 노를 저어 나오고, 소통사 한 사람과 사령(使令) 두 사람을 남겨 두며 포로들이 탄 배를 보호하고 있다가 바람을 만나면 나오도록 하였습니다."하였다.

(19) 1617년(광해군 9) 10월 9일, 쓰시마 : 강우성이 쇄환한 사람이 탄 배 두 척과 양몽인(梁夢寅)이 탄 배 한 척이 이키[壹岐]에서 들어왔다.

(20) 1617년(광해군 9) 10월 13일, 쓰시마 : 요시나리가 10리 밖까지 와서 전송하므로 배 위에서 서로 작별하고, 이어서, "박우(朴佑) 등이 반드시 오래지 않아 나올 것이니, 오거든 곧 내어 보냄이 가하다."하니, 답하기를, "명하신 대로 하겠습니다."하였다.

(21) 1617년(광해군 9) 10월 18일, 쓰시마 : 인시(寅時) 초에 승선하여 돛을 올리고 바다로 나갔다. 시게오키가 포구에 뒤따라 와서 전송하므로, 박우(朴佑) 등이 오거든 곧 보내라는 뜻을 말하였다.

3) 1624년(인조 2) 통신사 사행록

(1) 강홍중(姜弘重), 『동사록(東槎錄)』

(1) 1624년(인조 2) 10월 15일, 쓰시마 : 소동(小童)들이 말하기를, "50세가량 된 한 여인이 빨래를 핑계하고 문밖 시냇가에 앉아 사행(使行)의 하인을 만나서, '나는 전라도(全羅道) 옥과(玉果) 사람인데, 사로잡혀 이곳에 온 지 벌써 28년이 되었다. 본국으로 돌아가려 해도 이곳의 법이 엄중하여 자유롭게 되지 못한다. 행차가 돌아갈 때에 동지(同志) 몇 사람과 더불어 몰래 도망쳐 나올 터이니, 이 말을 삼가 미리 전파하지 말라.'하였습니다."한다. 그래서 소통사(小通事)를 시켜 다시 그 거주를 탐문하게 하니, 이미 가버렸다.

(2) 1624년(인조 2) 10월 25일, 아이노시마[藍島] : 사로잡혀 온 사람들이 혹 고국으로 돌아갈 생각이 있어 일행을 찾아오는 자가 있으면 문득 대마도 사람의 꾸중을 받으므로 임의로 나타나지 못하였다. 한 여인이 그 아들을 데리고 몰래 조그만 배를 타고 와 우리 뱃사람에게 말하기를, "나는 강진(康津)에 살던 백성의 딸입니다. 정유년(丁酉年) 사로잡혀 올 때에 아들은 6세 아이로 따라와 지금 이 섬에서 3息(1식은 30리) 거리에서 살고 있는데, 사신의 행차가 있음을 듣고 기쁜 마음을 견딜 수 없어 배를 세내어 타고 찾아왔습니다. 돌아가실 때에 다시 와 기다리겠으니, 원컨대, 행차를 따라 고국으로 돌아가게 해 주옵소서. 사로잡혀 온 사람으로 나와 같이 있는 자가 한 촌락(村落)을 이루고 있는데, 모두 돌아가려 해도 되지

못하니, 내가 미리 알려 두었다가 같이 오겠습니다."하였다.

(3) 1624년(인조 2) 11월 19일, 교토[京都] : 다이도쿠지[大德寺]에 당도하기 전 몇 리 지점에서 한 여인이 관광하는 가운데 끼어 통곡하며 말하기를, "나는 전라도 창평(昌平)에 사는 사족(士族)의 딸인데, 사로잡혀 이곳에 온 지 세월이 이미 오래입니다. 고향 생각이 간절하나 돌아갈 기회가 없으니, 행차 가운데 창평 사람이 있으면 고향 소식을 묻고자 합니다." 하였다. 사족의 딸로서 몸을 더럽히고 절개가 이지러졌으니 금수와 다를 것이 없으나, 고향 생각하는 마음은 지극한 정에서 나와, 고향 사람을 찾아 집 소식을 묻고자 하니, 또한 가긍하다.

(4) 1624년(인조 2) 11월 23일, 교토 : 사로잡혀 온 사람으로 이성립(李成立)·김춘복(金春福)이란 자가 있는데, 일찍이 강(康)·박(朴) 두 역관과 친분이 있으므로 술을 가지고 찾아왔다. 이어서 말하기를, "조선이 사로잡혀 온 사람을 비록 쇄환하기는 하나 대우를 너무 박하게 한다 하는데, 사로잡혀 온 것이 본디 제 뜻이 아닌데, 이미 쇄환했으면 어째서 이같이 박대하오."하므로, 두 역관이 반복하여 변론하였으나 오히려 믿지 않고, 또 말하기를, "우리들이 모두 환자(宦者)로서, 일찍이 북정전(北政殿)에 있어 사령(使令) 노릇을 했습니다. 남충원(南忠元)의 딸과 며느리도 또한 그곳에 있었는데 모두 신임을 받았습니다. 그런데 지난 9월에 북정전이 작고하여 이제는 의탁할 곳이 없으니, 마땅히 관백의 분부를 기다려 거취를 정하겠습니다."하였다. 이성립은 곧 무장(茂長) 사람이요, 김춘복은 진주(晉州) 사람으로 일찍이 사직동(社稷洞)에 사는 내관(內官)의 양자가 되었다가 임진왜란 때에 사로잡혀 왔다 하며, 북정전은 곧 히데요시의 본처(本妻)라 하였다.

(5) 1624년(인조 2) 11월 30일, 나고야[名護屋] : 사로잡혀 온 사람 박승조(朴承祖)라는 자가 찾아와 뵙고, 스스로 운봉(雲峯) 사는 양반의 아들이라 일컬으며, "정유년에 사로잡혀 와 지금 오와리[尾張] 성주(城主) 의진(義眞)의 마부(馬夫)로 있는데, 본국으로 돌아가려 해도 길이 없으니, 사신의 행차가 돌아가실 때에 같이 갈까 합니다. 그리고 아내도 또한 서울 남대문 부근에 살던 사람이니, 마땅히 일시에 데리고 가야겠습니다." 하였다. 또 두 사람이 와서 뵙는데, 하나는 울산(蔚山) 사람이요, 하나는 진해(鎭海) 사람으로, '임진년에 사로잡혀 와 또한 의진(義眞)의 종이 되어 방금 교사(敎師)로서 사람에게 조총(鳥銃)을 가르친다.'하였다. 운봉 사람은 그 말이 거짓 같으나 자못 정녕하게 믿음을 보이므로 돌아갈 때에 데리고 가겠다고 약속해 보냈다.

(6) 1624년(인조 2) 12월 14일, 에도[江戶] : 사로잡혀 온 사람 무안(務安) 공생(貢生) 이애찬(李愛贊)이 와서 소지(所志)를 올려 당시에 사로잡혀 온 곡절과 고국으로 돌아가고자 하는 뜻을 하나하나 말하였는데, 사연이 심히 비통하여 차마 볼 수 없었다. 그래서 돌아갈 때에 같이 데리고 가겠다는 뜻으로서 제급(題給)하였다. 또 낙안(樂安) 사람 조일남(曹一男)이라는 자가 찾아와 양반의 아들이라 이르며, '정유년에 사로잡혀 와 히라도[平戶]섬에서 살고 있는데 그곳은 바로 이키[壹岐] 도주(島主)가 있는 곳으로 현재 도주의 관하가 되어 지난 4월에 도주를 따라 이곳에 왔다.' 한다. 우리나라 말에는 비록 약간 서투른 듯하나 또한 아주 잊어버린 말은 없었다. 그래서 그 까닭을 물으니, 대답하기를, "당초에 부처(夫妻)가 한때에 사로잡혀 와서 다행히 같이 살고 있습니다만, 항상 돌아갈 마음이 있으므로 본국의 말을 잊지 않았습니다. 주장(主將)이 사신이 왔다는 말을 듣고 묻기를, '네가 본국으로 돌아갈 마음이 있으면 보내 줄 것이니,

사신을 찾아가 뵈어라.'하므로 와서 뵈옵니다.'하고, 또 말하기를, "장군이 사신이 왔다는 소식을 듣고 심히 기뻐하여 일로(一路)를 검칙하여 접대를 융숭하게 하고 또 사신이 서울로 들어오던 날에 관광하는 사람으로 하여금 서서 보지 못하게 하였으며, 사신은 반드시 칙사(勅使)라 일컫고, 하인은 반드시 당인(唐人)이라 부르게 하는 등 경례(敬禮)를 다하게 했습니다. 사신이 입성(入城)하던 날에 좌우에서 구경하는 자들이 고요하여 떠드는 소리가 없었던 것이 모두 장군의 명령이었습니다."하고, 또 말하기를, "항간에서 사람들이 모두 말하기를, '금번에 만약 사신이 오지 않았다면 반드시 전쟁을 일으켰을 것이다.'하는데, 비록 그렇게 말은 하나 전쟁을 어찌 경솔하게 일으킬 수 있겠습니까마는, 소문은 이와 같습니다."하였다.

(7) 1624년(인조 2) 12월 24일, 에도 : 피로인(被虜人)으로 본국으로 돌아가기를 원하는 자가 전혀 없었고, 다만 함평(咸平)에 거주하는 양반 최홍렬(崔弘烈)의 아내 춘이(春伊)가 두 아들을 데리고 왔다. 돌아갈 마음으로 지극한 정성에서 나왔으나, 다만 그 아들 순이(順伊)가 일본 여자를 얻어 아들을 낳고 또, 부채가 60냥이나 있는데, 아직 갚지 못하여 형편이 같이 돌아갈 수 없으므로 모자(母子)가 서로 붙들고 통곡하니, 들으매 측은한 마음을 금할 수 없었다. 세 사신이 상의한 끝에 일공(日供)의 나머지 쌀 33석을 순이에게 출급하여 부채를 갚게 하니, 그 사람이 감격하여 명일 그 어머니를 뒤좇아 가기로 약속하였다. 순창(淳昌)에 거주하던 한 여인도 또한 도망해 와서 행차를 따라 돌아가기를 원하므로 하인을 시켜 데려오게 하였다. (중략) 이애찬(李愛贊)은 소지(所志)를 올리기까지 하며, 돌아갈 마음이 간절하였는데, 마침내 속이고 다시 나타나지 않았다. 이 무리들은 모두 오랑캐의 풍속에 물들어 본심을 잃어서, 비록 골육지친의

소식을 들었건만 또한 가볼 생각조차 없으니, 심히 분통한 일이다.

(8) 1625년(인조 3) 1월 9일, 모리야마[守山] : 사로잡혀 온 여인 3명이 사와야마[佐和山]에서 왔는데, 모두 전라도 사람이었다. 1인은 양반의 딸인데, 정유년 8세 때에 사로잡혀 이곳에 와서, 딸 하나를 낳아 지금 14세인데 같이 데리고 나왔다.

(9) 1625년(인조 3) 1월 12일, 교토[京都] : 운봉(雲峯) 사람 박승조(朴承祖)가 나고야[名護屋]에서 피로인 1명을 데리고 와서 뵙고, 겸하여 제가 돌아가지 못하는 사연을 전달하였는데, 그 말을 들어보니 그 정상이 또한 그럴 만하였다.

4) 기타

(1) 황호(黃㦉), 『동사록(東槎錄)』

(1) 1636년(인조 14) 10월 25일, 이키[壹岐]섬 : 사로잡혀 온 사람이 2명 있었는데, 하나는 전라도 낙안군(樂安郡) 사람 조일남(曹一男)이고, 하나는 흥양군(興陽郡) 사람 신천룡(申天龍)이다. 신(臣)이 탄 배에 찾아와서 인사를 올리매, 신이 몸소 만나보고 물으니, 천룡은 벌써 고향의 말을 잊었고, 일남은 묻는 대로 대답하며 자못 일본의 사정을 말하는데 믿을 수는 없었다.

(2) 1636년(인조 14) 12월 1일, 스루가[駿河] : 우리나라 해남(海南)에 사는 백성으로 포로되어 온 자라 스스로 일컬으며 부엌에서 구걸해 먹는 사람이 있었는데, 고향을 그리워하는 생각이 조금도 없었다. 도중에 이따금 사로잡혀 온 사람을 만나서 데려가겠다는 뜻으로 타이르면, 모두들 나

이가 늙었고 자손이 있으며 본국의 말을 다 잊었고 부모 친척이 없다고 말하고, 심한 자는 불손하게 말하기를, "비록 본국에 가더라도, 의식(衣食)을 의지할 데가 없어 생활이 매우 어려우므로, 군병(軍兵)이 되지 않으면 남의 노예(奴隷)가 될 것이니, 본국에서 고난을 받기보다는 차라리 여기에서 편안히 지내겠습니다."하니, 이런 말을 들으면 몹시 미워서 곧 목을 베어 버리고 싶으나 어쩔 수 없었다. 역관들도 한껏 타일렀으나, 그 마음을 돌릴 수 없었다.

(2) 미상, 『계미동사일기(癸未東槎日記)』

(1) 1643년(인조 21) 8월 24일, 교토[京都] : 포로된 여자 대춘(大春)·묘운(妙雲) 등은 광주(光州) 사람인데, 와서 뵙고 고국에 돌아가기를 원하므로 상통사(上通事)를 시켜서 데려가도록 했다.

(3) 남용익(南龍翼), 『부상록(扶桑錄)』

(1) 1655년(효종 6) 9월 9일, 오사카[大阪] : 우리나라에서 포로 되어 온 사람이 밖에 있어 보기를 청한다는 말을 듣고 불러서 물어보니, 전라도 태인(泰仁) 사람으로서 그의 성명은 최가외(崔加外)라 한다. 나이가 지금 74세인데, 정유재란(丁酉再亂) 때 남원(南原)에서 포로 되었는데, 그 부모는 다 죽고 처와 네 누이동생이 모두 포로 되었다. 일본에 온 뒤에 아들과 손자를 낳고, 남의 종이 되어 신[履]을 팔아 생활을 한다 하고, 아직도 우리나라 말을 잊어버리지 아니하였다. 우리나라의 일에 말이 미치자, 슬퍼서 눈물을 흘리면서 고국 땅에 뼈를 묻기를 원한다 하였다. 보기에 불쌍하여 술과 과실과 양미(糧米)를 주니 감사하다고 절하고 갔다.

맺음말

통신사 사행록에 수록된 왜란 피로인에 관한 전체적인 기록을 살펴본 결과 호남 출신 사람들이 타 지역 출신 사람에 비하여 그 수가 많은 편이 었을 뿐만 아니라, 임진왜란 때보다 정유재란 때에 집중적으로 끌려왔었다. 오랫동안 전선(戰線)이 남해안 지역에 형성되어 있었고, 특히 정유재란시 도요토미 히데요시가 호남지역을 집중 공략하라는 명령을 내렸기 때문에 그러하였을 것으로 여겨진다.

통신사 사행록에 수록된 호남출신 왜란 피로인을 살펴본 바, 남자, 여자, 어린이, 노인 할 것 없이 닥치는 대로 끌고 갔음을 알 수 있다. 특히 6세, 8세, 10세, 13세 등 어린이들이 적지 않게 포함되어 있었다. 이들은 일본에 끌려가 조선과 가까운 쓰시마, 이키섬, 하카다는 말할 것 없고, 멀리 히로시마, 무로쓰, 교토, 오사카, 나고야 등지에서 일본인의 종이나 남편 또는 아내로, 혹은 승려로 어렵게 거주하고 있었다.

이들이 일본에 끌려올 때에 부부(익산 한씨, 무안 이애찬), 모자(광주 유명환, 창평 양몽린, 함평 최순이), 부부와 자녀(나주 박우, 태인 최가외)가 함께 하기도 하였다. 전란 중에 가족이 함께 도피하다 왜군에 체포되어 끌려왔을 것으로 여겨진다.

일본에 끌려온 호남인들의 출신지를 보면, 순천, 흥양, 낙안, 강진, 해남, 나주, 무안, 함평, 무장 등 연해고을이 있었고, 운봉, 남원, 순창, 옥과, 구례, 창평, 광주, 태인, 금구, 김제, 익산 등 내륙고을도 있었다. 이렇게 볼 때 전라도 거의 전지역에서 피로인이 발생하였음을 알 수 있다.

호남출신 피로인들 가운데는 전투 중에 체포된 수군(순천 박춘절) 출신이 있기도 하지만, 사족이나 양반 출신이 적지 않았다. 사족 양반 출신으로는 창평 양몽린·몽인, 구례 양응해, 나주 나윤홍, 순창 권씨 딸, 익산 한씨, 나주 박우, 남원 김길생, 운봉 박승조, 낙안 조일남, 함평 최홍렬의 아내 등이 있었다.

　이들 가운데 상당수는 통신사 일행과 함께 돌아온 것으로 보인다. 가령, 창평의 양천경의 아들인 양몽린·몽인 형제, 나주의 박우 등이 그들이다. 특히 이들은 가문만 들어도 누가 누구인지를 훤히 알 수 있는 명문가 출신이다. 그런데 이들의 행적에 관한 국내 자료가 거의 없는 형편이다. 사지(死地)에서 살아 돌아온 자들에 대한 대우가 삼강오륜(三綱五倫)이라는 유교윤리에 의해 말살된 결과가 아닌가하는 추측이 간다.

11. 동아시아 지성사에서 수은 강항의 역할과 위상

11. 동아시아 지성사에서 수은 강항의 역할과 위상

머리말

동아시아 지성사(知性史)에서 가장 큰 역할을 한 사상 가운데 하나가 주자학(성리학)이다. 주자학은 12세기에 중국 송나라에서 발흥하여 14세기에 조선을 거쳐 16세기에 일본으로 전파되어 서구 사상이 전래될 때까지 동아시아 사람들의 삶과 문화에 지대한 영향을 미쳤기 때문이다. 그 주자학(朱子學)의 연구와 동아시아 전파에 크게 기여한 학자가 바로 수은(睡隱) 강항(姜沆, 1567~1618)이다. 따라서 강항이 동아시아 지성사에서 어떤 역할을 했고 그 위상은 어떠한지를 알아보고자 이 글을 작성하였다. 하지만 이 글은 새로운 자료를 발굴하여 작성된 것은 아니고, 기존의 연구와 자료를 토대로 동아시아 지성사에서 강항이 차지한 역할과 위상을 종합적으로 정리한 것에 불과하다. 다만 기존 연구에서 사료를 오독(誤讀)하였거나 당시 상황을 잘못 해석한 부분에 대해서는 바로 잡았고, 특히 강항이 머물렀던 곳을 직접 답사한 소회나 사진을 제시한 점을 의의로 삼고자 한다.

강항은 영광(靈光) 출신으로 1567년(명종 22)에 태어나서 1618년(광해군 10)에 생을 마친 조선 중기의 문신이자 유학자이다. 과거에 급제하여 관직 생활을 하던 중에 임진왜란이 발발하였고, 전란 중에 왜군에 붙잡혀 일본으로 끌려가 2년 8개월의 억류 생활을 하다 귀국하였다. 일본 교토에 있을 때에 후지와라 세이카(藤原惺窩, 1561~1619)라는 학자에게 주자학을 전파해주었는데, 후지와라는 일본에 주자학을 보급하여 주자학이 일본의 새로운 사상으로 자리 잡는 데에 크게 기여한 인물이다. 그래서 일본 근세 유학의 개조는 후지와라이고, 후지와라는 강항을 스승으로 삼아 유학을 부흥시킨 사람이라는 것이 일본 학계의 보편적 주장이다.[1] 일본에서 주자학이 일본을 무사 사회에서 문치(文治) 사회로 바꾸고 일본 사회의 문화 융성에 기여했다는 점에서 강항의 위상은 크지 않을 수 없다.

이런 점에서 일본에서 먼저 강항에 대한 연구가 시작되었다.[2] 여기에는 강항이 일본에 주자학을 전파한 사실을 알 수 있는 자료가 일본에 소장되어 있는 여건이 작용하였다. 그러한 일본 학자들의 연구를 토대로 국내 학자들도 강항이 일본에 주자학을 전파한 실상과 그 의의에 대해 연구하기 시작하였다. 그러나 여전히 국내 학자들은 원천 자료에의 접근 난제 때문에 연구에 제약이 있는 것이 사실이다.

이러한 현실 속에서 필자는 강항의 전체 생애에 대해서는 이미 많은 글에서 다루어졌기 때문에 가급적 언급을 생략하겠다. 대신 일본에서의 생활상과 일본인에게 주자학을 전파해주었던 점을 중심으로 이 글을 작성하겠다. 하지만 앞에서 말한 것처럼 이 글도 새로운 발굴자료를 토대로 한

---

1) 아베 요시오(김석근 옮김), 『퇴계와 일본유학』, 전통과 현대, 1998, 29쪽.
2) 阿部吉雄, 『日本朱子學と朝鮮』, 東京大學出版會, 1965. 姜在彦, 「姜沆と江戸儒學－『看羊錄』にみる藤原惺窩との交友」, 『季刊三千里』9, 三千里社, 1977. 姜在彦, 「日本朱子學と姜沆」, 『季刊三千里』47, 三千里社, 1986. 辛基秀·村山恒夫, 『儒者姜沆と日本－儒教を日本に伝えた朝鮮人』, 明石書店, 1991. 村上恒夫, 『姜沆－儒教を伝えた虜囚の足跡』, 明石書店, 1999.

새로운 주제연구가 아니라는 점도 미리 밝혀둔다. 미진한 면은 후일을 기약하겠다.

1) 강항, 일본에 끌려가서 후지와라에게 주자학을 전파하다.

(1) 정유재란 때 납치

강항은 1592년 임진왜란이 발발하자, 영광 유림 55인의 일원으로 읍성 수성을 위해 의병을 일으켰다. 그때 그의 역할은 문서를 관장하는 '장문서(掌文書)'였고, 직함은 진사(進士)였다(강항은 1588년에 진사시에 2등으로 합격하였다). 이 사실은 『영광임진수성록(靈光壬辰守城錄)』이라는 자료에 기록되어 있다.[3]

강항은 1593년(선조 26)에 광해군이 전주에 주둔하면서 시행한 정시(庭試)에서 병과로 합격하였다. 서인측 인사인 우계 성혼의 문인이라고 하여 동인측의 견제를 받았지만 전적, 공조좌랑, 형조좌랑 등의 관직을 역임하였다. 1597년 휴가를 얻어 고향에 내려와 있던 중 정유재란이 일어나자 분호조참판 이광정(李光庭)의 종사관으로 남원 일대에서 군량미 수송의 임무를 맡았다. 칠천량 해전에서 원균이 거느린 조선 수군을 무찌른 후 호남을 점령하고서 서울로 진격하기 위해 총 집결한 왜군에 의해 8월 16일에 남원성이 함락 당하고 말았다. 강항은 고향으로 내려와 영광군수 김상준(金尙寯, 1561~1635)과 함께 격문을 돌려 의병 수백 인을 모았다.

남원을 거쳐 전주를 점령한 왜군은 북상을 하다가 천안 직산 전투에서 조명연합군에게 패하였다. 한 주력부대는 경상도로 향하였지만, 또 다른 더 강력한 주력부대는 전라도로 남하하기 시작하였다. 9월 16일(일본 날짜)에 왜군은 정읍에서 전라도 점령 정책을 짰다. 그에 의하면, 영광은 무

---

3) 김경옥, 「수은 강항의 생애와 저술활동」, 『도서문화』 35, 목포대학교 도서문화연구원, 2010.

장·진원·창평과 함께 '中國衆'의 관할 구역이었다.[4] 주고쿠[中國, 지금의 야마구치, 히로시마, 오카야마] 지방 출신의 군소장수들이 영광을 맡았다는 말이다.

그들은 14일에 영광에 들이닥쳐 도살을 자행하였다(『간양록』). 이들의 기세 앞에 김상준과 강항이 조직한 의병은 흩어지고 말았다. 이에 강항은 해로로 탈출하여 이순신 진영으로 가고자 가족들을 거느리고 배를 탔다. 항해한 지 9일 만인 9월 23일에 왜군에 사로잡히고 말았다. 이순신은 16일에 명량에서 대첩을 거둔 후 곧 바로 북상을 하여 17일 어의도(지도 부근), 19일 법성포, 20일 위도를 거쳐, 21일에 고군산도까지 올라갔다. 20일에야 강항은 이순신이 위로 올라갔다는 사실을 다른 사람의 말을 통해 알게 되었다. 따라서 강항 일행은 이순신을 발견하지 못하고 우왕좌왕 할 수밖에 없었다.

강항은 영광 칠산 앞바다에서 붙들렸다. 그곳 바다는 무안·함평의 점령 책임자였던 '船手衆' 관할 구역이었다. '선수중'이란 수군 무리들이란 말인데, 당시 수군은 시코쿠[四國] 출신들이 맡았다. 시코쿠에서도 이요[伊豫] 출신 군인들에게 강항은 붙들렸다. 당시 이요 성주는 도도 다카도라[藤堂高虎]라는 수군 장수였다. 『간양록』에도 도도는 배로 무안에 갔다고 적혀 있다. 강항은 물에 뛰어들어 자살하려 했지만 실패했고, 많은 식솔들이 왜군의 칼에 죽임 당했다. 우수영, 순천 왜교성, 진해 안골포, 부산을 거쳐 일본으로 압송되었다. 쓰시마, 이키, 시모노세키를 거쳐 오즈성[大洲城, 현재 에히메 현 오즈 시]에 유폐되고 말았다. 오즈성은 히지카와[肱川] 강변에 위치하는데, 1888년에 해체되었다가, 2003년에 복원되었다. 강항은 "오즈성은 높은 산 꼭대기에 의거하여 있고, 산 아래는 맑고 깊은 긴 강물이 빙 둘러 흐른다"고 하였다. 필자가 방문하여 천수각에 올

---

4) 김덕진, 『소쇄원 사람들』, 다할미디어, 2007, 276쪽.

라가니 강항의 말처럼 빙 둘러 흐르는 강을 한 눈에 볼 수 있었다. 대학을 졸업한 여성 학예사가 있어 영어와 일본말을 섞어가며 대화를 나눈 적이 있다.

강항이 억류되었던 오즈성

숫세키지 입구

해가 바뀌어 1598년 4월, 강항은 숫셋키지[出石寺]의 승려 요시히도[好仁]를 만났다. 숫셋키지는 이요 남쪽 40리에 있다고 『간양록』에 기록되어 있다. 오즈성에서 현재 도로로 22.6km 또는 32.7km 떨어져 있다. 이렇게 멀리 떨어진 숫셋키지를 강항이 직접 방문하였을까? 『간양록』에는 그어떤 단서도 나와 있지 않다. 하지만 본인이 40리 정도 된다는 기록을 남긴 점으로 보아, 직접 다녀왔다고 보아도 틀리지 않을 것이다. 뒤에서 말하겠지만, 이런 사실은 후일 분란의 소지가 되기 때문에 일부러 기록으로 남기지 않았다는 점을 우리는 알고 넘어가야 한다.

요시히도[5]는 강항에게 자신은 히젠[肥前, 현재 규슈 사가현] 출신으로 젊은 시절에 왜사(倭使)를 따라 우리나라 서울을 다녀온 적이 있다고 말하였다. 강항을 제법 예의로 대하며, 부채에다 시를 써주기를 청하기도 하였다. 강항은 그와 친교를 맺고 그로부터 일본의 역사 · 지리 · 관제 등을

___

5) 무라카미 쓰네오[村山恒夫]는 절에 있는 역대 주지 위패(位牌)를 통해 요시히도[好仁]가 가이케이[快慶]라
    는 사실을 밝힌 바 있다.

알아내어 『적중견문록(賊中見聞錄)』에 수록하여 울산 사람 김석복으로 하여금 본국으로 보내도록 부탁하였다. 강항은 요시히도와의 관계를 이렇게 적었다.

금산(金山) 출석사의 중 호인(好仁)이란 사람이 있었는데, 자못 문자를 해독하였습니다. 신을 보고 슬프게 여겨 예우가 남보다 더했으며, 따라서 신에게 그 나라 제판(題判)을 보여 주었는데, 방여·직관을 구별하여 빠짐없이 다 기록한 것이기에 신이 끝 등사하였습니다(有金山出石寺僧好仁者 頗解文字 見臣哀之 禮貌有加 因 示臣以其國題判 別方輿職官 該錄無餘 臣旋則謄寫).

금산(金山)은 해발 812m 산이다. 금산은 현재 "瀨戶內海國立公園"라고 하여 국립공원이다. 숫셋키지는 거의 산 정상 부위에 있다. 필자는 2016년 여름에 오즈성을 답사하고 택시로 출석사를 갔다. 굽이굽이 산길을 달렸다. 비가 많이 와서 산사태로 길이 막혀 돌아가기도 했다. 왕복 택시비가 1만엔 가까이 나왔다. 운전사는 매우 자상하고 친절했다. 필자가 갔을 때 안개가 자욱했다. 조그마한 동종(銅鐘)이 절 건물에 걸려 있는데, 안내판에 고려에서 제작된 것이라고 적혀 있다. 이 동종의 출처에 대해 무라카미 쓰네오[村山恒夫]는 도도가 돌아올 때에 가지고 온 것이라고 언급한 바 있다. 그곳에 역사를 알 만한 사람도 없고 나 자신 또한 언어가 서툴러 별다른 대화도 못 나누고 돌아와 못내 아쉬었다. 여름철이라 수국(水菊)이 탐스럽게 만개하여 사진을 찍는 것으로 위안을 삼을 수밖에 없었다.

5월에 강항은 오즈성 탈출을 시도했다. 임진년에 붙잡혀 와서 교토에 있다가 이요로 도망쳐 온 서울 출신 사람이 제의하여서 였다. 그는 은전(銀錢)도 있고 일본말도 할 줄 알아 조건이 되었다. 밤에 탈출하여 80리를 걸었다. 두 발에 피가 흘러도 걸었다. 낮에는 대밭 속에 숨고 밤엔 걸어 板島縣(현재 우와지마[宇和島])까지 갔다. 그곳 성문에 일본의 만행을 규탄하는 대자보를 써 붙이는 대담함도 보였다. 우와지마성 또한 도도 다카도라가 지었다. 1900년 무렵에 노(櫓, 망루)·성문(城門) 등이 해체되었고, 1945년 7월 12일 공습으로 대수문(大手門, 성 정문)이 소실되었다. 1960년 무렵에 천수각 등을 수리하였다. 오즈성에서 우와지마성까지의 거리는 자동차 도로로 38.7km이다. 필자는 오즈에서 기차를 타고 가서 답사하였다. 성루에 오르니 항구 도시 우와지마 시내와 항구가 한눈에 들어왔다.

강항은 우와지마에서 10리 더 가다 그만 조선에서 자신을 붙잡은 노부시치로[信七郞]에게 붙잡히고 다시 오즈성으로 이송되었다. 이후부터 감시는 더더욱 엄해졌다. 너무 무료한 나머지 성 밑에 있는 사찰에 나가 놀았다. 아마 이때 출석사를 방문하였을 것이고 그때 요시히도와 많은 대화를 나눈 것 같다.

강항이 탈출하다 붙잡힌 우와지마성

오사카성의 높은 천수각

(2) 오즈에서 교토로 이송

1598년 6월, 도도가 조선에서 교토로 돌아왔다. 전투에서 승리했다고 축하를 받으러 나온 것이다. 도도가 부하를 보내 강항을 오사카로 가게 하였다. 도도가 왜 그러했는지에 대해서는 알 길이 없다. 강항은 배를 타고 세토나이카이를 가로 질러 8일을 가 오사카에 도착하였다. 10층 누각이 허공에 높이 드러난 오사카성을 본 강항은 담이 떨리고 정신이 싸늘해 져 오래도록 진정되지 않았다. 오사카성의 웅장함에 놀란 것이다.

강항은 오사카에서 다시 작은 배에 실려 요도강을 거슬러 올라 교토로 이송되었다. 강항이 탄 배는 가쓰라가와[桂川], 우지가와[宇治川], 기즈 가와[木津川] 세 강이 합류하는 수륙교통의 요지에 축성되어 있는 요도성 [淀城]에 도착한 것 같다. 통신사 일행들이 행차할 때에도 요도성에 배를 정박하고 걸어서 육로로 이동하였다. 강항이 우지가와[宇治川] 입구에 이 르렀을 때에 왜적에게 빼앗긴 우리나라 병선이 정박되어 있었다. 그곳까 지 끌고 온 우리나라 사람들을 우리 병선으로도 실어 날랐던 것이다. 그 곳에는 진주성 전투 때에 붙잡혀 온 사람들이 집단 거주하는 '진주도(晉州 島)'라는 곳이 있었다.

강항은 요도성에서 걸어서 교토의 후시미성[伏見城]으로 이송되었다. 그곳 태창(太倉)의 빈 집에 그의 거처는 마련되었다. 일본은 시촌(市村) 이라는 늙은 사람으로 하여금 강항을 감시하게 하였다. 강항은 1600년 4 월 귀국길에 오를 때까지 그곳에서 머물렀다. 후시미성은 도요토미 사망 이후 도쿠가와 막부에 의해 철거되어 복숭아밭으로 변했다가 뒤에 천수각 을 다시 지었다. 그래서 현재 명칭은 후시미모모야마성[伏見桃山城]이라 고 한다. 1607년에 통신사로 일본을 다녀온 경섬(慶暹)이 남긴 사행록『해 사록』에 의하면, "왜인들의 말에 의하면, 강항이 포로되어 온 지 5년 동안 형체를 고치지 않고 의관을 변하지 않으면서 방에 조용히 앉아 책이나 보 고 글을 짓기만 일삼고 왜인들과 상대해서 입을 연 적이 없었다"고 한다. 강항은 교토에 오자마자 현실을 초월한 채 책보고 글짓는 일만 하고 있었 다. 그런 모습에 일본인들이 반하였는지, 그는 왜승과 교제하기 시작하 였다. 황제의 숙부인데 출가하여 다이부츠지[大佛寺]의 승려가 된 照高院 ·加古·慶安, 의원 노릇도 하는 意安·理安, 묘쥬인[妙壽院]의 승려 舜

首座 등이 있었다. 그 가운데 글도 알고 이치도 아는 자들이 없지 않았다.

이 중에서 가장 눈에 띄는 이가 바로 슌슈소[舜首座]였다. 그의 첫 인상에 대해 강항은 다음과 같이 『간양록』에 평하였다.

묘쥬인[妙壽院]의 중 슌슈소[舜首座]라는 자가 있는데, 京極黃門定家의 손자요, 但馬守 赤松左兵廣通의 스승으로서 자못 총명하여 고문(古文)을 이해하여 어느 글이라도 통하지 못하는 것이 없었습니다. 그리고 또 성품이 굳세어 왜인에게 용납되지 못하였는데, 도쿠가와 이에야스가 그가 훌륭한 인재란 말을 듣고서 왜경(倭京)에다 집을 지어 주고 해마다 쌀을 2천 석씩을 주었습니다. 그러나 슌슈소는 그 집을 버리고 살지 아니하였고 곡식도 사양하여 받지 아니하면서, 유독 若州少將勝俊과 左兵廣通만을 데리고 놀았습니다(又有妙壽院僧舜首座者 京極黃門定家之孫 而但馬守赤松左兵衛廣通之師也 頗聰明解古文 於書無不通 性又剛峭 於倭無所容 內府家康聞其才賢 築室倭京 歲給米二千石 舜首座者捨室不居 辭粟不受 獨與若州小將勝俊左兵廣通遊).

슌슈소는 1561년에 播磨國 三木郡 細河村(현재 兵庫縣 三木市 細川町 桃津)에서 藤原爲純의 3남으로 태어났다. 7세에 불교에 입문하여 하리마[播磨] 다츠노[龍野]의 景雲寺에서 공부하다가, 아버지가 전사하자 숙부를 따라 교토 쇼코쿠지[相國寺]로 갔다. 언제인가는 모르지만 이름을 슌[舜, 蕣이라는 기록도 있음], 자를 文華라고 했고, 슈소[首座]가 되어서는 묘쥬인에 기거하였다. 슌슈소는 사뭇 총명하여 옛글도 잘 알아 통달하지 않은 글이 없었다. 그리고 성격이 강직하여 왜인들 사이에 잘 끼지 않았고, 도쿠가와 이에야스가 그의 재주가 뛰어나다는 것을 듣고 교토에 집을 짓고 해마다 쌀 2천 석을 주고자 했음에도 집도 쌀도 모두 받지 않았다. 이런 강직성은 명분을 강조하는 유학에 경도된 결과였고, "지난번에 대합(太閤)의 총전(塚殿)에 붙은 글씨를 보니, 바로 족하(足下)의 글씨였다. 왜 스스로 몸을 아끼지 아니하는가?"라고 강항에게 말한 것도 이런 심성에서 나온 것이었다.

그는 상당히 일찍부터 유학에 경도되기 시작하였다. 仁如集堯, 鳳宗韶와 같은 선승들을 통해서 주자학을 처음 접했을 것으로 언급되고 있다.[6] 서른이 못 된 1590년에 조선에서 통신사로 온 황윤길, 김성일 등과 교토에서 교류하면서 주자학에 본격적으로 관심을 가졌다. 33세 되던 1594년에 도쿠가와 이에야스에게 초청되어 에도에 가서『정관정요(貞觀政要)』를 강의했다고 한다. 그는 이 무렵에 유학자로서의 자각을 확실히 하여 승적을 벗고 이름을 肅으로, 자를 斂夫로 고쳤고, 惺窩[7]란 이때 지은 호이다. 당시 일본 사람들은 유학을 잘 알고 있지 못하였다. 그래서 후지와라는 주자학을 더 공부하기 위해 1596년 6월에 규슈에서 명나라 선박을 타고 중국으로 가려고 했으나 풍도(風濤)를 만나 중단되었고(『간양록』에는 1591년 신묘년 3월 사쓰마[薩摩]로 내려가서 해박(海舶)을 따라 중국에 들어가려고 하다가 병이 나서 경(京)으로 돌아왔다고 기록되어 있다). 계속되는 왜란으로 그의 꿈은 좌절되고 말았다. 다음해 1597년에 교토로 돌아와 6경(六經, 易經, 書經, 詩經, 春秋, 禮, 樂經)을 전하였다. 바로 이때 후지와라는 강항을 만난 것이다.

2) 후지와라, 주자학 개조가 되어 근세 유학을 발흥하다.

(1) 후지와라 묻고, 강항 답하다.

후지와라 세이카[藤原惺窩, 1561~1619]는 일본 에도 유학의 개척자로 평가받는 인물이다. 도쿠가와 이에야스가 도요토미 세력과 싸워 최종 승리를 거둔 뒤 1600년 10월 그를 불러『대학』을 강의하게 하자 승복이 아닌 유학자의 복장을 입고 나타났다. 불교 수좌의 지위를 버리고 온전한 유학

---

6) 桂島宣弘,「姜沆と藤原惺窩-十七世紀の日韓相互認識」,『전북사학』34, 전북사학회, 2009, 265쪽.

7) 그가 유학자가 되면서 스스로 지은 '세이카'(惺窩)라는 이름이자 호도 강항이 그를 위해 써준 '성재기'(惺齋記)와 '시상와기'(是尙窩記)에서 한 글자씩 가져온 것으로 알려져 있다.

자로 다시 태어났던 것이다. 당시까지만 해도 일본에서 유학은 대부분 승려들이 공부했으며, 유학의 위치도 불교의 보조적인 학문에 머무르고 있었다.

후지와라는 1598년 교토에서 강항을 만났다. 장소는 후시미에 있는 아카마츠 히로미치[赤松廣通, 1562~1600] 저택이었다. 아카마츠는 다츠노[龍野]의 성주로 후지와라와 친교를 맺고 그의 후원자로 나선 인물이다. 이때 강항은 32세였고, 후지와라는 38세였다. 후지와라는 마치 기다렸다는 듯이 강항을 운명처럼 맞이하였다. 강항과의 교유를 통해 유학자로서의 자기 정체성을 확립해 나가려고 하였기 때문이었다. 그래서 그는 강항을 보자마자 갖가지 질문을 쏟아냈다. 먼저 이런 질문을 하였다.

신에게 우리나라의 과거 보는 절차 및 춘추석전(春秋釋奠)·경연(經筵)·조정(朝廷) 등의 절목(節目)을 묻기에, 신은 대답하기를, '초야의 사람이라 미처 참여하여 듣지 못했다.' 하였고, 단지 과거·석전 등의 대개를 알려 주었더니, 중은 매양 실심하여 길이 탄식하며 말하기를, '애석하게도 내가 중국에서 나지 못하고 또 조선에서도 나지 못하고 일본에서도 이런 시대에 태어났단 말인가(問臣以我國科擧節次及春秋釋奠經筵朝著等節目 臣答以草茅之人 未及豫聞 但告以科擧釋奠等大槪 僧必憮然長嘆曰 惜乎吾不能生大唐 又不得生朝鮮 而生日本此時也).

후지와라는 유학의 대학자에게 제사를 올리는 석전제(釋奠祭)에 대해 물었다. 강항은 석전의례를 잘 설명해주었다. 강항도 후지와라와의 만남에 대해 상당히 만족해 하였다. 이 점에 대해 후지와라의 제자 하야시 라잔은 후지와라 행장에서, "강항이 아카마쓰 씨(氏) 집에 와 있었다. 항은 선생(후지와라 세이카)을 보고 일본에도 이런 인물이 있음을 기뻐하고 함께 얘기를 나누었다. 항이 이르기를, '조선의 300년 이래 이같은 인물이 있음을 나는 들어보지 못했다. 내가 불행히도 일본에 떨어져 있지만 이 사람을 만났으니 이 또한 큰 다행이 아닌가'라고 했다. "8)
라고 말하였다. 후지와라는 뛰어난 인품은 물론이고 이미 유학에 대해 상
당한 수준의 선지식을 갖추고 있었음을 알 수 있다. 그래서 강항은 후지
와라의 서재 편액의 내력을 적은 「惺齋記」를 지어주었다. 이 글에서 강항
은 주자학의 여러 문구들을 원용하였다. 이는 후지와라로 하여금 주자학
에 전념하도록 하는 자극제가 되었을 것이다. 9)

　이러한 인간적인 신뢰가 있었기에 강항도 성의를 다해 갖가지 질문에
답하였다. 이에 따라 일본인 가운데 유학의 의례, 더 나아가서는 조선의
의례를 따라 하는 이가 나타나게 되었는데, 이 점에 대해 후지와라는 다
음과 같은 질문을 던졌다.

> 일본의 장관(將官)은 모두 다 도적들인데, 오직 히로미치[廣通]만이 자못 사람의
> 마음을 지녔습니다. 일본이 본시 상례(喪禮)가 없었는데 히로미치만이 홀로 삼년
> 상을 실행하였고, 중국의 제도 및 조선의 예절을 독실히 좋아하며, 의복·음식의 세
> 세한 절차에 있어서도 반드시 중국이나 조선의 것을 본받고자 하니, 비록 일본에
> 살지만 일본 사람이 아닙니다(日本將官盡是盜賊 而惟廣通頗有人心 日本素無喪
> 禮 而廣通獨行三年喪 篤好唐制及朝鮮禮 於衣服飲食末節 必欲效唐與朝鮮 雖居
> 日本 非日本人也).

　일본에는 원래 상례(喪禮)가 없었는데 오직 아카마츠만이 3년상을 행하
였으며, 당의 제도나 조선의 예를 아주 좋아하여 의복과 음식 등 세세한
데까지 당과 조선을 본받으려고 하고 있었다. 일본에 살고 있긴 하지만
일본인이 아닐 정도라고 말하였는데, 이는 다음 기사를 살펴보면 과장이
아님을 알 수 있다.

---

8)　박균섭, 「강항이 일본 주자학에 끼친 영향」, 『일본학보』 37, 한국일본학회, 1996, 258쪽. 福田殖, 「강항과
　　藤原星窩」, 『퇴계학논총』 4, 1998, 53쪽.
9)　이동희, 「수은 강항의 애국정신과 일본에의 주자학 전파」, 『유교사상연구』 12, 한국유교학회, 1999, 200쪽.

일찍이 우리나라 『오례의(五禮儀)』・『군학석채의목(郡學釋菜儀目)』을 얻어서 그의 사읍(私邑)인 다지마[但馬]를 독려하여 공자의 묘(廟)를 세우고 또 우리나라 제복(祭服)・제관(祭冠)을 만들어 날을 걸러 그 부하를 거느리고 제의(祭儀)를 익혔습니다(嘗得我國五禮儀郡學釋菜儀目 於其但馬私邑 督立孔子廟 又制我國祭服祭冠 間日率其下 習祭儀).

아카마츠는 우리나라의 『국조오례의』와 『석전제절목』을 얻어서 보고, 그 예시대로 공자묘(孔子廟)를 자신의 고향 다츠노에 세우고 제기와 제복을 만들어, 날을 정해 석전제를 거행하였음을 알 수 있다. 이는 주자학을 공부하고 확산시키기 위한 실질적인 조치였던 것이다.

(2) 주자학 경전 간행

그들은 여기에 그치지 않았다. 주자학을 연구할 수 있는 길을 강항에게 물었다. 후지와라는 우선 강항에게 자신들의 학문적 실정을 진솔하게 털어 놓았다. 일본의 유자들은 한유(漢儒)의 학만 알 뿐이고 송유(宋儒)의 이치를 알지 못하여, 도리어 한유가 송유를 비난하는 가소로운 일까지 벌어지고 있다고 말하였다. 이 말은 일본 안에 주자학을 아는 사람이 없고, 그래서 주자학을 배우고 싶다는 의지의 표현이다. 이에 부응하여 강항도 주자학의 이치와 공부법 및 저서를 강의하거나 소개하였을 것이다.

그래서 그들은 유학 연구의 심화를 위한 경전 간행을 우선적으로 착수하였다. 이를 위해 그들이 요구한 것은 다음과 같은 일이었다.

일찍이 우리나라 선비로서 포로가 되어 있는 자와 신 형제를 상종하여 육경(六經)의 대문(大文)을 적어 달라고 요구하였으며, 가만히 은전(銀錢)을 주어 객지의 생활비에 보조하면서 돌아가는 길에 노자나 하라고 하였습니다(又嘗從我國士人之在俘虜者及臣兄弟 求書六經大文 潛以銀錢助臣等羈旅之費 以資歸路).

후지와라는 강항과 조선인 선비 포로들에게 주자학을 이해할 수 있는 6경의 경서(經書)를 써 달라고 부탁하였다. 비록 포로이지만 그냥 부탁할 수 없어 일종의 대가로 은전(銀錢)을 주었다. 『간양록』에는 왜승 순수좌를 따라 글씨 품을 팔아서 은전을 얻었다고 기록되어 있어 잘못 읽으면 돈벌이 글씨로 해석할 수 있다. 경서 간행과 관련된 『간양록』 기록은 이 기사가 유일하다. 이 부분은 후일 왜국을 도와주었다는 부역 혐의가 있을 것 같아 일부러 기록에 자세하게 남기지 않았을 것이다. 3강5륜을 잘 지켜 죽음으로 나라를 지켜야 하였기 때문에, 살아 돌아오는 것이 결코 자랑스러운 일이 아니어서 였다. 그래서 수많은 피로인들이 쇄환을 주저하였고, 귀국한 사람마저도 사지에서 고생한 것을 위로받기는커녕 죄인처럼 살아야만 하였다. 죽어야만 사는 나라, 그것이 바로 조선이라는 나라였다.

그래서 강항이 일본 유학자들에게 어떤 영향을 끼쳤는지에 대해서는 당시의 우리나라 기록을 통해서는 알기 어렵다. 다행스러운 것은 그런 내용이 『藤原惺窩集』 등 일본에 남아 있는 자료 속에 들어있고, 우리의 후대 기록에도 나와 있어 그 실상을 알 수 있는 것이다. 이제 이 점에 대해 알아보겠다.

이들이 쓴 경서는 주자(朱子)의 주석에 따라 일본식 훈점(訓点)을 표시한 『사서오경(四書五經)』 왜훈본(倭訓本)이었다. 한마디로 이 책은 주자가 해석한 4서5경을 일본인이 쉽게 읽고 이해할 수 있도록 점을 찍고 주석을 단 것이다. 아카마츠가 재정을 후원하고 후지와라가 편찬을 총괄하면서 강항이 큰 역할을 한 이 책은 일본 최초의 본격적인 성리학 텍스트였다는 점에서 큰 의의가 있다(원본은 현존하지 않음). 이 점에 대해 후지와라의 제자 하야시는 자신이 쓴 '후지와라 행장'에 다음과 같이 적었다.

우리나라(일본)의 유학박사는 옛날부터 한나라, 당나라의 주소(註疏)를 읽고 경전

에 점을 찍고 일본어식 훈(訓)을 달았을 뿐이다. 그러면서 정주(程朱)의 서적에 이르면 아직 십분의 일도 모르며 성리학을 아는 사람도 드물다. 이에 선생(후지와라 세이카)이 아카마쓰 씨에게 권유하고, 강항 등에게 사서오경을 정서하게 했다. 선생은 스스로 정주(程朱)의 뜻을 따랐는데, 이것이 훈점본이 되었으니 그 공이 매우 크다.

일본내 주자학의 기본 자료가 강항의 손을 빌어 탄생되는 순간이다. 그 책을 보고 비로소 일본인들은 주자학을 이해하게 되었다. 아카마쓰 또한 자신의 공부를 위해 수진본 『사서오경』, 『소학』, 『근사록』 등 모두 16종에 달하는 서적의 필사 및 그에 대한 서문이나 발문을 강항에게 의뢰하였다. 이들 서적은 紅葉山文庫, 內閣文庫를 거쳐 현재는 國立公文書館(東京都 千代田區 北の丸公園)에 소장되어 있다.

이리하여 후지와라는 일본 주자학의 개조가 되었다. 이 점에 대해 강항은 자신이 쓴 '오경'이란 책의 발문(「오경발」)에서 일본 사람들은 주자학이 있는 줄을 몰랐는데, 후지와라가 처음 그 실을 밝혔으니, 후지와라가 아니면 일본에 주자학도 없었을 것이라고 말했다. 또한 아카마쓰의 후원이 없었다면 후지와라도 없었을 것이라는 말도 강항은 잊지 않았다.[10]

후지와라는 강항과 헤어진 뒤에도 홀로 유학을 연구하여 후진을 양성하게 되었는데, 일본 주자학은 그의 문인들이 이어져 나와 큰 발전을 이루었다. 유학에 의한 정치와 그에 따르는 제도 제정을 막부에 주장한 오규 소라이[荻生徂徠, 1666~1728]는 "왕인(王仁)씨가 있어 후민(後民)이 처음으로 문자를 알았고 (중략) 후지와라씨가 있어 후대인들이 처음으로 하늘과 성인을 말하게 되었다"고 하여, 후지와라에 의해 일본 주자학이 시작되었다고 밝힌 바 있다.

---

10) 박맹수, 「수은 강항이 일본 주자학 발전에 끼친 영향-후지와라 세이카와의 관계를 중심으로」, 『도서문화』 35 목포대학교 도서문화연구원, 2010, 52쪽.

후지와라의 많은 제자들 가운데 하야시 라잔[林羅山, 1583~1657]은 스승의 추천으로 1607년 도쿠가와 이에야스의 시강(侍講)이 된 이후 4대 쇼군 도쿠가와 이에쓰나에 이르기까지 막부의 시강으로 일했다. 하야시의 사숙(私塾)은 에도 유학의 거점 구실을 했다.

　이처럼 강항은 후지와라의 스승이 되어 일본 근세 유학이 꽃피우는 데에 초석을 놓아준 역할을 하였다. 이 사실은 강항 사후 200여년 지나서야 비로소 조선 선비들에게까지 알려지게 되었다. 조엄(趙曮, 1719~1777)이 1763년에 일본에 통신사로 다녀와서 적은『해사일기』에, "임진란 때 우리나라 사람 수은 강항이 4년 동안 잡혀 있었는데, 그때 슌슈소[舜首座]란 승려와 교유하면서 비로소 문교를 열었다. (중략) 일본의 학술은 긴긴밤이라고 해야 옳으며 일본의 문장은 소경이라 해도 되겠으나, 그중을 취해서 말하자면 슌슈소의 파가 가장 정학(正學)이라 하겠다."고 하여, 강항과 교유한 후지와라에 의해 일본 근세 유학이 열리었다고 적었다. 또한 조엄을 수행하여 역시 일본을 다녀온 성대중(成大中, 1732~1809)은『청성잡기』에서 "수은 강항은 임진왜란 때 포로로 잡혀 일본에 끌려갔다가 승려 슌슈소를 만나 학문을 가르쳤다. 일본 유학의 뿌리가 이로부터 시작되었고, 끝내 그의 도움을 받아 환국하여『간양록』을 지어 왜국의 사정을 매우 정밀하고 자세하게 기록했는데 아마 승려 슌[舜]에게 들은 것인 듯하다. 승려 슌은 결국 환속하여 '렌부[斂夫]'라고 개명하고 많은 제자들을 가르쳤는데, 일본에서는 그를 위해 사당을 지어 제향하고 수은까지 하였다고 한다."고 하여, 조엄과 비슷한 견해를 제시하였다. 이로 인해 동아시아 지성사에서 차지하는 강항의 위상이 국내에 알려지게 되었다.

오즈시 시민회관 앞에 있는 강항 기념비

맺음말 : 강항, 동아시아의 지성인이 되다.

강항은 1597년 9월 23일 납치되어 1600년 5월 19일 돌아올 때까지 2년 8개월 동안 일본에 억류되었다. 그 가운데 교토에 있었던 기간은 1년 10개월 남짓에 불과하였지만, 이 짧은 기간에 그가 남긴 행적은 일본의 유학을 발흥시켜 일본에 '에도시대 서민문화'라는 새로운 학문의 시대를 여는 데에 기여하였다.

도요토미 이후 권력을 잡은 도쿠가와 이에야스는 새로운 사회질서를 구축하기 시작했다. 그 방향은 무치를 지양하고 문치(文治)를 표방하는 것이었다. 이를 위해 그는 오랜 전통이 있는 불교를 그대로 존속시키면서 새로이 주자학을 지배이념으로 채택하였다. 주자학이 지닌 사상이 새로운 질서의 일본 통치에 유용했기 때문에 이데올로기의 재편을 단행했던 것이다. 그래서 도쿠가와는 후지와라를 자주 불러 정치에 관한 중국 고전을 강의하도록 하면서 그를 극진히 대우하려고 하였다(조선 왕실에서 행해졌던 經筵과 같은 것). 그러나 후지와라 자신은 나오지 않고 은거하고 말았다. 하지만 제자 하야시를 막부에 추천하였고, 하야시는 막부에 들어가 주자학을 널리 보급시키는 데에 큰 역할을 하였다.

이를 기념하여 오늘날 일본 에히메현 오즈시 중심가 시민회관(현재는 폐쇄) 앞에는 1990년에 건립된 '홍유강항현창비'(鴻儒姜沆顯彰碑)가 서 있다. 강항의 고향인 영광군과 오즈시는 2001년부터 교류하고 있다. 다츠노[龍野]의 성주 아카마츠 히로미치[赤松廣通] 기념비에도 강항의 이름이 새겨져 있다.

12. 임진왜란과
조선인의 요동 이주

12. 임진왜란과 조선인의 요동 이주

머리말

동서고금을 불문하고 전쟁은 국내는 물론이고 국제간의 인구이동에 큰 영향을 미친다. 임진왜란도 그러했다. 국내의 경우 전란 중에 평안·함경도 사람들이 남쪽으로 대거 이동한 결과, 전후에 국경방어를 위한 쇄환정책이 펼쳐졌다. 국제간의 경우 조·명·일 동아시아 3국의 인구를 크게 이동시켰다. 이 가운데 조·일간의 인구이동에 대해서는 피로인(被擄人)과 항왜(降倭)를 다룬 연구에서 소상하게 밝혀졌다. 반면에 조·명간의 인구이동에 대해서는 체계적인 연구가 없는 형편인데,[1] 이는 전쟁 중의 조선사회 모습, 파병 명군의 활약상, 이후 전개된 조선·명·후금(청)의 대외정책 등을 이해하는 데에 흥미로운 소재가 된다.

이 글은 임진왜란으로 발생한 조선과 명 사이의 인구이동에 대한 것이

---

1) 박현규, 「임진왜란 시기 명나라로 건너간 조선 유민 고찰」, 『동북아역사논총』 41, 동북아역사재단, 2013. 이 논문은 연행록에 나타난 사람들을 지역별로 나누어 소개한 것으로, 왜 그러한 일이 벌어졌는지에 대해서는 천착하지 않았기 때문에 필자가 이 글을 쓰게 되었다.

다. 조·명간의 인구이동은 명군의 파병으로 야기되었다. 일반적으로 임진왜란 7년 동안 총 20여만 명의 명나라 군인이 조선에 출병해 전국 곳곳에 배치되었다. 군인뿐만 아니라 명나라 상인들도 군량의 수집·운송과 명군의 지원을 위해 대거 들어왔다.[2] 이에 대해 지금까지는 파병의 논의와 동기, 명군의 강화협상, 철군의 논의 등이 주로 다루어졌다. 그런데 이들 가운데 철군시 귀국하지 않고 조선에 잔류한 사람들이 적지 않았다. 그런가 하면 조선인이 철군하는 명군을 따라 중국으로 대거 들어갔는데, 여기에는 각지에 주둔한 명군 진영에 투속한 자원자와 중국군이 강제로 데리고 간 납치자가 포함되어 있었다.

여기에서는 조선인이 명나라로 이주한 배경이나 과정 및 대책을 중점적으로 알아보겠다. 그러한 나머지 이주한 사람들의 구체적인 거주실태에 대해서는 소략할 수밖에 없는데, 이는 관련 자료를 널리 수집하지 못하여서 그러한 것이다. 이런 한계에도 불구하고 이 글은 민족사의 애환은 물론이고 후금의 건국과 요동진출 이후 요동 사람들이 조선으로 대거 이주[3] 하게 된 배경을 이해하는 데에 하나의 단서를 제공할 것이다.

1) 명군의 파병과 조선인 투속

(1) 명군의 파병

1592년(선조 25) 4월에 임진왜란이 발발했다. 20여만 명 가까이에 이르는 일본군이 상륙하여 북진하자, 선조는 서울을 떠나 파천길에 올랐다. 조선 정부는 요동도사에게 일본군의 침공 사실을 급히 보고했고, 구원사를 보내 명나라에 원병을 청했다.[4] 조선의 요청도 있었지만 일본군이 조

---

2) 한명기, 『임진왜란과 한중관계』, 역사비평사, 1999, 99쪽.
3) 김덕진, 「17세기 전반 후금의 요동진출과 요민의 조선이주」, 『역사와 교육』 14, 역사와교육학회, 2012(본서 제 13장).
4) 손종성, 「임진왜란시 대명외교」, 『국사관논총』 14, 국사편찬위원회, 1990.

선을 점령하고 중국으로 들어올 경우를 우려한 명은 대규모 병력을 조선에 파견했다.[5] 7년 왜란 동안 총 20 여만 명 이상의 명나라 군인이 조선에 출병해 전국 곳곳에 배치되었다. 이때 명나라 상인들도 군량의 수집·운송과 명군의 지원을 위해 대거 들어왔다.

먼저, 군대의 파견을 알아보자. 명군의 파병은 크게 2회 단행되었다. 제1차 파병은 1592년 6월 15일에 광령유격 사유(史儒)와 독전참장 대조변(戴朝弁)이 병사 1천 명을 거느리고 강을 건넌 것이 시작이었다. 이들은 명의 중앙군이 아니라 지방군인데, 바로 이어 광령진 수총병관 양소훈(楊紹勳) 휘하의 요동 수비군이 들어왔다. 압록강을 건너온 요동군은 부총병 조승훈(祖承訓), 유격 사유(史儒)와 왕수관(王守官), 천총 마세륭(馬世隆) 등이 거느린 약 3천 5백 명이었다. 하지만 조승훈은 7월에 성급하게 평양성을 공격하다 실패하고 말았다. 사실 명은 대규모의 정예군을 파견하기로 했으나, 이 패배로 인해 조선의 거듭된 요청에도 불구하고 추가 파병은 지연되었다. 그러다 5개월여 지난 12월에 이여송의 지휘에 의해 4만 3천여 명이 들어왔다.[6]

이들은 절강·복건 출신의 남병과 광령·요령 출신의 북병으로 구성되었지만, 북병이 다수를 차지했다. 그들은 이듬해 1593년(선조 26) 1월에 조선군과 연합하여 평양성을 공격하여 탈환했다. 조·명 연합군은 여세를 몰아 개성을 탈환하였으며, 아울러 평안·황해·경기·강원 4도를 회복했다. 명·일 사이에 강화협상이 추진되면서 일본군은 4월에 서울에서 철수하고 동남 해안으로 내려가 웅거했다. 이후 명군은 경상도와 전라도에 주둔하고 있었는데, 5월에 사천 총병 유정(劉綎)은 복건·서촉·남만 등지의 소모병 5천 명을 거느리고 성주에, 절강의 장수 오유충(吳惟忠)은 선

---

5) 이재호, 「임란 의병의 일고찰」, 『역사학보』 35·36, 역사학회, 1967.

6) 『선조수정실록』 26, 선조 25년 12월

산에, 이령(李寧)·조승훈(祖承訓)·갈봉하(葛逢夏)는 거창에, 낙상지(駱尚志)·왕필적(王必迪)은 경주에 각각 둔을 쳤다.[7] 일본군이 진주성을 공격한 7월에는 총병 유정과 유격 오유충은 대구에 있고, 참장 낙상지와 유격 송대빈(宋大斌)은 남원에 있고, 유격 왕필적은 상주에 있었다.[8] 마침내 명군은 1594년(선조 27) 8월 본국으로 철수했다.

제2차 파병군에 대해서 알아보자. 지루하게 진행되던 강화협상이 진척을 보이지 않고 결렬로 치닫자, 조선과 명은 왜군의 재침에 대비하기 시작했다. 그러던 1597년(선조 30)에 정유재란이 일어나 왜군이 다시 들어왔는데, 3월 중순에 이르면 14만 명 이상이 건너 왔다. 이에 명은 재차 파병을 단행했다. 명은 병부시랑 형개(邢玠)를 경략어왜겸리양향, 우첨도어사 양호(楊鎬)를 경리조선군무, 도독 마귀(麻貴)를 제독비왜총병관으로 삼아 5만 5천여 명의 병력을 출병시켰다. 이들은 6월 무렵이면 부총병 양원은 남원에, 유격 모국기(茅國器)는 성주에, 유격 진우충(陣愚衷)은 전주에, 부총병 오유충(吳惟忠)은 충주에 각각 주둔하였다. 이듬해 1598년(선조 31) 2월에 추가 병력이 도착하여 각기 맡은 지역으로 내려갔다.[9] 수군까지 들어와 명군이 많을 때에는 10만여 명에 이르렀다. 전쟁이 끝나고 명군이 완전 철수한 시기는 1600년 9월 26일이다. 약 8년 3개월 가량 주둔한 셈이다.[10]

이어서, 군인을 따라 들어온 상인들에 대해 알아보자. 명군은 자신들의 군량을 본국에서 직접 운송해 왔다. 명 내지에서 군량을 수집하고, 그것을 조선으로 실어오는 일에 명나라 상인들이 투입되었다. 그런데 정유재란 이후 본국의 발송량과 조선의 지원량이 수요에 미치지 못하자, 명군은

---

7) 『선조수정실록』 27, 선조 26년 5월.
8) 『선조실록』 40, 선조 26년 7월 16일.
9) 『선조실록』 97, 선조 31년 2월 3일.
10) 김경록, 「정유재란기 파병 명군의 구성과 조명연합군」, 『한일관계사연구』 50, 한일관계사학회, 2017.

명 상인을 통해 조선 내에서 곡물을 구매하여 군량으로 보충했다. 이와 관련해서 1598년(선조 31) 1월에 사간 남이신(南以信)은 "중국에서 은(銀)을 내어 군량을 운반하는 것은 우리나라의 군량이 부족한 것을 구제하기 위한 것입니다. 그런데 이제 들건대 중국에서 군량과 콩을 운반하는 사람들이 본색(本色)을 운반하지 않고, 단지 그 가은(價銀)만을 가지고 와서 우리나라 지방에서 사서 납입합니다."[11]고 말했다. '搬運粮豆之人'이라고 불리는 상인층이 은을 가지고 들어와서 곡물을 매입하여 납품했다. 이들 가운데에는 요동 상인이 많았는데, 이 점과 관련해서 이덕형은 절강 상인들은 요동에 몰려와 매매하고, 요동 상인들은 소미(小米, 좁쌀)를 나귀에 싣고 들어와 도성에서 조선인들에게 팔았다고 했다.[12] 명 상인은 조선 상인이나 민간인을 상대로 소, 말, 솥, 농기구 등 여러 물건을 사고팔았다.

자국의 물품을 가지고 와서 군량을 매입하려던 방안은 이미 파병 초기부터 제기되고 시행되었지만, 정유재란 이후 본격화되었다. 1597년(선조 30) 10월에 명장 진등(陳登)은 곡식이 없어서가 아니라 무거워서 운송하지 못했다고 하면서, 본국에서 은 20만 냥과 많은 청포(靑布)·화융(花絨) 등을 보냈다고 했다. 그것으로 군량을 매입할 계획이었는데, 이미 은자 1천여 냥과 청포 1천여 필은 평안감사에게 교부해서 곡식을 무역하게 했고, 나머지는 시가에 따라 무역하면 가능하다고 했다. 이에 선조는 매입하기가 쉽지는 않을 것이지만, 담당 관료로 하여금 최선을 다하도록 조치를 취하겠다고 답했다. 특히 화융과 청포는 계절이 추울 때가 되니 백성들이 추위를 막기에 절실하므로 쉽게 판매될 것 같다는 낙관적인 전망도 제시했다.[13] 이에 대해 호조는 청포나 화융은 바로 추위를 막는 물건이니 싯가에 따라 대등하게 무역하면 백성들이 반드시 싫어하지 않을 것

---

11) 『선조실록』 96, 선조 31년 1월 18일.
12) 『한음유고』 8, 계사, 「陳時務八條啓」.
13) 『선조실록』 93, 선조 30년 10월 11일.

이며 어느 곳에서도 바꿀 수 있겠지만, 은자는 우리나라 사람들은 사용하는데 익숙치 못하고 또한 중국의 절가(折價)가 너무 높기 때문에 사람들이 교역하려 하지 않으나 평양 서쪽 지방에서는 의주(義州)의 강 위에서 매매하는 일이 있으므로 평안도에는 사용할 수 있을 것이라고 말했다.[14] 조선에 반입된 명 옷감은 방대했다. 1598년 2월의 경우 곡물을 매입하기 위한 청포와 남포가 5만여 필에 이르렀는데, 함경도에 1만 5천 필, 전라도에 1만 필, 강원도에 1만 필, 경기에 5천 필씩 배정되었다.[15] 동년 10월에는 역시 곡물을 매입하기 위해 동한유(董漢儒)가 청포 3만 7백 59필, 남포 5만 1천 7백 67필 등 9만여 필을 의주에 보내자, 차관(差官)이 의주에서 배에 싣고 서울 한강까지 운송해와 각 도에 나누어 보냈다.[16] 매매하는 일은 조선 관리가 대행하기도 하지만, 중국 상인이 직접 행하기도 했다. 그리하여 많은 중국 상인이 조선에 들어오게 되었다.

이에 그치지 않고 명군 지휘부는 필요한 각종의 군수물자와 생활용품을 조달하기 위해 요동 상인들을 조선으로 끌어들였다. 명군의 병사에게는 월급으로 은이 지급되었고 그것으로 필요한 물건을 사야 했는데, 병사들은 조선에 상점이 없어서 불편을 겪었다. 그런 불편을 해결하기 위해 명군 지휘부는 요동 상인을 조선에 끌어 들였다. 그들을 보호하기 위해 송응창은 병사들로 하여금 상인들의 물품을 함부로 수색하지 못하도록 지시했다. 정유재란 이후 경리어사 양호 역시 똑같은 정책을 썼다. 군수물자 조달의 어려움을 타개하기 위해 요동 포정사(布政司)의 노인(路引)을 소지한 상인들을 조선으로 불러들여 명군들과 거래할 수 있도록 조처했다.[17] 그들은 일용품 따위와 의복과 음식물 등을 가지고 주둔지를 다니면서 군

---

14) 『선조실록』 93, 선조 30년 10월 13일.
15) 『선조실록』 97, 선조 31년 2월 4일.
16) 『선조실록』 105, 선조 31년 10월 23일.
17) 한명기, 앞의 책, 100쪽.

인들에게 월은(月銀)을 받고 팔았다. 이러한 일은 부대별로 상인들을 배속시켰기 때문에 조직적으로 진행되었다. 요동 상인들은 여기에 그치지 않고 벌어들인 은으로 조선 각지 민가에서 수철(水鐵, 무쇠)을 사들여 선박으로 싣고 갔다.[18]

시간이 흐를수록 명 상인의 수는 증가했다. 전쟁이 끝난 뒤인 1599년 (선조 32) 9월 9일자 접반사 심희수의 보고를 보면, 당상(唐商, 중국 상인)들이 충청·전라도 지역에서 무쇠를 헐값에 마구잡이로 매입하고 있었다.[19] 전쟁이 끝난 1600년(선조 33) 무렵에도 아직 중국 군대가 철수 하지 않은 형편이고 매매하는 중국 상인들도 전국에 두루 펴져 있었다.[20] 이듬해 1601년(선조 34)에는 중국 사람이 잡물을 싣고 의주에서부터 부산 등지에까지 가지 않는 곳이 없고 판매하지 않은 물건이 없을 정도였다.[21] 이로 인해 왜란 시기 조선 국경은 명나라 사람들에게 상당히 자유롭게 개방되었다. 군인과 상인들을 비롯한 각계각층의 중국인들이 압록강을 건너 조선 8도 곳곳을 무시로 드나들었다. 그들과 조선 사람들의 접촉이 잦아지면서 명나라 사람들은 조선의 내부 사정을 자세히 알게 되었다. 이 점에 대해 이정구(李廷龜, 1564~1635)는 "전란이 일어난 뒤 7년 동안 대소 아문(大小衙門)과 각영장령(各營將領), 왕래군병(往來軍兵)과 매매상고 (買賣商賈)들이 줄을 이어서 안팎이 구분 없고 중국과 소방이 서로 소통된 만큼 소방의 행위는 터럭만큼도 숨기기 어렵고 정의로 서로 믿어서 만리가 지척의 거리처럼 가까워졌습니다"[22]고 말한 바 있다. 특히 요동상인들이 대거 군인을 따라 들어온 데다 왜란 중에 중강개시가 열려 요동사람과 조선사람 사이에 교역이 이루어졌기 때문에, 자연적으로 요동사람들은 조

---

18) 『선조실록』 111, 선조 32년 4월 20일.
19) 『선조실록』 117, 선조 32년 9월 9일.
20) 『선조실록』 124, 선조 33년 4월 23일.
21) 『선조실록』 134, 선조 34년 2월 7일.
22) 『월사집』 21, 변무록, 「丁主事應泰 參論本國辨誣奏(戊戌冬)」.

선사정을 자세히 알 수 있었다.

(2) 명군의 진휼소를 찾아간 사람

명군 진영에는 많은 조선인이 들어와 명나라 사람들과 함께 생활하고 있었다. 그들로는 기아자, 잡부(군속), 혼인자(현지처) 등이 있었다. 먼저 기아자부터 알아보겠다.

명군은 평양성을 탈환한 후 남진을 하여 서울을 수복하고, 이어 도망가는 일본군을 쫓아 내려가 각지에 주둔했다. 그런 과정에서 명 장수들은 기아자를 발견하고 구휼에 나섰다. 명장(明將)들이 그런 데에는 왜란 당시 조선 민중의 생활이 극도로 악화되어 있었기 때문이다. 백성들의 삶은 하루아침에 비참한 상태에 떨어지고 말았다. 전쟁 내내 군병으로의 징발, 운송·축성에의 동원, 잦은 사신 접대, 그리고 왜군의 점령 등으로 장기간 농사가 어려웠기 때문이다. 이로 인해 개전 초부터 민간에 비축되어 있던 곡물은 순식간에 바닥을 드러내고 말았다. 남아 있는 것마저도 일본군이 약탈하고, 정부에서 군량미 확보를 위해 거두어갔다. 군공을 세운 사람들이 수령이 되어 오로지 가렴주구만을 일삼았다. 여기에 임진왜란 초기 1593년과 94년에 연속해서 조선에 대기근이 들어 상황을 더욱 악화시키었다.[23] 여러 도에 크게 흉년들었는데, 그 중에서도 경기 및 하삼도가 더욱 심하여 사람들이 서로 잡아먹을 정도까지 되었다.[24] 기근 이야기를 해보자.

서울의 경우, 1594년 1월에 기근이 극도에 이르러 심지어 사람의 고기를 먹으면서도 전혀 괴이하게 여기지 않았다. 그러므로 길가에 쓰러져 있는 굶어 죽은 시체에 완전히 붙어 있는 살점이 없을 뿐만이 아니라, 어떤

---

23) 최영희, 『임진왜란중의 사회동태』, 한국연구원, 1975. 이민웅, 『임진왜란 해전사』, 청어람미디어, 2004.
24) 『선조수정실록』 28, 선조 27년 1월.

사람들은 산 사람을 도살하여 내장과 골수까지 먹고 있었다. 도성 안에서 이와 같은 경악스런 변이 있는데도 형조에서는 무뢰한 기민이라 하여 전혀 체포하거나 금하지 않고 있으며 발각되어 체포된 자도 또한 엄히 다스리지 않고 있었다.[25] 굶주린 백성들이 요즘 들어 더욱 많이 죽고 있는데 그 시체의 살점을 모두 베어 먹어버려 단지 백골만 남아 성밖에 쌓인 것이 성과 높이가 같다고 하기도 했다.[26] 경기도의 경우 사민(士民)들이 크게 굶주려서 죽은 시체가 길에 가득했고, 기어가서 이미 죽은 어미의 젖을 먹는 어린애도 있었다.[27]

경상도의 경우 1593년에 기근과 역질로 인민이 사망하여 거의 없어졌다고 한다. 특히 문경 이하부터 밀양에 이르기까지 수 백리 사이에는 사는 사람이 없어서 텅 빈 땅이 되어 버렸다. 그 가운데 경주의 경우 사람들이 기아 상태에서 장정이 거의 다 사망하였고 살아남은 자도 병 기운이 있어 구원할 길이 없었다.[28] 그런 상황에서 1594년(선조 24) 봄에 경상도에 큰 가뭄이 들었다. 이때 고상안(高尚顔, 1553~1623)이 삼가현감에 부임했다. 그는 부임하자마자 두류산에서 기우제를 지냈다. 제문 속에는 "상사(喪事)와 전란(戰亂)이 극심하여 백성들은 생활을 도모할 수 없는데, 포악한 가뭄이 겹치게 되니 농사짓는 사람들은 희망을 잃게 되었습니다. 곡식이 타고 내와 못이 마른지가 오래 되었습니다. 어찌하면 백성들을 먹일 수 있겠습니까"[29]라는 내용이 들어 있다. 이 가뭄은 대기근으로 이어졌다. 모질고 독살스러운 도적들이 경상도 곳곳에서 횡행했다. 공권력이 무너진 데다 먹을 것이 없어서였음에 분명하다. 고상안이 들은 바에 의하

---

25) 『선조실록』 47, 선조 27년 1월 17일.
26) 『선조실록』 49, 선조 27년 3월 20일.
27) 이장희, 「임진왜란중 민간반란에 대하여」, 『향토서울』 32, 1968(『임진왜란사연구』, 아세아문화사, 1999, 326~327쪽).
28) 최영희, 『임진왜란중의 사회동태』, 88쪽.
29) 『태촌집』 3, 제문, 「頭流山祈雨祭文(甲午在三嘉時)」.

면, 상주와 함창 지역에도 도적들이 무리를 지어 다니며 약탈을 자행했다. 그들이 지나는 곳에는 장정도 살아남지 못했다. 은척(銀尺)에 사는 사람이 도적에게 죽임을 당했다. 재물을 빼앗기지 않으려고 하다가 화를 당한 것 같다. 그 아내마저 감히 저항을 못하고 도적들에게 납치당했다. 그녀는 도적을 따라가 마음에도 없는 부부 생활을 하다 3년 만에 아들 하나를 낳았다. 복수심은 있었지만 기회를 잡지 못하고 있던 어느 날, 도적에게 미리 만들어 놓은 맛좋은 술을 몇 사발 주었다. 도적은 연거푸 마시고 취하여 방에 쓰러져 깊은 잠에 떨어지고 말았다. 그녀는 그를 방 한 가운데로 끌어놓고 옆에다 그 아들까지 함께 놓았다. 그리고 문을 잠그고 불을 질러 모두 죽였다. 부자가 죽은 것을 확인하고 그녀는 홀연히 어디론가로 멀리 가버렸다는 이야기가 있었다.[30]

전라도도 마찬가지였다. 민간에서 곤궁하여 큰 소 값이 쌀 3두(斗)에 불과하고 세목(細木)값이 수승(數升)에 차지 않고, 의복과 기물은 팔리지도 않고 사람이 서로 잡아먹는 지경에 이르러 여자와 고아는 출입을 못하고, 굶어 죽은 시체가 길에 깔렸는데, 굶주린 백성들이 다투어 그 고기를 먹고 죽은 사람의 뼈를 발라서 즙을 내어 삼켰는데 사람의 고기를 먹은 자는 발길을 돌리기 전에 모두 죽었다. "슬프도다! 처음에는 왜적의 분탕질을 당하고 나중에는 탐관오리가 긁어 먹고 겸하여 흉년이 들고 부역은 중하여 이 지경에 이르렀다."[31]고 남원 출신 조경남은 말하였다. 그래서 8도 가운데 호남이 겨우 목에 숨이 붙었는데 백성이 곤궁하기는 이 도가 더욱 심하여 굶어 죽은 송장이 들에 쌓였으며, 사람들이 서로 잡아먹고 사방이 황폐하여 쑥대가 들을 덮었고 불쌍한 남은 백성들이 거의 다 죽게 되었다고 하였다. 이때가 1594년 4월인데, 6월로 가면 "전일에는 민간이 비

---

30) 『태촌집』 4, 효빈잡기 상, 「叢話」.
31) 『난중잡록』 갑오년 4월.

록 군색하였으나 혹 곡식을 저장한 사람이 있었으므로 소·말·잡물을 팔고 바꿀 곳이 있었고 또 관곡(官穀)을 내어 놓아 여러 곳에서 팔기도 하더니, 지금은 공사(公私)가 함께 고갈되어 시장에 한 되의 쌀도 없었다. 이때에 소·말이 있는 자가 명나라 병사에게 파니, 하루에 소 1백 마리를 도살하고 사경(四境)에 소·말·닭·개도 역시 다 없어졌다."고 할 지경이었다. 이런 상황은 이듬해도 마찬가지였다.

이렇게 기근이 들었지만 정부는 군량미 확보가 우선이어서 진휼을 제대로 할 수 없었다. 이로 인해 도처에서 기아자, 아사자, 유망자가 발생했다. 명군들의 먹다 남은 쌀을 조선인들이 길거리에서 여러 가지 물건으로 바꾸었다. 심지어 기아자들 가운데 먹을 것을 찾아 명군 진영으로 몰려드는 자가 많았다. 곡물을 모으면 우선적으로 명군에게 지급하여 명군진영의 식량 사정은 다소 나은 편이어서 그러하였다. 그래서 서울의 경우, 민정을 살피기 위해 1593년 8월에 서울에 왔던 김우옹의 목격에 따르면 당시 도성에 남아 있던 조선인 생존자들은 명군에게 의지하거나 구걸하여 목숨을 이어가는 형편이었다. 경기도의 경우 사람들이 크게 굶주려서 대거 땅에 쓰러져 죽어 시체가 길에 가득했는데, 길 가던 명나라 장수 사대수(査大受)가 어린애가 기어가서 이미 죽은 어미의 젖을 먹는 것을 보고 애긍히 여겨 스스로 군인 먹일 군량을 나누어서 구제해 주었으나 백분에 1, 2에도 미칠 수 없었다. 그런데도 기민이 잇따라 얻어먹으러 왔다. 개성의 3문 밖 몇 리 사이에 시끄럽게 모여서 처량하게 얻어먹더니, 제독이 떠난 뒤에는 모두 즐비하게 죽었다.[32] 양남(兩南)의 경우 기아에 허덕이는 그곳 많은 유민들이 명장 유정(劉綎) 진영에 들어가 품팔이로 연명했는데, 그 수가 1만여 명에 이르렀다. 유정이 전라도 남원에 주둔한 적이 있었기 때문에 그 부근 사람들이 그러하였을 것이다. 실제 유정이 진

---

32) 『난중잡록』 갑오년 4월.

휼을 실시하자 남원 기민이 운집했다고 한다(『연려실기술』). 비변사가 아뢰기를, "난리를 겪은 후 우리나라 남녀가 모두 살 곳을 잃고 유리하여 생활의 계책이 없습니다. 계사년간 중국군이 영남에 주둔하였을 때 본토의 남녀로서 중국군을 따라 호구(糊口)하던 자가 무려 수백여 명이었다."[33]고 한 것으로 보아, 경상도의 굶주린 사람들도 대거 명 군영에 들어갔다. 비변사가 "근래 중외의 백성들이 날마다 기한(飢寒)으로 인해 죽어가는 것이 수를 헤아릴 수조차 없을 정도입니다. 경성의 안팎에 시체가 산처럼 쌓였고 도로에도 즐비하게 쓰러져 있습니다. 한강(漢江) 이남인 충청·경상 등도에는 갈수록 더욱 극심한데 이미 옮겨올 곡식도 없고 또 백성을 옮겨다 구제할 방책도 없습니다. 그리고 내년 봄의 종자(種子)와 농량(農糧)을 마련할 길이 없어 민생이 다 죽어 없어지게 되었으니 이렇게 민망하고 급박한 일이 어디 있겠습니까. 들리는 바에 의하면 대구의 유총병(劉總兵)이 주둔한 곳에는 원근의 기민이 떼지어 모여들었고 굶어 죽은 시체가 들판에 가득하여 아무리 구덩이를 파고 묻어도 처리해 낼 수 없다고 합니다. 생민이 다 없어지면 무엇으로 나라를 이룰 수 있겠습니까. 반복하여 생각해보아도 구황할 방책을 세울 길이 없습니다."[34]고 아뢴 말도 마찬가지의 사정을 전해주고 있다. 서울, 경기, 삼남 가릴 것 없이 기민들이 명군 진영으로 몰려들고 있었던 것이다.

(3) 명군의 잡부·현지처로 들어간 사람

앞에서 살핀 것처럼, 연이은 대기근으로 굶주림에 시달린 조선 사람들이 먹거리를 찾아 대거 명 군영을 찾아갔다. 굶주린 사람 가운데는 심지어 왜군들이 구휼을 한다는 말을 듣고 그곳으로 달려가 적에게 빌붙기도

---

33) 『선조실록』 117, 선조 32년 9월 22일.
34) 『선조실록』 46, 선조 26년 12월 24일.

하였다. 예를 들면, 경상도 창선도(昌善島)에 사는 고기잡이 사람들이 굶 주림을 견디지 못해 가덕도(加德島) 왜진의 결막(結幕)에 들어갔다가, "출 입이 자유롭지 못하고 음식이 여유롭지 못한데다가 가재도구를 빼앗기도 하며, 혹은 처자를 사로잡아 일본에 이송하고 조금만 뜻에 안 맞으면 살 륙이 잇달으므로"[35]로 도망쳐 나온 적이 있었다. 극단적 상황으로 몰린 기아자들을 상대로 한 갖가지 작폐가 자행될 수밖에 없었다. 그 가운데 명나라 장수들 가운데 "우리나라의 굶주린 백성들의 목을 베어 그것을 대 전(大戰)에서 얻은 적의 수급이라고"하는 이도 있었다. 이런 속에서 그나 마 목숨을 부지할 수 있는 방법은 명군의 잡부나 방자 및 현지처가 되는 길이었다.[36] 이제 이 점에 대해 알아보겠다.

첫째, 잡부에 대해 알아보겠다. 명은 출병을 하면서 군대뿐만 아니라 군수물자와 군량미도 보냈다. 군량미는 20만석에 이르렀는데, 이를 명은 명군의 각 진영에까지 보내지 않고 압록강 건너 의주까지만 보냈다. 그래 서 의주에서 각지의 명군 진영까지의 운송은 조선의 몫이었다. 이 군량미 운송에 조선 군인과 민간인들이 강제적이건 자발적이건 간에 대거 동원되 었다. 명군이 있는 곳에는 잔심부름을 하며 명군을 뒷바라지하는 조선인 들이 많았다.[37] 뒷바라지의 실체에 대해서는 확인할 수 없지만, 잡다한 일에 동원되었을 것 같다.

명군 주둔지에 조선인 잡부들이 대거 몰려드니, 자연히 군영 주변에 한 마을이 형성되고 잡부들 가운데 명군을 상대로 상행위를 하기도 하였다. 예를 들면, 오총병(吳總兵)이 충주에 도착하자, 충주 백성들이 스스로 한 저자를 만들어 명 군병들과 물건을 사고팔았다. 그들은 명군들과 연대의 식을 표현하기 위해서였던지 모두 명나라 복식인 청포(靑布)를 입고 하나

---

35) 『선조실록』 64, 선조 28년 6월 14일.
36) 『선조실록』 97, 선조 31년 2월 8일.
37) 『선조실록』 99, 선조 31년 4월 8일.

의 촌락을 이루었다.[38] 명군을 상대로 장사를 하기 위해서는 은자(銀子)를 사용해야 하였다. 심지어 주육(酒肉), 두포(豆泡), 염장(鹽醬), 시초(柴草) 등의 소소한 값들도 그러하였다. 그 덕택으로 중외의 백성들이 생계를 꾸려 간다는 말까지 나왔다. 처음에는 명군을 상대로 매매할 때 시험 삼아 해보았는데, 오래 시행하고 나자 오히려 습속(習俗)이 되어 술 팔고 땔감 파는 사람들이 살 사람을 만나면 반드시 먼저 은자가 있는 지 물어본다고 하였다.[39] 길에서 매매하는 것이 불편하여서였던지, 아예 교통 요지에 방옥(房屋)을 설치하여 점포를 열어 명군을 상대로 물건을 팔도록 하면 좋겠다는 제안까지 나왔다.[40]

둘째, 방자(房子)에 대해 알아보겠다. 방자란 명나라 병사들의 개인 하인 역할을 한 사람이다. 접반사(接伴使) 김찬(金瓚)이 아뢰기를, "독부 (督府)가 머문 지 2년 동안에 양남(兩南)의 굶주린 백성이 병영에 들어가서 방자(房子)가 되기도 하고 중국 병사에게 시집도 갔습니다. 군중에 신칙해서 데리고 가는 것은 허락하지 않는다는 뜻으로 미리 독부에 고하고, 떠나가는 날 사현(沙峴) 등지 및 대동강, 압록강을 건널 때 차관(差官)이 점검, 금지해서 통과하지 못하도록 하소서."하였다. 명군 진영에 우리나라 사람으로서 명 병사의 방자가 되거나 그들과 결혼한 여성이 많고, 철군하는 명군이 방자와 여성을 데리고 간다는 말이다. 이에 대해 선조는 비변사에 명해서 속히 아뢴대로 시행하게 하였다. 비변사가 회계하기를, "독부의 병영에 의탁한 남녀(男女)를 찾아내는 일은 이미 계하(啓下)하였습니다. 남자는 포수와 살수에 뽑아 소속시키고, 여자는 여러 가지 방법으로 구제해서 온전하게 살려주어야 합니다. 또 임진강에는 찰방(察訪) 한 사람을 정해서 점검하여 금지하게 하고, 대동강·청천강·압록강 등

---

38) 『선조실록』 97, 선조 31년 2월 8일.
39) 『선조실록』 99, 선조 31년 4월 8일.
40) 『선조실록』 96, 선조 31년 1월 25일.

여러 곳은 차사원(差使員)이 점검함으로써 전과 같이 몰래 숨어서 강을 건너가는 폐단이 없게 해야 합니다. 이 뜻을 경기감사와 평안감사에게 하서하는 것이 어떻겠습니까?"[41] 남자는 군대에 입속시키고 여자는 자활책을 마련하고, 국경에서 검문검색을 철저히 하여 못 넘어가게 하겠다는 말이다. 자국 장수들로 하여금 방자들을 못 데려가게 하라는 자문을 명 정부에 보내자는 말, 그리고 둔전(屯田)을 만들어서 그곳에 방자들을 옮기면 생업에 안주할 수 있을 것이라는 말도 함께 나왔다. 이때 유성룡이 "유총병의 군영 안에 우리나라 남녀가 무수히 많은데 총병이 쇄환(刷還)하지 않으니 참으로 그릅니다."고 말한 것으로 보아, 전체적으로 그 수가 매우 많았음을 쉽게 짐작할 수 있다.

셋째, 조선인 여자 가운데 명나라 남자와 결혼한 사람들이 적지 않았다. 이 점과 관련하여 비망기에, "중국에서 나온 자가 우리나라의 유녀(遊女)를 간통한 일은 일찍이 없었다. 그런데 중국 군사가 출동한 이후로 대군이 가득히 퍼지게 되자 무지한 장사(將士)들이 몰래 창녀를 데리고 다녔으며 심지어 민가의 처자까지도 거리낌 없이 간통하였으니, 매우 놀라운 일이다."[42]고 하였다. 명군들이 유녀(遊女)를 데리고 살거나 민간 처녀까지 간통하는 일이 잦다는 말이다. 도처에서 명군이 자행하는 재물 약탈과 부녀자 겁탈은 당시의 심각한 문제였다.[43] 이른바 축첩은 명군의 작폐 가운데 하나인데, 명장 유정에게도 아끼던 창녀가 있었다고 한다. 군대가 이동하면 창녀들이 따라 가기도 했다.

그러면 얼마나 많은 여성들이 명나라 군인들과 결혼을 하였을까? 남원 출신 조경남이 기록한 것을 보면, 처음에 명나라 병사가 각기 우리 여자들에게 장가들어 호남·영남에서 살림을 차리고 살다가 이번에 철수할 때

---

41) 『선조실록』 54, 선조 27년 8월 16일.
42) 『선조실록』 147, 선조 35년 윤2월 23일.
43) 유구성, 「임란시 명병의 래원고 – 조선의 피해를 중심으로」, 『사총』 20, 고대사학회, 1976, 46쪽.

모두 따라갔는데 산해관(山海關)에 가서 들어오지 못하게 하므로 방자(房子)들과 짝을 맞추어 살았다. 전후에 이와 같은 것이 거의 수만에 이르렀다. 그는 이여송 일도 말하였다. 독부(督府, 提督府提督 李如松)가 본시 아들이 없었는데 대구에 주둔할 때에 선산 사노(私奴)를 얻어 살았다. 이번 돌아갈 때에 데리고 갔는데 유상공(劉相公, 劉綎)을 핑계하고 기찰(譏察)에서 벗어났다. 사천에 이르러 아들을 낳았는데 정실(正室)이 받아 길렀다. 뒤에 무술년(1598) 봄에 동정(東征)할 때에 그 여인을 데리고 왔는데 은 수백 냥을 본주인에게 속납(贖納)하였다는 것이 『난중잡록』에 기록되어 있다.[44]

2) 명군의 철수와 조선인 이주

(1) 명군을 따라간 사람

명군 진영에 있었던 조선인 가운데 철군하는 명군을 따라간 사람들도 많았다. 이는 이미 첫 파병 때에 예상되었던 일이다. 명나라 장수는 조선의 피란민들이 마음대로 압록강을 건너 요동으로 넘어올 것을 우려하여 자신들이 들어올 때에 탔던 선박들을 모두 건너편으로 옮겨 정박시켰기 때문이다.[45]

명군을 따라가던 사람들 중에는 국경을 넘지 못하고 도중에 떨어진 이들이 있었다. 이 점과 관련하여 1601년(선조 34)에 비변사는 "중국 군대들이 전후에 걸쳐 전라도·경상도의 사람들을 데리고 왔다가 평안도·황해도 등 각처에다 버린 수가 많다고 합니다"고 했다. 그들은 의지할 곳 없어 고향으로 돌아가지 못하고 있으니, 그들을 모아 양곡과 둔전을 주어 변방의 토착민으로 삼아야 한다는 방안도 제시되었다.[46]

---

44) 『난중잡록』 갑오년 8월 2일.
45) 『선조실록』 27, 선조 25년 6월 23일.
46) 『선조실록』 133, 선조 34년 1월 11일.

그런가 하면 명군을 따라 압록강을 넘어 중국에 들어간 조선 사람도 적지 않았다. 1차 파병군이 돌아갈 때의 일이다. 독부(督府)가 머문 지 2년 동안에 양남의 굶주린 백성이 병영에 들어가서 방자(房子)가 되기도 하고 중국 병사에게 시집도 갔다. 그런데 철군하는 명군들이 그들을 데려가고 있었다. 그래서 1594년(선조 27) 8월에 접반사 김찬(金瓚)은 군인들이 그들을 데려가서는 안된다는 뜻을 독부에 알려야 한다고 선조에게 건의하면서, 그들이 떠나가는 날 우리 관리를 차출하여 보내어 점검해서 국경을 통과하지 못하도록 해야 한다고 덧붙였다. 또 임진강에는 찰방(察訪) 한 사람을 정해서 점검하여 금지하게 하고, 대동강·청천강·압록강 등 여러 곳은 차사원(差使員)이 점검함으로써 전과 같이 몰래 숨어서 강을 건너가는 폐단이 없게 해야 한다고 했다.[47]

특히 유정 진영에 투탁자가 많았고, 그만큼 철군하는 유정을 따라가는 조선인도 많았다. 유정은 1592년 12월에 들어와서 남도에 주둔하다가 1594년 8월에 철군길에 올랐다. 유정의 병영에 있다가 그를 따라 나온 조선인 남녀가 수천명이나 되었다. 그 중에는 창과 칼을 쓰는 술법을 알아서 포수(砲手)·살수(殺手)에 소속되기를 원하는 자도 많았으나, 다만 현재 먹을 것을 얻을 길이 없어서 갑자기 중국군에서 떠나오지 못하고 있었다. 이에 비변사는 군향청(軍餉廳)의 군량 10여 석을 내어다가 그들에게 주고 그들이 왔을 때 부대에 편입시켜 도망가는 폐단이 없게 하자고 건의했다.[48] 그런데 유정은 조선 정부의 말을 듣지 않았다. 그는 직접 글을 보내 조선 사람을 데려가지 말라는 것을 쾌히 승락할 의사가 없다고 했다. 선조는 "여자는 그만두더라도, 이렇게 전쟁하는 시기에 남자 장정은 한 사람이라도 어찌 애석하지 않은가"라고 말하며, 중국인이 데려가는 장

---

47) 『선조실록』 54, 선조 27년 8월 16일.
48) 『선조실록』 54, 선조 27년 8월 22일.

정 중에 스스로 나오는 자를 공사천인은 양인으로 만들되 양인은 금군(禁軍)에 제수하여 입고 먹을 것을 주고 훈련도감에 소속시켜 특별히 보살피라고 지시했다. 혹시 미혹된 생각을 깨닫지 못하고 들어가 나오지 않거든 병부(兵部)에 이자(移咨)하여 모두 쇄환하거나, 아니면 방문(榜文)을 많이 만들어 언문으로도 번역해서 믿을 만한 사람에게 부탁하여 그 속에 들어가 타일러서 서로 이끌고 나오도록 하라고 했다.[49] 조선 정부는 유정에게 직접 말할 수도 없고 계속해서 재촉할 수도 없었다. 상을 내걸고 모집하면 돌아올 사람이 있을 것이고, 둔전에 옮겨 살게 하면 돌아올 것이라는 기대만 지니고 있었다.[50] 그러나 선조가 "총병[유정]이 좋아하지 않을까 걱정이나 이는 사리상 올바른 일이다"고 우려했듯이, 유정은 조선의 만류와 기대를 저버리고 수천명을 거느리고 가버렸다.

유정은 정유재란 직전 다시 출전하여 왜란이 끝날 때까지 주둔하는 등 다른 명군 지휘관들에 비해 상대적으로 오랫동안 조선에 남아 있었다. 그런데 철군 준비를 하고 있는 그의 진영에는 조선인이 몰려 있었다. 왜란이 끝난 1599년(선조 32) 2월에 사역원 도제조 윤근수(尹根壽)가 "우리나라의 남녀가 난리중에 거의 사망하여 나라꼴이 되지 않는데 이제 유 제독의 군병을 보니 태반이 우리 말을 할 줄 알아 그들의 거주지를 물어본 결과 대부분 영남 사람이었습니다. 비록 형편이 그렇게 만든 것이긴 하나 매우 원통합니다. 이번에 비변사에서도 그러한 내막을 알고 사적으로 방자(幇子)를 끼고 있는 자를, 특별히 한 사람의 관원을 정하여 각 아문의 사후통사(伺候通事)와 힘껏 잡아내게 하고 그 수효의 많고 적은 것에 따라 상벌을 시행한다고 하니, 이 뜻이 매우 좋습니다. 경상도와 대동강·압록강 등지에 역관을 보내어 군문 경리가 보낸 관원과 협력하여 잡아내게 하되 30명이

---

49) 『선조실록』 54, 선조 27년 8월 25일.
50) 『선조실록』 54, 선조 27년 8월 28일.

차지 않은 자는 각별히 치죄하고 그 중에 가장 많이 잡아낸 자는 상을 줄 것을 행이하여 알리는 것이 어떻겠습니까?"라고 말했다.[51] 유정 휘하 군영에 우리나라 영남 출신 사람들이 다수 들어와 있다는 말이다.

유정 이야기를 더 해보자. 다음은 이항복(李恒福, 1556~1618)이 진주사로 1598년(선조 31)에 북경에 들어갔다가 이듬해에 나오면서 보고 들은 것이다.

임진년(1592년) 이후로 우리나라 백성으로 난리를 피해 중국으로 흘러 들어간 사람이 자못 많다. 계사년(1593년)과 갑오년(1594년)에 이르러서는 계속 흉년이 들었는데, 이때 총병(摠兵) 유정(劉綎)이 오래도록 양남(兩南) 지방에 주둔하였기 때문에 양남 지방의 유랑하는 백성들이 모두 방자(幇子)라는 명칭으로 총병의 군중에 들어가 품팔이를 하여 목숨을 부지하게 된 사람이 거의 만여 명에 달하였다. 이들은 유 총병의 군대가 철수하여 돌아갈 적에 그대로 따라서 강을 건너갔기 때문에 이때부터 요양(遼陽)과 광령(廣寧) 일대에 우리나라의 남녀와 우마가 거의 절반을 차지하였으므로, 식견 있는 이들이 매우 개탄스럽게 여겼다. 내가 요양에 당도했을 적에 한 젊은 놈이 자주 내 우사(寓舍)에 와서 하인들과 서로 친숙해졌는데, 그가 스스로 말하기를, "나는 공덕리(孔德里)에 살던 사람인데, 요양에 들어와서 수가(修家)의 가정(家丁)이 되었습니다." 하고, 인하여 말하기를, "요양성(遼陽城) 안에 와서 사는 조선인을 이루 다 헤아릴 수도 없습니다." 하였다.[52]

임진왜란 초기 1593년과 94년에 연속해서 조선에 대기근이 들었다. 주전쟁터였던 경상도 지역의 기근은 그곳 사람들을 거의 기아로 사망하게 할 정도로 심각했다. 이때 기아에 허덕이는 많은 양남의 유민들이 명장 유정의 진영에 들어가 품팔이로 연명했는데, 그 수가 1만여명에 이르렀다. 강서(江西) 출신인 유정은 1593년 4월말에 압록강을 건너 조선에 들

---

51) 『선조실록』 109, 선조 32년 2월 8일.
52) 『백사집』 별집 5, 「朝天錄(下)」.

어왔다가 2년 가까이 머물다 이듬해 7월에 조정의 명령으로 귀국했다.[53] 유정 군대가 철수하자 조선 유민들도 함께 따라 중국으로 들어가 요양과 광령 일대에 정착했는데, 요광(遼廣) 지역의 절반을 차지할 정도로 많았다. 유정은 정유재란이 발발하자 1598년(선조 31)에 다시 조선에 파견되어 마지막 예교전투를 치루고 이듬해 4월에 서울을 떠났다. 이때 그의 휘하에 항왜(降倭)들이 적지 않았던 것으로 보아 이전처럼 조선인도 함께 동행했을 것 같다. 유정은 10월에 요동도독으로 승진했으니, 자연히 유정 휘하의 조선난민들은 요동에 정착했을 것 같다. 이상은 유정 휘하에 관한 것이다. 다른 명장들을 따라 들어간 조선인도 적지 않았을 것이고, 그들 역시 요동에 주로 터를 잡았을 것으로 생각된다.

(2) 명군이 데려간 사람

얼른 보면 명군을 따라간 사람이나 명군이 데리고 간 사람 모두 별다른 차이는 없을 것 같다. 하지만 자발성이나 강제성을 고려하면 차원이 다를 것 같아 별도로 나누어 보고자 한다.

명군이 데리고 간 사람이란 사실상 그들이 우월적 지위를 이용하여 납치해 간 것이다. 다음 사례를 보자. 이정구가 세자책봉 주청사가 되어 부사 민인백(閔仁伯), 서장관 이준(李埈)과 함께 1604년(선조 37) 3월에 중국 북경에 갔다가 11월에 서울에 돌아왔다. 가던 길에 요동 광령(廣寧)의 저잣거리에서 투숙했다. 그때 나이가 어린 한 승려가 스스로 찾아와서 절을 하고는 현재 광령에 살고 있다면서, "(황해도) 안악(安岳)에 살던 중으로 난리 통에 명나라 군사를 따라 강을 건너왔으며 지금은 보자사(普慈寺)에 머무는데 고국으로 돌아가고 싶어도 돌아가지 못하고 있습니다"는 말

---

53) 조국경, 「임진왜란에서의 명장 유정과 사명당 유정」, 『사명당 유정』(사명당기념사업회), 지식산업사, 2000, 274~277쪽.

을 했다. 그 승려는 차림새며 절하는 건 모두 중국식을 하지만 언어는 통
역하지 않아도 되는 조선말을 구사했다. 눈썹과 눈이 형형하고 자태가 맑
고 고왔다. 이정구를 여러 날 찾아가서 다정하게 많은 이야기를 나누었
다. 그는 안악에서 대대로 사는 집안 출신으로 그곳에서 나고 자라며 글
을 배웠다. 왜란 중 어린 나이에 가족을 잃고 출가하여 인연 따라 살던 중
절도 없어지고 돌봐주던 스님들도 다 죽어 버렸다. 외로운 몸으로 압록강
가에서 걸식하고 있었다. 명나라 병사가 발견하고서 데리고 1598년에 강
을 건너왔다. 그래서 이국땅에 떠돈 지가 어언 7년이 되었다. 처음에는
동령(東寧)의 약산사(藥山寺)에 머물다가, 보자사로 옮겨 지금에 이른다.
고국 그리워도 돌아가지 못하는 신세를 말할 때에는 말을 채 마치기도 전
에 눈물이 눈에 가득했다. 보고 듣는 사람으로 하여금 참으로 가련한 마
음을 갖게 했다.[54] 민인백의 「조천록」에 의하면, 주청사 일행은 광령에 7
월 5일에 도착하여 8일간 머물다가 12일에야 떠났다. 광령은 민가와 관공
서가 즐비한 대도시였다. 보자사는 광령성 동쪽에 있는데, 장경각(藏經
閣)이 있는 것으로 보아 상당히 거찰이었던 것 같다.[55] 그러니 이정구와
스님이 여러 날 만났다는 말은 사실이다.

이정구가 말한 것은 의사 결정력이 미약한 어린이를 명군이 데리고 간
사례에 해당된다. 사실 명군들은 고아가 된 어린이를 거두어 양육한 경우
가 많았기 때문에, 그때 거두었던 어린이를 데리고 갔었던 것 같다. 명군
들은 어린이 외에 여자들도 몰래 데리고 갔다. 당시 명나라 군사들이 많
은 경성(京城)의 여인들을 남복(男服)으로 변장시켜 몰래 데리고 가고 있
었다. 이를 본 황주목사(黃州牧使) 이경준(李慶濬)이 첩정(牒呈)을 올려
"사유를 갖춰 경략에게 이자(移咨)하여 금단(禁斷)하게 하소서"[56]라고 말

---

54) 『월사집』 4, 「甲辰朝天錄」.
55) 『태천집』 3, 「朝天錄」.
56) 『선조실록』 41, 선조 26년 8월 6일.

하였다. 아마 자신들의 군영에 투속하거나 자신들의 현지처였던 여자들을 데리고 갔을 것 같다. 이들 여자들은 자발적이라기 보다는 사회적 또는 경제적 약점을 악이용한 강제적 동행이었을 것이다.

자발적이던 강제적이던 간에 명군을 따라간 사람들은 적지 않았다. 전쟁이 끝난 1599년(선조 32) 전라 우수사 김억추(金億秋)의 장계를 보면, "철수해 돌아가는 수병(水兵)의 배가 8천여 척인데 1척마다 우리나라의 군정 6, 7명씩 잡아 배에 싣는다고 하니 매우 놀랍습니다. 지금 비록 경리에게 이자하여 싣고 가지 못하게 한다 하더라도 속히 분부하지 않으면 기일이 지연되어 미처 시행하지 못하고 떠나게 될 것입니다. 바라건대 접반사로 하여금 하루 속히 잘 말하여 경리에게 직접 품하여 기필코 시행하도록 함이 어떻겠습니까?"[57]라고 적혀 있다. 8천척에 한 척마다 6~7명씩, 즉 4만 8천~5만 6천명의 조선인이 명나라 수군을 따라 명나라로 가고 있다는 말이다. 다소 과장된 표현일 것 같지만, 이로부터 1년 뒤에 명군 오도사(吳都司)의 접반관 임환이 보고한 바에 의하면, 오도사가 거느린 크고 작은 배 86척이 하나도 남김없이 철수하여 강화도로 향하였는데, 무려 1백여 명의 우리나라 어른과 아이가 배 안에 있었다.[58] 하선해주지 않고 그렇게 중국으로 끌려간 사람 가운데 보성 사람 우복(禹福)이 있었다. 그래서 임환은 만약 쇄환하지 아니하면 반드시 중국으로 데리고 갈 것이라고 말하였지만, 그가 막기에는 역부족이었다. 조선과 명군 사이에 갈등이 한두 가지가 아니었음을 알 수 있다.[59]

(3) 요동과 후금, 그리고 재입국

명군을 자발적으로 따라가거나 명군에게 강제적으로 끌려간 사람들 중

---

57) 『선조실록』 117, 선조 32년 9월 22일.

58) 『선조실록』 127, 선조 33년 7월 18일.

59) 김경태, 「임진왜란 후, 명 주둔군 문제와 조선의 대응」, 『동방학지』 147, 연세대 국학연구원, 2009.

상당수는 조선과 가까운 요동이나 산해관 등지에 모여 살았다. 전쟁이 끝난 1599년(선조 32)에 비변사는 다음과 같이 말하였다. 즉, 난리를 겪은 후 우리나라 남녀가 모두 살 곳을 잃고 유리하여 생활의 계책이 없었다. 그래서 계사년[1593년] 사이에 중국군이 영남에 주둔하였을 때 본토의 남녀로서 중국군을 따라가서 입에 풀칠이나 하던 자가 무려 수백여 명이나 되었다. 남도 일대 및 경성·서도 사람 또한 따라 들어간 자가 몇 백 명인지 모른다면서 전후 모두 1천여 명에 달할 것이라고 추정하였다. 그들은 요동 지방에 우거하기도 하고 혹은 광령·산해관 사이에 흩어져 걸식하면서 각각 고향으로 돌아오기를 원한다 하니 몹시 측은하다고 하였다. 그러면서 비변사는 훗날 사신이 명나라로 갈 때 요동도사·광령순무·병부 각 아문에 자문을 부치면 필시 모두 본국으로 쇄환(刷還)할 수 있을 것이라고 말하였다.[60]

중국으로 들어간 조선 사람들은 주로 요동에 머물렀는데, 그곳에 조선 유민이 없는 곳이 없을 정도였다. 그들은 남의 집에서 품앗이를 하거나, 장인이나 상인으로 살거나, 절에서 승려가 되거나, 명나라 사람의 가정(家丁)이 되거나, 아니면 그곳 군인이 되기도 하였다.[61] 비변사의 말처럼, 조선 정부도 공식적으로 명에 이들 조선인의 쇄환을 요구했고, 실제 연행사를 통해서 송환해오기도 하였다. 문건 자체는 발견되고 있지는 않지만, 사목(事目)이라는 일정한 지침을 마련하기도 하였다. 이에 따라 조선 정부의 요구에 협조한 명나라 장수도 있었다. 이 점에 대해 귀국 시 선조를 만난 자리에서 명장 오종도(吳宗道) 도사(都司)가 "지난번의 게첩(揭帖)으로 인하여 귀국의 인물(人物)을 모두 쇄환한다고 하였으므로 제가 태수(太守)와 함께 사실을 조사하여 환송하였습니다."[62]고 말했다. 오종도

---

60) 『선조실록』117, 선조 32년 9월 22일.
61) 박현규, 「임진왜란 시기 명나라로 건너간 조선 유민 고찰」.
62) 『선조실록』118, 선조 32년 10월 17일.

본인은 조선인의 쇄환에 노력했다는 것이다. 그러나 쇄환 실적은 그리 크지 않았다. 그래서 1605년(선조 38)에 황해도 안문어사 이지완(李志完)은 중국으로 도망간 병사를 쇄환하는 따위의 일을 한결 같이 사목에 의하여 시행하였으나, 짧은 시간에 지나가면서 그 실상을 파악하기란 쉬운 일이 아니라고 말하였다.[63] 쇄환 실적이 좋지 않음을 우회적으로 변명한 것 같다. 심지어 쇄환을 독려하는 자국 관리를 서울 회현방에서 폭행하고 달아난 명나라 병사들도 있었다.[64]

그러면 요동 지역에 이때 왔던 사람들의 마을이 있었을 것 같다. 이 점과 관련하여 연행사들이 자주 언급한 고려보(高麗堡)가 그 증거가 될 성싶다. 그들은 고려보에 대해 벼농사를 짓고 떡을 만들어 먹는 것으로 보아 우리나라 사람들의 마을이라고 하면서, 고려 때 형성되었을 것이라거나,[65] 아니면 정묘호란이나 병자호란 때에 납치된 사람들에 의해 형성되었을 것이라는 추정을 하였다.[66] 임진왜란 때에 붙들려 온 사람들에 의해 개척되었으리라는 것은 필자의 추정이다.

그들이 조선의 풍습을 유지하고 있었다는 것은 곧 언젠가는 고국으로 돌아가리라는 것을 말한다. 실제 조선 정부는 명나라 군인을 따라 강을 건너 요동·광령·산해관 등지에 머물러 살고 있는 우리나라 사람들이 고향 땅으로 돌아가기를 원하고 있다는 사실을 여러 경로를 통해 파악하였다. 그리하여 조선 정부는 명나라의 병부·순무·산해관·요동 등의 아문에 자문(咨文)을 보내어 원하는 자는 빠짐없이 찾아서 돌려보내 주기를 요청하였다.[67] 당연히 그들 가운데 일부는 스스로 탈출하기도 하였다. 예를 들면, 1610년(광해군 2)에 여진 쪽에서 도망치어 나온 5명이 12월 4일에

---

63) 『선조실록』 186, 선조 38년 4월 26일.
64) 『선조실록』 133, 선조 34년 1월 3일.
65) 이희경(진재교 옮김), 『설수외사』, 「농사는 천하의 근본」, 성균관대 출판부, 2010, 124쪽.
66) 『계산기정』.
67) 『난중잡록』 4, 기해년 5월 27일.

온성부의 성 아래에 와서 투항하였다. 온성부사 현즙(玄楫)이 조사한 결과 그들은 본래 함경도의 종성 사람 김솔·유돌이, 회령 사람 잉질복, 경원 사람 유행련, 온성 사람 김복실 등이었다. 모두 임진년에 포로가 되어 떠돌다가 깊은 곳으로 가서 이류(異類)가 된 지 10여 년이 된 자들이었다. 마침 우리 국경에서 그리 멀지 않은 남쪽으로 연한 지역에서 땔감을 구하게 되자, 그 틈을 이용하여 꾀를 모아 손에 손을 잡고 몸을 숨겨가며 도망쳐 만번 죽을 고비를 넘기고 겨우 목숨을 건져 비로소 우리 땅에 돌아왔다고 한다. 그러면서 우리나라 사람으로 전후에 포로가 되어 오랑캐 땅에 있는 남녀가 거의 수백 명에 달할 것이라는 사실도 털어 놓았다.[68]

이렇게 터를 잡은 요동지역이 여진족의 흥기로 흔들리기 시작했다. 여진족이 1616년에 후금을 건국하고 명나라를 공략하여 요동을 점령하자 요민(遼民) 또는 요인(遼人)이라고 불리는 요동사람들이 대거 조선으로 들어왔다. 1618년(광해군 10) 누르하치의 무순 점령 때부터 시작된 탈출행렬은 1621년(광해군 13)에 심양·요양이 함락되자 본격화되어 1624년(인조 2)~1625년(인조 3)까지 지속되었다. 그 속에는 명나라 장수들, 요동사람들, 그리고 요동으로 끌려갔던 조선 사람들이 포함되어 있었다. 30여 년 전 임진왜란 때에 파병되었던 명나라 사람도 포함되어 있다는 점은 눈여겨 볼만하다. 예를 들면 제1차 명군 파병 때에 이여송과 함께 파견되어 기고관(旗鼓官)을 맡은 한종공(韓宗功)이 있는데, 그는 가족을 거느리고 1621년 무렵에 조선에 들어와서 머물렀다.[69] 이로 인해 요동지역이 텅 빌 정도로 쇄도했는데, 1백만 명에 이른다는 지적이 있을 정도였지만, 대체로 5~60만 명이나 2~30만 명은 족히 된다고 했다. 이 이전에 돌아온 사람들도 있었지만, 바로 이때 임진왜란 때에 들어갔던 조선인들이 대거 다

---

68) 『광해군일기』 36, 광해군 2년 12월 25일.

69) 한명기, 앞의 책, 87쪽.

시 조선으로 돌아왔다. 그 가운데 문학작품 『최척전(崔陟傳)』의 주인공도 있었다. 최척은 남원 사람으로 임진왜란 때에 명군 장수를 만나 그에게 의탁하여 중국으로 들어갔다. 명나라 군인이 되어 후금 정벌에 나섰다가 패전을 하고 후금의 포로가 되었다. 감금된 상태에서 아들을 만나고 가까스로 포로에서 풀려난 최척은 아들과 함께 남원으로 되돌아온다.

맺음말

임진왜란 7년 동안 20여만 명의 명군이 조선에 들어와 참전하였고, 명 상인들도 다수 참가하였다. 그때 1593~94년 2년간 조선에 대기근이 들었다. 식량이 바닥난 조선의 빈민들은 먹을 것을 찾아 군량이 있는 명군 진영으로 투속하였고 그들에 대하여 명 장수들은 구휼을 실시하기도 하였다. 그 가운데는 명나라 군영의 잡부로, 명나라 군영에 잡물을 대주는 상인으로, 명나라 병사의 방자(房子)로, 또는 명나라 병사의 현지처로 활동하였다. 특히 기근이 심했고 명군이 장기 주둔하였던 전라도와 경상도 사람들이 다수 명군에게 투속하고 그들은 명군을 따라 다니며 한 동안 생활하였다.

투속한 사람들은 철수하는 명군을 따라 중국으로 가기 시작하였다. 명 군들이 강제로 납치해 가기도 하였다. 철수하는 명 수군선을 타고 가고 있는 사람들도 있었다. 인구 유출을 막기 위해 조선 정부는 백성들에게 방을 붙여 알리고, 명나라 장수들에게 못하도록 말하고, 명 정부에 단속해 달라고 외교 채널을 통해 요청하기도 하였다. 하지만 탈출행은 꼬리에 꼬리를 물고 이어졌고, 중국에 가서는 주로 조선과 가까운 요동 지역에 터전을 잡았다. 명나라의 파병 군인과 상인이 요동 출신이 많은 결과였다.

곧이어 후금이 흥기하더니 요동을 차지하였다. 그에 반발한 명나라 사람들이 요동을 탈출하여 조선으로 들어오기 시작하였다. 그 가운데에는 임진왜란 때에 파병되었던 명군 출신들이 들어있었고, 남원 출신 최척처럼 명군을 따라 요동으로 갔던 조선 사람들도 들어 있었다. 이처럼 임진왜란과 명청교체는 요동을 지역적인 매개로 하여 중국인과 조선인의 상호이동을 감행하게 하였던 것이다.

Ⅲ. 호란과 지역민의 대응

13. 17세기 전반 후금의 요동진출과 요민의 조선이주

13. 17세기 전반 후금의 요동진출과
요민의 조선이주

머리말

16세기 말기에서 17세기 전기에 이르는 시기에 많은 외국인이 조선으로 이주해왔다. 그렇게 된 데에는 몇 가지 이유가 있었다. 임진왜란 때에 조선으로 출병한 일본인과 중국인 가운데 잔류한 자가 있었다. 또 이상기후 때문에 발생한 잦은 기근으로 조선에 들어온 중국인도 적지 않았다. 또한 여진족의 요동 점령에 반발하여 그곳 사람들이 대거 조선으로 들어왔다. 그리고 명(明)이 완전히 멸망한 이후에도 그 유민들이 조선에 들어왔다. 이중 여진 흥기에 따른 요동인들의 유입에 대해서만 여기에서 살펴보겠다.

여진족이 17세기에 후금을 건국하고 명나라를 공략하여 요동을 점령했다. 그 과정에서 요민(遼民) 또는 요인(遼人)이라고 불리는 그곳 사람들이 대거 조선으로 들어왔다. 그들에 대해 명이나 후금은 각기 쇄환을 요구했지만 명나라 장수 모문룡(毛文龍)이 조선에 들어와 주둔하면서 요민을 기반으로 후금을 견제하자, 쇄환은 지체되며 조선과 명·후금 사이의 외교

문제로 비화되었다. 반면에 조선은 쇄환을 추진하면서도 정착을 주선하는 상반된 정책을 폈다.

이러한 요민의 대거 유입은 조선 사회에 큰 영향을 미쳤다. 그런 점 때문에 광해군·인조 대의 대명 외교정책이나 대후금 외교정책을 다룬 연구에서 요민의 유입현상이나 후금의 쇄환요구가 다루어졌다.[1] 외교정책과는 별개로 요민 이주 자체에 대한 연구도 있었다.[2] 그렇지만 이들 연구는 유입의 원인이나 전개과정, 명·후금의 쇄환요구와 그에 대한 조선의 대응, 그리고 조선내 정착에 대해서는 미흡한 실정이다. 또한 귀화인에 대한 연구도 조선전기와 여진인·왜인을 중심으로 이루어져 조선후기와 중국인에 대한 관심은 저조한 형편이다.[3] 바로 이런 생각에서 본고를 작성해 보았다. 여기에서는 먼저 요민들이 대거 유입하게 된 원인을 후금의 요동진출을 중심으로 살펴보겠다. 이어 중국의 쇄환요구와 조선의 대응을 명과 후금으로 나누어 살펴보겠다. 마지막으로 요민에 대한 조선의 정착정책을 구휼실시와 내지이동으로 나누어 살펴보겠다.

이상을 살펴보면, 지금까지 연구가 소홀한 조선후기 귀화 중국인에 대한 실체가 드러날 것이다. 하지만 그들이 구체적으로 어떻게 존재했는가에 대해서는 호적대장이나 고문서 및 중국측 자료 등을 통해 보완되어야 한다고 생각한다.

1) 요민의 조선유입

건주여진(建州女眞) 출신의 누르하치(1559~1626)는 여러 여진 부족을

---

1) 한명기, 『임진왜란과 한중관계』, 역사비평사, 1999. 계승범, 『조선시대 해외파병과 한중관계』, 푸른역사, 2009.
2) 유춘란, 「명·청 교체기 한족의 조선이민」, 한국정신문화연구원 석사학위논문, 1997. 이희근, 『우리 안의 그들 역사의 이방인들』, 너머북스, 2008.
3) 임학성, 「17세기 전반 호적자료를 통해 본 귀화 야인의 조선에서의 생활 양상」, 『고문서연구』 33, 한국고문서학회, 2008. 이수환·이병훈, 「조선 후기 귀화 중국인에 대한 정책과 강릉류씨 가경 2년 첩문」, 『민족문화논총』 43, 영남대학교 민족문화연구소, 2009.

통합한 후 1616년에 흥경(興京)에 도읍을 정하고 후금(後金)을 건립했다. 그리고 1618년에는 명에 선전포고를 하고 요동으로 진격하여 무순(撫順)을 점령하고 청하(淸河)를 함락시켰다. 이러한 후금의 진격에 대하여 명은 양호(楊鎬)를 요동경략으로 임명하여 본진을 요양(遼陽)에 두고 10만의 대군을 동원하여 누르하치의 본거지를 공략하였으나, 1619년 3월에 심하(深河) 전투에서 대패하고 말았는데 이때 강홍립이 이끄는 1만 2천명의 조선군도 포함되었다. 후금은 여세를 몰아 1621년에는 1월부터 3월 사이에 심양(瀋陽)과 요양 등 요동 핵심부를 획득했다. 이어 수도를 개원(開原) · 요양 등을 거쳐 1625년에 심양으로 옮겨서 성경(盛京)이라고 했다.[4]

이 과정에서 요동의 명군이나 한인들이 후금을 피해 대거 조선에 들어왔는데, 이들을 요민이라고 한다. 1618년 누르하치가 무순을 점령하면서부터 요민들은 대대적으로 피란길에 올랐다. 1619년 심하전투 이후에는 그 숫자가 더 늘었다. 그들은 금주를 지나 산해관을 넘어 화북지역으로 들어가거나, 진강 · 관전 · 애양 등 압록강 근처로 몰려들었다. 특히 진강(鎭江)은 바닷길을 통해 여순 뿐만 아니라 산동성 지역으로, 또는 압록강을 건너 조선으로 이어지는 교통의 요지이다. 그래서 진강으로 피란했던 요민들 가운데 많은 수가 조선으로 넘어왔다.[5] 이렇듯 압록강 근처로 몰려든 요민은 대거 압록강을 건너 조선으로 몰려들었다.

여진족이 흥기하면 필시 요민들이 조선으로 밀려올 것이라는 점은 예견되었다. 후금이 요동을 본격 공략하기 이전인 1618년(광해군 10)에 광해군은 천병(天兵)이 여진정벌에 나서면 요양과 광령(廣寧)은 길이 멀어 그곳에 거주하는 백성들 가운데 노적(奴賊)에 쫓겨 강을 건너 피난올 사람들이 있을 것인데, 그들을 먹여 살릴 방도를 속히 강구하라고 비변사에 지

---

4) 전해종, 「여진족의 침구」, 『한국사』 12, 국사편찬위원회, 1981. 김두현, 「청조정권의 성립과 발전」, 『강좌 중국사』 IV, 지식산업사, 1989. 김종원, 「호란 전의 정세」, 『한국사』 29, 국사편찬위원회, 1995.
5) 한명기, 『임진왜란과 한중관계』, 281쪽.

시했다.[6] 아울러 적호(賊胡)가 혹시라도 당인(唐人)의 모양으로 분장하고 당복(唐服)으로 바꿔 입고 온다면 어떻게 처리할 것인가에 대해서도 대책을 세우라고 했다. 이러한 우려는 곧이어 현실로 나타났다. 중국인이 압록강 중류 창성(昌城)을 경유해서 들어왔기 때문이다.[7] 3개월 뒤 평안감사는 많은 중국인들이 국경을 넘어왔다고 하면서, 중국 병사들이 강을 건너 우리 변방으로 올 경우에 접응할 절목과 지원할 방책을 묘당으로 하여금 세워주라고 요청했다.[8]

1619년(광해군 11) 심하전투 이후 중국의 패잔병들이 도망쳐 조선에 들어왔다. 이들을 조선정부는 국내사정을 누설할까봐 남쪽 멀리 진도로 보냈다.[9] 1620년(광해군 12) 5월에 평안병사 우치적(禹致績)은 강 건너편의 당인들 아녀자 20여 명과 남자 20여 명이 밤에 강을 건너왔는데 돌려보냈다고 하면서, 만약 호병(胡兵)들이 이르러서 당인들이 우리나라에 피란해 있는 것을 보고 돌려보내라고 하면 다시 대답할 말이 없을 것이니 당인들이 강을 건너 우리 지역으로 오는 것은 실로 껄끄러운 일이라고 보고했다. 이에 대해 비변사는 다음과 같이 대책을 내놓았다.

강 건너편의 중국 사람들이 이미 적이 쳐들어온다는 소식을 듣고 우리 쪽으로 건너 왔으니, 변방의 경보가 급박하기 전에는 들어오는 것을 허락하여 사이가 없다는 뜻을 보여주지 않을 수 없습니다. 설사 적병이 강 건너편에 와서 침범하더라도, 중국 사람들로서는 응당 우리 쪽으로 들어오게 될 것이니, 우리가 해야 할 도리는 진실로 이와 같이 하는 것이 마땅하고, 저들에게 답하는 말에 변명할 말이 없는 것을 근심할 것은 없습니다. 더구나 적이 이르기 전에 중국 사람들이 먼저 미리 피란해 오면 어떻게 거절하여 받아들이지 않아서 의심하는 단서를 초래할 수 있겠습니까.

---

6) 『광해군일기』 129, 광해군 10년 6월 25일.
7) 『광해군일기』 129, 광해군 10년 6월 27일.
8) 『광해군일기』 132, 광해군 10년 9월 27일.
9) 『인조실록』 2, 인조 1년 5월 15일.

비변사의 요지는 오는 자를 거절하지 말고 가는 자를 쫓지 말아서 그들이 원하는 바대로 해주자는 것이었다. 이에 대해 광해군도 아뢴 대로 하라고 지시했다.[10] 결론적으로 후금의 팽창에 동요하고 반발하여 조선으로 유입되기 시작하는 요동난민을 조선정부는 일단 수용하는 정책을 폈다.

이에 영향을 받아 1621년(광해군 13) 3월에 심양과 요양성이 함락되자 요민들은 조선으로 대거 탈출했다. 특히 요양 사람들이 많이 들어왔는데,[11] 이는 그곳에 임진왜란 때에 명군을 따라 들어간 조선인이 상당수 거주하고 있기 때문에 가능했다. 의주부사 정준(鄭遵)의 보고에 의하면, 진강(鎭江) 너머에 사는 백성들이 23일부터 노약자를 데리고 줄지어 조선쪽으로 건너와서 난도(蘭島)와 체도(替島) 등지에 유숙하고 있었다. 정준은 "요동이 함락되자 도망치는 군병과 피란하는 남녀들이 죄다 몰려나오고 있으니, 나는 여기에 있으면서 어찌해야 할지 모르겠다"고 걱정했다.[12] 10월에 용천부사 이상길(李尙吉)이 "요즘 4, 5일 전부터 강을 오르내리며 피란 온 요민들이 처자들을 옮기어 모두 내륙으로 향하게 해서 길에 사람들이 줄지어 있으니, 이것을 보면 그곳의 정세가 우려할 만함을 알 수 있습니다."[13]고 한 것처럼, 이 무렵 요민들은 가족 단위로도 탈출했다. 이때 명나라 조정이 파악하고 있던 조선행 요동난민의 숫자만 2만 명 정도였다고 한다.

오윤겸(吳允謙)이 1622년(광해군 14)에 하등극사(賀登極使)가 되어 명나라에 다녀왔는데, 요동의 지나는 길마다 사람들이 유리전사(流離轉徙)해 오직 노약자만이 도로와 마을에 가득 차있는 상황이었다.[14] 요동이 공동화 상태였다. 이때 조선에 들어온 요민이 크게 증가해 10만여 명에 이

10) 『광해군일기』 152, 광해군 12년 5월 23일.
11) 『광해군일기』 173, 광해군 14년 1월 4일.
12) 『월사집』 22, 주, 「陳慰奏(辛酉)」.
13) 『광해군일기』 170, 광해군 13년 10월 30일.
14) 『추탄집』 3, 정문, 「免宴呈文」.

른다고 했다.[15] 이로 인해 평안도의 청천강 이북 지역은 난민들로 넘쳐났다. 그들 가운데는 아예 깊숙이 남하해 경기도와 강원도까지 흘러든 사람들도 있어 점차 이들이 온 나라 안에 가득찰 것이라는 우려마저 나왔다.[16] 의주에서 도성까지의 수천 리나 되는 땅에 많은 중국인이 여기저기 많이 돌아다니고 있었다.[17] 남녀노소 도합 1만여 명의 중국 사람들이 난을 피해 강어귀를 이용해서 건너왔다고 한 것으로 보아,[18] 한꺼번에 대량 난민이 몰려들기도 했다. 조선 땅에서 숙식을 해결하기 위해 그들은 조선인들이 좋아하는 청람포(靑藍布) 등의 포목을 가지고 와서 식량으로 바꾸기도 했다.

1623년(광해군 15, 인조 1)에도 요민이 연속해서 도강했다. 이안눌(李安訥)이 명나라 감군(監軍)의 접반사로 차임되어 평안도에 나갔다가 철산을 지났는데, 그곳에 적을 피해 나온 요양인이 길에 가득해 있었다.[19] 이민성(李民宬)이 주문사(奏聞使) 서장관(書狀官)으로 명나라에 들어갔다. 그때 명나라의 호부상서 이연종(李延宗)은 모문룡이 상소하여 자신이 초집한 요민이 37만 명이라 했다고 말했다.[20] 심광세(沈光世)는 모장(毛將) 자신은 초집(招集)한 요민이 5~60만 명이라고 말하는데, 이는 과장이고 실제 숫자는 수십만을 밑돌지 않을 것이라고 했다. 이들은 섬 가운데에 웅거하면서 먹을 것을 구하기 위해 모자나 바늘 등의 물화를 가지고 나와서 가난한 토병의 집에서 곡물을 무역해 가지고 갔다.[21]

1624년(인조 2)에도 계속 나오고 있었다. 근래 귀순한 가달(假㺚)이 1천 3~4백 명이나 되는데, 모두들 먹을 것을 달라고 아우성친다고 했

---

15) 한명기, 『임진왜란과 한중관계』, 281쪽.
16) 『광해군일기』 176, 광해군 14년 4월 4일.
17) 『광해군일기』 177, 광해군 14년 5월 2일.
18) 『광해군일기』 178, 광해군 14년 6월 16일.
19) 『동악집』 13, 관서후록, 「鐵山途中」.
20) 『경정집』 속집 1, 「朝天錄」.
21) 『휴옹집』 4, 소, 「癸亥邊務疏」.

다.[22] 급기야 1백만 명에 이른다는 지적이 제기되었다. 인조가 태평관(太平館)에 거둥하여 명나라 사신 모승록을 접견하면서 "요동 백성 1백만 명이 잇달아 들어오고 있는데, 앞으로 공급하여 구제할 무슨 좋은 방도가 있겠소?"라고 물었다.[23] 1625년(인조 3)에 북도병사 신경원(申景瑗)이 근래 도망친 당인이 계속 나온다고 한 것으로 보아,[24] 이때까지도 조선행 탈출은 계속되었다. 실제 여진족에게 집을 빼앗긴 요양 출신 남녀 11명이 얕은 여울을 건너 함경도로 건너왔다.[25] 1626년(인조 4)에 조익(趙翼)이 올린 상소에 의하면, 우리나라에서 취식하고 있는 남녀 요민이 2~30만명에 이른다고 말했다.[26] 1백만명은 과장일 수 있지만, 2~30만은 족히 되었을 것 같다.

이리하여 요동의 인구유출은 급격하게 늘어났다. 요민들이 조선 외에 중국 내지로도 이동했기 때문이다. 관내(關內)로 도망해 들어간 요민이 280여 만명에 달하였고, 모문룡에게로 도피한 자만도 수십만 명이었다고 한다.[27] 이는 명이나 후금 모두 걱정 거리여서 조선에 모두들 쇄환을 요구했다.

2) 중국으로의 쇄환

(1) 명으로의 쇄환

이들 요동난민에 대해 명나라는 쇄환을 요구했다. 그들을 규합해 후금 견제에 활용하거나 후금 정벌에 투입하고, 요동 공동화를 막기 위해서였던 것 같다. 그런데 명의 쇄환요구를 초기에는 조선 정부가 쉽게 들어줄

---

22) 『인조실록』 5, 인조 2년 3월 16일.
23) 『인조실록』 6, 인조 2년 5월 2일.
24) 『인조실록』 9, 인조 3년 4월 28일.
25) 『인조실록』 8, 인조 3년 3월 26일.
26) 『포저집』 3, 소, 「論西邊事宜疏」.
27) 김한규, 『요동사』, 문학과지성사, 2004, 562쪽.

수 없었다. 그 이유는 몇 가지였다.

첫째, 육로송환은 별부담이 아니지만, 해로송환은 막대한 선박을 떠않아야 했기 때문에 큰 부담이었다. 1622년(광해군 14) 4월에 모문룡과 조선을 격려하기 위해 감군어사 양지원(梁之垣)이 들어와 병력, 군량, 선박 등을 요청했다. 요동을 상실한 상태에서 전력 증강을 위한 요청이었다. 그 가운데 배를 사서 피란 온 요민들을 실어 등주(登州)로 들여보내라고 했다.[28] 요동을 통해서 육로로는 이동할 수가 없어서였다. 이때 명나라는 1백척의 선박을 원했다. 이에 대해 비변사는 1백여 척이나 되는 해선을 갑자기 마련하기 어렵고 단지 10척 정도는 얻을 수 있다고 보고했다. 반면에 광해군은 "뜻밖의 변고가 오래지 않아 반드시 일어날 것이다"며 아뢴 대로 하라고 지시했다.[29] 이렇게 말했지만 광해군도 비변사처럼 소극적이었다. 선척을 구해 요민들을 실어 보내라는 거듭된 명나라 관리의 말에, 광해군은 "우리나라는 난리를 겪은 뒤라 배를 만들 재목이 다 떨어졌으니, 충분히 마련하지 못할까 염려됩니다"며 난색을 표했다.[30] 오히려 광해군은 접반사에게 감군어사로 하여금 모문룡과 요동난민을 이끌고 빨리 섬으로 들어갈 것을 요구하라고 지시했다.[31] 이는 후금의 침략 구실을 차단하기 위한 속셈이었다.

둘째, 조선은 피란 온 중국인을 통해 여진이나 명나라 정보를 입수하고 있었던 점도 요민송환에 소극적으로 나설 수밖에 없는 배경이었다. 1621년(광해군 13) 6월에 광해군은 의주부윤에게 요양이 함몰된 지 넉달이 되었는데 아직도 중국에서 대병(大兵)이 나오는 까닭을 알지 못하니 걱정이 태산이라고 하면서, 피란 온 중국인들에게 그 사정을 비밀리에 물어서 급

---

28) 『광해군일기』 176, 광해군 14년 4월 22일.
29) 『광해군일기』 177, 광해군 14년 5월 1일.
30) 『광해군일기』 177, 광해군 14년 5월 15일.
31) 『광해군일기』 176, 광해군 14년 4월 1일.

히 아뢰라고 명했다.[32] 이는 조선 정부가 피란민을 통해 중국 정보를 입수하려고 노력했음을 알려준다.

셋째, 요민들을 이용해 후금방어에 활용하려고 했다. 1624년(인조 2)에 이정구(李廷龜)는 우리나라에 나온 요민이 매우 많고, 비록 천하의 부(富)가 있더라도 그들을 모두 구활할 수는 없다고 했다. 그렇지만 여진족이 조선을 침략할 우려가 있기 때문에, 명나라에 정장(丁壯)만을 머무르게 하여 호로(胡虜)에 대비하는 병사로 삼고, 노약은 북경으로 쇄환하는 것이 좋겠다는 의견을 제시했다.[33] 요민잔류가 후금에게 빌미를 주기도 하지만, 그들을 후금 대비군으로 활용할 필요성도 있었던 것이다. 왜란 때에 발생한 항왜를 조선이 함경·평안도 국경지역으로 이송해 여진족에 대비하려 했던 정책과 동일하다.[34]

넷째, 쇄환하러 나온 명나라 관리들이 사실상 소극적인 태도였다. 감군 양지원이 40여 일 서울에 머물면서 여진을 치는 일에 대해서는 아무런 역할도 하지 않았다. 그러면서 은 6만 냥과 큰 배 70척을 거두어 피란온 요민에게 배 1척당 은 1백 냥으로 팔아 가지고 갔다.[35] 쇄환하러 나온 관리가 쇄환은 커녕 돈만 챙겼던 것이다. 또한 1624년(인조 2)에 비변사가 "지난해 가을에 요동인을 들여보내는 일로 도독에게 자문을 보냈으나 끝내 허락받지 못했습니다"고 하면서, 등주군문에 자문을 보내야겠다고 했다.[36] 모문룡은 요민들을 붙들어 놓고 자신의 세력기반으로 삼으려는 책략 때문에, 등주 관리는 요민에 대한 관리 부담 때문에 각각 쇄환에 미온적이었다. 여기에 조선 관료들도 명의 눈치만 보며 적극 나서지 않고 있었다.

---

32) 『광해군일기』 166, 광해군 13년 6월 14일.
33) 『비변사등록』 3, 인조 2년 4월 21일.
34) 이장희, 『임진왜란사연구』, 아세아문화사, 1999, 378쪽.
35) 『광해군일기』 181, 광해군 14년 9월 18일.
36) 『인조실록』 5, 인조 2년 4월 21일.

그렇다고 조선에 문제가 없었던 것은 아니다. 그 많은 이들을 먹여 살리는 것도 문제이거니와 그들이 두루 퍼져 소란을 피우는 것도 문제였다. 여기에 연이은 기근[37]과 이괄의 난을 겪어 조선이 많은 수를 떠안기가 불가능한 상태였다. 그래서 나중에는 초기와는 달리 조선은 가급적 되돌려 보내려고 했는데, 그 원인을 크게 두 가지로 나누어 살펴보겠다.

먼저, 요민들의 작폐에 대해서 알아보자. 1626년(인조 4) 기사에 의하면, 모영(毛營)이 요민에 대한 단속을 엄하게 하지 않는 것은 아니지만, 배가 고픈 나머지 조선 민가로 흩어져 나와 남의 팔을 비틀며 먹을 것을 빼앗는 자들이 득실거렸다. 이로 인해 울부짖는 자와 딴 곳으로 옮겨가는 조선인이 길에 널려 있어 이대로 가다가는 얼마 안 가서 변방이 텅 빌 것이라고 걱정했다.[38] 모문룡이 단도로 들어가자 요민들도 대거 따라갔는데, 그곳의 곡물사정이 여의치 않자 요민들이 다시 나와 도처를 떠돌아다니며 구걸을 하고 심지어 강탈을 행하고 있었다. 도체찰사 장만(張晩)은 한인(漢人)들이 도처에 가득하여 침해하고 있다고 보고하자, 인조는 구걸하러 다니는 요민이 얼마나 되느냐고 물었다. 이에 장만이 "개천(价川) 등지에 구걸하는 유랑민이 거의 3천 명이며, 청포(青布)나 모자(帽子) 등으로 쌀을 사서 이고 진 백성이 도로에 끊이질 않는다"고 답했다.[39] 유랑요민이 청천강을 건너 평안남도까지 대거 넘어갔으며 그 중에는 곡물을 얻기 위해 장사를 하고 있는 자도 있었다. 의주에서는 중국인 50여 명이 민가에 나와 가축과 식량을 약탈하고 제지하러 나온 조선군을 총과 칼로 죽이고 상해를 입혔다.[40]

상황은 해가 갈수록 악화되고 있었다. 정묘호란을 겪고 난 1627년(인조

---

37) 기근이 1626~1627년에 정점에 오른 후 1628~1629년까지 지속되어 함경도에서 제주도에 이른 곳에 시체가 즐비하고 유민들이 도적떼가 되었다(김덕진, 『대기근, 조선을 뒤덮다』, 푸른역사, 2008, 37쪽).

38) 『인조실록』 12, 인조 4년 4월 14일.

39) 『인조실록』 14, 인조 4년 10월 7일.

40) 『인조실록』 14, 인조 4년 11월 13일.

5)에는 심지어 요민들이 조선인을 죽여 후금군으로 가장시켜 상을 받는 밑천으로 삼기도 했다.[41] 요민들 가운데 조선인과 함께 후금 땅에 들어가 삼을 깨다가 문제를 일으키기도 했다. 1628년(인조 6)에는 서울 접대소에 들어온 중국인이 1백 20여 인인데 이들이 민가를 멋대로 다니면서 격투를 벌여 상해를 입히는 일이 많았다. 서울까지 들어온 요민들이 명사(明使)가 머무는 숙소까지 찾아와 난동을 부렸다는 말인데, 아마 쇄환을 촉구하고 먹을 것을 달라고 호소하기 위해서였을 것 같다. 격투 과정에서 조선 사람 두개골이 깨어져 사망한 사고가 발생했다.[42] 이대로 방치했다가는 특히 평안도 지역이 큰 피해를 입을 것 같았다.

이어, 요민에 들어가는 양곡에 대해 알아보자. 1624년(인조 2) 5월에 인조가 모문룡이 보낸 모승록(毛承祿)에게 요민 1백만 명이 들어오고 있는데 앞으로 구제할 무슨 좋은 방도가 없겠냐고 묻자, 모승록이 산동에서 실어 오는 군량이 며칠 안에 이를 것이니 걱정 말라고 답했다. 그러자 인조가 "우리나라가 해마다 흉년이 들어 뜻에 맞게 급한 상황을 구해 주지 못하였소. 그리고 여력이 있다면 어찌 감히 갚기를 요구하겠소이까. 1백 만이나 되는 독부(督府)의 인원이 조정에서 공급하여 주기만을 바라는데, 바다로 날라 오는 양식이 넉넉하지 못한 형세이고 우리나라 역시 피폐하여 곡식을 나르는 의리를 다하지 못하고 있소이다."고 다시 말했다. 1백만에 육박하는 요민들이 먹는 양곡을 중국에서는 보내주지 않고 우리도 대주기 어려우니 특단의 대책을 세우라는 것이 인조의 요구였다. 상황이 이러한데도 오히려 모승록은 대책은 모른척하며 금품만 거둬가는 악행을 자행했다.

이때 모문룡이 요민을 구제한다는 핑계로 날이 갈수록 급하게 양식을 재

---

41) 『인조실록』 16, 인조 5년 4월 15일.
42) 『인조실록』 18, 인조 6년 2월 14일.

촉하고 있었다. 그런데 계속되는 가뭄으로 백성이 굶주리는데다가 요민의 양식까지 공급해 주어야 했으므로 조선정부는 근심한 나머지 등주에서 쌀을 사오게 했다. 당시 모도독(毛都督)이 양식과 바꾼 은이 평안도에 많이 있었다. "이것으로 등주에서 쌀을 사면 큰 흉년의 걱정을 구제할 수 있는 동시에 요동백성에게도 공급하여 살릴 수 있을 것입니다. 조천(朝天)하는 사신이 타고 간 배는 헛되이 등주·내주 땅에 매어 두고 번번이 한 해를 지내게 되니, 그 배로 사행이 돌아오기 전에 한두 차례 실어 나를 수 있을 것입니다"는 이정구의 건의해 의해 미곡 수입이 단행되었다.[43] 실제 곡물은 이듬해에 도착했고, 수량도 많지 않았다. 그러는 사이에 모영에 지원되는 곡물은 날이 갈수록 늘어났다. 1624년 8월 현재 모영에 준 곡식이 이미 6만여 석이나 되었다. 10월에 특진관 김신국은 도독을 지원하고 유민을 구휼하는 데에 지난해에 이미 6만 석을 주었는데 올해에도 3만 석을 주었다고 했다. 그런데 이때까지도 요동과 계주(薊州)에서 나오는 백성이 계속 끊이지 않고 있었다. 이들 역시 식량이 떨어지면 반드시 사방으로 흩어져 먹을 것을 구할 것이라고 김신국은 내다보았다.[44] 이제 얼마나 많은 곡물이 요민들에게 들어갈지 한 치 앞도 알 수 없는 상황이었다.

이상과 같은 작폐와 양곡 때문에 조선정부는 1624년부터 이전과는 달리 요민쇄환을 적극적으로 요청했다. 인조는 모승록을 접견하는 자리에서 "이제 독부의 계책으로서는 젊고 씩씩한 자만을 남겨 두고 늙고 어린 자는 모두 산동에 보냄으로써 배로 (곡물을) 옮겨 오는 폐단을 줄이는 것만 못할 것이다"고 말했다. 바로 이어 인조는 김상용(金尙容)을 모문룡에게 보내 단도(椵島)로 들어오는 요민이 날로 많아지는데 공급하는 일을 오로지 우리에게 요구하므로 늙고 어린 자는 산동(山東)으로 들여보내라는 뜻을

---

43) 『인조실록』 6, 인조 2년 5월 15일.
44) 『인조실록』 7, 인조 2년 10월 16일.

전하게 했다.[45] 우리도 살고 모도독도 사는 길은 요민쇄환이 가장 시급하다는 것이 인조를 포함한 조정신료들의 생각이었다.[46] 이런 요구와 의견은 명나라 본국에도 전해졌다. 홍익한(洪翼漢)이 성절겸동지사의 서장관으로 1624년 7월에 해로로 북경에 들어갔다가 이듬해 4월에 돌아왔다. 그가 북경에 있을 때에 중국관리들도 요민 가운데 장정은 모도독 군대에 편입하고 노약자는 산동성 곳곳에 배치해야 한다고 말했다. 이와는 달리 쇄환하는데 다섯 가지 불편한 점이 있음을 조목조목 나열하며 모두 모도독에게 붙여 안접하게 함이 마땅하다고 말한 관료도 있었다.[47] 여러 의견이 있었지만, 명나라 병부에서는 황제의 명을 받아 요민이 중원에 가서 생활할 수 있게 했다.

이에 따라 조선정부도 연행사가 돌아온 후 1625년(인조 3) 5월에 순차적으로 송환시킬 계획을 수립했다.[48] 그런데 6월에는 명에 가는 사신편에 요민이 중국에 가서 먹고 살 수 있도록 재차 요청했다. 이유는 모문룡이 요동인이 많이 모여 산다는 핑계로 중국 조정에 양식을 청해서 가로채기 위해 방해하고, 등래순무(登萊巡撫)도 요동인 수십만이 일조에 갑자기 이른다면 접제(接濟)할 길이 없음을 걱정하여 도독에게 이자(移咨)해서 그로 하여금 처치케 한 데에 있었다.[49] 특히 모문룡은 조선사신 앞에서는 쇄환한다고 하고는 시행하지 않는 이중성을 번번이 드러냈다. 쇄환이 미뤄지고 있는 사이에 12월에는 독부가 많은 요민(遼民)을 거느리고 우리에게 얻어먹은 지가 지금 5년이 지나 공사(公私)의 쌀을 먹은 수량이 몇 십만 석이 되는지 모른다고 했다.[50]

45) 『인조실록』 6, 인조 2년 5월 8일.
46) 『창석집』 8, 정문, 『묘上國文』.
47) 『조천항해록서』 1, 1624년 11월 18 19일.
48) 『인조실록』 9, 인조 3년 5월 1일.
49) 『인조실록』 9, 인조 3년 6월 29일.
50) 『인조실록』 10, 인조 3년 12월 25일.

인조는 성절사 전식(全湜)의 행차에 요민을 쇄환하는 일을 또 부탁했다. 그런데 1626년(인조 4)에 5월에 성심으로 주선하지 않았다는 의혹이 제기되었다.[51] 아마 명측의 방해공작이 작용했던 것 같다. 명나라 사신이 나오자 역시 쇄환을 요구했다. 6월에는 돌아가는 명사에게 대신이 백관을 거느리고 나아가 요민을 산동으로 돌려보내 주객이 함께 고달픈 걱정을 면케해 주기를 청하니, 명사가 "요동 백성들로 하여금 본업을 복구하게 하여 귀국을 해치지 않게 하겠오"라고 답했다.[52] 10월에 개천 등지에 구걸하는 유랑민이 거의 3천 명이라는 도체찰사 장만의 보고를 접한 인조는 중국 백성이 이토록 굶어 죽어가고 있는데도 모장(毛將)은 어찌해서 들여보내지 않느냐고 했듯이, 중국측은 요민쇄환의 의지가 없었다. 그러는 사이에 조선은 호란을 당하고 후금의 요민쇄환 요구에 맞서야 했다.

(2) 후금의 쇄환요구

요동에 진출하여 그곳의 경제력을 세력기반으로 삼으려던 후금의 계획은 요민의 이탈로 장벽에 부딪치게 되었다. 문제는 여기서 끝나지 않았다. 이탈행렬은 여진족의 치하를 거부하는 한인이 주류를 이루었고, 후금정권에 대해 불평하는 여진인도 상당수 가세했다. 이들은 언제든지 대후금 전투에 투입될 수 있는 잠재세력이었다. 그래서 후금은 이탈이 심한 해안지역에 거주하는 사람 가운데 어린이와 여자를 성내로 이주시키고 외부와의 연락을 끊게 하는 차단책을 썼다.[53] 실제 요동난민들은 조선의 서북변경에 흩어져 살면서 후금에 대한 적대활동을 펼쳤다. 명나라는 이들을 규합해 후금배후를 견제하려고 꾀했다. 이에 잘 부응한 이가 바로 모문룡이었다.

---

51) 『인조실록』 12, 인조 4년 5월 5일.

52) 『인조실록』 13, 인조 4년 6월 15일. 『우복집』 8, 정문, 「百官呈天使文(丙寅)」.

53) 김종원, 『근세 동아시아관계사 연구』, 혜안, 1999, 81쪽.

난민의 향방을 예상한 후금은 망명자가 발생할 때마다 그 송환을 조선에 요구했다. 1621년(광해군 13) 3월 무렵, 누르하치는 심양과 요양을 점령하자마자 '滿洲國汗致書朝鮮國王'으로 시작하는 국서를 조선에 보냈는데, 조선 왕을 가리켜 '너(汝)'라고 하대했다. 주 내용은 요동에서 조선으로 넘어간 난민들을 모두 돌려보내라는 것이었다.[54] 이어 12월에는 관전(寬奠)에 주둔해 있는 후금측으로부터 의주부윤에게 요민들을 받아들이지 말라는 경고가 담긴 편지가 들어왔다.[55] 이때 요양에서 후금군에게 참패를 당한 모문룡이 조선으로 도망쳐 들어와 있었다. 그는 한족 계통의 피란민들을 규합하여 의주와 용천 사이에 주둔하면서 강 건너편의 후금과 맞서고 있었다. 이런 상황에서 왜란 때에 은혜를 입은 조선은 후금의 쇄환요구에 소극적으로 대응할 수밖에 없었다. 마침내 후금 기병대가 얼어붙은 압록강을 건너 의주를 지나 모문룡의 군사들이 진을 치고 있는 선천의 임반관(林畔館)을 기습했다. 모문룡은 간신히 피신했지만, 많은 한인들이 피살되었다. 후금군은 용천을 돌아 가산까지 진격해 들어왔으나 끝내 모문룡을 찾지 못하고 철수했다.[56] 모문룡을 제거하고 한인들을 철수시키기 위해서였음이 분명하다.

모문룡과 요민의 관계를 자세히 살펴보자. 모문룡은 1621년 3월에 요양성(遼陽城)이 함락될 때 산동으로 탈출했다. 산동에서 의병 수십명을 모집하여 배를 타고 출발하여 산동과 요동반도 사이에 흩어져 있는 섬들을 지나면서 요민들을 규합하여 평안도 의주에 이르렀다. 이곳에 이르러서는 난을 피해 들어온 요민들을 불러 모아 정예병 2~3백명을 선발했다. 압록강을 건너 밤에 습격하여 달병(㺚兵)을 물리치고 진강성(鎭江城)을 탈취

54) 계승범, 「광해군대 말엽(1621~1622) 외교노선 논쟁의 실제와 그 성격」, 『역사학보』 193, 역사학회, 2007, 4쪽.
55) 『광해군일기』 172, 광해군 13년 12월 9일.
56) 『광해군일기』 172, 광해군 13년 12월 18일.

했다. 그런데 그가 거느린 병력이 미약한데다 그의 진영이 명 본토로부터 고립되어 증원군을 끌어들일 수 없었다. 후금은 대병력을 투입해 모문룡을 압박했다. 이에 모문룡은 7월 진강을 탈출하여 다시 조선으로 들어와 용천의 미곶진(彌串鎭)에 상륙했다.[57] 이어 변사(辯士)를 요동에 보내어 요양사민(遼陽士民)을 효유하자 그들은 충의로 일어서 부로휴유(扶老携幼)하여 동쪽으로 나오니 그 수가 하루에 천명에 이르기도 했다.[58] 그리고 의주, 용천, 철산 등 후금과 인접한 압록강변의 여러 고을을 돌아다니며 이미 나와 있는 요민과 명군 패잔병들을 규합했다. 1622년(광해군 14) 5월에 모문룡의 차관이 "모부총이 군병을 많이 거느리고 있고 요동백성들을 불러 모으느라 귀국에 소란을 피운 것이 많았습니다"[59]고 말할 정도로 요민을 대거 불러 모았다.

그의 이런 행동 때문에 조선으로 넘어오는 명 장졸들과 요민들의 수가 날이 갈수록 더 늘어났다. 모문룡 때문에 후금 영내에 있던 한족들이 동요하는 기미를 보인 셈인데, 이에 대해 후금은 민감하게 반응하여 국경을 넘어 임반관을 기습적으로 공격했다. 그러자 조선은 외교문제로의 확산을 피하기 위해 그를 1622년 11월에 철산 앞바다 단도라는 섬으로 들어가게 했다. 그가 배를 타고 단도로 들어가자 요민들도 대거 섬 안으로 들어가 집들이 많아져서 하나의 도회지가 되었고, 동쪽·남쪽의 상선들이 잇달아 왕래하고 바다 부근의 초목이 모두 땔감으로 없어질 정도였다.[60] 이렇게 단도가 대도회가 된 데에는 모문룡의 노력과 함께 피란 나온 요민들도 달리 의지할 곳이 없기 때문이었다. 이에 모문룡은 여러 섬에 둔전을 설치하고 각처와 무역을 하여 경제기반을 다졌다. 섬이 철산부에는 10개 있고

57) 『광해군일기』 167, 광해군 13년 7월 26일.
58) 『학송집』, 「都督毛文龍碑銘序」.
59) 『광해군일기』 177, 광해군 14년 5월 12일.
60) 『광해군일기』 183, 광해군 14년 11월 11일.

선천부에는 6개 있는데, 모문룡은 이들 16개 섬을 토대로 하나의 세력기지를 구축하고 후금배후를 공격했다.[61]

후금은 요민이 조선으로 도망가면 모두 돌려보내야 한다고 요구했다. 그렇지 않고 숨겨서 돌려보내지 않음은 곧 명을 돕는 것이니 훗날 우리를 원망하지 말라고 경고했다. 요민이 모문룡의 세력기반이 되었기 때문이다. 그런데 조선은 쇄환에 소극적이었다. 그러면서 "중국 장수가 우리나라 국경에 와 주둔하는 것이나 요민이 국경을 넘어와 중국 장수에게 귀순하는 것은 모두 우리나라가 지시한 것이 아니라"[62]고 말하며 책임을 모면하려 했다.

후금의 요민 쇄환요구는 정묘호란(丁卯胡亂) 때에 구체화되었다. 1월 8일, 홍타이지는 아민(阿敏)에게 조선정벌을 지시하면서 모문룡이 해도에 머물며 후금 반민(叛民)들을 수용했다는 점을 들었다.[63] 모문룡 제거와 요민쇄환 문제가 정묘호란의 발단이었다는 말이다. 정묘호란은 후금군이 1627년(인조 5) 1월 13일 압록강을 건너 의주를 침범함으로써 개시되었고, 3월 3일 조·후금 강화가 성립됨으로써 사실상 종료되었다. 이때 후금군은 평안도 정주(定州)를 공략하면서 조선 국왕에 서신을 보내 침략 원인 네 가지를 언급했는데, 자신들의 도민(逃民)을 조선이 불러들였다는 점을 세 번째로 밝혔다. 그 후 중화(中和)에 이르러서 다시 치서를 해 자신들의 백성인 요민을 조선이 유인하고 숨겨주었던 점을 역시 기병 원인의 하나로 꼽았다.[64] 그리고 화맹시 조선의 명에 대한 관계와 화맹의 형식에 대한 논의만 집중되었을 뿐 요민에 대해서는 전혀 논의가 없었지만,[65] 후금은 화맹 이후 9월까지 철군을 미루면서 조선측에 여러 가지를

61) 『연경재전집』 44, 잡록, 「東江記事」.
62) 『인조실록』 1, 인조 1년 3월 27일.
63) 한명기, 『정묘 병자호란과 동아시아』, 푸른역사, 2009, 47쪽.
64) 최소자, 『명청시대 중 한관계사 연구』, 이화여자대학교 출판부, 1997, 101~102쪽.
65) 전해종, 『한중관계사연구』, 일조각, 1970, 123쪽.

요구했는데, 그 가운데 모문룡 추방과 요민쇄환이 포함되었다. 이렇게 보면, 정묘호란의 주요 원인으로 요민쇄환이 작용했음을 알 수 있다.

그런데 잘 이행되지 않았다. 1628년(인조 6) 2월에는 심하전투 때에 피랍되었던 강홍립(姜弘立)이 요민을 쇄환하는 임무를 띠고 조선에 들어왔다.[66] 1629년(인조 7) 3월에 호차(胡差)가 와서 "왕이 전번 약속을 저버리고서 모군이 상륙하여 살도록 허용하였고, 또 우리나라 사람이 도망쳐 모에게로 간 자들을 모두 나라 안을 통과하도록 놓아두었습니다"는 내용이 담긴 서신을 전했다.[67] 이때 후금은 조선으로 도망간 호란 때의 조선 피로인과 조선에 귀화한 두만강 유역의 여진인들까지 쇄환을 요구했다. 대체로 조선은 쇄환할 중국인이 한 명도 없다는 식으로 버티고 있었다. 실제 곳곳에 흩어져 있는 요민을 수색해서 모으는 작업도 간단하지는 않았을 뿐만 아니라, 세월이 흐르면서 조선땅에 정주한 사람도 많았다. 자연히 후금의 출병이 있을 수밖에 없었다. 1631년 6월 후금군 1만 2천명이 단도에 주둔하고 있는 모문룡을 공격하기 위해 압록강을 건너 가산·철산·선천으로 진군했다. 이때 조선은 사신을 파견해 이유없는 침략을 하지 말자는 정묘강화맹약을 어겼다고 항의하자, 후금 사신은 단도의 관민들이 후금에 귀속하려고 할 때 조선에서 식량을 주어 막았다고 대응했다.[68] 요민쇄환은 계속해서 문제였다.

이는 병자호란의 한 요인이 되기도 했다. 전쟁이 한창인 1637년(인조 15) 1월 2일에 청은 조선에 귀순하라는 내용이 담긴 황제의 글을 보냈다. "요동을 얻고 난 뒤로 그대 나라가 다시 명나라를 도와 우리의 도망병들을 불러들여 명나라에 바치는가 하면 다시 저 사람들을 그대의 지역에 수용하여 양식을 주며 우리를 치려고 협력하여 모의하였다. 그래서 짐이 한

---

66) 『인조실록』 18, 인조 6년 2월 25일.
67) 『인조실록』 20, 인조 7년 3월 9일.
68) 이화자, 『조청국경문제연구』, 집문당, 2008, 35쪽.

번 크게 노여워하였으니, 정묘년에 의로운 군사를 일으킨 것은 바로 이 때문이었다."고 하면서, 그런데 그 뒤 10년 동안 그대 나라 군신은 우리를 배반하고 도망한 이들을 받아들여 명나라에 바쳤기 때문에 이처럼 다시 들어왔다고 했다.[69] 청은 전쟁 이후 1639년에 명의 금주 공격을 위해 조선에 수군과 병선 및 군량을 발해만의 대능하와 소능하 입구에 대기하라고 요구했다. 그런데 조선군은 이런저런 핑계를 대며 지연전략을 폈다. 이에 청에서는 파병을 반대했다는 김상헌 등을 심양으로 소환해 재판에 회부했다. 이때 청이 조선을 문책한 주요 이유는 조선으로 도주한 여진인이나 한인들의 쇄환실태에 대한 불만족 등 여러 문제가 작용했다.[70] 쇄환은 오래도록 외교사안이었다.

3) 조선의 정착정책

(1) 구휼실시

광해군은 일찍부터 밀물처럼 쇄도해오는 요민들을 장차의 화근으로 인식했다. 그래서 그들을 처리할 대책을 마련하라고 비변사에 누차 지시한 바 있다. 그들에게 지급할 양곡이 문제였을 뿐더러, 그들의 송환 여부를 놓고 생겨날지 모르는 명이나 후금과의 갈등을 피하기 위해서였다. 그들이 혹 치안을 어지럽게 할 가능성도 있었다. 이제 조선정부가 요민들에게 내놓은 정책에 대해 알아보겠다.

첫째, 국경지대의 평안도 수령들에게 요민들이 조선 영내로 상륙하지 못하도록 막으라고 지시했다. 밀려드는 난민들을 잘 타일러서 상륙하는 것을 막고, 그것이 여의치 않을 경우 배편을 마련하여 산동의 등주나 내주 등지로 송환하라고 지시했다. 그렇지만 조선정부는 상륙하는 요민을

---

69) 『인조실록』34, 인조 15년 1월 2일.
70) 계승범, 앞의 책, 236쪽.

물리적으로 막지는 않았다.

둘째, 이미 조선 영내로 넘어와 머물고 있는 요민들의 동태를 엄중히 살피고, 그들에게 조선인들이 접근하는 것을 막으라고 지시했다. 그들을 통해 조선의 내부 정보가 명이나 후금으로 유출되는 것을 막으려는 조처였다. 여진족들이 중국인 복장을 하고 들어오기 때문에 그들 중에 후금의 간첩이 섞여 있을 것이라는 우려도 요민과 조선인의 접촉을 막게 한 요인이었다.

셋째, 요민들로 하여금 소란을 피우지 말라고 했다. 요민 가운데 농민들에게 소란을 피우고 소와 말을 빼앗아 농사를 지을 수 없게 한 사람들이 있었다. 그래서 1622년(광해군 14)에 광해군은 명나라 관리에게 그러다가 만일 농사지을 시기를 놓친다면 중국 군대의 군량과 요민의 식량을 어떻게 대겠냐고 물으면서, 이러한 행위를 엄하게 금지시켜 앞으로 다시 발생하지 않게 해달라고 부탁했다.[71] 그러면서 요민들이 강가를 함부로 나다니지 말게 할 것도 요청했다. 강가를 다니다 후금측에 발각되면 분란이 일어나기 때문이었다.

넷째, 요민들을 대후금 전투에 참여시켰는데, 그 대표적인 예가 1619년 심하전투 출병이다. 이 점에 대해 1627년(인조 5)에 비변사는 "강홍립 등이 오랑캐 나라에 있을 때 거느리고 있던 남녀가 이미 본도에 도착했다고 하였습니다. 그 중 우리나라 사람은 원적지로 쇄환시켜야 하겠지만, 요동 사람은 전일 본사가 남방의 여러 섬에 안치하기를 청했습니다. 그러나 지금 다시 생각하건대 호추(胡酋)가 보낸 허다한 요동 사람을 본국에서 받아들였다가 모진(毛鎭)에서 힐문하는 일이 있게 되면 필시 난처하게 될 것이니 사실대로 이자(移咨)하여 쇄환하는 것이 좋겠습니다."고 말했다. 이에 광해군은 "이들을 우리나라에서 받아들일 수 없고 모진으로 들여보내

---

71) 『광해군일기』 177, 광해군 14년 5월 12일.

기도 어려우니 어떻게 처리하면 좋을지 모르겠다. 저들이 오래지 않아 서
울에 당도할 것이니 들어온 뒤에 그들의 소원을 살펴 다시 의논하여 처치
하라.”고 답했다. 상당수 요민이 심하전투에 출전했다가 피랍되었고, 조
선의 쇄환 요구에 조선인과 함께 돌아왔음을 알 수 있다. 출병 당시 요민
은 요동지방의 정보원으로 활용되었을 것 같다. 그런데 이들의 처리문제
가 민감하여 국내에 잔류시킬지 아니면 모진에 보낼지를 놓고 국왕과 신
료들이 논의를 하고 있었다. 일단은 그들의 소원을 들어 처리하자는 선에
서 결론을 내렸다.[72]

다섯째, 가장 급선무는 그들에게 먹을 것을 제공하는 일이었다. 조선으
로 나온 요민들은 기본적으로 굶주린 자들이 많았다. 1622년(광해군 14)
에 명나라가 요동의 수천수만의 백성들이 시급하게 진휼해 주기를 바란다
고 하면서 조선에 곡물판매를 재촉할 정도로,[73] 요동지역은 기근으로 식
량사정이 여의치 않았다. 전쟁으로 농업전념이 어려웠던 점도 식량사정
을 악화시킨 데에 한몫 했다. 요민들이 먹을 것을 찾아 조선으로 나올 수
밖에 없는 상황이었다. 강을 건너 의주(義州)로 귀순해 오는 요민들은 혹
은 5~60명씩 혹은 2~3백 명씩 떼를 지어 밭에 돋아난 보리 싹까지도 마
구 파내어 먹어 치우는가 하면, 심지어 굶어 죽은 사람의 시체가 길에 놓
여 있으면 서로들 먹으려고 달려들곤 했다. 관전지방에서 강을 건너 창성
으로 온 수를 헤아릴 수가 없는 요동 기민들은 땅 속의 곡식 종자를 파먹
는가 하면 민가에 들어가 약탈하기도 했다. 구성(龜城)에서는 기아에 허
덕이는 요동백성들이 처자를 데리고 3~40명 혹은 6~70명씩 매일 강을
건너와 시골 마을을 드나들고 있는데, 시골 백성들도 굶주려서 제대로 음
식을 내주지 못한 채 서로 잇따라 도망쳐 숨고 있는 실정이었다.[74] 그 가

---

72) 『인조실록』 16, 인조 5년 6월 10일.
73) 『광해군일기』 176, 광해군 14년 4월 25일.
74) 『택당집』 별집 1, 주문, 「請刷還遼民奏文」.

운데 값나간 물건을 가지고 와서 양곡과 바꾸기도 했지만 그것이 오래 갈 수 없었다.

그래서 요동 기민을 구제하고 양식을 대는 책임은 전적으로 조선에 있었다. 일차적인 책임은 지방관에게 있었다. 그곳에서 구휼하지 않으면 내지로 들어가 작폐를 자행하기 때문이었다. 1619년(광해군 11)에 순천군수(順川郡守)가 된 박평산(朴平山)은 요좌(遼左)가 함락될 때에 강을 건너서 피란 온 요동백성들이 민간에 섞여 강한 자는 폭력으로 물품을 강탈하므로 백성들의 근심이 날로 커지자, 굶주린 자는 관에서 구휼하는 한편 약속을 따르지 않는 자는 가차없이 처벌하니 주객(主客)이 서로 편안하여 인심이 크게 안정되었다.[75] 삭주부사(朔州府使) 김수춘(金壽春)은 요양 함락시 만주에서 피란온 요민이 고을 안에서 떠돌아다니자 의식을 주어 매우 근실하게 구휼했다. 이를 양지원이 요동감군(遼東監軍)이 되어 듣고 기념패를 주었다.[76] 수령들을 감찰하기 위해 파견된 어사들도 요민들 구휼에 나섰는데, 1627년(인조 5)에 홍명구(洪命耈)가 평안도 순안어사로 차임되어 청천강 북쪽 지방에 가서 귀화한 요동백성을 진휼하여 수천 명의 목숨을 살렸다.[77]

그런데 강변고을에서 요민들을 전부 구휼하지 못하자, 그들은 조선 내지로 진입했고, 마침 들어온 모문룡 진영으로 들어갔다. 1624년(인조 2)에 명나라 허중서(許中書)가 모도독에게 요동백성이 어찌 그리 많으냐고 묻자, 모도독이 "저토록 많은 요동 백성이 모두가 조선이 정성을 다하여 진구(賑救)하는 데에 의뢰하고 있다"고 답했다.[78] 모도독에게 조선이 곡물을 지원하자 요민들이 그곳으로 집결했다는 말이다. 그리하여 조선정부

---

75) 『기언』 19, 구묘, 「朴平山碣」.
76) 『연경재전집』 속집 15, 풍천록, 「金壽春惠牌小序」.
77) 『악전당집』 10, 묘지명, 「平安道觀察使贈吏曹判書洪公墓誌銘」.
78) 『인조실록』 5, 인조 2년 4월 7일.

에서 모도독에게 지급하는 군량과 진휼곡이 엄청났다. 그런데 주둔이 장기화되면서 그렇지 않아도 전쟁과 기근으로 곡물사정이 여의치 않은 조선의 지원이 만족스럽지 못하자, 다시 요민들은 탈출하여 먹을 것을 찾아 곳곳을 유랑하며 작폐를 저지르고 있었다.

그리하여 굶주린 요민이 모도독 진영 외에 사방에도 흩어져 있었다. 1626년(인조 4)에는 기아요민이 지나가는 명사의 가마 앞에 나가 일제히 방성통곡하며 먹을 것을 달라고 호소했다.[79] 1627년(인조 5)에는 서울 안에 모인 요민 1백 60여 명이 시가지를 약탈했다. 굶주려서 어쩔 수 없이 하는 행동으로 보고 급히 미곡을 내어 구휼했다.[80] 1628년(인조 6)에는 행걸당인 남녀 2백 39인을 평양에 유치시키고 식량을 지급했다.[81] 떠돌아다니는 요민이 많았음을 알 수 있다. 특히 평안도의 청천강 이북은 요민이 가장 많이 체류하고 있는 곳이어서 그곳 요민 구휼에 적지 않은 곡물이 투입되었다. 평안도 국경지역에는 요민이 매우 많지만, 아군은 적어 국방이 걱정된다고 할 정도였다.[82] 이에 평안감사는 근년 이래로 우리나라에 건너온 요동백성들이 이미 헤아릴 수 없이 많은데 지금 또 강을 건너 귀순해 오는 자들이 끝없이 줄을 잇고 있다고 하면서, 이들은 거의 모두가 배고픔에 지친 자들로서 거의 죽게 된 상태에서 떠돌아다닌다고 했다. 그런데 본도는 병란이 일어난 이래로 거듭 흉년을 당하는 바람에 공사간을 막론하고 곡식창고가 고갈되고 말았기 때문에 이들을 아무리 진구(賑救)해보려고 해도 도저히 뾰족한 대책이 없다고 하소연했다.

이런 점 때문에 조선정부는 앞서 언급한 것처럼 명나라로의 쇄환을 요청했고, 모도독에게 요민들을 통제해주라고 요청했다. 1624년(인조 2)에

---

79) 『승정원일기』 14, 인조 4년 윤6월 10일.
80) 『인조실록』 17, 인조 5년 12월 18일.
81) 『인조실록』 18, 인조 6년 2월 4일.
82) 『승정원일기』 8, 인조 3년 9월 15일.

인조는 재산을 약탈하고 백성을 해치는 요민을 붙잡아 치죄하거나 독부에 넘기겠다는 뜻을 반신(伴臣)과 도신(道臣)으로 하여금 독부(督府)에 전하라고 지시했다.[83] 1627년(인조 5)에는 모도독에게 요동백성들이 사악한 짓을 자행해 온 지가 이미 오래되었다고 하면서, 처음에는 기민(飢民)들이 의지할 곳이 없어 목숨을 구하려는 절박한 심정에서 어떤 때는 곡식을 약탈하고 어떤 때는 가축을 도둑질했으나 나중에는 우리나라 사람을 죽인 뒤 머리를 깎고 목을 잘라 적의 수급(首級)이라고 속이면서 모진(毛鎭)에 바쳐 상 받을 계책으로 삼는다고 말했다.[84] 이런 요청과 항의에도 불구하고 모문룡은 요민을 통제할 능력과 의지가 부족했고, 조선정부 또한 기아 요민을 넉넉하게 구휼할 재원도 부족했다. 이제 구휼정책을 정주정책으로의 전환을 모색할 단계에 이르고 말았다.

(2) 내지이동

사실 피란온 사람들은 요동의 사정을 자세히 전해주어 후금에 대한 정보를 제공해 주었을 뿐만 아니라 대후금 전투에 투입되기도 했다. 그래서 조선은 이들을 구휼한 후 되돌려 보내기 보다는 국내에 정착시키는 정책을 강구했고, 그들 스스로도 조선에 정착하기를 원했다. 가령, 1621년(광해군 13)에 북병사 영하(營下)로 도망해 온 요동인 왕정조(王廷趙)를 조선은 교동을 거쳐 남해로 이송했다가 모영(毛營)으로 보냈다. 그런데 왕정조는 소속없이 품팔이로 살다 기근이 날로 심해지자 도망쳐 철산 · 선천 평양 · 개성 · 파주 등지를 떠돌다 붙잡혀 서울로 압송되어 재판을 받았는데, 남해로 가서 살고 싶다고 진술했다. 함께 재판을 받은 마유재(馬有才)는 황주 · 진도를 거쳐 모영으로 이송되었다가 탈출했고, 왕정유(王廷有)

---

83) 『인조실록』 5, 인조 2년 3월 20일.
84) 『계곡집』 22, 자문, 「毛都督移咨(丁卯)」.

는 강화·남해를 거쳐 모영으로 이송되었다가 탈출했고, 정유전(丁有傳)은 강화·진도를 거쳐 모영으로 이송되었다가 탈출했는데, 모두들 왕정조와 함께 살기를 원했다.[85] 이로 인해 조선 안에 머물고 있는 요민이 상당수 많았다. 위의 사실만 보아도 1621년 당시 조선정부는 들어오는 요민들을 황주와 같은 내륙은 물론이고 교동, 강화, 남해, 진도와 같은 도서지역으로 분산 배치했다.

1622년(광해군 14)에 비변사는 지난해에 병화를 피해 들어온 한인들에 대해 남녀노소를 막론하고 어느 고을에 몇 명이 있는지 낱낱이 조사하여 장부에 기록해 두라고 지시했다.[86] 이미 전국 고을 곳곳에 요민이 배치되어 있었음을 알 수 있다. 이러한 사실은 명나라 정부에까지 알려졌다. 당시 명은 "요민이 모두 내지에 귀의하고자 하니, 각기 사신에게 고하여 상황에 따라 머무르게도 하고 보내기도 하라"고 했다.[87] 모문룡이 들어온 이후 이들을 다시 모영으로 보낼 것인가를 논하는 자리에서, 만약 모영에서 압송하라고 하면 압송하고 편한 대로 거주하라고 하면 도로 전에 있던 곳으로 보내도록 하자고 했다. 모문룡이 단도에 배후기지를 구축하자 조선은 이들을 대후금 방어력을 강화하기 위해 모영으로 대거 이송했다. 모문룡이 불러 모으기도 했지만 조선이 이송한 결과 많은 요민이 모문룡 진영에 집결했다.

그런데 인조대에 들어서 모영과 조선의 곡물사정이 여의치 않자 모영에 의지하던 요민들이 모영을 나와 조선내지로 들어가기 시작했다. 이 점을 장유(張維)는 1626년(인조 4)에 상세하게 설명했다. 모문룡이 들어와 요민들을 불러 모으자 어린애를 등에 업고 이곳으로 온 요동 백성들의 수가 전후로 수십만에 이르렀다. 이괄의 난을 겪은 뒤부터 재정이 고갈되고 산

---

85) 『비변사등록』 3, 인조 2년 4월 1일.
86) 『광해군일기』 178, 광해군 14년 6월 27일.
87) 『광해군일기』 177, 광해군 14년 5월 1일.

동에서 수송되는 곡식 또한 처음과 같지 않아 모영군량을 잇대기가 어려웠다. 모영에서는 양곡소비를 줄이기 위해 비정규군(떠돌며 걸식하는 요동백성)을 추방했고, 그들 스스로도 모영에서 탈출했다. 그들은 굶주림을 참지 못한 나머지 인근 조선마을로 흩어져 들어왔는데, 힘이 센 자들은 약탈을 자행하고 힘이 약한 자들은 구걸을 하고 있었다. 이에 조선백성들이 시달림을 당한 나머지 그 고통을 감내하지 못하고서 고향 마을을 버려 둔 채 점점 내지로 거처를 옮기고 있었다. 그러자 요동백성들 또한 먹을 것을 찾아서 점차 내지로 들어가고 있었다. 바로 이런 문제 때문에 요민쇄환을 요청했던 것인데, 그것이 지연되는 바람에 요민들의 내지로의 이동은 확산일로에 처했다.[88] 이때 비슷한 상황을 김상헌(金尙憲)도 남겼다. 당시 요민으로서 조선에 머물고 있는 자가 수십만 명이 밑돌지 않았다. 이들은 촌마을로 흩어져 들어가 곳곳마다 꽉 차 있는 탓에 주민은 2, 3할 정도밖에 안 되고 객꾼들은 7, 8할이나 되었다. 처음에는 방을 빌려 살다가 중간에는 솥단지를 빼앗고, 끝내는 아녀자들을 간음하기까지 했다. 약한 자들은 처자식들을 데리고 내지로 옮겨 가고, 강한 자들은 칼을 빼들고 어둠을 틈타 서로 죽이기를 도모하고 있었다. 모진의 약속이나 조선의 법령으로는 능히 다 금지시킬 수가 없는 상황이었다.[89]

요민들이 먹을 것을 찾아 모영을 떠나 조선 내지로 속속 유입되고 있다는 말이다. 의주·창성 이남에서 숙천·안주 이북은 객(요민)이 6~7할이고 주(조선인)가 3~4할이라는 지적도 있다. 1648년(인조 26) 평안도 인구가 14만 5천명으로 집계되었기 때문에,[90] 조선인이 2~3할 또는 3~4할을 차지하고 있다는 지적은 결코 과장이 아니었다. 요동인도 죄다 굶어죽을 형세였고, 평안도도 텅빌 지경이었다. 이제 새로운 정책전환이 강구되

---

88) 『계곡집』 22, 주본, 「論毛鎭事情奏本(丙寅)」.

89) 『청음집』 9, 조천록, 「禮部兵部呈文」.

90) 방동인, 「인구의 증가」, 『한국사』 13, 국사편찬위원회, 1981, 310쪽.

어야 할 시점이 왔다.

그리하여 요동인을 내지에 정착하게 하자는 여론이 일어나게 되었다. 조익이 상소를 올려 2~30만명을 다 구휼할 수 없으니 내지(內地)로 이동시켜 열읍에 산처(散處)하게 하자고 했다. 금년은 해서, 경기, 삼남에 풍년든 곳이 많으니 그곳에 나누어 배치하여 그들로 하여금 장사를 하게 하거나, 품을 팔게 하거나, 걸식을 하게 하면 된다고 했다. 그래도 양곡을 얻지 못한 자는 관에서 구제하고 내년 봄에 이르러서는 황무지를 경작하게 하면 생업에 도움이 될 것이라고 했다. 그가 요민을 내지로 옮기자고 한 이유는 모량(毛糧)과 평안도에 있었다. 모병(毛兵)에게 식량을 대 주는 일 때문에 양서지방의 곡식을 모조리 징발해도 부족하고, 거두어 모으고 수송하는 피해를 멀리 삼남지방에까지 끼치고, 정규세금 외에 별도로 부담하는 양이 적지 않아서 백성들이 견디기 어렵고(모량미라고 하여 결당 1두 5승을 징수), 해상으로 수송을 하다 풍파에 배가 전복되어 사람이 죽고 곡물을 버리기가 일쑤였다. 이로 인해 당시 가장 큰 폐해로 모병에게 식량을 대주는 일만 한 것이 없었다. 또한 평안도는 다른 지역에는 없는 수역(戍役)을 행하고 공억(供億)을 대는 데에도 힘이 부족한데, 요민 수십만명이 들어와서 모여 사는 바람에 객이 주인보다 많고, 침해를 당하기가 일쑤였다. 이로 인해 한두 해 지나면 사람들이 모두 도망가 평안도는 공허한 땅이 될 것이라고 했다. 조익은 이러한 문제를 막는 방법은 모진에 있는 요민을 줄이는 일과 평안도 요민을 내지로 옮기는 일이라고 생각하면서 구체적인 방안을 제시했다. 즉, 각 고을에 나누어 보낼 때에 각각 가족들을 데리고 가도록 해서 10여 명이나 6~7명이나 3~4명씩 각 마을에 분산 배치한 다음에, 그 마을사람들로 하여금 토실(土室)을 지어서 그들을 거처하게 하고, 마을사람들끼리 돌려 가면서 밥이나 죽을 먹이게 한다면, 수백 가구 되는 마을사람들의 힘으로 10여 명의 목숨을 구하는 일은

그다지 힘이 들지 않을 것이라고 했다.[91]

　이러한 조익의 상소를 접한 조정에서는 그에 대한 논의를 폈다. 신흠(申欽)은 "요민에게 내지에 들어오는 것을 허락하여 입작(入作)하게 하는 일에 대해 조익의 상소와 사간원의 차자에서 모두 언급하였습니다. 그렇지만 삼남과 경기는 현재 안정된 지역인데, 수만의 요민에게 유입을 허락하여 촌락에 흩어져 살게 한다면 반드시 민간을 약탈할 우려가 있게 되어 후일의 폐단을 빚어낼 것이니, 가벼이 허락해서는 안 됩니다."며 신중론을 제시했다. 정경세(鄭經世) 역시 "우리 민족이 아닌데 우리나라의 한복판에 흩어져 살게 한다면 반드시 크게 후환이 있을 것입니다."며 마찬가지 생각이었다.[92] 결국 조익의 상소는 채택되지 않았다. 그래서 그는 재차 상소를 올렸지만 역시 시행되지 않았다.

　하지만 요민 상당수는 이미 내지로 이동하여 정착하고 있었다. 사실상 조익이 제안한 대로 진행되고 있었던 것이다. 병자호란 강화 당시 조선과 청나라는 요동에서 조선으로 망명한 한인들에 대한 송환에 합의했다. 이후 청나라는 송환을 강력하게 재촉하고, 조선은 소극적으로 대응하였다. 그때 청나라는 향화인(向化人)을 도망쳐 온 한인과 같은 무리로 취급하며 수색하여 보내도록 요구했다.[93] 이는 후금 건립 이전부터 조선에 귀화한 중국인이 적지 않았고 아직도 쇄환되지 않은 요민이 많았음을 의미한다. 그럼에도 쇄환 실적은 미미했다. 단도의 한인들은 대부분 요동으로부터 이주해 들어온 한인 피란민인데, 1638년(인조 16) 단도 함락시 남자 1만여 명이 피살되었다.[94] 그러면 조선에 들어온 수십만명 가운데 소수의 쇄환자와 피살자를 제외한 나머지 대다수는 조선 전역에 정착한 것으로 보

---

91) 『포저집』 3, 소, 「論西邊事宜疏[再疏]」.
92) 『승정원일기』 15, 인조 4년 8월 17일.
93) 『인조실록』 41, 인조 18년 11월 3일.
94) 『인조실록』 37, 인조 16년 7월 12일.

인다. 이 점은 1641년(인조 19)에 인조가 청의 쇄환압력 때문에 8도에 내린 하교에 잘 나타나 있다.

한인으로서 궁한 나머지 우리나라에 와서 귀순했던 자들의 경우도 이미 우리 백성으로 편입되어 각기 가업이 있는 처지인데, 마침내 이번의 쇄송을 면치 못하게 되었으니, 아마 그 사이에는 억울하게 당한 자도 역시 많을 것이다. 귀화했던 자들은 저절로 고국에 돌아가게 되는 것이어서 송환됨을 싫어할 것이 없겠지만, 역시 여러 대 와서 살았기 때문에 우리 백성들과 혼인하여 자손이나 친척이 서로 뒤섞여 있다. 그들을 분석할 때에 잘못 연루되어 체포를 당하는 등, 그 앙화가 우리 백성들에게까지 미친 사례가 또 얼마인지 알 수 없다.[95]

1641년 당시 한인으로서 조선에 귀순하여 조선 백성으로 편입되어 생업을 영위하고 있는 사람들이 많았다. 그들 가운데에는 조선 땅에서 이미 여러 대에 걸쳐 살고 있고, 조선인과 혼인하여 자손을 두고 있는 사람도 있었다. 일반적으로 조선은 여진이나 왜인의 향화인에 대해서는 토지와 주택 및 직책을 제공하고 혼인을 알선하여 전국 각처에 그들의 정착을 도왔다.[96] 여기에 요동사람들은 더한 대우를 받았으면 받았는지 예외일 수가 없었다.

그들의 조선생활 관련 자료는 많지 않지만, 그와 관련해서 관아의 역부로 채용되었던 점을 들 수 있다. 유리걸식하는 한인들을 발견해 단도로 보내려고 하자, 보내면 다시 도망칠 것이라는 하소연을 접한 정부는 일꾼이 부족한 강화도의 역군(役軍)으로 충당하게 했다.[97] 봉상시 · 성균관 · 사학 · 종묘서 및 각사노비로 투속되어 방자(房子)나 방수(房守)의 역에

---

95) 『인조실록』 42, 인조 19년 1월 2일.
96) 이현종, 「조선초기 향화왜인고」, 『역사교육』 4, 역사교육연구회, 1959. 이현희, 「조선왕조의 향화왜인 교섭고」, 『성신여대 연구논문집』 10, 1997. 한문종, 『조선전기 향화 · 수직 왜인 연구』, 국학자료원, 2005.
97) 『승정원일기』 17, 인조 5년 5월 10일.

종사하고 있는 자도 있었다.[98] 또한 권세가들이 한인을 솔하에 두고 풍수를 보게 하거나 약재를 다루는 의사로 부리기도 했다. 특히 남방(삼남)의 바닷가에 많이 분포되어 농업이나 어업에 종사하고 있었다. 중국과 가까운 평안·함경도에 거주하는 자도 많았다. 그들 가운데 조선인과 결혼한 사람도 있었는데, 강세작(康世爵)이 바로 그다. 강은 18세 때에 살고 있는 요양성이 함락되자 12일 동안 전전하다 압록강을 건너 평안도를 떠돌다 함흥·단천을 거쳐 경원·종성 일원에서 살았다. 관아 도움을 받고 스스로 농사를 지으며 조선 여인과 결혼하여 두 아들을 낳고 손자까지 낳았다.[99]

이러한 나머지 중국인들이 전국 곳곳에 흩어져 다른 향화인이나 조선사람들과 섞여 거주하고 있었다. 자연히 명나라 풍습이 유행하게 되었다. 1623년(인조 1)에 김류(金瑬, 1571~1648)가 상하 의복이 문란하여 계급 구분이 없이 여대(輿儓)와 하천(下賤)들도 모두 비단옷을 입고 있다고 말하자, 이시발(李時發, 1569~1626)이 "평시 의복 제도는 귀천이 뚜렷했으나 난후 중국 사람이 와서 뒤섞이면서 인심이 점차 물들어 구별이 없게 되었습니다"[100]고 말했다. 또한 그들의 숫자가 많은데 비해 면세 혜택을 보고 있어 그들도 납세를 해 국가재정에 충당해야 한다는 지적이 제기되었다. 1700년(숙종 26)에 전라도 고창의 유학 유신우(柳新雨)가 상소하여 어업을 하거나 농사를 짓는 향화한인(向化漢人)들이 모두 신역이 없으니, 갯가에 사는 자는 수군에 충당시키고 육지에 있는 자는 육군으로 정하자고 했다.[101] 면세를 노려 향화촌(向化村)에 투속하는 조선인도 있을 정도였다.

---

98) 『승정원일기』 53, 인조 14년 8월 18일.
99) 『서계집』 8, 잡저, 「康世爵傳」.
100) 『인조실록』 3, 인조 1년 윤10월 3일.
101) 『숙종실록』 34, 숙종 26년 10월 12일.

그런데 대명의리론이 강화되면서 그들을 일반 향화인과 구분하여 황조인(皇朝人)이라 하고 별도의 장적을 만들고 특별히 우대하는 정책이 취해졌다. 1751년(영조 27)에 홍봉한이 향화인을 육진번호 지역에서 흑룡강으로 성관을 삼고 내부한 자, 임진년에 왜노로서 돌아가지 않은 자, 요심인으로 포로가 되는 것을 피하려고 동쪽으로 달아난 자를 말한다고 하자, 영조는 한인을 야인 · 왜인과 구분해서 호칭하라고 했다.[102] 그에 따라 등장한 용어가 황조인이고, 황조인에 대한 정책으로 충량과 설치와 황조인의 대보단 참배 및 관직 제수 등이 시행되었다.

맺음말

임진왜란 동안 조선에 명군이 출병할 때에 명의 관리와 상인들도 대거 들어왔다. 이들은 조선8도 곳곳을 누비고 다니며 군사작전을 펴고 상품을 판매했다. 그런데 전쟁 중에 이탈한 자도 많았지만, 종전 후 아예 귀국을 단념하고 조선에 잔류한 명인들이 적지 않았는데, 그 중에 요동출신이 상당수였다. 반면에 명군이 철수할 때에 그들을 따라 명으로 들어간 조선인도 적지 않았는데, 그들 역시 요동지역에 대부분 터전을 잡았다. 그리고 잦은 동북아의 기근으로 요동의 여진인들이 조선으로 먹을 것을 찾아 들어왔다. 기아에 허덕인 요동의 한인들도 정치적 격변이 겹치면서 대거 조선으로 들어왔다. 이로 인해 요동사람들은 조선의 내부사정을 소상하게 알 수 있었다. 이에 맞춰 여진족이 17세기에 후금을 건국하고 명나라를 공략하여 요동을 점령하자 요민(遼民) 또는 요인(遼人)이라고 불리는 요동사람들이 대거 조선으로 들어왔다. 1618년(광해군 10) 누르하치의 무순 점령

---

102) 노혜경, 「영조대 황조인에 대한 인식」, 『동양고전연구』 37, 2009, 동양고전학회, 132쪽.

때부터 시작된 탈출행렬은 1621년(광해군 13)에 심양 · 요양이 함락되자 본격화되어 1624년(인조 2)~1625년(인조 3)까지 지속되었다. 이로 인해 요동지역이 텅 빌 정도로 쇄도했는데, 1백만명에 이른다는 지적이 있을 정도였지만, 대체로 5~60만명이나 2~30만명은 족히 된다고 했다.

명은 이들의 송환을 요구했는데, 초기에 조선은 소극적으로 대응했다. 숫자가 그리 많지 않은 것도 원인이었지만, 해로로 송환하는 데에 소요되는 선박을 조선에 부담시켰기 때문이었고, 그들을 통해 명이나 여진에 관한 정보를 입수하고자 했고 대후금 방어전에 투입하려고 했던 점도 고려되었다. 그런데 난민수가 많아지자 그 많은 이들을 먹여 살리는 것도 문제이거니와 그들이 두루 퍼져 소란을 피우는 것도 문제였다. 모문룡이 단도로 들어가자 요민들도 대거 따라갔는데, 그곳의 곡물사정이 여의치 않자 요민들이 다시 나와 도처를 떠돌아다니며 구걸을 하고 장사를 하고 심지어 강탈 · 강간 · 살상을 자행했다. 여기에 연이은 기근과 이괄의 난을 겪어 이미 매년 3만석이나 6만석이 투입되는 상황에서 조선이 그 많은 요민을 떠안기가 불가능한 상태였다. 그래서 나중에는 초기와는 달리 조선은 가급적 되돌려 보내려고 했다. 조선정부의 입장은 강건자는 모문룡의 군인으로 충당하지만 적어도 노약자는 송환하자는 것이고, 이에 대해 명 정부도 수용했다. 하지만 모문룡과 등래순무 쪽에서 미적미적하는 사이에 호란을 맡게 되었다.

후금 역시 요민송환을 요구했다. 요민은 기본적으로 반후금 사람인데다 요동을 토대로 경제기반을 삼으려는 계획이 차질을 빚기 때문이었다. 그래서 후금은 조선에 요민을 받지 말고 유입자가 있으면 즉각 송환해주라고 요구했다. 이에 대해 조선은 소극적이었고, 모문룡이 이들을 기반으로 후금을 견제하고 있기 때문에 어떻게 할 수도 없는 상황이었다. 후금의 요민 쇄환요구는 정묘호란 때에 행동으로 구체화되었고, 철군 후에도 송환절차를 이행하도록 강요했다. 그런데도 조선은 미적거리다 병자호란 때에 또 요구를 받고 이후 강제 송환에 들어갔다. 이처럼 명이나 후금은 각기 서로 다른 목적을 가지고 쇄환을 요구했지만, 명나라 장수 모문룡(毛文龍)이 조선에 들어와 주둔하면서 조선으로부터 제공받는 막대한 곡물로 연명하는 수십만명에 이르는 요민을 기반으로 후금을 견제하자 요민쇄환(遼民刷還)은 조선과 명·후금 사이의 외교문제로 비화되었다.

반면에 조선은 쇄환을 추진하면서도 그들에 대한 정착정책을 폈다. 먼저 조선은 그들을 구휼했다. 구휼의 일차적인 책임은 강변지역의 수령에게 있었다. 그런데 밀려오는 요민을 그 군현에서 감당하지 못하자, 그들은 내지를 거쳐 모문룡 진영으로 집결했다. 모문룡 진영의 곡물사정이 여의치 않자 그들은 다시 내지로 흘러들어갔다. 이들을 피해 조선인이 내지로 피하면 따라가는 실정이었다. 그리하여 평안도는 7~8할이나 6~7할을 차지할 정도로 요민들이 가득 찼고, 심지어 서울, 경기도, 강원도 등지를 떠돌아다니며 온갖 작폐를 자행했다. 이를 방치하고서는 주객이 전멸할 지경이어서 조선정부는 내지로 정착시키는 정책을 폈다. 8도의 각읍마다 10명이나 6~7명씩 배치해서 고통을 분담하도록 했고, 주택이나 토지를 지급하고 직장이나 혼인을 알선했다. 그리하여 그들은 가까이는 평안·함경도에서 멀리는 남도의 바닷가에서 가정을 이루고 자녀를 두며 정착생활을 영위했다.

14. 정묘호란과 호남의병

14. 정묘호란과 호남의병

머리말

정묘호란(丁卯胡亂)은 후금군이 1627년(인조 5) 1월 13일 압록강을 건너 의주를 침범함으로써 개시되었고, 3월 3일 조·후금 강화가 성립됨으로써 사실상 종료되었다. 이때 평안도와 황해도 지역이 후금군에 유린당했고, 급기야 인조는 강화도로 세자는 전주로 피란 갔고, 조선은 후금과 형제의 맹약을 맺었다.[1]

이러한 상황에서 평안, 충청, 전라, 경상도에서 의병이 일어났다.[2] 이 가운데 최초 의병은 전방인 평안도에서 일어났지만, 후방에서 의병이 가장 먼저 일어난 곳은 호남이었다. '정묘호남의병(丁卯湖南義兵)'은 개전한 지 1~2개월 지난 뒤에 거병한 임진왜란 때와는 달리 침략 소식이 전해진

---

1) 국방부전사편찬위원회, 『병자호란사』, 1986. 김종원, 「정묘호란」, 『한국사』 29, 국사편찬위원회, 1995. 유승주, 「인조의 정묘호란 대책고」, 『한국인물사연구』 3, 한국인물사연구소, 2005. 한명기, 『정묘병자호란과 동아시아』, 푸른역사, 2009.

2) 이장희, 「정묘·병자호란시 의병 연구」, 『국사관론총』 30, 국사편찬위원회, 1991.

날 거병의 기운을 보였다가, 양호호소사(兩湖號召使)로 김장생(金長生, 1548~1631)이 임명되어 양호의병(兩湖義兵)이 조직되자 양호의병의 주력 군으로 참여하여 강화도와 전주에 양곡과 군병을 보내는 활약을 펼쳤다. 대부분 전주에서 대기하던 중 강화가 성립되었다는 소식을 듣고 해산하여 전투를 펼친 적은 없지만, 강력한 호국 의지를 발휘하였음에 분명하다.

그런데 이러한 활약을 폈던 정묘호란 당시 호남의병에 대한 관심은 최근 호소사의 활동상과 막부편성에 대한 연구[3]만 있을 뿐 전체적으로는 저조한 편이다. 특히 호남의 역사를 다룬 『광주시사』(1992)에는 「호란과 의병」이라는 목차가 설정되어 있지만 일반적인 내용으로 가득 차 있을 뿐 실제 내용은 거의 없는데 반하여, 『전라남도지』(1993)에는 목차 설정마저 되어 있지 않다. 그리고 호남의 인물을 다룬 수많은 논저에서도 왜란 의병장에 대해서는 많이 다루면서도 정묘호란 의병장에 대해서는 거의 주목한 바가 없다.

따라서 호남 역사에 대한 이해의 심화를 위해서는 정묘호란 당시 호남의병의 역사적 의미를 부여하고 그에 대한 연구사적 한계를 극복할 필요가 있다. 바로 이러한 생각에서 필자는 이 글을 작성하였다. 여기에서는 정묘호란의 전개 과정, 양호호소사의 임명 활동, 양호의병의 조직 과정, 호남의병의 태동 배경, 호남의병의 구성과 활동 등을 하나씩 살펴보겠다.

1) 정묘호란

후금(後金)의 태종(太宗)은 자국의 배후를 자주 공격하던 가도(椵島)의 모문룡(毛文龍)을 토벌하고 조선을 정벌하기 위해 아민(阿敏)을 총대장으로 삼아 조선을 침공하도록 하였다. 아민은 자국의 왕자와 왕손 그리고 후금에 항복한 조선인으로 구성된 3만의 기병을 거느리고 심양을 출발하

---

3) 우인수, 『정묘호란시 삼남지역 호소사의 활동과 그 의미』, 『조선사연구』 20, 조선사연구회, 2011.

였다. 압록강을 건너 1627년 1월 13일 의주를 공격하여 의주성을 함락시키고 부윤 이완(李莞)을 포함한 많은 사람들을 살해하였다.

의주를 점령한 후금군의 주력부대는 선천과 곽산을 거쳐 정주로 남하하면서 용천부사가 진을 치고 있는 용골산성(龍骨山城)을 공략하였다. 그리고 17일에는 능한산성(凌漢山城)을 공격하여 무너뜨렸는데, 여기에서 선천부사와 곽산군수 및 정주목사 등이 순국하거나 체포되었다.

청천강 이북이 삽시간에 무너지자 정부는 17일에 대대적인 방어태세를 강구하기 시작하였다. 병조판서 장만(張晩)의 건의에 따라 하삼도의 군병을 속히 징병토록 하고 황해도의 황주·평산에 별장을 보내도록 하였다. 그리고 우찬성 이귀(李貴)가 해서지방을 반드시 지킬 수 있으리란 보장이 없으니 패보가 있으면 들어갈 수 있도록 강화도를 피란처로 정해놓자는 의견을 제시하자 곧바로 호조의 잡물과 문적을 그곳으로 수송해 보내라는 명을 내리기도 하였다. 그러면서 장만을 4도체찰사로, 이원익(李元翼)을 경기·충청·전라·경상도도체찰사로, 김류(金瑬)를 부체찰사로, 심기원(沈器遠)을 도순검사로, 이명(李溟)을 경기관찰사로, 김기종(金起宗)을 체부찬획사로, 이정구(李廷龜)를 병조판서로 삼고, 김자점(金自點)을 구관강도사로, 김상용(金尙容)을 유도대장으로 임명하여 각도 군병을 징발하고 통솔하도록 하였다. 비변사에서 임진강을 차단하는 일이 급선무라고 보고하자, 임금은 신경진(申景禛)으로 하여금 임진강을 수비하도록 지시하였다.[4]

18일에는 국왕은 쉽게 거동하지 못하더라도 내전(內殿)은 미리 대피하도록 하여야 한다거나, 사태가 이미 시급하니 마땅히 분조(分朝)의 조처가 있어야 할뿐만 아니라, 이원익으로 하여금 세자를 모시고 남하해야 한다는 의견까지 나왔다.[5] 19일에는 정경세(鄭經世)·장현광(張顯光)을 경

4) 『인조실록』15, 인조 5년 1월 17일.

5) 『인조실록』15, 인조 5년 1월 18일.

상좌우도호소사로 김장생을 양호호소사로 삼았고, 강화도에 비축할 곡식을 늘리고 수비할 군병을 강화해야 한다는 의견이 나오더니, 종묘의 신주와 자전과 중궁을 받들고 강화도에 들어가 피란토록 할 터이니 혹 의병을 소집하여 행재소(行在所)로 달려오기도 하고 혹 군량미를 모아서 군인들 앞으로 실어 보내기도 하라는 교서를 반포하게 된다.[6] 강화도 파천은 기정 사실화되었고 단지 시일만 기다릴 뿐이었다. 20일에는 변방 군사로 하여금 봉화를 엄하게 단속하여 강화도에까지 연결하도록 하면서 호남·영남의 연로에 보발(步撥)을 설치하도록 하여 통신 체계를 점검하였다.[7]

21일에는 능한산성이 함락되었다는 평안병사 남이흥(南以興)의 치계가 도착했다. 이원익은 적병은 반드시 전진할 것이며 그렇게 되면 사태가 위태로우니 분조를 해야 한다고 주장하였다. 이원익은 19일에도 "세자가 나이는 어리지만 명호(名號)가 이미 결정되었고 사람들의 여망이 달려 있으니 임진년의 일에 의거하여 분조하는 것이 마땅합니다. 비록 형세가 급박하게 된다 하더라도 한산도로 들어갈 수가 있습니다."고 분조를 건의했지만, 인조는 "세자는 나이가 어리니 멀리 떠나보낼 수 없다."며 거절하였는데,[8] 이·날도 역시 인조는 생각해 보아야겠다는 말만 한 채 결정을 미루고 있었다. 이원익의 거듭된 요청에 의해 인조는 분조에 수행할 대신과 병사들에 대한 논의를 하였다. 신흠(申欽)은 공주를 거쳐 전주로 내려가면 어떻겠냐는 제안을 제시하였다.[9] 이때 이원익이 "남방의 사자(士子)들을 평소에는 비록 호강하다고 지목하지만 우리 나라는 명분을 매우 중요하게 여기니 만일 위급하고 어려운 상황에 처한다면 신자(臣子)된 자들은 반드시 국가와 더불어 고락을 같이하겠다는 마음을 가지고 있을 것입니

6) 『인조실록』 15, 인조 5년 1월 19일.
7) 『인조실록』 15, 인조 5년 1월 20일.
8) 『인조실록』 15, 인조 5년 1월 19일.
9) 『인조실록』 15, 인조 5년 1월 21일.

다. 비록 국가를 위하지 않는다 하더라도 저들 자신의 자위책(自衛策)을 위해서도 역시 반드시 이와 같이 할 것입니다."고 하여 남쪽에 대한 일말의 불안감을 떨치도록 거들어 주었고, 인조는 바로 이어 "공주는 너무 가까우니 아무래도 곧바로 전주로 가는 것만 못하다."고 답하였다.

한편, 정주에 주둔하던 후금군은 청천강을 도하하여 요충지 안주성 밑에 주둔하였다. 아민은 여러 번 사람을 보내어 항복을 권유하였으나 조선군은 항복하지 않았다. 안주성이 적병의 공격을 받을 위급한 지경에 처하게 되자 부근 사람들은 두려워하여 이곳저곳에서 급한 상황을 보고하고 있었다.[10] 마침내 후금군은 21일에 공격을 개시하여 안주성을 함락시키자 평안병사 남이흥과 안주목사 김준(金浚) 등이 순국하였다. 이날 자전과 내전이 서울을 출발하여 금천에 행차하였다. 안주에 이어 평양성까지 무너지면 희망이 없다고 생각한 정부는 22일에 포수 5초를 평양에 보내서 평양 방어선을 강화시켰다.[11]

23일에 양사(兩司)는 "맨 먼저 도성을 떠나자고 제창한 자를 조속히 목베어 군문에 효시하신 뒤, 먼저 이서·신경진 등을 파견하여 기병(畿兵)과 호위하는 제군을 나누어 인솔하여 변성을 지원하거나 임진강을 수비하도록 하소서. 그리고 전하께서는 근왕병들을 불러 모아 친히 이끌고 이어서 나가신다면 삼군의 사졸들은 싸우지 않고도 사기가 배나 치솟을 것입니다."하니, 임금은 "논한 바가 태반은 현실성이 없다."[12]고 답하여 서울 사수 의지가 없음을 분명히 하였다. 그동안과는 달리 유비(柳斐)를 분조대장(分朝大將)으로 삼아 분조를 마치고 세자의 출발 시기 결정만을 남겨두고 있었다.

평양의 사민들이 하나씩 성을 빠져나가고 있을 때, 안주성에서 4일간

---

10) 『인조실록』 15, 인조 5년 1월 21일.

11) 『인조실록』 15, 인조 5년 1월 22일.

12) 『인조실록』 15, 인조 5년 1월 23일.

머물러 있던 후금군은 24일에는 평양에 진주하였고, 이날 세자 일행은 남행길에 오르게 된다. 인조가 선전관을 보내어 충청·전라 양도의 수군을 독촉하라고 명하였다.[13] 25일에는 황해도 황주가 함락되었다.[14] 경기의 수변과 해서 연해의 각 고을 창고에 있는 곡물을 모두 강화도에 수송해 보내도록 하였다. 26일에는 인조가 융복으로 갈아입은 다음 말을 타고 파천길에 올라 저물녘에 한강을 건너 노량에서 투숙하였다.[15] 경창의 쌀을 강화도로 운반하도록 하면서 경상·전라·충청도에 독운어사(督運御使)를 나누어 보내어 기한을 정해 곡물을 강화도로 운송해 들여가도록 명하였다. 인조는 양천과 김포를 거쳐 통진에 머물다가, 29일에 강화도에 들어갔지만, 기다리는 군량과 군병 및 군기는 들어오지 않고 있었다.

조선 군병(軍兵)과 의병(義兵)의 저항도 만만치 않았지만, 후금에 대한 대비책이 미비할 뿐만 아니라 일부 사민(士民)들이 도망하여 전세는 매우 불리하게 전개되고 있었다. 이에 정부에서는 후금과의 강화에 박차를 가하게 된다. 후금은 1월 28일 처음 화의를 청한 이래, 여러 차례 화의를 위한 서신과 사신을 조선측에 보냈다. 2월 5일 조선은 진창군(晋昌君) 강인(姜絪)을 회답사로 후금 진영에 파견하였다. 강인을 면담한 후금은 부장(副將) 유해(劉海)를 9일 강화도에 보내어 인조를 접견하게 하니, 11일에 유해는 인조를 접견하게 된다. 이후 양국 사이에 분주한 강화 교섭을 벌이다 3월 3일 강화가 성립되었다. 이로써 정묘호란은 사실상 종결되었다.

---

13) 『인조실록』 15, 인조 5년 1월 24일.

14) 『인조실록』 15, 인조 5년 1월 25일.

15) 『인조실록』 15, 인조 5년 1월 26일.

2) 양호호소사와 양호의병

(1) 양소호소사

앞서 언급한 것처럼, 인조는 1627년 1월 19일에 반포된 교서에서 강화도로 파천할 것이라고 말하면서 경외 각지에서는 하루속히 의병을 소집하고 군량을 모아서 강화도로 보내라고 명하였다. 그리고 그날에 인조는 비변사의 요청에 따라, 정경세, 장현광, 김장생을 각각 경상좌도호소사, 경상우도호소사, 양호호소사로 삼았다. 호소사 임명은 근왕의병의 지역별 책임자를 선임한 조치인 셈인데, 파견된 지역은 삼남지역에 한정되었고 파견된 인물은 각각 65세, 74세, 80세의 원로이며 해당 지역에 많은 문인을 두고 있는 인물로 선정되었다. 이는 인조가 서북지방이 무너져가고 있는 상황에서 관군으로는 한계가 있다는 것을 알고 삼남지방의 의병에 큰 기대를 걸고 있었음을 증명한다.

인조는 80세의 김장생을 충청도와 전라도의 의병을 책임지는 양호호소사로 임명하였다. 김장생은 이이와 성혼 문하에서 수학한 서인의 대표적 인사이다. 그리고 본관이 광산인데다 전라도 인접 충청도 연산에서 오래 동안 강학을 하였으므로 충청도는 물론이고 전라도에 많은 지인을 두고 있었는데, 김장생의 문집 『사계전서』에 수록된 「문인록」에는 송시열을 포함한 무려 270명의 제자가 열거되어 있다.[16] 그래서 인조는 서인의 영수이면서 충청도와 전라도에 많은 제자를 두고 있는 김장생을 노년임에도 불구하고 양호호소사로 임명하였던 것이다.

인조는 김장생을 양호호소사로 임명하면서, "경은 의병을 규합하여 그들을 거느리고서 나라에 충성을 다하도록 하라."는 교지를 내렸다.[17] 김장생은 19일에 호소사에 임명되었지만, 그 직함과 인신을 받은 것은 22일

---

16) 『사계전서』 47, 부록, 「門人錄」.
17) 『사계전서』 1, 장계, 「祗受兩湖號召使印信狀啓」.

연산 본가에서였다. 왕명을 받고 「祗受兩湖號召使印信狀啓」라는 장계를 지어서 올린 뒤 연산에서 가까운 여산 황산(黃山)으로 나가서 머물러 있었다. 그리고 23일에 막부(幕府, 都義廳)를 설치하고 의병진을 조직하기 시작하였는데, 그 당시에 한두 명의 동지(同志)와 더불어 약간 명의 사서(士庶)를 모집하는데 그쳤다. 이러한 초기의 저조한 소모 상황에 대해 안방준은 이귀에게 보낸 편지에서 "(정묘호란) 당시에 덕망 있는 큰 선비로 사계 김장생, 여헌 장현광, 우복 정경세만한 이가 없었는데, 왕명을 받아 호소사로 나선 초기에는 여러 도와 각 읍에서 거의 한 사람도 모집에 응한 사람이 없어 부득이 임시로 계책을 세워 유생 중에 건장한 자는 군대에 종사하게 하고 허약한 자는 종노릇을 대신하게 하였습니다. 또 백성 가운데 장정들을 끌어 모아 억지로 병사로 만들었으나 또한 대부분 기꺼이 국란에 부응한 자가 아니었습니다."[18]고 말하였다. 아마 외적의 기세에 겁을 먹고 줄행랑을 치는 사람들이 많았을 뿐만 아니라, 반정 초기여서 서인과 정치적 견해를 달리하는 전정권 인사들의 방관이 제법 드세었던 것 같다.

그래서 김장생은 막부를 설치한 날 전라감사 민성휘(閔聖徽)에게 편지를 보내 "나랏일이 이 지경에 이르렀으니, 근심과 슬픔이 끝이 없습니다. 다시 무슨 말을 하겠습니까. 어제 나를 호소사로 삼는다는 교지와 내려보낸 인신을 받고 보니 황공하기 그지없습니다. 이러한 때에 감히 노병으로 사양할 수가 없으니, 죽을 때까지 힘을 다할 뿐입니다. 본도의 통유(通諭)에 대한 두서를 대략 잡은 뒤에 호남으로 찾아가 공과 함께 의논하여 군기와 군량을 청할 생각입니다. 통솔하는 군관 등을 만일 귀 진영에 묶어 둘 수 있다면 허락하여 주는 것이 어떻겠습니까?"[19]고 하여 앞으로 해야 할 제반 일을 전라감사와 상의할 수밖에 없었다.

---

18) 『은봉전서』 3, 서, 「與延平李相公貴別紙」.
19) 『사계전서』 3, 書, 「與閔士尙」.

이어 김장생은 25일에 "모든 군자들은 말을 달려 번개처럼 달려오고 칼을 짚고 그림자처럼 따르라. 계책이 있는 자는 벗들과 함께 찾아와 계략을 세우고 재주와 용기가 있는 자들은 팔을 걷어붙이고 적을 무찌를 것이며, 몸소 따를 수 없는 자들은 의병을 모으고 건장한 젊은이를 규합하여 때맞추어 권장하고 인도하며 대신 거느릴 장수를 정해서 급히 군전(軍前)으로 보내도록 하라. 만일 장수로 삼을 만한 재목이 있으면 공들이 천거하고, 부지런하고 재간이 있는 유생은 군량미 책임자로 가려서 정하며, 실무에 밝은 능력 많은 자에게는 군기(軍器)를 감독·제조하는 것을 나누어 맡기고, 열읍(列邑)의 수령으로서 함께 일할 뜻이 있는 자들은 내가 순찰사와 의논하여 편의에 따라 일을 맡기도록 할 것이다."[20]는 격문(檄文)을 지어 양호 열읍의 수령과 대소사민에게 보내어 본격적인 소모 활동에 들어갔다. 이 격문은 양 지역을 아우를 수 있는 충청도와 인접한 전라도 여산에서 작성·발송되었을 것 같다.

한편, 인조는 26일에 종묘의 신주와 자전·중전을 모시고 강화도로 피해 들어가면서 전국에 또 교서를 내렸다. 교서는 자신의 실정을 나열하면서 "혹은 의병을 소집하여 행재소로 달려오고, 혹은 식량을 모집하여 군문으로 실어 보내되 각각 힘이 미치는 데에 따라 당연한 분의를 지키라"고 하여 의병을 소집하여 행재소로 달려오거나 식량을 모집하여 군문으로 실어 보내라는 명령을 재차 천명한 것이었다. 이 교서가 27일에 여산에 도착하자, 전라감사는 도사(都事) 안헌징(安獻徵)을 시켜 각 진에 순회하며 낭독하게 하여 군인들에게 들려주었다. 이로 인해 소모의 분위기는 더 한층 고조되고 있었다.

---

20) 『사계전서』 5, 공이, 「檄告兩湖文」.

(2) 양호의병

김장생은 우선 전부사 송흥주(宋興周)를 뽑아 부사로 삼고, 전지평 윤전(尹烇)을 종사관으로 삼고, 전군수 송이창(宋爾昌)과 전박사 송국택(宋國澤) 및 처사 유즙(柳楫)을 참모로 삼아 양호의병진 조직에 나서기 시작하였다.[21] 부사와 종사관 및 참모의 임명은 적어도 격문을 발송한 25일 안에 단행되었을 것 같은데, 송흥주·윤전·송이창·송국택은 연산 부근의 충청도 출신이고 유즙은 김제 출신으로 모두 김장생 제자이거나 가까운 인사들이다.

그리고 전별좌 안방준(安邦俊)과 전현감 고순후(高循厚)를 의병장으로 삼아 모인과 모속을 하도록 하였다. 또 전현감 기정헌(奇廷獻)·박지효(朴之孝)·정민구(鄭敏求), 전별제 신필(申澤), 진사 유평(柳坪)·박충렴(朴忠廉)·구영(具瑩), 유학 고부민(高傅敏)·유술(柳述)·윤경(尹頴)·김해수(金海壽)·이복길(李復吉)·김준업(金峻業) 등을 유사로 삼아 군사와 군량 및 병기를 모으게 하였다. 이들 의병장과 소모유사 차첩이 28일자로 발송되었던 것으로 보아,[22] 의병장과 소모유사 임명은 28일자로 단행되었음을 알 수 있다. 이 가운데 안방준(임란)과 고순후(이괄의 난)는 이전에 의병을 일으킨 바 있는 명사들이지만, 나머지 정민구·유평·구영·김해수·이복길·김준업 등은 김장생의 문하생이다. 그러니까 양호의병진의 골격은 이전 의병장과 김장생 문하생을 중심으로 구성되었던 것이다.

실제 소모 작업을 펼칠 의병장과 소모유사의 임명은 1월 28일자로 단행되었지만, 임명장이 각지에 도착하는데 수일이 소요되고 임명장 접수 후 소모를 하는데도 수일이 소요되었다. 그리하여 양호의병진의 본격적인 조

---

21) 『사계전서』 44, 부록, 「연보」.
22) 『정묘거의록』 상, 「義兵將差帖」「召募有司差帖」.

직은 김장생이 세자를 모시고 전주에 들어온 2월 10일 이후에야 가능하였는데, 이는 김장생이 전주에 주둔하며 제임을 분서(分署)하며 병량(兵糧)을 모았다는 기사를 통해 짐작할 수 있다.

보성 출신 의병장 안방준은 그의 「연보」에 따르면, 임금이 강화도로 피란가고 세자가 전주에 머물러 있다는 소식에 분격하여 의병을 이끌고 길을 떠나 전주로 가니 남쪽 인사 수백 명이 따랐고, 전주로 가다가 길에서 김장생이 보낸 편지를 보았다고 한다.[23] 반면에 『정묘거의록』에 따르면, 후금이 침략했다는 소식을 접하고 의려를 규합하여 평소 알고 지내는 사람 수백인과 함께 참전하려고 하고 있는데, 김장생이 의병장으로 임명하고 또 편지로 권유하였다고 한다.[24] 이렇게 볼 때 안방준은 호란 발발 소식을 접하고 자진하여 의병을 일으켰거나 근왕의병이 필요하다는 통문이나 격문을 보고 의병을 일으켰는데, 그 뒤에 김장생이 양호 의병장으로 임명했음을 알 수 있다. 이때 김장생이 "정의를 분발하여 대장기를 세우고서 향병을 거느리고 나와 함께 임금을 위해 일한다면 또한 아름답지 않겠습니까. 나의 큰 바람에 부응해 준다면 매우 다행이겠습니다. 공을 의병장으로 삼아 주기를 청하는 장계를 이미 올렸습니다."[25]라는 편지를 보내어 의병장을 사양하지 말고 맡아 달라고 당부하였다. 이에 안방준은 의병장은 일도(一道) 선비들의 추대가 있어야 하는 것인데, 감히 내가 맡을 것이라고 하고 수락한 후 그를 따르던 수백 명과 함께 전주로 향하였다.

광주 출신 의병장 고순후는 25일과 28일에 발송된 격문과 차첩을 29일에 연이어 받고서 그날 곧바로 본읍에 의청을 설치하고 주야로 모병·모속을 행하였다. 이때 고순후는 검을 짚고 단(壇)에 올라 조카인 참봉 고부립 및 여러 동지 의사들과 협력하여 기의를 하고 병량을 모았는데, 휘하

---

23) 『은봉전서』 부록 1, 「연보」.
24) 『정묘거의록』 중, 의병장, 「安邦俊」.
25) 『사계전서』 3, 서, 「與安士彦邦俊」.

에 모병유사로 전현감 정민구, 전별제 신필, 전현감 박지효, 충의위 이덕양·이성춘, 양향유사로 진사 유평·박충렴, 유학 기의헌·고부립, 군기유사로 유학 고부민·유술·고부필, 문서유사로 진사 박종, 유학 윤경·방명달·이도·이정태·이용빈 등을 두었다.[26]

무장 출신 의곡장 김덕우(金德宇)는 1월 30일에 격문을 받고 무장의 객사에 의청을 설치하여 주야로 모병과 모속을 하면서 분장유사를 두었는데, 양양유사로 전정랑 오익창, 군기유사로 유학 강시언을 두었다.[27] 그리고 고창 소모유사 유철견은 2월 1일에야 격문을 받고 황급히 의청을 설치하여 모병과 모속을 단행하면서 분장유사로 모병유사 김여성, 양향유사 안진, 군기유사 서일남을 두었다.[28] 이렇게 보면, 양호 의병진에는 안방준처럼 호소사의 격문 이전에 봉기한 사람이 속해 있는가 하면 격문을 보고 봉기한 사람도 속해 있음을 알 수 있다.

한편, 세자는 분조하여 강화도로 파천하는 인조보다 이틀 전인 1월 24일에 도성을 출발하여 전주로 떠났는데, 정원과 시신들이 문 밖에 나가 전송하며 눈물을 머금고 흐느꼈으며 도로에서 쳐다보는 이들도 눈물을 흘리는 자가 있었다.[29] 도체찰사 완평부원군 이원익, 좌의정 신흠, 서평부원군 한준겸과 군무를 돌보는 여러 관원에게 명하여 동궁(東宮)을 받들고 남쪽으로 내려가게 했는데, 병조참판 이민구, 순검사 심기원, 통어사 유비, 동양위(東陽尉) 신익성(申翊聖)도 시종하게 되었다.[30]

김장생은 2월에 송이창 등을 대동하고 남하하는 세자를 공주에서 맞아 알현하였다. 2월 5일 세자가 여산에 당도하고, 이튿날 전주를 향하여 삼례역에 당도하자 큰 비가 내려 출발할 수 없게 되었는데, 이원익이 접대

---

26) 『정묘거의록』 상, 「義兵將高循厚報狀」.
27) 『정묘거의록』 상, 「義穀將金德宇報狀」.
28) 『정묘거의록』 상, 「高敞召募有司柳鐵堅報狀」.
29) 『인조실록』 15, 인조 5년 1월 24일.
30) 『속잡록』 1627년 1월 24일.

하는 일을 어렵게 여겨 비를 맞고라도 떠나야 한다고 청하므로 세자가 따랐다. 김장생은 세자를 호종하여 전주에 이르렀는데, 세자 일행이 전주에 이른 날은 2월 10일이다.

세자 일행이 전주에 있을 때 초기 상황은 여의치 않았던 것 같다. 김장생의 「연보」에 의하면, 전주에 있던 어느 날 저녁에 오랑캐들이 이미 임진강을 건넜다는 거짓 경보가 들려오자, 분조에 있던 여러 재신(宰臣)들이 어찌할 줄 모르면서 세자를 받들고 영남의 바닷가로 떠나가고자 하여 인심이 무너져 토붕와해될 형세가 현저하였다. 이에 김장생은 먼저 체찰사 이원익을 만나서 그것이 좋은 계책이 아님을 역설하고, 또 면대를 청하여 이해를 조목조목 진달하였다. 그러자 세자가 머리를 끄덕이면서 말하기를, "나의 뜻도 그렇다."고 하였는데, 그로부터 얼마 지나지 않아서 와언(訛言)이 저절로 잠잠해졌다. 이를 조경남은 『속잡록』 11일자에 비교적 소상히 기록하였다. 유언비어는 조경남이 머물고 있는 남원까지 전해져 남원 또한 동요하기 시작하였다. 이 상황을 조경남은 12일자 일기에도 기록하였다.

전주에 도착한 김장생은 소모 작업을 본격화한다. 김장생은 송흥주를 호남으로 보내고 또 이민구를 부관으로 삼아 호서의 일을 담당하여 모병을 하도록 하였다. 그런데 모집된 군사가 모두 교생들이어서 무군사(撫軍司)는 '전진(戰陣)에는 합당하지 않다'고 걱정하였다. 이때 비변사는 현재의 걱정은 병사에 있지 않고 군량에 있으니 군량을 모으는 데 전심하도록 각지의 호소사에게 알리었다.[31]

김장생은 의병을 부르고 군량·병기를 수합하면서 절대로 억지로 끌어모아 백성들을 소요시키지 말도록 양호 군현에 보낸 관문(關文)으로 당부

---

31) 『인조실록』 15, 인조 5년 2월 14일.

하였다.[32] 그리고 충의위나 교생 및 한유인 등은 본관과 상의하여 편의에 따라 의병으로 모집하도록 하였고, 산행(山行)이나 사포수 등은 모두 뽑게 하였다.[33] 이렇게 하여 김장생은 양호의병진 체계를 갖추게 되었던 것이다. 이렇게 하여 완성된 양호의병진의 조직도를 『정묘거의록』을 통해 작성하면 다음과 같다.

〈 정묘호란 양호 의병진 〉

號 召 使 : 金長生
副　　 使 : 宋興周(호서)
從　　 事 : 尹烇(니성)
參　　 謀 : 宋爾昌(회덕), 宋國澤(회덕), 柳楫(김제)
義 兵 將 : 安邦俊(보성), 高循厚(광주)
義 穀 將 : 金德宇(무장), 金峻業(전주)
列邑召募有司 : 보령 – 金海壽
　　　　　　　 연산 – 李復吉
　　　　　　　 회덕 – 宋甲祚
　　　　　　　 고산 – 具瑩
　　　　　　　 고창 – 金汝聲, 徐馹男, 安晋, 柳鐵堅
　　　　　　　 광주 – 高傅立, 高傅敏, 高傅弼, 奇義獻, 奇廷獻, 朴琮,
　　　　　　　　　　　 朴之孝, 朴忠廉, 房明達, 申澤, 柳述, 柳坪,
　　　　　　　　　　　 尹頦, 李德養, 李成春, 李守白, 李用賓, 李鼎泰,
　　　　　　　　　　　 李蕈, 鄭敏求
　　　　　　　 김제 – 高鳳翼, 柳棹, 柳泰亨, 趙必達
　　　　　　　 나주 – 羅海鳳, 梁曼容

32) 『사계전서』 5, 공이, 「關諭兩湖州縣文」.
33) 『사계전서』 5, 공이, 「關諭兩湖州縣文」(두번째).

남원 − 房元震

남평 − 崔身獻

무장 − 姜時彦, 吳益昌

부안 − 金以謙, 金垓

영광 − 姜渙, 金餘慶, 金塡, 辛惟一, 辛應純, 李弘記,
       丁錢, 丁濟元

장성 − 金淑命

전주 − 金聲夏, 梁夢說

태인 − 金灌

흥덕 − 宋廷濂, 宋廷涑, 李起文, 李元男, 鄭好禮, 黃以厚

3) 호남의병

(1) 태동

정묘호란이 발발하자 전국 도처에서 의병이 봉기하였다. 의병 봉기는 정부의 발빠른 독려와 임진왜란 때의 경험을 토대로 개전 초기부터 있었다. 그 가운데 후방지역에서 가장 먼저 일어난 곳이 호남지역이었다. 호남 사림들이 호소사의 격문과 상관없이 호란 발발 소식과 함께 자생적으로 거의를 하였기 때문에, 호남의병이 후방지역의 최초 의병이 될 수 있었다.

그리고 양호의병진의 대다수는 호남 출신이었다. 위 표의 양호의병진은 모두 68명이다. 이 가운데 호남 출신이 60명이나 되는데 반해, 호서 출신은 8명에 불과하다. 그리고 호남 출신은 병력을 이끌고 전주에 집결하거나 곡물을 강화도에 보내는 등 직접적인 활약을 펼친 데 반하여, 송홍주·윤전·송이창 등 호서 출신은 별다른 활약없이 군읍을 순행하며 병량을 모집한 정도에 그쳤다. 호서 출신 김장생이 호소사였음에도 불구하고 호서 출신이 적거나 활약이 미약한 것과 관련하여 다음의 두 기사가 주목된다.

『인조실록』3월 13일자에 따르면, 이날 강화도에서 국왕을 인견하는 자리에서 국왕이 양호의 인심이 어떠한가를 묻자, 김장생이 "전라도는 선비들이 많이 있는 곳이어서 일을 할 수 있습니다만 청주 등지에서만은 익명서를 마구 내놓아 의병을 훼방하고 있어서 그곳의 인심을 어떻게 할 수가 없습니다."고 답하였다.[34] 이와 비슷한 내용이 김장생의 연보에도 실려 있다. 결국 호서지역에서 불손한 유언비어와 익명의 투서가 남발하여 민심이 흉흉하였고 그로 인해 호서지역에서의 소모가 뜻대로 되지 않았음을 알 수 있다.

전라도라고 해서 의병 조직이 쉬운 것은 아니었다. 전쟁 발발 직후 반정으로 귀양간 사람들에 대한 해배 조치를 취하였는데 그 가운데 북인들을 제외한 것으로 보아 민심 수습이 미흡했을 것 같다. 그러한 이유 때문이었는지 남원의 경우 2월 1일에 남원 사람들이 통문으로 인하여 용성관(龍城館, 남원 객사)에 모여 의병을 일으킬 것을 의논하였는데, 여러 날 동안 겨우 백여 명을 모집하는데 그쳤고 그마저도 모두 쓸모없는 유생백도(儒生白徒)들에 불과하였다. 그렇지만 전체적으로 전라도는 충청도에 비해서 제법 일사분란하게 의병 조직이 진행되었다.

이처럼 호남에서 최초의 후방의병이 일어나고, 호남 출신을 중심으로 양호의병진이 구성되었다. 그러면 호남지역에서는 언제부터 의병의 기운이 감돌기 시작하였을까?

남원 출신 조경남(趙慶男, 1570~1641)은 인조가 1월 14일에 "각 도에 명령하여 근왕병(勤王兵)을 일으키게 하였다."[35]고 하였다. 하지만 이 날은 전날 들어온 후금군에 의해 의주성이 완전히 무너진 날이다. 이에 대한 구체적인 전황은 아직 서울에 보고되지 않은 상태였다. 『실록』에 의하

---

34) 『인조실록』 15, 인조 5년 3월 13일.
35) 『속잡록』 2, 정묘년 1월 14일.

면 후금이 우리나라를 침입하였다는 사실은 4일이 지난 17일자였다. 따라서 근왕병을 일으키도록 각 도에 명령하였다는 조경남의 기록은 착오인 것 같고, 이러한 상태에서 호남지역의 의병 봉기 움직임은 아직 형성되지 않았을 것이다.

의병 봉기의 기운이 호남지역에 감돌기 시작한 때는 1월 17일이다. 『연려실기술』에 따르면, 이 날 호남사림 전좌랑 오섬(吳暹, 1587~?), 검열 김여옥(金汝鈺, 1596~1662), 정자 신응망(辛應望, 1595~1654), 학유 이상형(李尙馨, 1585~1645)이 서울에 있다가 변란 소식을 듣고 본도 선비들에게 통문을 보냈다고 한다.[36] 오섬은 제주 출신으로 인조 초기에 급제하였고, 김여옥은 영광 출신으로 성혼의 사위이고, 신응망은 영광 출신으로 강항의 문인이고, 이상형은 남원 출신으로 김장생의 문인이었다. 모두 서인계 젊은 관료인 이들은 창의기병하여 공주에서 세자를 호종했다고 한다. 변방 급보가 처음 서울에 전해진 날이기 때문에 위 인사들이 군사를 모집하고 군량을 모으도록 독려하는 통문을 자신들의 고향인 호남지역에 보냈을 가능성이 있다. 이날 병조판서 장만이 하삼도는 속히 징병해야 한다고 주장할 정도로[37] 상황이 급박하였기 때문에 그 가능성은 높아 보인다.

오섬 등이 호남지역에 보낸 통문은 3일 지난 20일에 도내 전역에 전달되었던 것 같다. 그 통문을 조경남은 자신의 일기 『속잡록』의 20일자에 수록하였다.[38] 그 가운데 주목되는 내용은 임진왜란 때에 의병장 김천일·고경명·최경회 등의 활약으로 나라를 지켰던 전력이 있기 때문에, 이번에도 그 업적을 계승하여 의리로써 일어나 군사를 모집하고 군량을 모아

---

36) 『연려실기술』 25, 인조조고사본말, 「정묘년의 虜亂」.

37) 『인조실록』 15, 인조 5년 1월 17일.

38) 이 통문은 이상형의 문집 『천묵선생유고』 3, 잡저에 「丁卯胡變通論本道文」이라는 이름으로 수록되어 있다. 그리고 『정묘거의록』에도 수록되어 있다.

난국을 돌파해야 한다고 천명한 대목이다. 안방준이 5년 후 1632년(인조 10)에 이귀(李貴)에게 보낸 서신에서 "아! 임진왜란을 극복한 것은 호남이 보전된 데 연유하고, 호남이 보전된 것은 여러 의병이 봉기한 데 연유하고, 여러 의병이 봉기한 것은 제봉 고경명이 앞장서 일을 추진한 데 연유하니, 소생이 반복해서 상세하게 아뢰겠습니다."[39)]고 한 것으로 보아, 안방준을 포함한 호남의 엘리트들은 임진왜란 극복의 원동력을 호남의병의 봉기로 인식하고 있었다. 1월 27일에 전날에 공포한 교지(敎旨)가 여산에 도착하자 감사는 도사 안헌징을 시켜 각 진에 순회하며 낭독하게 하여 군인들에게 들려주었다. 그리고 문서를 베껴서 각 읍에 전파하였는데, 여기에서도 고경명과 김천일의 충의와 절의를 지적하였다.

개전 7일이 지난 1627년 1월 20일 호남 현지에 전달된 오섬 등 4인 작성의 통문으로 인해 호남지역에 의병 봉기 기운이 일어났다. 특히 김천일·고경명·최경회 등의 임란 의병장을 거론하여 호남사림의 자존심을 자극하여 호남 전지역에 의병 봉기의 기운은 호소사와 상관없이 자생적으로 충만되어 있었다. 여기에 근왕의병을 촉구하는 교서가 양호호소사 김장생에게 전달되고, 다시 김장생이 격문을 지어 도내 전역에 돌린 후 호남지역에 본격적으로 의병 봉기 기운이 감돌기 시작하였다.

(2) 구성

정묘호란 때에 의병을 일으킨 호남사람은 100명 정도가 확인된다. 『사계전서』의 「거의록」에는 연보와 보첩에 실린 사람으로 27명이 타이틀로 등재되어 있다. 여기에는 광주 출신이 대거 수록되어 있고 상당한 활약을 한 영광·고창·흥덕·무장 출신은 한 명도 수록되어 있지 않다. 『정묘거의록』에는 이들 27명을 포함하여 모두 60명의 호남사람이 등재되어 있다.

---

39) 『은봉전서』 3, 서, 「與延平李相公貴別紙」.

그리고 『호남절의록』에는 20명 가까이 더 등재되어 있다. 이 외에 산견된 사람까지 합하면 100명 가까이 되는데, 여기에서는 이들의 인적구성에 대해 알아보겠다.

첫째, 본인의 의병 전력. 정묘호란 시 호남의병 가운데 이전에 의병을 일으킨 전력을 지닌 사람이 많다. 그 가운데에는 임란의병 전력과 갑자의병[40] 전력이 있는 사람이 있다. 임란의병 전력이 있는 사람으로는 광주 출신의 정민구·박지효, 보성 출신의 안방준, 무장 출신의 오익창·김덕우, 고부 출신의 최경행, 전주 출신의 양몽열, 남원 출신의 방원진 등이 있다. 이들 가운데 김덕우·양몽열은 이전 이괄의 난 때에도 의병을 일으켰고, 정민구·안방준·최경행·방원진은 이후 병자호란 때에도 의병을 일으켰다.

그리고 갑자의병 전력이 있는 사람으로는 영광 출신의 신유일·신응순·정전·이홍기·정제원·김진, 나주 출신의 이영정·나해봉·양만용, 광주 출신의 고순후·고부필·박종·박충렴·유평·이덕양, 전주 출신의 김준업, 김제 출신의 유즙·고봉익, 무장 출신의 강시언, 고창 출신의 유철견·안진 등이 있다. 이들 가운데 나해봉·박종·박충렴·유평·이덕양·김준업·유즙·강시언·유철견 등은 이후 병자호란 때에도 의병을 일으켰다.

둘째, 친족의 의병 전력. 정묘호란 때에 의병을 일으킨 호남사람 가운데에는 그 친족이 이미 이전에 의병을 일으킨 사람이 많다. 대표적인 인사가 광주 출신 고순후를 포함한 고씨가 사람이다. 가령, 고종후(고경명 아들)는 임진왜란 때에 의병을 일으켜 진주성 전투에서 순절하였는데, 그의 아들 고부립(高傅立)은 정묘호란 때에 김장생이 숙부 고순후를 의병장으로 천거하자 모병유사를 맡아 뜻을 같이 하는 사람들과 병사와 식량을 모아서 전주에 이르렀다. 강화가 성립되었다는 소식을 듣고 세자를 호종

---

40) 갑자의병이란 1624년(인조 2) 이괄의 난 때에 일으킨 의병을 말한다.

하여 여산에 갔다가 돌아와 은둔하였다. 병자호란 때에도 양만용 등과 다시 의병을 일으켰다. 그리고 고성후는 임진왜란 때에 숙부 고경명을 따라 밖에서 군량을 실어 날랐다. 금산에서의 패전 소식을 듣고 동원한 관군과 모은 군량을 가지고 권율에게 나아가 함께 힘을 합쳐 적을 치기로 하였다. 권율이 군량 운반 책임을 맡기니 일을 잘 처리하여 행주에서 대첩할 수 있도록 하였다. 그의 아들 고부민(高傅敏)은 정묘호란 때에 의청의 군기유사를 맡아 전참봉 유평과 삼종형 고부립 및 종제 고부필 등 여러 사람과 함께 병량과 군기를 모아 전주에 이르렀다. 역시 이미 화의가 성립되었다는 말을 듣고 세자를 호송하여 여산에 갔다가 돌아왔다. 그는 병자호란 때에도 뜻을 같이 하는 여러 사람들과 함께 병사와 양식을 모아 청주에 이르렀으나 강화가 성립되었다는 소식을 듣고 돌아왔다. 또한 광주 출신의 임란 의병장 김덕령의 동생 김덕보(金德普), 박광옥과 의병을 일으킨 유사경의 아들 유술(柳述), 의병장으로서 영광 법성포에서 양곡을 모아 의주에 있는 행재소에 바친 기효증의 아들 기정헌(奇廷獻) 등도 정묘호란 때에 거의 하였다.

이 외에 장성 출신으로 남문 창의장 김경수의 아들 김숙명(金淑命), 남평 출신으로 임진년에 창의한 송기원의 아들 송격(宋格), 영광 출신으로 임진왜란 때에 창의한 정희맹의 아들 정전(丁錢)과 이곤의 아들 이홍겸(李弘謙), 고창 출신으로 장성 남문 창의한 김홍우의 아들 김여성(金汝聲)과 서홍도의 조카 서일남(徐馹男) 등이 정묘호란 때에 각 읍의 소모유사로서 의병을 일으켰다. 이 가운데 고부립·고부민 등은 병자호란 때에도 창의하였다.

셋째, 친족과 함께 의병. 정묘호란 때에 호남에서 의병을 일으킨 사람 가운데에는 친족과 함께 거의한 사람이 많다. 부자끼리, 형제끼리, 숙질끼리, 사촌끼리 등등 그 양상 또한 다양하다.

무장 출신의 오익창은 아들 오전(吳晪)과 함께, 홍덕 출신의 송곤(宋鵾)은 그의 두 아들 송정렴·정속과 함께, 김제 출신의 유태형(柳泰亨)은 처남 조필달(趙必達) 및 두 아들 유즙·유도와 함께, 부안 출신의 김해(金垓)는 김이겸(金以謙)과 함께 정묘호란 때에 의병을 일으켰다.

또한 홍덕 출신의 황이후(黃以厚)는 이괄의 난 때에 동지들과 의병과 곡물을 모았고, 정묘호란 때에는 호소사의 격문을 보고 동생 황극후(黃克厚) 및 동지들과 함께 곡물을 모아 행조에 보냈다. 전주 출신의 김동달(金東達)은 이괄의 난 때에 모의유사로서 의병과 양곡을 모아 거의하였고, 정묘호란 때에 조카 김성하(金聲夏)와 함께 호소사 김장생 막하에 나가 여러 방략을 협찬하여 도움을 주었다. 김제 출신의 오사영(吳士英)은 정묘호란 때에 종질인 참봉 오선겸(吳善謙) 등과 함께 의병과 양식을 모으고 가동을 이끌어 용화산에 도착하였으나 난이 평정되었다는 소식을 듣고 돌아왔다. 장흥 출신의 위정망(魏廷望), 위정헌(魏廷獻), 위정명(魏廷鳴) 등의 사촌 형제들은 정묘호란 때에 김장생의 격문에 응해 의병을 모으고 가동 20인을 이끌고 백미 수십 석을 모아 전주에 갔다가 돌아왔다. 홍덕 출신의 이원남(李元男)은 정묘호란 때에 김장생의 격문을 보고 족인 전참봉 이기문(李起文) 및 동지들과 함께 소모병곡하였다. 이들 가운데에는 병자호란 때에 또 다시 의병을 일으킨 사람도 적지 않다.

(3) 활동

호남의병은 호란 발발 소식을 접하고 자생적으로 조직되다가, 호소사 임명 이후 양호의병진의 주력군으로 편입되었다. 이제 이들이 어떤 활약을 하였는지에 대해 알아보겠다.

첫째, 김장생을 따라 공주에 가서 내려오는 세자를 맞이하였다. 전주 출신 양몽열은 수백 의사와 함께 공주에서 세자 일행을 맞이하였다. 전주 출신 김성하는 김장생이 소모유사로 삼자 책임을 다해 병량과 기계를 모아 공주로 나아갔다. 이들은 세자를 호위하여 전주로 내려왔다.[41)]

둘째, 끌어 모은 군기와 군량을 강화도 행조(行朝)와 전주 분조(分朝)에 올려 보냈다. 호소사들은 소모시 병사의 모집보다 군량의 모집에 더 큰 비중을 두었다. 조운 규정이 11월 1일에 조창을 열어서 익년 1월까지 수세를 마치고 6월까지 상납을 마치도록 하였기 때문에, 아직 세곡이 올라오지 않은 때여서 강화도의 곡물 사정이 심각한 상태였다. 이에 따라 김장생은 2월 2일에 전현감 허원(許統)과 전감찰 허채(許寀)로부터 각각 1백여 석씩을 얻어 올려 보내자, 인조는 이들에게 실직을 제수하라는 명을 내렸다.[42)] 그리고 호남 의병장들도 의곡(義穀)을 무장 의곡청에 보내어 동백정(冬栢亭) 포구에 모아 조운선으로 강화도에 올려 보냈는데, 이 일은 무장 출신의 김덕우가 의곡장으로써 중심이 되어 척질인 오익창 및 가질인 김여성과 함께 행하였다. 여기에 고창 출신의 유철견·안진·서일남과 흥덕 출신의 이기문·황이후·황극후·송정렴·송정속·정호례 등이 합세하였다. 이 가운데 이기문은 향도미(香稻米) 10석을 내어 강화도에 보내어 어공에 보태게 하였다.

강화도만 식량 사정이 열악했던 것은 아니라, 전주 또한 마찬가지였다. 그래서 세자를 모시고 전주에 와 있는 이원익은 2월 22일에 군량 원납을 독려하였는데, 노령 이북은 1석, 이남은 10두를 내도록 하였다.[43)] 이에 따라 호남의병들도 곡물을 전주에 보냈는데, 영광 출신의 신유일은 족질 신응순, 김여경과 함께 곡 300석과 면포 2동을 취합하여 전주 도의청에 납부하였다. 모곡의 방법으로 가내에 소장된 잉여 곡물을 내놓기도 하였지만, 마을별 일정액을 배정하여 수합하기도 하였다.

---

41) 『호남절의록』.
42) 『인조실록』 15, 인조 5년 2월 2일.
43) 『정묘거의록』 상, 「檢察使李元翼關文」.

셋째, 세자가 머물고 있는 전주에 집결하였다. 의병장 안방준은 전주에 이르러 이원익에게 알맞은 계책을 건의하였고, 고순후 또한 군사와 군량을 모아 전주에 이르렀다. 고봉익은 가동 수백을 일으켜 의청에 들어갔고, 김진은 일향동지와 함께 모취병량하여 곧 바로 호소사 의청에 이르러 방략을 강구하였다. 당시 호남의병들 대다수는 전주에 집결하여 향후 거취를 기다리고 있었다.

물론 전주에 도착하기 전에 화의 소식을 듣고 해산한 사람도 있었다. 함평 출신 이시우(李時佑)는 별제 정직, 생원 이함과 함께 의병을 일으켜 태인에 이르렀다가 강화가 성립되었다는 소식을 듣고 임연과 함께 통곡하며 돌아왔다. 장성 출신 김숙명은 김장생이 남쪽 선비의 창의를 주창하며 소모유사로 삼자 동지 수십 인과 함께 의병 3백여 인을 얻고 의미(義米) 80여 석을 모아 이끌고 금구에 이르렀는데 화의가 성립되었다는 소식에 해산하였다. 부안 출신 김해(金垓)도 아들 김이겸과 함께 소모병곡(召募兵穀)하여 솔중운량(率衆運粮)하다 김제에 이르러 병으로 인해 전진하지 못하고 머물다 해산하였다. 김제 출신 오사영(吳士英)은 종질 참봉 오선겸과 교관 오수균 등과 함께 의병과 양식을 모으고 가동을 이끌어 익산 용화산에 도착하였으나 난이 평정되었다는 소식을 듣고 돌아왔다.

넷째, 세자를 전라도 경계 여산까지 호송하였다. 호남의병은 일단 전주에 집결하였고, 여기에서 청주를 거쳐 호서의병과 합류하여 강화도로 들어가려고 하였다. 그러나 2월 중순부터 화의가 논의되면서 병력 이동이 금지되어 전주에 계속 머물러 있었다. 그러다가 3월 3일에 화의가 성립되자 자연 해산할 수밖에 없었는데, 호남의병은 전주에서 바로 향리로 내려오지 않고 3월 13일에 전주를 떠나 강화도로 올라가는 세자를 호종하여 여산까지 배웅하였다.

가령, 광주에서 출발한 고순후는 "정묘년의 난리가 일어나자 조카인 참봉 고부립 및 동지들과 의병을 일으킬 생각을 하였다. 선생이 공을 뽑아 의병장으로 삼자 공은 장사들을 모집하고 군량미를 끌어 모아 완산(完山) 으로 달려왔는데, 화의가 이미 성립되었다. 그 당시에 동궁의 분조가 완산부에 있었는데, 드디어 막부의 여러 사람들과 더불어 세자를 호종하고서 여산에 이르렀다가 향리로 돌아갔다."[44]고 하였다. 이에 따라 전주에 집결한 호남의병들도 모두 여산까지 세자를 호송하고 고향으로 돌아왔다.

다섯째, 김장생과 함께 강화도에 들어갔다. 화의가 3월 3일에 성립되자, 김장생은 3월 8일에 문인 윤전·송국택과 더불어 강화도로 들어갔다. 이때 호남의병들도 동행하였는데, 전주 출신의 김준업은 김장생의 제자로써 김장생을 따라 수백 의사와 함께 공주에서 세자를 맞이하여 전주에 이르렀을 뿐만 아니라, 행재소로 나아갔다가 향리로 돌아갔다.[45] 3월 23일에 강화도에 도착한 세자보다 먼저 15일에 행궁에 나아가 배사(拜辭)하고 드디어 입대(入對)하였다. 4월 12일에 상소를 올려 호소사의 직임을 해직시켜 달라고 청한 후 향리로 돌아온 뒤에 황산서원(黃山書院)으로 가서 머물러 있으면서 군량에 대해 처리하고 출납 장부를 정리하였고 아울러 인신(印信)을 올려 보내 호소사의 임무를 끝냈다.

맺음말

후금은 1627년 1월 13일에 압록강을 건너 의주를 공격한 후 청천강 이북을 휩쓸었다. 이에 조선 정부는 19일에 김장생을 양호호소사로 임명하고서 의병을 모집하도록 명하였다. 충청도와 전라도에 많은 지인을 두고 있으며

---

44) 『사계전서』 46, 부록, 「擧義錄」.
45) 『정묘거의록』, 의곡장, 「金峻業」.

서인의 대표적인 인사이고 80세의 원로 학자인 김장생은 22일에 직함과 인신을 받고, 23일에 막부를 설치하고, 25일에 양호열읍에 격문을 보내 거의를 독려하였다. 그리고 남하하는 세자를 맞이하여 함께 2월 10일에 전주에 들어와 본격적인 소모작업에 들어가 양호의병진을 조직하였다.

양호의병진은 모두 68명으로 구성되었다. 이 양호의병진 구성의 특징으로 첫째 이전 의병장과 김장생 문하생을 중심으로 구성되었던 점, 둘째 전체 가운데 호남 출신은 60명이고 호서 출신은 8명에 불과하였던 점, 셋째 호소사 격문 이전에 거의한 사람과 이후에 거의한 사람으로 조직되었던 점을 들 수 있다.

이렇게 보면 양호의병의 주력부대가 호남출신으로 충원되었을 뿐만 아니라 핵심적인 역할을 수행하였음을 알 수 있는데, 여기에는 임진왜란 때에 거의한 호남의병(고경명, 김천일 등)이 국란극복의 견인차였다는 자부심이 작용하였다. 또한 호남의병은 김장생의 격문 이전에 재경 호남사림의 통문이나 전쟁 발발 소식에 의해 자생적으로 조직되기 시작하였다. 그리하여 정묘호남의병은 후방지역에서 가장 먼저 일어난 의병이 될 수 있었다. 그리고 호남의병 가운데 본인이 이전에 임진왜란이나 이괄의 난 때에 의병을 일으킨 전력이 있는 사람이 대다수이고, 친족 가운데 임진왜란 때에 의병을 일으킨 사람도 적지 않을 뿐만 아니라, 부자나 형제 또는 친족끼리 의병을 일으킨 사람이 다수 포함되어 있다. 이들 가운데 상당수는 이후 병자호란 때에도 의병을 일으켰기 때문에 호남을 의향으로 칭하기에 충분하였다.

이들은 청주로 가서 호서의병과 합류하여 강화도로 들어가려고 하였으나, 전주 대기중에 화의가 성립되어 실제 전투를 펼치지 않은 채 해산하였다. 하지만 김장생을 따라 공주에 가서 세자를 맞이하고, 모은 군기와 군량을 무장 동백정 포구에서 강화도로 보내고, 전주에서 세자를 호위하고, 상경하는 세자를 전라도 경계 여산까지 호송하고, 김장생을 따라 강화도로 들어가 임금을 뵈는 활동을 펼쳤다.

15. 안방준의 병자창의와 보성사람들

15. 안방준의 병자창의와 보성사람들

머리말

보성 출신인 은봉 안방준(安邦俊, 1573~1654)은 학문이 높아 보성과 그 인근 지역에 많은 문인들을 두었다. 그리고 일찍부터 절의사상을 주창하였고 그 연장선에서 '손죽도 왜변'이나 '임진왜란' 때 활약한 사람들에 대한 전기를 쓰기도 하였는데, 이는 자연스럽게 국란 때에 의병항쟁으로 이어졌다. 그리하여 안방준은 임진왜란, 정묘호란, 병자호란 때에 각각 창의를 하였다. 그 중에서 가장 적극적으로 활동한 때는 병자호란(丙子胡亂) 때이고, 그래서 그의 후손들은 그때의 일을 정리하여 "창의록(倡義錄)"이라는 이름으로 2회 발간한 바 있다.[1] 여기에서는 그 창의록을 분석하여 당시 안방준 의병진의 구성과 활동 그리고 그에 대한 의미를 살펴보겠다. 이 글은 안방준 창의록과 보성 지역을 중심으로 하였기 때문에, 그

---

1) 신해진, 「창의록 문헌의 변개 양상-《우산선생병자창의록》과 《은봉선생창의록》 비교를 중심으로」, 『국어국문학』 164, 국어국문학회, 2013.

와 함께 했던 사람들이 남긴 기록이나 여타 지역을 널리 다루지 못한 한계를 지니고 있음을 자인하지 않을 수 없다.

1) 안방준의 생애

은봉 안방준은 1573년(선조 6)에 전라도 보성군 오야리에서 중관(重寬)과 진원 박씨 사이에서 태어나 1654년(효종 5)에 세상을 떠났다. 그는 안축(安舳)의 손자인데, 안축은 김인후, 임억령과 함께 호남3걸로 알려진 인물이다. 포은(圃隱) 정몽주와 중봉(重峯) 조헌을 사모하여 스스로 호를 두 분 호에서 한 자씩을 따서 은봉(隱峯)이라 하였고, 만년에 보성의 우산(牛山)에 거처했다 하여 학자들이 우산선생이라 칭하였다.

안방준은 11세 되던 1583년(선조 16)에 박광전(朴光前) 문하에 들어가 학업을 닦았다. 박광전은 퇴계의 문인으로 학행이 뛰어나 세자익위사 익위에까지 이르렀다. 안방준은 14세 때에 자형인 난계 박종정(朴宗挺)의 문하에 들어가 수학하였다. 17세에 경주 정씨와 결혼하여 모두 5남 3녀를 두었다. 19세 때에는 당화를 입고 파주에 은거하고 있는 우계 성혼(成渾)을 찾아가 수학하였다. 20세 되던 1592년(선조 25)에 스승인 박광전을 따라 의병을 일으켰다. 당시 박광전은 병 때문에 군사의 임무를 다할 수 없어 진보현감 임계영(任啓英)을 추대하여 전라 좌의병의 대장으로 삼자, 안방준은 거기에서 참모가 되어 군사 전략을 숙의하였다.[2] 특히 안방준은 좌의병진과 체찰사 사이의 연락책 역할을 맡았다.

계속 서울에 있었던 것 같은데, 광해군 때에는 가족들을 데리고 고향 우산으로 돌아왔다. 정치적 이유가 작용하였을 것이다. 시내 위에 정사를 짓고 또 시내 동쪽에 단을 쌓아 한그루의 소나무와 여덟 그루의 매화를 심었다. 이를 우산전사(牛山田舍)라고 하는데, 그는 여기에 있으면서 「호남

---

2) 조원래, 「박광전의 거의와 그 일가의 의병운동」, 『한국의 철학』 32, 경북대 퇴계연구소, 2003.

의록」, 「임정충절사적」, 「삼원기사」, 「호남의록」 등을 지었다. 모두 호남 출신의 의병장이나 공신에 관한 충절을 정리한 것으로, 임진왜란사 연구에 긴요한 자료가 된다. 이후 동몽교관, 사포서 별제에 제수되었으나 모두 거절하였고, 오수도 찰방에 제수되어 부임한 지 19일만에 우산으로 돌아왔다. 그는 보성에 머물면서 상소를 올려 시폐를 바로 잡을 것을 주장하고, 후학을 양성하는 등 활발한 향촌활동을 펼쳤다.[3]

안방준은 정묘호란 때에 또 의병을 일으켰다. 정묘호란은 1627년(인조 5) 1월 13일 후금군이 압록강을 건너와서 의주를 침범하고 황해도 평산까지 이르렀다가, 3월 3일 조선과 후금 사이에 강화가 성립된 후 퇴각하기 시작하여 8월에 철군을 완료한다.[4] 후금군이 밀고 내려오자, 임금은 강화도로, 세자는 전주로 피란하였다. 그리고 인조는 모병을 위해 정경세와 장현광을 경상좌우도 호소사로, 충청도 출신으로 충청도와 전라도에 많은 지인을 두고 있는 김장생(金長生)을 양호 호소사(兩湖 號召使)로 각각 삼았다. 그리고 의병을 소집하여 강화도로 달려오고 군량미를 모아서 군인들 앞으로 실어 보내라는 교서를 전국에 반포하였다. 김장생은 처음에 전라도 여산에 의병청을 설치하고 전라도와 충청도에 격문(檄文)을 보내 의병을 모집하기 시작하였다. 처음에는 한 두 명의 동지와 약간 명의 병사를 모집하는데 그쳤지만, 계속적인 독려에 힘입어 의병들이 속속 모여들었다.[5] 그리고 이어 서울에서 내려오고 있는 세자를 공주에서 맞이하여 체찰사 이원익과 함께 분조(分朝)가 설치된 전주로 이동하였다. 이때부터 양호 의병진이 본격적으로 조직되기 시작하였다.

바로 이 무렵 안방준도 거의를 하게 된다. 『연보』에 따르면, 임금이 강

3) 고영진, 「17세기 전반 호남사족의 학문과 사상 - 안방준 · 고부천 · 정홍명을 중심으로」, 『한국사학사연구』, 우송조동걸선생정년기념론총간행위원회, 1997.
4) 김종원, 「정묘호란」, 『한국사』 29, 국사편찬위원회, 1995.
5) 『사계전서』 5, 공이, 「檄告兩湖文」.

화도로 피란가고 세자가 전주에 머물러 있다는 소식에 분격하여 의병을 이끌고 길을 떠나 전주로 가니 남쪽 인사 수백 명이 따랐고, 전주로 가다가 길에서 김장생이 보낸 편지를 보았다고 한다.[6] 반면에 『정묘거의록』에 따르면, 후금이 침략했다는 소식을 접하고서 의려(義旅)를 규합하여 평소 알고 지내는 사람 수백인과 함께 참전하려고 하고 있는데, 김장생이 의병장으로 임명하고 또 편지로 권유하였다고 한다.[7] 이렇게 볼 때 안방준은 호란 발발 소식을 접하고 자진하여 의병을 일으켰거나 근왕의병이 필요하다는 통문이나 격문을 보고 의병을 일으켰는데, 그 뒤에 김장생이 양호의병장으로 임명했음을 알 수 있다. 이때 김장생이

> 공이 나라의 두터운 은혜를 받고 의롭게 먼저 국난에 임하니, 만일 의병을 모으고자 한다면 공이 아니고 그 누구이겠는가? 비록 피혐(避嫌)하려고 해도 그렇게 할 수 없을 것이네. 삼가 바라건대, 정의를 분발하여 대장기를 세우고서 향병(鄕兵)을 거느리고 나와 함께 임금을 위해 일한다면 또한 아름답지 않겠습니까? 나의 큰 바람에 부응해 준다면 매우 다행이겠습니다. 공을 의병장으로 삼아 주기를 청하는 장계(狀啓)를 이미 올렸습니다.[8]

라는 편지를 보내어 의병장을 사양하지 말고 맡아 달라고 당부하였다. 이에 안방준은 의병장은 일도(一道) 선비들의 추대가 있어야 하는 것이지만, 상황이 위급하기 때문에 감히 내가 맡을 것이라고 하고 수락한 후 그를 따르던 수백 명과 함께 전주로 향하였다. 이리하여 양호 의병진이 조직되고, 거기서 안방준은 광주 출신의 고경명 후손 고순후(高循厚)와 함

---

6) 『은봉전서』 부록 1, 「연보」.
7) 『양호거의록』 중, 의병장, 「安邦俊」. 『양호거의록』은 정묘호란이 발발하여 사계 김장생이 양호호소사에 임명되었을 때, 양호의병에 관한 사적과 유문을 수집하여 편찬한 것이다. 1760년(영조 36)에 『광산거의록』이 먼저 간행되었으나 내용이 소략하고 한 고을의 사적만을 수록했으므로, 호남 유생의 주도하에 증보하여 1798년(정조 22) 『양호거의록』이라는 이름으로 출간하였다.
8) 『사계전서』 3, 서, 「與安士彦邦俊」.

께 '의병장'을 맡게 된다.

이 때 안방준과 함께 한 인사로는 광주 출신의 김덕보(金德普)가 있다. 그는 임란 의병장인 김덕령의 동생으로, 정묘호란 때 질병에도 불구하고 의병을 일으켜 가동(家僮)과 장사(壯士)를 모집하고 전구(戰具)를 갖추어 안방준에게 보내고 함께 국란을 극복하자고 약속했으나, 병이 악화되어 행하지 못하자 안방준에게 서신을 보내 속히 진격하라고 권하였다고 한다.[9] 이 외에 남평 출신의 송격(宋格) 또한 정묘호란 때에 가재를 죄다 털어 쌀 50석을 마련하고, 향리에서 130석을 또 모집하여 의병장 안방준에게 보냈다고 한다.[10] 이렇게 보면, 안방준이 수백명을 거느렸다는 말은 허언이 아님을 알 수 있다.

안방준은 양호 의병진에서 비중 있는 위치에 있었던 것 같다. 김장생이 여러 인사들을 유사(有司)로 삼아 병량과 군기를 소모하게 하면서 강요하여 소요가 일어나지 않도록 당부하고, 충의위·교생·한유인 등은 본관과 상의하여 편의대로 모집하고, 산포수(山砲手)에게 모두 명을 내려 응하게 하도록 하였다. 그런데 이러한 일을 안방준에게 서신으로 보내 힘쓰도록 하였다.[11] 소모의 가장 중요한 일을 안방준에게 특별히 부탁했다는 말은 그의 비중이 매우 높았다는 점을 말할 것이다. 안방준은 전주에 이르러 경기·충청·전라·경상 4도 도체찰사 이원익을 만났다. 이원익은 안방준을 세자의 행영인 무군사(撫軍司)에 불러놓고 토적의 계책을 묻자, 안방준은 여러 가지 조목을 아뢰니 긍정적으로 검토하겠다고 답하였다.[12] 양호 의병진은 여산에서 청주(淸州)를 거쳐 충청도 의병을 규합하여 전력을 증강한 후 강화도로 들어가려고 하였던 것 같으나, 2월 말에 화의가 진

9) 『호남절의록』, 우산안공사실, 「金德普」.
10) 『호남절의록』, 우산안공사실, 「宋格」.
11) 『사계집』 44, 연보, 신묘 23일.
12) 『은봉전서』 3, 서, 「與李判書時白別紙」.

행되자 강화도로 가려던 계획을 중지하고 의병의 해산을 명하니 안방준과 그 일행은 고향 보성으로 귀향하였고, 김장생과 그 문인들만이 강화도 행 재소로 달려가 국왕을 뵈었다.

2) 안방준의 병자창의

안방준은 병자호란 때에 또 다시 의병을 일으켰는데, 이때는 이전과는 달리 맹주로 활약하였다. 병자호란은 1636년(인조 14) 12월 9일에 청군이 압록강을 건너 침략해 옴으로써 개시되었다가, 50여일 지난 이듬해 1월 30일에 남한산성이 함락됨으로써 종전을 맞게 된다. 청군이 곧장 남하하 여 서울로 진격해오자, 국왕은 남한산성으로 들어가고, 중전과 세자와 빈 궁은 강화도로 들어갔다. 사상 유례 없는 혹한 속에서 청의 기병이 남한 산성을 여러 겹으로 에워싸 위급한 형세가 코앞에 닥쳐왔다. 국왕은 각처 에 청군을 물리치라는 교서를 19일자로 내려 보냈다.[13]

안방준도 이 교서를 보고 12월 23일에 의병을 일으켰다. 그러면 어디에 서 거병하였을까? 전년 봄에 능주 쌍봉동에 터를 잡고 살았다고 한 것으 로 보아, 고향 보성이 아니라 능주에서 거병하였을 가능성이 있다. 그렇 지만 확실한 자료는 보이지 않아 정확하게 알 수 없다. 그때 그의 나이는 64세였다. 늙고 병든 몸으로 왜 의병을 일으켰을까? 그 점에 대해 의병대 장으로써 의병군을 이끌고 금구(현재 전북 김제)에 이르렀을 때, 당시 남 한산성에 가 있는 전라감사 이시방(李時昉)에게 보낸 편지에서 다음과 같 이 말하였다.

---

13) 국왕의 교서에 의해 각처에서 의병이 일어나는데, 가장 조직적으로 구성된 곳은 호남이었다. 호남에서는 청의 침입 소식이 전해지자 옥과현감 이흥발, 대동찰방 이기발, 순창현감 최온, 전한림 양만용, 전찰방 유 즙 등이 자진하여 의병모집에 앞장섰다. 이들은 모의청을 설치하고 도내에 격문을 보내어 열읍에 유사를 나누어 배정하고 일제히 궐기 하였다. 그리고 여산에 집결한 후 1월 20일에는 공주에 있는 정홍명을 대장 으로 추대하였다. 이와는 달리 안방준은 모의청에 간여하지 않고 독자적으로 의병활동을 전개했던 것으로 보인다.

국사가 이 지경에 이르니 쇠잔하게 남은 목숨이 일찍 죽지 못해 한스럽습니다. 관서 2천리에서 교전한 곳이 한 군데도 없고 삼남(三南)의 여러 장수는 적의 기세만 바라보고도 달아나 흩어져 오랑캐 적 때문에 임금을 버리니 이를 참을 수 있겠습니까? 내 나이 장차 일흔이 되어 가고 게다가 쓸 만한 계략도 없지만, 이 망극한 때를 당해 의리로 보아 숨어서 구차히 목숨을 보존할 수 없어, 곧장 달려가 문안을 드리고자 할 즈음에 여러 의사(義士)들의 권유를 받고 병든 몸을 이끌고 근왕의 길에 올랐습니다.[14]

청군이 내려오는 길목에 위치한 평안도나 황해도 장수들은 적을 보자마자 싸울 생각은 하지 않고 도망만 가고 있었고, 적을 물리치라는 명령을 받은 충청도와 전라도 및 경상도 장수들 역시 군대를 모으지 않고 도망만 가고 있었다. 특히 안방준이 머물고 있는 곳 주변에서도 산 속으로 또는 바다 가운데 섬으로 도망가고 있었다. 그들과 함께 도망가서 구차하게 목숨을 부지할 수는 있었지만, 의리로 보아 그렇게 할 수는 없고 도망만 가는 현실에 분개하여 안방준은 의병을 일으켰다. 국란 극복의 원동력이 의병에 있다는 신념을 믿고, 그리고 포위를 당해 위급한 형세에 놓여 있는 임금을 신하와 백성으로서 죽음으로 구해야 한다는 의리론(義理論)에 입각하여 의병을 일으켰다. 이런 점 때문에 안방준이 절의사상을 신봉하였고, 그것을 평생 실천에 옮겼다고 한다.[15]

안방준은 의사들의 권유를 받고서 병든 몸을 이끌고 거병을 했다고 말하였다. 하지만 이는 겸양의 표현에 불과하다. 그는 관변 측 자료에도 나와 있듯이, 고령에도 불구하고 지성으로 향병을 모집하여 몸소 이끌고 전라도 경계까지 나아갔다.[16] 이를 위해 우선 동지 수명과 함께 의병을 일으키기로 약속한 후 노구를 이끌고 손수 앞장서 도내 여러 고을에 격문(檄

14) 『은봉전서』 3, 서, 「與李巡察時防別紙」.
15) 박미향, 「은봉 안방준의 절의사상」, 『역사학연구』 38, 호남사학회, 2010.
16) 『승정원일기』 56, 인조 15년 2월 22일.

文)을 작성하여 보내었다. 격문에서

국운이 불행하여 오랑캐가 돌진해 오니 임금은 피란하였으나 남한산성의 한 모퉁이가 포위를 당함에 이르니, 온 나라의 신하와 백성들의 통분을 차마 말할 수 있겠는가? 이는 참으로 군주가 욕을 당함에 신하가 죽어야 할 때이로다. 우리 강토에 사는 혈기있는 모든 사람들이 누군들 의리로 떨쳐 일어나 국난에 임할 뜻이 없으리요? 이에 장차 의병을 일으켜 명성과 위세에 만의 하나라도 돕고자 하니, 힘쏠지어다! 뜻을 같이 하는 선비들은 줄끝 협력하여 몸을 잊고 나라를 위해 죽는다면 매우 다행이겠노라.[17]

라고 한 바와 같이, 뜻을 같이 하는 선비들은 물론이고 혈기 있는 사람이라면 모두들 의리로 떨쳐 일어나 국란에 임하자고 호소하였다. 그러면서 모군(募軍), 양향(糧餉), 군기(軍器), 승군(僧軍) 등 4조목을 해야 할 일로 제시하였다. 모군의 경우 50세 이하 20세 이상은 전부 의병에 참여하라고 하였다. 양향은 일향의 대소인원은 되나 말로 쌀을 각출하여 운송하도록 하였다. 그리고 군기를 마련하고 승군을 뽑도록 하였다. 격문 외에 제자인 보성 출신 문희순(文希舜, 본관 남평)이 지은 모의문(募義文)도 발송하였는데, 현재 모의문은 대부분 유실되고 부분만 남아 있어 별다른 내용을 알 수 없다. 이들 격문이나 모의문은 큰 틀의 지침서에 해당하고, 구체적인 실행안으로 전령(傳令)을 작성하여 곳곳에 발송하였다. 현재 전령은 한 통만 남아 있는데, 그것은 보성 출신의 이시원(李時遠, 본관 광주)을 낙안군 소모 별유사로 차출하여 정한 것이다. 여기에는 교생과 한량으로써 군오 편성에서 누락된 자, 그리고 서얼, 노제(老除), 출신, 각사시노로써 군(郡)에 남아 있는 자, 또한 유향소에서 상의하여 뽑아 낸 자 등을 함께 문서로 작성하여 빨리 올리라는 내용이 들어 있다. 실제 이시원

---

17) 『은봉창의록』, 완의.

은 가동 30명과 쌀 300석을 가지고 안방준과 함께 거병하였고, 낙안군에 격문을 전하여 다소의 군병을 모았다고 한다.[18] 그리고 보성에 거주하는 충의위 이장원(李章遠, 본관 광주)으로 하여금 군량을 수집하여 장성으로 운반하도록 하였다. 이런 문건들을 접한 고을마다 여러 인사들이 일제히 동조하여 모두 의병청(義兵廳)으로 모여들었다. 가령, 보성 출신 최계헌(崔繼憲, 본관 해주)은 병자호란을 당하여 의려를 규합하여 안방준 의청(義廳)으로 달려가 군무를 규획하고 양향을 모집하여 군수를 도왔다고 하였다.[19] 장흥의 김상범(金尙範)은 조카를 시켜 쌀 10석과 힘센 종 30명을 보내기도 하였다. 이 의병청을 어디에 설치하였는가에 대해서는 확인하기 어렵다. 참여자에 보성 출신이 많은 것으로 보아, 보성에 두었을 것 같다.

안방준은 의병청을 잘 운용하기 위해 일정한 모군 체계를 갖추었다. 전별제 정직(鄭稷)이 도유사가 되었다고 하는데, 그는 함평 출신으로 병자호란 때에는 안방준이 거의했다는 말을 듣고 그의 의진에 들어갔다. 안방준이 의병도유사로 임명하자 그는 병사를 이끌고 여산에 이르렀다고 한다.[20] 또한 앞에서 언급한 것처럼 이시원을 낙안군 소모 별유사로 삼은 적이 있었다. 그리고 보성 출신 임시윤(任時尹, 본관 관산)이 분연히 몸을 떨쳐 거의하자 안방준이 모군별장(募軍別將)으로 삼으니 10일 사이에 많은 선비를 얻었다고 한다.[21] 이를 보면, 도유사-별유사-별장 체제로 일사분란하게 움직였던 것 같다. 이리하여 모인 사람들은 수백 명이나 되었다. 그 수백 명을 전투를 위해 조직화하였으니, 안방준 의병진의 조직도는 다음과 같다(『은봉창의록』).

---

18) 『은봉창의록』, 전령.
19) 『은봉창의록』, 열읍의사총록, 「崔繼憲」.
20) 『호남절의록』, 창의제공사실, 「鄭稷」.
21) 『은봉창의록』, 열읍의사총록, 「任時尹」.

〈 안방준의 병자창의 조직 〉

직책	출신지	이름
大將	보성	安邦俊
軍官	흥양	申智厚, 金汝洞
	보성	金宗遠, 金廷望, 李櫺, 鄭英哲, 宣英吉, 金漸, 出身 金遲
	장흥	金兌雄, 張穎, 白顔賢, 金有信, 南起文, 金器元
	능주	梁砥南
參謀官	보성	宣時翰
書記	능주	李韡, 元履一, 鄭琰, 金汝鏞
	보성	安厚之, 安愼之, 孫珏
	장흥	尹東野
軍糧官	보성	李樧臣
放糧官	보성	生員 諸慶昌
隨陪	보성	假吏 朴武立 · 千忠立
旗手	화순	校奴 京玉 · 安金
軍牢手	보성	奴 應澤 · 義日
驅從	보성	校奴 河上 · 南金
副將	보성	奉事 閔大昇
軍官	능주	鄭淵, 鄭文貍, 具體曾
	보성	尹興立, 主簿 朴惟孝, 韓宗任, 張後良
書記	능주	鄭文態, 宋應祝, 閔諫
旗手	화순	校奴 生伊, 私奴 順金
驅從	능주	校奴 吉伊 · 春山
從事官	장흥	金成命(金有信)
軍官	능주	文悌克, 崔景禔
書記	능주	金鑠
旗手	낙안	内宦保 金秋遠, 砲保 金彦南

안방준 의병진은 의병대장, 부장, 종사관을 축으로 그 아래에 각기 군관, 서기, 기수 등을 두는 체제를 갖추었다. 가장 많은 병력을 거느린 안방준 의병대장 직속으로는 군관, 참모관, 서기가 있었으며, 군량을 담당하는 군량관과 방량관을 두었고, 군기를 관리하거나 수종하는 노비들이 있어 각기 임무를 맡고 있었다. 군관이나 서기를 맡았던 사람들은 양반 출신으로 구성되었으며, 기수나 심부름을 하는 사람들은 하층 향리나 일반 평민은 물론이고 개인 노비나 향교 노비들이 주축이 되었다. 이를 통해 관아와 향교의 지원, 그리고 지배층과 피지배층의 협력이 있었음을 확인할 수 있다.[22) 여기에 모인 인사들은 임란 때에도 직접 의병활동을 한 사람이거나 또는 의병활동을 한 사람의 자(子)나 손(孫)이 적지 않다. 이들은 안방준과 친인척 또는 문하생의 관계이거나 혹은 안방준의 명성을 듣고 자발적으로 모인 인사들이었다. 지역적으로 안방준의 고향인 보성 출신이 가장 많았고, 인근 지역에서도 적지 않게 모이었다.

의병진이 구성되자 안방준은 이들을 이끌고 길을 떠나기 시작하였다. 광주 동계(東溪)를 거쳤는데, 동계는 광주 읍내인 것 같다. 안방준 일행이 장성(長城)에 이르자 현감 유시영(柳時榮)이 나와 맞았다. 그가 금구에 이르렀을 때 관군이 무너져 흩어지는 모습을 보고 크게 놀랐다. 자신이 이끌고 있는 의병은 쇠잔한 서생들에 불과하지만 관군이 무너지기 전에 조금이나마 도움을 주려고 했는데, 사태가 이렇게 되니 어떻게 하면 좋겠냐고 남한산성에 가 있는 전라감사 이시방에게 편지로 문의하였다. 그러면서 그는 남한산성의 방어도 중요하지만, 감사가 본도에 머물면서 명령을 내리어 흩어진 병졸과 군적(軍籍)에서 빠진 장정들을 선발하면 다시 군대의 위세를 떨칠 수 있을 것이라고 조언하기도 하였다.

전라도와 충청도의 경계선인 여산(礪山)에 이르렀을 때 남한산성의 포

---

22) 류창규, 「병자호란과 호남의병」, 「남도문화연구」 21, 순천대 남도문화연구소, 2011, 296쪽.

위가 풀리고 인조가 이미 출성하였다는 소식을 듣고서 군사를 파하여 향리로 돌아왔다. 그는 향리에 돌아온 뒤 1640년에 화의를 배척하는 상소를 올렸다.

3) 안방준과 함께한 보성사람들

안방준의 병자창의에 참여한 총 인원수는 수백 명이었다고 하는데, 정확한 숫자와 자세한 면면을 알 수 없다. 현재 우리가 알 수 있는 사람은 『은봉창의록』에 수록된 200여 명, 『호남절의록』에 수록된 100여 명 뿐이다. 아마 중간에 자료가 유실되어 그러할 것이다.

『은봉창의록』은 안방준의 병자창의에 참여하였던 사람들을 정리한 문건인데, 모두 두 번 발간되었다. 초간본은 김종후(金鍾厚)의 서문(1779년)과 안창익(安昌翊)의 발문(1780년)이 붙어 있고, 모두 190명의 이름이 올라 있으니, 보성 116명, 능주 25명, 흥양 24명, 장흥 16명, 낙안 7명, 화순 1명, 나주 1명 순이다. 반면에 중간본은 김종후의 서문(1779년)과 안정(安檉)과 오현주(吳鉉冑)의 발문(1864년)이 붙어 있고, 인물에 대한 기록을 강화하여 초간본에는 이름만 있고 그 인물에 대한 기록 문자가 없는 것이 많았는데 이러한 점을 보완했고, 초간본보다 8명이 더 많은 198명이 올라 있다.[23]

한편, 『호남절의록』은 임진왜란, 이괄의 난, 정묘호란, 병자호란, 이인좌의 난이 일어났을 때에 활약한 호남 지방 의병들의 행적을 기록한 책으로, 1799년(정조 23)에 고경명의 후손 고정헌(高廷憲)에 의해 간행되었다.[24] 이 가운데에는 병자호란 때에 은봉 창의와 관련된 인물이 100여 명 수록되어 있다.

---

23) 권수용, 「『병자창의록』 연구」, 『지방사와 지방문화』 14-2, 역사문화학회, 2011, 215쪽.
24) 노기춘, 「『호남절의록』에 관한 연구」, 『서지학연구』 44, 서지학회, 2009.

현재 확인이 가능한 안방준 병자창의 참여자들의 출신지를 보면, 안방준의 고향인 보성을 위시로 하여 인근의 능주, 화순, 나주, 장흥, 강진, 낙안, 흥양 등지이다. 이들 지역은 안방준의 지역적 연고와 학문적 연맥이 있는 곳이다. 따라서 안방준과 혈연적, 학문적 연맥에 의해 참여한 사람들이 대거 참여하였다고 볼 수 있다.

가령, 안방준의 아들 안후지, 안신지, 안심지, 안일지 등이 참여하였고, 이외 친족인 안휘지 등도 있었다. 이 가운데 안후지(安厚之)와 안신지(安愼之)는 대장의 서기로 활약하였고, 안심지(安審之) 또한 아버지를 수행하며 서기 일을 보았다고 한다. 안방준의 다섯째 아들인 안일지(安逸之)도 친히 의병에 참여하였다. 아들은 아니지만, 동족인 안휘지(安徽之)도 보인다.

그리고 안방준의 외가인 진원 박씨 사람들도 다수 참여하였는데, 보성 출신의 박춘장(朴春長, 본관 진원)은 박광전의 손자로써 군병과 군량을 모아 안방준 막하에 들어갔다. 그의 계자(季子) 박진형(朴震亨)도 계부를 따라 병량을 모았다.[25] 이 외에 박동건(朴東建)은 동생 동수와 함께, 안방준의 외종질인 박유제(朴惟悌)는 종제 유충과 함께 안방준을 따라 거의하였다. 이 외에 진원 박씨 인물로 박희망, 박시형, 박인강 등도 참여하였다. 거의자 가운데 일족이 대거 참여한 성씨로는 광주 이씨가 있는데, 이원신, 이무신, 이장원, 이시원, 이성신, 이옥신, 이경신, 이민신 등이 그들이다. 이 가운데 이무신, 이장원, 이시원 등은 안방준 의병진에서 두드러진 활약을 한 인물이다.

이들은 혈연적 연맥으로 참여한 사람들이고, 학문적 연맥으로 참여한 사람도 있다. 가령, 안방준 대장의 군관으로 참여한 장흥 출신의 남기문(南起文, 본관 의령)은 선무원종 공신인 응개의 아들로 안방준 문하에서

---

25) 『호남절의록』, 창의제공사실, 「朴春長」.

수학하였고, 병자호란 때 안방준의 격문에 응하여 창의하였다고 한다.[26]

강진 출신의 홍용호(洪龍浩, 본관 남양)는 안방준 문하에서 수학하였고, 병자호란 때에 김득원·김식록·조첨 등과 함께 병사 1백여인 및 미 90석을 모집하여 의병청에 보냈고 아들 춘립과 함께 가동 40인을 내어 안방준을 따라 여산까지 진격했다고 한다.[27] 또한 보성 출신의 김선(金銑, 본관 김해)은 어려서 안방준 문하에서 수학하였는데, 병자호란 때에는 안방준의 거의 소식을 듣고 동생 전과 동참하였다. 그리고 문희순(文希舜, 본관 남평)은 「모의문」을 작성한 안방준의 제자인데, 그의 조카 진발과 함께 창의하였으니 학연이 창의의 큰 고리였을 것이다. 이외에 김종기(金宗起, 본관 김해)도 일찍이 안방준 문하에서 강마도의한 인물이고, 손수헌(孫守憲, 본관 밀양)도 어려서 안방준 문하에서 거업을 하여 덕망이 높은 인물인데, 모두 스승의 의려에 들어왔다.

이렇게 보면, 안방준의 병자창의 의병진은 안방준 본인의 개인적 흡인력에 의해 구성되었다고 보아도 틀리지 않다. 그렇지만 의병 개개인의 친족간의 결속력도 무시할 수 없는데, 몇 가지 유형으로 나눌 수 있다. ①부자간에 참여한 경우가 있는데, 안방준과 그의 아들들의 거의가 그것이다. 뒤에 언급할 민대승이 그의 둘째 아들과 거의하기도 하였다. ②형제간에 참여한 경우가 있는데, 김취인(金就仁, 본관 낙안)은 동생 근인과 함께 안방준 의려에 들어갔다. 앞에서 언급한 바 있는 김선이 동생 전과 함께 동참하였다. ③친형제는 아니지만 종형제끼리 거의한 경우가 많다. 가령, 김종혁(金宗赫, 본관 김해)은 종형제와 함께 안방준을 따라 거의하여 군무를 주관하였고, 최강(崔崗, 본관 경주)은 종형 현과 함께 거의하였다. 이외에 김여련(金汝璉, 본관 광산)은 7종형제와 함께 안방준을 따라 거의

---

26) 『호남절의록』, 창의제공사실, 「南起文」.
27) 『호남절의록』, 창의제공사실, 「洪龍浩」.

하였다. ④숙질간에 참여한 경우가 있는데 황석준(黃錫俊, 본관 장수)은 조카들인 유중, 수남, 시민, 득영 등과 함께 창의하여 병량을 모집한 후 안방준 막하에 들어가 군무를 규획하였다. 이 가운데 황시민도 군무를 주관하였다고 한다. ⑤이 외에 형제숙질간에 참여한 경우도 있는데, 보성 출신 조홍국(趙弘國, 본관 순창)은 숙부 정형·정현, 사제 창국, 종제 흥국, 종질 순필·순립과 함께 거의하여 안방준 막하에 들어가자 안방준이 '1문7의'라고 높게 평가하였다.

그런데 이들 수 백명 중에서 보성 출신이 가장 많다. 의병진에서 임무를 분장받은 57명 가운데에서도 보성(25명), 능주(16명), 장흥(8명), 화순(4명), 낙안(2명), 흥양(2명) 순서이다. 보성 출신이 25명으로 가장 많다는 말인데, 아마 안방준의 고향이어서 그러하였을 것이다. 이제 이들 25명의 보성 사람들을『은봉창의록』과『호남절의록』등을 토대로 알아보겠다.[28]

먼저, 안방준 의병진의 핵심 장수인 부장(副將) 민대승(閔大昇, 본관 여흥)에 대해 알아보자. 그는 무과에 급제하여 일찍이 훈련원 봉사를 역임하였다. 권간의 미움을 받고 고향에 내려와 아들을 가르치고 충효로 가정을 다스리고 있을 때에 병자호란이 발발하자, 큰 아들에게는 조상 제사를 받들고 가업을 지키라고 하고 작은 아들에게는 나를 따라 난에 임하자고 한 후 열읍의 동지 의사를 모아 안방준의 의병청에 들어가서 부장이 되어 군을 이끌고 여산에 이르렀다.

다음, 군관(軍官)에 대해 알아보자. 의병대장 안방준의 군관으로 활약한 인물로는 김종원, 김정망, 이강, 정영철, 선영길, 김점, 김섬 등이 있다. 그리고 부장 민대승의 군관으로 활약한 인물로는 윤흥립, 박유효, 한종임, 장후량 등이 있다. 한 사람씩 살펴보면, 김종원(金宗遠, 본관 김

---

28) 『은봉창의록』의 부서원 조직도에는 포함되어 있지 않지만, 『은봉창의록』의 「창의제공사실」이나 『호남절의록』의 「창의제공사실」에 간부를 역임하였다고 기록된 경우도 있다. 가령, 김안신(金安信)의 경우 안방준이 김안신을 불러 막료로 삼아 군무를 맡아보게 하였다고 하였으니 부서를 맡았다고 해석하기에 충분하다. 여기에서는 이런 인물을 추론하여 조직도에 넣을 수 없기 때문에 언급하지 않겠다.

해)은 임진왜란 때에 순절한 원종공신 홍업의 손자이다. 안방준을 따라 창의하여 군무를 잘 처리하였다. 이렇게 군관의 직임을 맡았던 사람들은 군무를 보았음을 알 수 있다. 김정망(金廷望, 본관 광산)은 종숙인 득선과 함께 의병을 모집하여 전란에 임하였다. 김득선은 족질인 취지, 정생, 정망, 여련, 의정 등과 함께 거의하였다. 이 가운데 김취지는 안방준 문하에서 수학하였다. 그러니까 일족이 대거 거의한 셈이다. 이강(李橿, 본관 경주)은 훈련첨정 방직 손자이다. 용감하게 분연히 일어나 의병에 참여하여 군무를 전임하였다. 정영철(鄭英哲, 본관 진주)은 임진왜란 때에 전라좌의병진에서 종사관을 맡았다가 남원에서 순절한 정사제의 손자이다. 정영철은 병자호란 때에 재종형 영신, 종제 철종(초명 기종)과 함께 창의하여 안방준 막하에 들어가 군무를 관장하였다. 이 가운데 정철종은 선무원종 공신 응남의 손자로 병량(兵糧)을 모집하고 안방준 막하의 참모로 병력을 이끌고 여산에 이르렀다. 그리고 정영신은 예빈시 주부를 역임한 인물이다. 선영길(宣英吉, 본관 보성)은 현감 방헌의 증손으로 거의하여 군무를 전임하였다. 한종임(韓宗任, 본관 청주)은 진사 응창의 아들로 병자호란 때에 동생 득홍과 함께 안방준 의막에 들어가 군무를 많이 처리하였다. 이외에 김점(金漸), 출신 김섬(金暹), 윤흥립(尹興立), 장후량(張後良)은 전하는 것이 없어 단지 이름만 기록한다고 하였다. 또한 박유효(朴惟孝)는 아예 기록이 없다. 군관에 임명되어 군무를 맡은 이들 가운데는, 업무나 신분 상 무인이나 서자 등이 많았던 것 같다. 그렇기 때문에 간부부서표에는 들어갔지만, 행적이 전하지 않았을 것이다. 양반이 아닌 신분들은 자신이나 자신 조상들의 기록을 제대로 남기지 못하였기 때문이다.

다음, 의병대장 안방준의 참모관을 알아보자. 그런 사람으로는 선시한(宣時翰, 본관 보성)이 있었다. 그는 훈련첨정 민중의 아들로 의병진에 참여하여 참모의 역할을 맡았다.

다음, 서기(書記)에 대해 알아보자. 그런 사람으로는 안후지, 안신지, 손각 등 3인이 있었다. 안후지(安厚之)는 안방준의 장자이다. 아버지를 따라 거의하였는데, 군량을 600곡이나 모았고, 공주에 머물고 있던 전라 감사 이시방을 찾아가 시무를 극진하여 경탄을 들었다고 한다. 안신지(安愼之)는 안방준의 둘째 아들인데, 능주 쌍봉의 별장(別庄)에 우거하고 있다가 소모하라는 명을 받고 능주·나주의 사우와 천태산에서 회합을 갖고 거의하였고, 서기의 임무를 부여받고 병사(兵事)를 관장하였다.[29] 손각(孫珏, 방윤으로 개명, 본관 밀양)은 선전관 여정의 아들이다. 일찍이 안 방준 문하에 들어가 수학하였고, 병자호란이 일어나자 선생을 따라 거의 하여 서기를 맡았다.[30] 서기란 대장 바로 옆에서 기무를 기획하고 집행해 야 하기 때문에, 신뢰와 소통이 가능한 사람이 있어야 하기에 이처럼 아 들들이 맡았을 것 같다.

다음, 군량관(軍糧官)과 방량관(放糧官)으로 활약한 사람에 대해 알아 보자. 군량관으로는 이무신(李懋臣, 본관 광주)이 있었는데, 그는 현감 응남의 아들로 안방준을 따라 거의했고, 안방준이 군사의 양식을 조달하 는 임무를 부여하였다. 방량관으로는 제경창(諸慶昌, 본관 칠원)이 있었 는데, 그는 충무위 부장 호원의 아들로 안방준 문하에서 수학하였다. 병 자호란 때에는 선생을 따라 거의하여 병량을 관리하는 일을 맡았다.

다음, 수배(隨陪)라고 하여 의병대장을 수종한 인물에 대해 알아보자. 그들로는 가리(假吏)인 박무립(朴武立)과 천충립(千忠立)이 있었다. 가리 란 대대로 내려오는 이족(吏族)에서 충원한 향리가 아니라, 일반 집안에 서 임시로 향리에 차출한 사람이다. 보성 관아와의 유기적인 연대를 위해

---

29) 『호남절의록』에는 안방준의 셋째 아들 안심지(安審之)가 창의시 서기로 군중 문서를 관리하였는데, 복잡한 것도 말끔하게 정리하니 여러 사람들이 칭찬했다고 한다(『호남절의록』, 창의제공사실, 안심지).

30) 손각의 친족인 손석윤(孫錫胤)도 안방준 막하에서 서기를 맡았다. 그는 19세에 안방준 문하에 들어갔고, 병자호란 때에 가동 1백여명을 이끌고 의막(義幕)에 용감하게 들어오자 안방준이 기실(記室)로 삼았다(『은봉창의록』, 창의제공사실, 손석윤). 기실로 삼았다는 말이 서기를 맡았다는 뜻이다.

향리를 의병진에 차출하였고, 그때 전통 향리 가문이 아니라 신흥 향리 가문에서 차출하였음을 알 있다.

다음, 의병대장 안방준의 말을 몬 구종(驅從)으로 보성 향교의 종인 하상(河上)과 남금(南金)이 참여하였다. 그리고 규율을 어긴 군병을 죄주는 일을 맡는 군뢰수(軍牢手)로 종인 응택(應澤)과 의일(義日)이 차출되었다. 여기에서 그냥 종이라고만 하는데, 직책으로 보아 보성 관아에 딸린 관노(官奴)였을 것 같다. 이렇게 보면, 안방준 병자의병진에는 양반들의 참여는 물론이고 향교와 관아의 지원이 있었음을 알 수 있다.

맺음말

안방준은 임진왜란 때에 20세 나이로 임계영 의병장 밑에서 참모로 활동하였고, 정묘호란 때에는 호소사 김장생 아래에서 광주 출신 고순후와 함께 의병장으로 활동하였다. 이와는 달리 병자호란 때에는 호남 의병장의 맹주로 활동하였는데, 손수 격문·모의문 등을 보내어 군병·군기·군량을 모아 보성에 의병청을 설치하고 의병진을 조직하였다. 그의 의병진은 자신이 맡은 대장 아래에 군관, 참모관, 서기, 군량관, 방량관, 수배, 군뢰수, 구종 등을 두었고, 그리고 부장과 종사관 아래에도 여러 직임을 두었다. 여기에는 보성 사람이 가장 많이 참여하였고, 그 외에 능주, 장흥, 화순, 낙안, 흥양 등지 사람들도 참여하였다. 그들은 안방준의 아들이나 문인, 자발적인 지원자, 그리고 향교·관아의 부속자 등으로 구성되었다. 이들은 북상을 하여 여산에 이르렀을 때 남한산성의 포위가 풀렸다는 말을 듣고 진을 파하고 고향으로 돌아갔고, 안방준은 화의를 배척하는 상소를 올렸다. 이 사실을 담아 안방준 후손은 '창의록'이라는 이름으로 발간하였다.

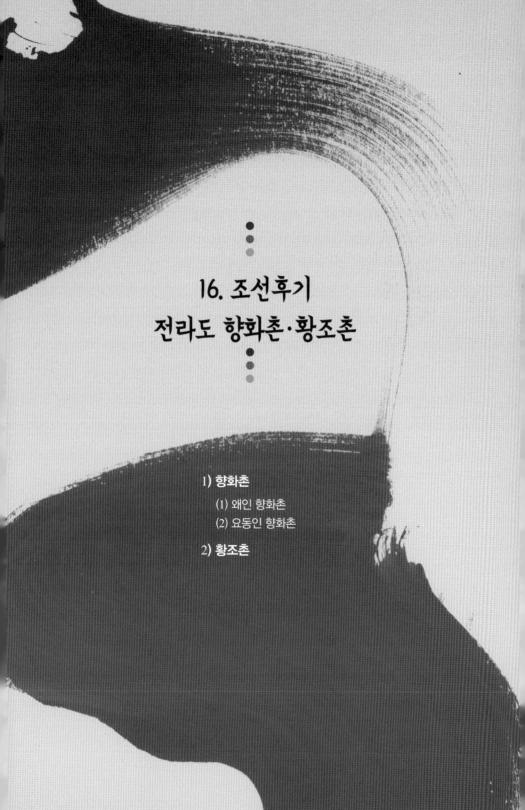

16. 조선후기
전라도 향화촌·황조촌

16. 조선후기 전라도 향화촌·황조촌

머리말

동서고금을 막론하고 자연재해나 전쟁 또는 정치적 갈등이나 경제적 사정 등으로 국경을 넘어 거주지를 옮기는 사람들이 적지 않다. 거주지를 옮긴 사람들은 정착지에 동화되어 흔적도 없이 살아가기도 하지만, 집단적으로 살면서 자신들의 고유문화를 현지문화와 융합하여 살기도 한다. 우리 역사에서는 그런 사람, 즉 귀화인을 보통 투화인(投化人)이라고 하였다가, 민족별로 나누어서 향화인(向化人) 또는 황조인(皇朝人)이라고 하였다. 그리고 그들의 집단 거주 마을, 즉 귀화촌을 향화촌(向化村) 또는 황조촌(皇朝村)이라고 하였다. 향화란 여진·왜에서 귀화해온 사람들을 대상으로 하는 말하고, 황조란 명청 교체 후 들어온 명나라 유민을 대상으로 하는 말로 대명 의리론이 강화되는 18세기에 본격적으로 사용되기 시작하였다. 아무튼 귀화인 마을은 우리나라 곳곳에 적지 않게 존재했던 것으로 보인다. 그런데 이들 마을에 대한 연구는 전체적으로 부진한 편이고, 그것도 사야가(沙也加)라는 일본 장수가 임진왜란 때 귀화하여 김충선(金忠善, 1571~?)이라는 이름을 받았고 그 후손들이 정착한 대구시 가창면 우록마을에 관한 사례뿐으로 보인다.[1]

이러한 결과 전라도 지역에 대해서는 아직까지 향화촌·황조촌에 대한 전체적인 실태는 말할 것 없고 시론적인 연구도 없는 실정이다. 전라도에 이방인 마을이 들어선 때는 아주 오래 전으로 거슬러 올라갈 수 있다. 일본, 중국, 대만, 유구(현재 오키나와), 필리핀, 동남아 등지의 사람들이 항해하다 표류하여 전라도에 정착하여 생겼을 수도 있다. 인도 아유타 국의 공주 허황후가 배를 타고 가야에 와서 왕비가 되었듯이 말이다. 이런 자연 발생적인 요인 외에 국가 차원의 정책에 의해서도 전라도에 이방인 마을이 형성되었다. 확인된 기록상 때는 고려 초기로 거슬러 올라간다. 1030년(현종 21)에 거란, 해가, 발해의 백성 5백여 명이 귀순하여 왔다. 그러자 고려 정부는 이들을 강남도(江南道)의 주와 군에 배치했다. 지금의 전라북도 지역에 살게 한 것이다. 몽골 침략, 여말선초 왜구 침략, 임진왜란과 명군 참전, 명청 교체와 병자호란, 그리고 잦은 표착 등으로 전라도 지역에 이방인 마을이 많이 있었을 것임에도 불구하고, 현재 단지 중국인 진영소 후손들이 해남에 정착하여 살고 있는 황조마을만 뉴스에 오르내리고 있을 뿐이다.

이런 상황에서 조선후기에 전라도 지역에 있었던 향화촌·황조촌의 분포실태를 시론적이나마 이 글에서 언급하고자 한다. 이 글을 쓰는 이유는 이 분야에 대한 관심이 더 높아지고, 그것을 토대로 동아시아의 화해와 평화가 더욱 성숙되고, 나아가 그것이 전라도 지역의 역사문화와 관광 활성화 자원으로 활용되기를 바라는 데에 있다. 후속 연구와 관계기관의 관

---

[1] 김학수, 「한 일본인의 조선정착과 사회문화적 적응 양상 : 항왜장 사야가(김충선) 집안을 중심으로」, 『대동한문학』 46, 대동한문학회, 2016. 양흥숙, 「조선후기 항왜의 존재 양상과 정착–대구시 우록리 김충선의 후손 사례를 중심으로」, 『대구사학』 122, 대구사학회, 2016.

심을 바라마지 않는다.

1) 향화촌

앞에서 말한 것처럼, 외국인이 귀화하여 집단으로 사는 마을을 그들의 출신지에 따라 향화촌 또는 황조촌이라고 하였다. 전라도에도 그런 마을이 여러 곳에 있었다. 우선 향화촌에 대해 알아보자. 영암의 경우 곤일면 사포리·변두리, 곤이면 행정리가 향화촌이었다. 이는 영암 사람들이 1838~1839년에 영암군수에게 제출한 소장을 모아 놓은『영암군소지등서책』이라는 문서에 수록되어 있다. 군역을 면제해주라는 소장을 내면서 그들이 자신의 마을을 향화촌, 자신의 신분을 향화인이라고 적어서 드러난 것이다. 예를 들면, 1838년(헌종 4) 7월 29일에 곤일면(昆一面) 사포(沙浦)에 사는 문주동(文朱同)이 자신의 마을은 향화촌으로서 본래 군역이 없었는데, 지금에 와서 8명의 군역이 배정되어 있으니 빼달라고 청원하였다.[2] 1년치 문서에 3곳이 보인 것으로 보아, 영암 관내에 더 있었을 것 같다. 다만 어디에서 온 사람들인지에 대해서는 알 길이 없다. 일본에서 왔는지 아니면 요동이나 만주에서 왔는지 알 수 없다는 말이다.

(1) 왜인 향화촌

왜인 향화촌은 조선초기에 공식적으로 조성되기 시작하였다. 그에 따라 전라도 곳곳에 향화 왜인이 살고 있었다.[3] 왜인 향화촌은 임진왜란 때에 침략군으로 들어온 왜군의 항복에 의해서도 형성되었다. 1592년에는 16만 여명이, 1597년에는 15만 여명이 각각 침략해왔다. 그 가운데 상당수가 조선 땅에 잔류했다. 한 때 1만 명이라는 기사도 있다. 특히 명량대첩

---

2) 『영암군소지등서책』,『한국 지방사자료총서』12, 여강출판사, 1987, 323쪽.
3) 한문종, 「조선전기 일본인의 향화와 정착」,『동양학』68, 단국대 동양학연구원, 2017.

때 패전한 왜군의 일 무리가 귀국하지 않고 해남에 정착하여 마을을 이루어 20세기 초까지 자신들 언어를 쓰며 살았다. 이 사실을 삼산면 평활리 주민이 증언했다.

"1920년대까지도 양촌저수지 아래 등성이에 신분이 뚜렷하지 않은 사람들이 4~5가구 살았어요."

왜군 포로 후손이었던 이들은 마을에 큰 일이 있을 따마다 의무적으로 나무 한 짐을 해왔다. 또 다른 마을 사람들은 다음 말도 했다.

"그 사람들은 마을 앞을 곧장 지나가지 못하고 마을 뒷산으로 으레 돌아서 다녔당게."

그들은 저수지 아래에 계단식으로 택지를 만들어서 집을 지었고, 근처의 땅을 개간하여 논밭으로 만들고 관개사업에도 참여했다.[4)

『신증동국여지승람』을 보면, 보성에 '왜진(倭津)'이라는 곳이 있는데 그곳에서 보개어(寶開魚)가 난다고 적혀 있다. 왜진은 포구임에 분명하다. 정유재란 때에 최대성 등이 이 왜진에서 왜선 30여척을 크게 격파했다고 한다.[5) 왜진은 왜군들이 육지로 들어가기 위해 상륙한 포구였다. 김정호가 그린 『대동여지도』를 보면, 보성에 '왜진포(倭津浦)'라는 포구가 적혀 있다. 『보성읍지』를 보면, 왜진포는 동 30리에 있고 그곳에는 왜진창, 해창, 선소 등이 있었다고 적혀 있다. 이상을 종합해 보면, 왜진포의 유래에 대해서는 현재 알 길이 없지만, 꽤 큰 포구였음을 알 수 있다. 그렇다면 왜 이름에 '왜'자를 넣었을까가 궁금하지 않을 수 없는데, 아마 왜인들이 자주 들락거렸거나 아니면 왜인들이 집단 거주하여 그렇지 않았을까 하는 추정을 해 볼 수 있다.

---

4) 진도군·목포대박물관, 『임진·정유왜란과 진도』, 1992.
5) 『여호집』 24, 묘갈명, 『訓鍊院正宋公墓碣銘』.

(2) 요동인 향화촌

조선초기에 북방개척을 하면서 평안·함경도 지역에 살고 있던 여진인 가운데 조선으로 귀화한 사람들, 그리고 만주에 살면서 조선으로 귀화한 여진인을 조선 정부는 조선 땅에 정주시키는 정책을 폈다. 그리고 요동에 살던 명나라의 한족 사람들이 여진족이 세운 후금(청)의 지배를 피해 한반도로 대거 들어왔다. 10~20만 명은 족히 되었을 것 같다. 그들 가운데 일부는 청의 요청에 의해 송환되었지만, 일부는 조선 땅에 그대로 남았다. 그 잔류 요동인을 조선 정부는 전국 도처에 10명이나 6~7명 단위로 분산 배치했다. 주택이나 토지를 지급하고 직장이나 혼인을 알선했다. 이때 요동 사람들은 대부분 해안가 또는 예전부터 향화인이 살았던 곳에 터전을 잡았다.[6]

그 가운데 상당수는 전라도 바닷가 지역에서 가정을 이루고 자녀를 두며 정착 생활을 영위했다. 향화인은 본래 군역이 없었다. 이 점을 악이용하여 몰래 향화촌으로 들어가 사는 조선 사람들도 있었다. 그래서 숫자가 늘어나자, 1700년(숙종 26)에 고창의 선비 유신우는 어업이나 농업에 종사하고 있는 향화인에 대해서는 군역에 충당하자고 요청한 바 있다.[7] 이런 요청과 함께 부족한 군역 자원 충당을 위해 점차 향화인에게도 군역이 부과되었다. 바로 이 점 때문에 향화인들이 원래대로 군역을 빼달라고 관아에 소장을 제출했던 것이다. 아무튼 고창에 요동 사람들 집단 거주 마을이 있었음을 알 수 있다.

요동인 향화촌은 영광에도 있었다. 『영광읍지』를 보면, 30리 거리의 육창면에 향화진(向化津)이 있고, 서쪽 45리 거리에 향화도(向化島)가 있

---

6) 이선희, 「길상사건을 통해 본 17세기 초 향화호인 관리 실태와 한계」, 『동양고전연구』 37, 동양고전학회, 2009.

7) 김덕진, 「17세기 전반 후금의 요동진출과 요민의 조선이주」, 『역사와 교육』 14, 역사와교육학회, 2012 : 본서 제13장.

다. 향화인이 살고 있는 나루나 섬으로 생각된다. 『(영광)민장치부책』이나 『구한국지방행정구역명칭일람』에 보이는 육창면 향화리(向花里)도 향화촌으로 생각된다. 그런데 『영광읍지』 도서 조항에 "向化島 西四十五里 大完 黑龍江人 牛之巨亂 萬曆壬辰 漂到本郡 使之居此島 改島名皇朝人村"이라고 적혀 있다. 중국 흑룡강 사람 우지거란(牛之巨亂)이 1592년(만력 임진)에 영광에 표류해 와서 이 섬에 살아 섬 이름을 향화도라고 하였는데, 나중에 섬 이름을 황조인촌으로 바꿨다는 말이다. 만주 사람들이 왔고, 본관을 흑룡강이라고 하였고, 그들의 거주 마을을 처음에는 향화도라고 하였다가 나중에 황조인촌으로 바꾸었음을 알 수 있다. 마을 이름은 황조인촌으로 불리었는가 모르겠으나, 섬 이름은 지금까지도 향화도라고 불리지만 일제 강점기 때의 간척지 공사로 현재는 육지로 되어 있고 서해를 오가는 항구로 이용되고 있다. 한편, 황조인은 멸망한 명(明)나라의 유민으로, 북방민족이나 왜인으로 이루어진 향화인과는 본래 대비되었다.[8] 그런데 후대에 대명 의리론이 강조되면서 북방사람들도 중국인이라는 점을 들어 황조인으로 불리었던 것 같다.

요동인 향화촌은 해남에도 있었다. 1639년(인조 17)에 작성된 전라도 해남의 호적대장이 10장 남아 있다. 등재자 가운데 남자 21명과 여자 19명 등 모두 40명이 귀화 야인(野人, 여진인)의 향화인으로 기록되어 있다. 그 가운데 거주지가 해창리(海倉里)로 본관이 흑룡강(黑龍江)[9]으로 기재되어 있는 호주 최한(崔汗)의 경우, 본인·부·조·증조와 외조 및 처·처부·처조 모두가 향화로 기재되어 있다.[10] 이 정도만 놓고 보아도 해창리 부근에 상당히 많은 요동 향화인이 있었고 그들끼리 혼인이 이루어지

---

8) 서근식, 「조선시대 '향화' 개념에 대한 연구」, 『동양고전연구』 37, 동양고전학회, 2009, 16쪽.

9) 북방에서 귀화한 사람들은 자신들끼리 혼인하며 본관을 '대원(大元)' 또는 '흑룡강(黑龍江)'으로 삼았다. 그러다가 점차 조선 사람과 혼인도 하고 조선에 있는 기존의 본관을 사용하기 시작하였다.

10) 임학성, 「17세기 전반 호적자료를 통해 본 귀화 야인의 조선에서의 생활 양상-울산호적(1609)과 해남호적(1639)의 사례 분석」, 『고문서연구』 33, 한국고문서학회, 2008.

고 있었음을 알 수 있다. 해창이란 군현의 세곡을 모아서 배로 서울로 보내는 바닷가 포구로, 해남 해창은 읍내 남쪽 20리 화산면에 있었다.

2) 황조촌

임진왜란 동안 총 20여만 명의 명나라 군대가 참전했고 상인들도 다수 들어왔다. 전쟁이 끝나고 적지 않은 명나라 사람들이 본국으로 돌아가지 않고 조선 땅에 정착하여 새 인생을 시작했다. 특히 부상이나 질병 때문에 귀환을 포기한 자들, 군대에서 빚을 지고 갚을 수 없는 자들, 군대에서 죄를 진 자들, 고향이 너무 멀거나 돌아가도 먹고살 수 없는 자들 가운데 도망병들이 속출하였고 그들은 조선 땅에서 농업, 상업, 기술업 등으로 생계를 꾸려나갔고 그들에 대하여 조선 정부는 가급적 수용하려고 하였다.[11]

그러한 사람으로 나주에 정착한 이가 있었다. 『금성읍지』(1897년) 「천장수훈별록」에는 나주에 살고 있는 명나라 사람 2인이 소개되어 있다. 한 사람은 편갈송(片碣頌)으로 임진왜란 때에 이여송의 유격장으로서 여러 번 왜군을 격파했는데, 그 자손이 나주에 거주하며 조상을 위한 사당까지 지었다고 한다. '한국역대인물 종합정보시스템'에는 편갈송이 무고 때문에 귀국하지 않고 경주 금오산에 은거하였고, 이 소식을 들은 본국의 세 아들도 금오산에 와서 살았는데 아버지 사후 편풍세(片豊世)와 편풍원(片豊源)은 나주에 그리고 편산보(片山甫)는 만경에 정착하여 살면서 본관을 자신들의 고향을 따서 '절강'이라고 했다고 한다. 그리고 전라도 유림의 계청으로 나주에 '감명사(感明祠)'라는 사당까지 세웠다고 한다. 1920년에 발간된 『속수나주지』에 감명사는 신촌면에 있고 명장(明將)인 모헌(慕

---

11) 한명기, 「임진왜란 시기 명군 도망병 문제에 대한 일고」, 『한국학연구』 44, 인하대 한국학연구소, 2017.

軒) 편갈송을 향사하는데 지금은 유지(遺址)만 있다고 기록되어 있다. 아마 대원군의 서원 훼철령으로 철거된 후 당시까지 복구되지 못하였고 현재까지도 복구되었다는 사실은 찾을 수 없다. 이렇게 보면 나주에 정착한 사람은 편풍세·풍원 형제였고 사당은 감명사였음을 알 수 있다. 1908년 『증보문헌비고』 성씨편을 보면 나주에 편씨가 살고 있었고, 1985년 '인구 및 주택 센서스 조사'를 보면 나주 전체 14만 2천 4백 71호 가운데 편씨 87호가 살고 있었으니,[12] 그들이 바로 편갈송 후손일 것 같다. 그런데 감명사의 존재에 대해서는 확인되지 않지만, 절강편씨 편풍세를 추모하기 위하여 동강면 운산리 운흥마을에 1940년 경에 설립된 관운재(觀雲齋)라는 재실은 확인되고 있다.[13]

또 한 사람은 추수경(秋水鏡)으로 『금성읍지』에 따르면 안찰사로 우리나라에 들어왔고 선조 임금이 사인 벼슬을 내렸고, 나주 시랑면 자지현(紫芝峴)에 그의 묘가 있다고 한다. 호남 사람들이 1903년에 편찬한 『호남삼강록(湖南三綱錄)』에는 추수경이 전주에서 죽자 그 소식을 들은 선조 임금이 관리를 파견하여 제례를 치르게 하고 그 땅에 묻었다고 기록되어 있다. 한국민족문화대백과사전을 보면 그는 이여송의 부장으로 추노(秋蘆)와 추적(秋荻) 두 아들과 함께 왔다가 돌아가지 않고 전주에 정착하여 후손들은 '전주'를 본관으로 삼았다고 한다. 『나주시의 문화유적』을 보면, 다시면 가운리 가동마을에 추노, 추적, 추국(秋菊), 추지(秋芝), 추란(秋蘭)을 추모하는 여재각(如在閣)이라는 재실이 1882년 경에 건립되었다고 한다. 이렇게 보면, 추수경의 후손이 나주에 살았고, 1897년 당시 그의 묘가 시랑면에 있었던 것은 확실해 보인다. 그런데 현재 그의 묘는 전북 완주군 봉동읍에 있다고 하니, 중간에 이전된 것으로 생각된다.

---

12) 나주시지편찬위원회, 『나주시지』 3, 2006, 404~405쪽.
13) 나주시·목포대박물관, 『나주시의 문화유적』, 1999, 259쪽.

추수경의 후손들은 정읍과 영광에서도 살고 있었다. 영광의『민장치부책』이라는 문서를 보면, 정읍에 살고 있는 추재풍(秋在豊)이라는 사람이 1870년(고종 7)에 자신은 명나라 사람 추수경(秋水鏡)의 후손인데 자신의 사촌 동생 근풍(近豊)이 영광 삼북면(현재 장성군 삼계면)에 살고 있다면서 근풍의 군역을 면제해달라고 관아에 요청했다.

또 황조촌은 명나라가 망하자 망명해 온 사람들에 의해 형성되기도 했다. 명나라 사람들은 요동에서 육로로 들어오기도 하였지만, 배를 타고 들어오기도 하였다. 우선 후금이 요동을 점령하자 많은 요동 사람들이 조선으로 들어왔고, 조선 정부는 그들을 한반도 곳곳에 분산 배치하였다. 그리고 청에 의해 명이 완전 점령되자 명 유민들이 배를 타고 한반도 남쪽으로 들어왔고, 조선 정부는 그들을 역시 반송하지 않고 국내에 정주시켰다. 이들에 대하여 조선이 명나라의 뒤를 이어 중화문명의 적통을 계승하였다는 조선중화주의(朝鮮中華主義)가 국가 이념으로 확립된 18세기 이후부터, 조선의 국왕들은 귀화 한인들을 '황조유민(皇朝遺民)'이라 개념화하고, 그들에 대한 우대 정책을 통해 존주대의(尊周大義)를 강조하고자 하였다.[14] 그래서 명 유민을 황조인이라 하고, 그들의 마을을 황조촌이라고 하였다.

이에 따라 전라도에도 황조촌이 생기게 되었다. 임진왜란 때에 파병되어 온 명나라 진린(陳璘) 장군의 손자 진영소(陳泳溸, 1644~?)가 명나라가 청나라에 망하자, 배를 타고 고향 광동을 떠나 조선으로 망명해 와서 관왕묘가 있는 완도 고금도로 이주하여 거소를 '구석리(龜石里)'라고 하였다. 그뒤 그는 해남읍 해리로 이거하여 아들 석문(碩文)을 낳았다. 진석문은 다시 1680년(숙종 6)에 산이면으로 이거하여 명의 유민이란 뜻으로 마

---

14) 노혜경,「영조대 황조인에 대한 인식」,『동양고전연구』37, 동양고전학회, 2009. 우경섭「조선후기 귀화 한인과 황조유민 의식」『한국학연구』27 인하대 한국학연구소 2012. 우경섭,「17-18세기 임진왜란 참전 명군에 대한 기억」,『한국학연구』46, 인하대 한국학연구소, 2017.

을 이름을 '황조동(皇朝洞)'이라고 하고서 정착하여 그 후손들이 지금까지 그곳에서 살고 있다. 그래서 그곳, 즉 황조마을은 광동 진씨 집성촌이 되었다. 그리고 진석문은 단을 설립한 후 진린, 진구경(진린 아들), 진영소(진구경 아들)를 모시고 제향하였다.[15] 이 단은 나중에 황조별묘(皇朝別廟)로 확장 개편되었다. 시진핑 중국 국가주석이 2014년 서울대 특강에서 역사상 위태로운 상황이 발생했을 때마다 한국과 중국은 서로 도우며 고통을 극복해냈다고 말했다. 그러면서 "명나라 장군 진린의 후손은 오늘날까지도 한국에서 살고 있다"고 말하며 그 실례를 들었다.

맺음말

현재 확인된 바로는 전라도 바닷가에 중국과 일본에서 귀화한 사람들이 집단으로 살았던 마을이 여러 곳에 있었다. 마을 이름은 확인하지는 못하였지만, 고창에 황화촌이 있어 군역 면피를 노리는 사람들이 제법 많이 들어가 사회적 물의를 빚은 적이 있었다. 영광에도 만주 사람들이 내려와 섬에 정착하여 사니 그 섬 이름을 '향화도'라고 하였다. 나주에는 임진왜란 때에 참전하였던 명나라 장수 편갈송·추수경의 아들들이 본국으로 돌아가지 않고 새 터전을 만들어 살았는데, 그 후손들은 사당이나 재각을 짓고 조상을 추모해왔다. 추수경 후손들은 나주 외에 전라도 곳곳에서도 살았다. 영암의 1년 동안 문서에 황화촌이 세 곳 확인되었다. 해남에는 명량대첩 때 패전한 왜군들이 살았던 마을이 있었고, 명 멸망 이후 진린 장군의 손자가 배를 타고 들어와 정착한 마을[황조마을]도 있었고, 흑룡강을 본관으로 삼았던 여진족 귀화인이 해창리 포구에서 자기들끼리 혼

---

15) 해남문화원, 『해남문헌집』, 1989, 339쪽.

인하며 살고 있었다. 이상의 시론적인 지적을 통해, 이들에 대한 심화연구 및 활용방안이 이어지기를 기대해 보겠다.

|결론

　이상을 통해서 전쟁이 전라도 지역사회에 많은 영향을 주었음을 살펴보았다. 그것을 몇 가지로 나누어 정리할 수 있을 것 같다.

　첫째, 행정구역을 바꾸고 새 지명을 탄생시켰다. 고려 말 왜구들이 침략해 와서 노략질을 감행하자 전라도 사람들은 도저히 살 수 없는 상황을 맞게 되었다. 그래서 서남해상의 영산도[흑산도] 사람들은 고향을 떠나 나주에 들어와 정착하니 그곳이 영산포가 되었다. 또한 장산현이라는 이름으로 독자적인 고을 생활을 하던 장산도 사람들도 나주 남쪽 왕곡면에 들어와 사니 그곳이 장산리가 되었다. 고려 때에 압해현, 장산현, 육창현 관할이던 서남해 도서가 조선왕조에 들어와서 '나주제도'라는 이름으로 대부분 나주 땅이 되었던 것도 왜구 침략의 결과였다.

　진도 사람들도 왜구 침략을 못 견디고 육지로 나와 나주, 영암, 해남 등지를 전전하다, 조선 왕조의 강경책으로 왜구 출몰이 진정되자 무려 80여 년 만에 고향으로 되돌아갈 수 있었다. 나갈 때는 진도현, 가흥현, 임회현 등 세 개의 고을이었는데, 되돌아 올 때는 진도군 하나였다. 그러다 보니 진도에는 옛날에 고을 치소가 있었다는 뜻으로 고군면, 군내면 등의 지명이 남겨졌다. 되돌아온 뒤에도 그들이 전에 개척하여 살았던 영암 명산과 해남 삼촌은 줄곧 진도 땅이었다. 다른 고을 안에 있는 땅을 월경지(越境地)라고 하는데, 1906년 행정구역 개편 때에야 명산과 삼촌은 영암과 해남 땅으로 각각 되돌아갔다.

　둘째, 군사기지를 설치하였다. 왜구가 육지로 올라가는 것을 차단하기 위해 바닷가 곳곳에 수군기지가 설치되고 육지 중간 중간에도 산성이 쌓아졌다. 수군 기지 가운데 최고 사령부는 좌수영과 우수영인데, 그 가운데 좌수영은 임란 극복의 원동력을 제공하였던 곳으로 유명하다. 좌수영에는 좌수사 이순신이 있고, 그 아래에는 광양, 순천, 흥양, 낙안, 보성과 녹도, 발포, 사도, 여도, 방답 등 5관 5포에 10명의 장수가 있었다. 그리고 이순신 아래에는 30여 명에 이르는 군관이 있었다. 이들은 대부분 무과 출신이거나 하급관료 출신이어서 상당한 식견을 지니고 전라도 연해지역 출신이어서 지형지리와 해양전술에 능했다. 그들은 이순신을 지근거리에서 수행하며 희노애락을 함께 하였을 뿐만 아니라, 전략과 전술을 숙의하여 전달하고, 각종 공문서와 전령 및 서간을 전달하고, 긴박한 상황에서 초래된 상부기관과의 마찰을 조율했으며, 적정을 정찰하여 보고하고, 군기강을 세우기 위한 감찰활동을 펴고, 군수물자 조달에도 앞장섰다. 또한 전투에 참여해서는 장수로 혹은 참모로 목숨을 아끼지 않고 전과를 올리기도 하였다. 이러한 활약을 토대로 그들은 임란 해전을 승리로 이끌었던 것이다.

수영 산하에는 여러 개의 수군진이 있었다. 그 가운데 영산강 입구 목포에 목포진이 조선초기에 설치되었다. 목포진에는 종4품 만호가 파견되어 군무 관리, 군사 훈련, 조운선 호송, 표류인 조사, 진민(鎭民) 통치 등의 역할을 수행하였다. 진성이 축조되고 그 안에 관공서가 건립되었고, 군선이 배치되고 그것을 운용할 군병과 선원이 상주하였다. 그리고 관원·군병·선원 및 어민·농민이 거주하는 6개 마을이 성 내외에 들어서 있었다. 목포진의 규모는 가호 200호에 인구 1천명 수준이었다. 비록 1895년에 수군 영진은 전면 폐지되었으나, 바로 이어 1897년에 목포에 개항장이 설치되었고 그로부터 탄생한 목포부·목포시가 근현대 시기에 서남해의 주요 도시로 발돋움 하였다. 따라서 '목포'의 탄생은 목포진에서 기원하였고, 이는 군산시·여수시·완도읍 등에서도 마찬가지였다.

셋째, 역사인물을 탄생시켰다. 1587년에 난생 처음 조총으로 중무장한 왜구들이 손죽도를 침략하자, 녹도만호 이대원이 홀로 나가 싸우다 그만 장렬하게 순국하고 말았다. 호남 연해민들은 노래를 지어 부르는 등 이대원을 숭앙하기 시작하였다. 또한 녹도 사람들의 노력과 정부 지원으로 진성 안에 녹도사라는 사당이 건립되었고, 손죽도 사람들은 섬에다 이대원의 가묘와 사당을 지었다. 임진왜란 때에 이순신과 함께 해전 승리의 주인공이던 녹도만호 정운이 부산포 해전에서 장렬하게 전사하였다. 그러자 사람들은 정운의 무공을 기리기 위해 고향에 경호사라는 사당을 지었고, 이순신이 요청에 의해 정운도 녹도사에 함께 향사되었다. 그런데 녹도사는 정유재란 때에 왜군에 의해 소실되었고, 전후 지역민들의 노력과 후손들의 관심으로 중건되었다. 1683년에는 쌍충사로 사액까지 받아 임란 승리의 역사인물을 기억하는 장소로 오늘에 이른다.

손죽도 왜변이 일어나자 위기를 느낀 전라도 선비들은 사람을 모아 훈련을 하거나 무기를 마련하는 등 일찌감치 자위책 마련에 들어갔다. 김천일 · 양산룡 · 안영 · 유팽로 등이 그들인데, 그들은 이런 경험을 바탕으로 1592년에 임진왜란이 발발하자 개전한 지 한 달도 못되어 발 빠르게 의병을 일으켰다. 이 가운데 김천일은 수원과 강화도를 거쳐 진주성을 지키기 위해 진주성으로 들어갔다. 그는 경상우병사 최경회, 충청병사 황진과 함께 무원고립과 중과부적 상태에서 왜군을 맞아 싸우다 1593년 6월 29일 진주성이 함락될 때에 촉석루에서 장렬하게 순절했다. 이 제2차 진주성 전투는 유사 이래 가장 참혹한 전투였다. 6만에 이르는 입성자들은 대부분 도륙 당했다. 시신이 곳곳에 산더미처럼 쌓였고, 성곽 · 우물 · 관아 · 주택 등 모든 것이 파괴되었고, 강물이 소용돌이쳤다는 괴담도 나돌았다. 이는 진주 사람들에게 충격이었다. 그 충격을 이겨내고 수성 3대장을 추모하기 위한 행사를 이어나갔다. 먼저 진주 사람들은 자신을 지켜주다 순절한 김 · 최 · 황을 삼장사로 여기고 있었다. 그리고 정충단이라는 제단을 지어 함성일에 삼장사를 추모했다. 이어 삼충사라는 사우를 지어 춘추 향사했는데, 이는 곧이어 창렬사로 사액을 받아 유교식 의례로 관아 지원 아래 양반 주도로 향사가 거행되었다. 이와는 달리 함성일 추모제는 강가에서 민중들에 의해 성대하게 열렸는데, '함성불제'라고 하여 상서롭지 못한 것을 씻어버리는 행사였다. 함성불제는 '촉석루 함성제' 또는 '촉석루제'라는 이름으로 한말과 일제 강점기를 거쳐 해방 이후까지 지속되었다.

임란 승전 가운데 빼놓을 수 없는 것이 바로 명량대첩이다. 명량대첩은 통제사 이순신과 전라 우수사 김억추가 함께 거둔 승리하였다. 김억추는 강진 출신으로 무과에 급제하여 첫 지휘관을 수군 만호로 시작하여, 임진왜란 초기에는 국왕을 호위하고 평양성을 수복하기 위해 대동강에서 주사장이라는 수군 지휘관으로 활약하였다. 이어 여주·진주·장흥 등 대읍에서 수령을 역임하기도 하였다. 이러한 수군 지휘관과 군현 수령의 경력을 토대로 1597년에 이순신의 통제사 복귀 때 함께 전라 우수사에 임명되었다. 둘은 장흥 회령포진에서 처음 만나 오직 전선을 모집하여 나라를 지키자고 다짐하였다. 왜적이 명량으로 접근해 오자 두 사람은 역할을 분담하였다. 이순신은 전투함을 지휘하면서 전체를 통솔하였고, 김억추는 그의 통솔 하에 철쇄를 설치·사용하고 피란선을 관리·활용하는 등 크게 두 가지 일을 수행하여 명량해전을 승리로 이끌었다. 승리 후 이순신은 장계를 올려 김억추와 함께 적선을 무찔렀다고 중앙에 보고하였다. 조정에서는 이를 토대로 김억추를 공신에 책봉하였다. 김억추 역시 그런 이순신이 고마워 충민사 사당을 짓는 데에 일조하였다.

한편, 1627년에 정묘호란이 일어나자 전라도 사람들은 후방 지역에서 가장 먼저 의병을 일으켰다. 호남의병 가운데 본인이 이전에 임진왜란이나 이괄의 난 때에 의병을 일으킨 전력이 있는 사람이 대다수이고, 친족 가운데 임진왜란 때에 의병을 일으킨 사람도 적지 않을 뿐만 아니라, 부자나 형제 또는 친족끼리 의병을 일으킨 사람이 대부분이었다. 이들은 청주로 가서 호서의병과 합류하여 강화도로 들어가려고 하였으나, 전주 대기중에 화의가 성립되어 실제 전투를 펼치지 않은 채 해산하였다. 하지만 공주에 가서 세자를 맞이하고, 모은 군기와 군량을 무장 동백정 포구에서 강화도로 보내고, 세자를 전라도 경계인 여산까지 호위하였고, 강화도로 들어가 임금을 뵈는 활동을 펼쳤다.

이들 가운데 상당수는 이후 병자호란 때에도 의병을 일으켰기 때문에 호남을 의향으로 칭하기에 충분하였다. 그 대표적인 인물이 안방준이다. 그는 임진왜란 때에 20세 나이로 임계영 의병장 밑에서 참모로 활동하였고, 정묘호란 때에는 광주 출신 고순후와 함께 의병장으로 활동하였다. 이와는 달리 병자호란 때에는 호남 의병장의 맹주로 활동하였는데, 손수 격문·모의문 등을 보내어 군병·군기·군량을 모아 보성에 의병청을 설치하고 의병진을 조직하였다. 휘하에 군관, 참모관, 서기, 군량관, 방량관, 수배, 군뢰수, 구종 등을 두었고, 부장과 종사관 아래에도 여러 직임을 두었다. 여기에는 보성 사람이 가장 많이 참여하였고, 그 외에 능주, 장흥, 화순, 낙안, 흥양 등지의 사람들도 참여하였다. 그들은 안방준의 아들이나 문인, 자발적인 지원자, 그리고 향교·관아의 부속자 등으로 구성되었다. 이들은 북상을 하여 여산에 이르렀을 때 남한산성의 포위가 풀렸다는 말을 듣고 진을 파하고 고향으로 돌아갔고, 안방준은 화의를 배척하는 상소를 올렸다. 이 사실을 담아 안방준 후손은 '창의록'이라는 이름으로 발간하였다.

넷째, 문화유산을 남겼다. 고려 말에 왜구들이 침략하자, 섬과 바닷가 사람들은 신앙으로 왜구를 격퇴하기 위해 바닷가에 매향을 하고 매향비를 세웠다. 전라도 지역에는 현재 영광, 신안, 영암 등지에 매향비가 남아 있는데, 비석은 당시 사람들의 신앙과 결사문화를 알려준다는 점에서 중요한 문화유산이다.

또한 전라도 사람들은 곳곳에 왜구 방어를 위한 성곽을 쌓았다. 바닷가 고을에는 읍성을 쌓았고, 수군진에도 진성을 쌓았다. 읍성은 거의 없어지고 낙안읍성만 현존하여 지역 문화관광 자원으로 큰 역할을 하고 있다. 진성 역시 진도의 남도석성 외에는 온전한 것이 거의 없다. 목포진성의 경우 1502년에 둘레 1,302척(215보) 규모로 만들어졌다. 성문도 네 개나 있었다. 하지만 폐진 이후 흔적도 없이 사라져버렸고, 그것을 목포시에서는 관광자원으로 삼기 위해 복원해 놓은 상태이다.

그리고 앞에서 말한 것처럼, 전쟁은 많은 역사 인물을 남겼다. 그 인물에 대한 기억을 보존하기 위해 각종 저작물이 발간되었다. 전라도 출신 진주 삼장사를 경상도 사람으로 둔갑시키려는 책동을 지키기 위한 전라도 선비들의 분투, 정묘호란 때의 거의 사실을 기록한『거의록』, 안방준의 거의 사실을 기록한『창의록』등을 들 수 있다. 그리고 역사인물을 추모하기 위해 후손이나 지역민들은 사당을 지어 향사하였다. 이대원과 정운을 향사하는 쌍충사, 고경명을 향사하는 포충사, 김천일을 향사는 정렬사, 김억추를 향사하는 금강사, 안방준을 향사하는 대계서원 등이 그것이다. 대원군의 서원 훼철령으로 철거되었지만 복원되어 추모의 장소로 이어져 오고 있다.

마지막으로 전투가 펼쳐졌던 곳도 문화유산으로 남아 있다. 그러한 곳으로 진주를 지키기 위해 진주성 안에 들어가서 김천일·최경회·황진 등이 순국한 촉석루, 그때 논개가 왜장을 껴안고 투신했던 '의암'과 그를 향사하는 의기사가 있다. 또한 이순신과 김억추가 함께 대첩을 거두었던 명량도 전쟁이 남긴 문화유산이다.

다섯째, 인구를 유출시켰다. 고려 말 나주를 침략한 왜구들은 향리 정침 등 많은 사람들의 목숨을 앗아갔고, 사람과 선박 및 재물을 약탈해갔는데 오키나와까지 끌려갔다가 되돌아온 사람도 있었다. 손죽도 왜변 때에도 왜구들은 많은 전라도 사람들을 납치해 갔는데, 통신사 협상 때 1백여 명이 넘는 숫자가 쇄환되어 일부는 왜란 당시 이순신 옆에서 통역과 정보 요원으로 활약하였다. 또한 일부는 현지에 잔류하여 17세기에 가서야 존재가 확인되기도 하였다. 임진왜란 때에는 더 많은 사람들이 왜군들에 의해 납치되었다. 남자, 여자, 어린이, 노인 할 것 없이 닥치는 대로 끌고 갔다. 특히 6~13세 등 어린이들이 적지 않게 포함되어 있었다. 이들이 일본에 끌려올 때에 부부, 모자, 부부와 자녀가 함께 하기도 하였다. 이들은 일본에 끌려가 조선과 가까운 쓰시마, 이키섬, 하카다는 말할 것 없고, 멀리 히로시마, 무로쓰, 교토, 오사카, 나고야 등지에서 일본인의 종이나 남편 또는 아내로, 혹은 승려로 어렵게 살아갔다. 이들 중 상당수는 통신사 일행과 함께 돌아왔다. 통신사를 따라서 나온 사람으로 소쇄원을 창건한 양산보의 후손 네 가족도 포함되어 있었다. 영광 출신 강항은 일본 측의 호의로 풀려난 사람인데, 그는 일본에 있으면서 주자학을 전파해 주어 일본의 새로운 문화를 개창하는 데에 기여하였다. 서해상에서 납치되어 시코쿠 오즈를 거쳐 교토로 이송된 후 그곳에서 후지와라를 만나 그에게 주자학을 전파해주었던 것이다.

임진왜란 때에 파병된 명군에 의해서도 전라도 사람들은 고향을 떠나게 되었다. 당시 식량이 바닥난 상태에서 대기근이 들었고, 기아자들은 먹을 것을 찾아 군량이 있는 명군 진영으로 투속하였다. 그때를 이용하여 명군들은 투속자들을 자신들의 방자나 현지처로 삼아 이동할 때마다 데리고 다녔다. 전쟁이 끝나고 철수를 할 때 그들은 투속자들을 데리고 중국으로 가기 시작하였다. 철수하는 명 수군선을 타고 가고 있는 사람들도 있었다. 그들은 중국에 가서 주로 조선과 가까운 요동 지역에 터전을 잡았다.

여섯째, 귀화촌을 탄생시켰다. 임진왜란 때 들어왔던 왜군 가운데 돌아가지 않고 조선에 잔류한 사람들이 있었다. 파병되었던 명나라 군인이나 상인 가운데도 본국으로 가지 않고 조선에 잔류하였다. 여진족이 후금을 세우고 요동을 점령하자, 요동 사람들이 대거 탈출하여 조선으로 들어왔다. 청에 의해 명이 완전히 멸망당하자 명나라 사람들도 해로로 탈출하여 조선으로 들어왔다. 이들을 조선 정부에서는 정착시키는 정책을 펼쳤다.

조선 정부는 귀화인을 주로 바닷가 지역에 정착시켰다. 그리하여 왜인 귀화촌[향화촌]이 해남에 있었다. 그리고 만주에서 온 사람들의 귀화촌이 영광에 있었고, 해남에도 있었는데 1639년 자료를 보면 상당히 많은 사람들이 자신들끼리 혼인하며 살고 있었다. 또한 명 파병군 가운데 돌아가지 않고 잔류한 사람 후손들이 나주, 장성, 정읍, 전주 등지에 살고 있었다. 그리고 명나라가 망하자 배를 타고 망명해 온 사람이 해남에 정착하여 일군 귀화촌[황조촌]도 있었다. 한편, 영암, 고창에도 향화촌이 여러 곳 있었다. 이로 보아 전라도 해안가 도처에 이러한 귀화촌이 있었음을 알 수 있다.

저자약력

전남대학교 사범대학 국사교육과를 졸업하고, 전남대 대학원 사학과에서 석사학위와 박사학위를 받았다. 현재는 광주교육대학교 교수로 재직하고 있다. 그리고 광주교육청 역사문화교육위원회 위원장, 전라남도 문화재전문위원, 한국학호남진흥원 기획연구부장, 전라도 천년사 편찬위원 등을 맡고 있다.

주요 저서로는
『조선후기 지방재정과 잡역세』(1999), 『연표로 보는 한국역사』(2002, 『年表で見る韓國の歷史』로 일역), 『조선후기 경제사연구』(2002), 『소쇄원 사람들』(2007), 『대기근, 조선을 뒤덮다』(2008, 2008 우수출판기획안 공모전 당선작), 『초등역사교육의 이해』(2009), 『소쇄원 사람들』 2(2011), 『세상을 바꾼 기후』(2013, 2014 환경부 우수환경도서), 『손에 잡히는 강진역사』(2015) 등이 있다.